Donald Johanson / James Shreeve

Lucys Kind

Auf der Suche nach den ersten Menschen

Aus dem Amerikanischen von Hainer Kober

Mit 16 Farbtafeln und 39 Schwarzweißabbildungen

Piper
München Zürich

Die Originalausgabe erschien 1989 unter dem Titel
»Lucy's Child – The Discovery of a Human Ancestor«
bei William Morrow and Company, Inc., New York.
Graphiken: Douglas Beckner (© 1989)

ISBN 3-492-03390-3

Gesetzt aus der Times Antiqua
Gesamtherstellung: Clausen & Bosse, Leck
Printed in Germany

Meiner Frau Lenora
für die magische Veränderung,
die mein Leben durch sie erfuhr.
– DJ

Chris, Marah, Luke und Lilah,
jedem einzeln und allen zusammen.
– JS

OLDUVA

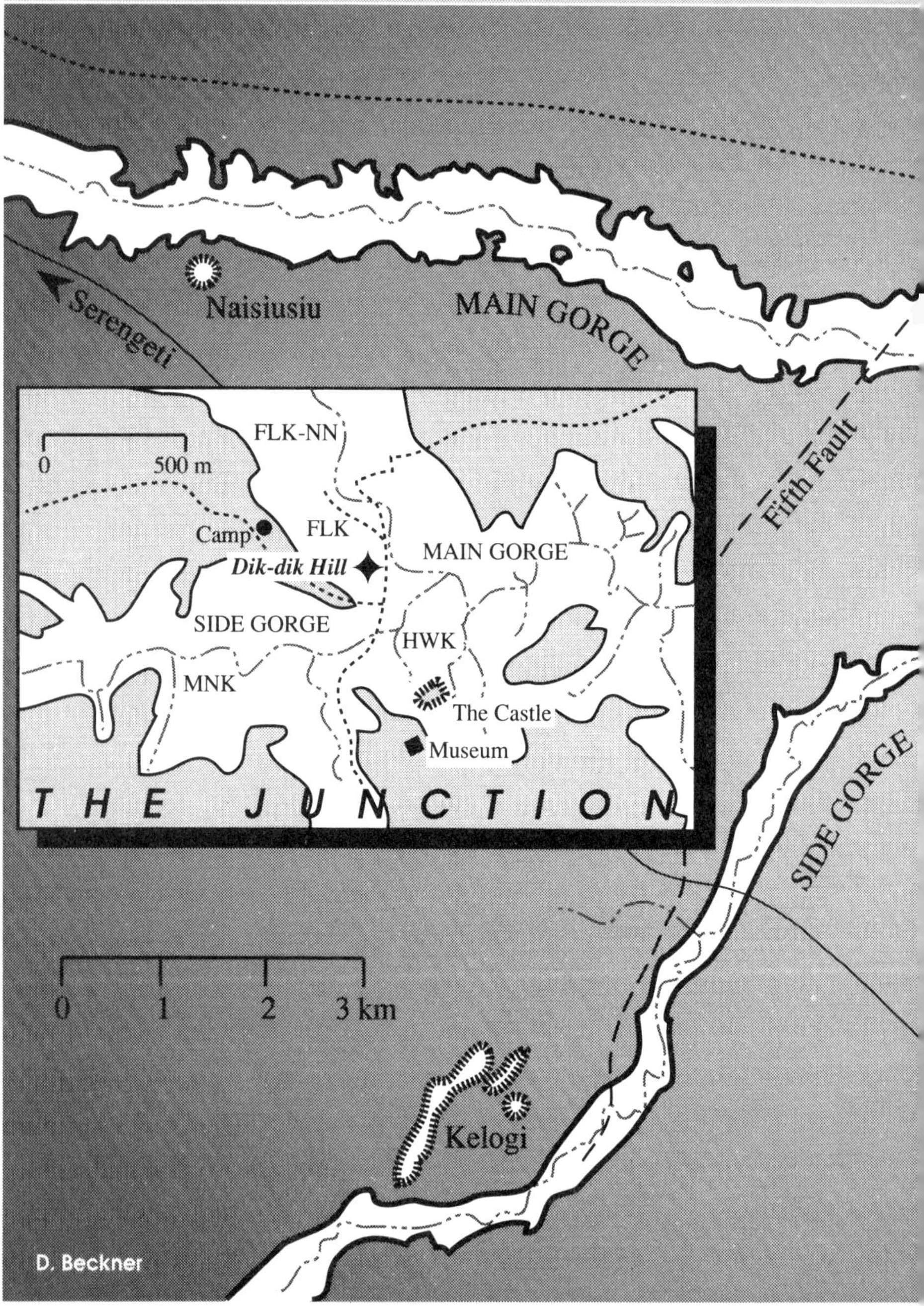
Naisiusiu
MAIN GORGE
Serengeti
Fifth Fault
FLK-NN
0
500 m
Camp
FLK
Dik-dik Hill
MAIN GORGE
SIDE GORGE
HWK
MNK
The Castle
Museum
THE JUNCTION
SIDE GORGE
0
1
2
3 km
Kelogi
D. Beckner

GORGE

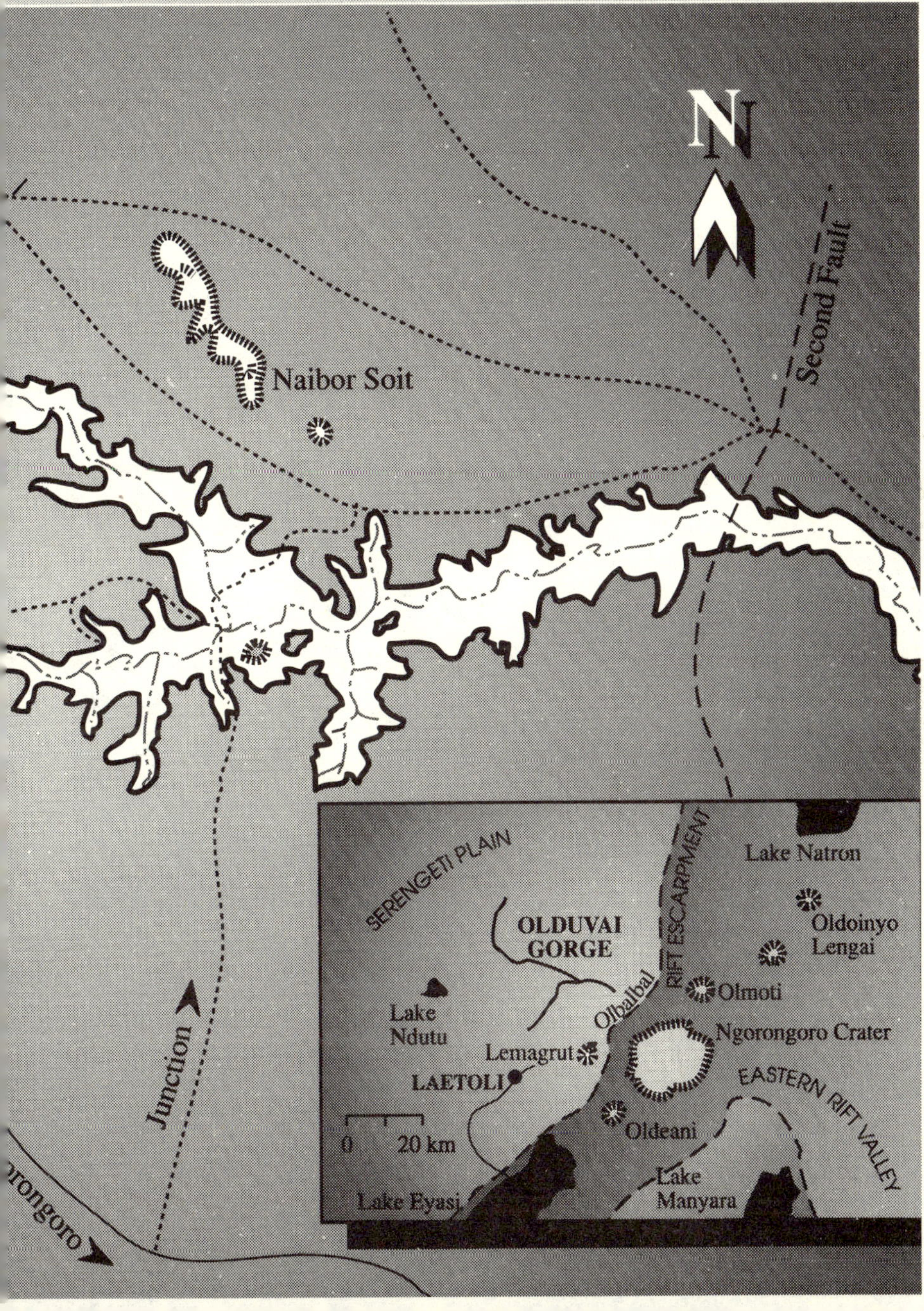
N
Naibor Soit
Second Fault
Junction
orongoro
SERENGETI PLAIN
OLDUVAI
GORGE
RIFT ESCARPMENT
Lake Natron
Oldoinyo
Lengai
Olmoti
Lake
Ndutu
Olbalbal
Ngorongoro Crater
Lemagrut
LAETOLI
EASTERN RIFT VALLEY
0
20 km
Oldeani
Lake Eyasi
Lake
Manyara

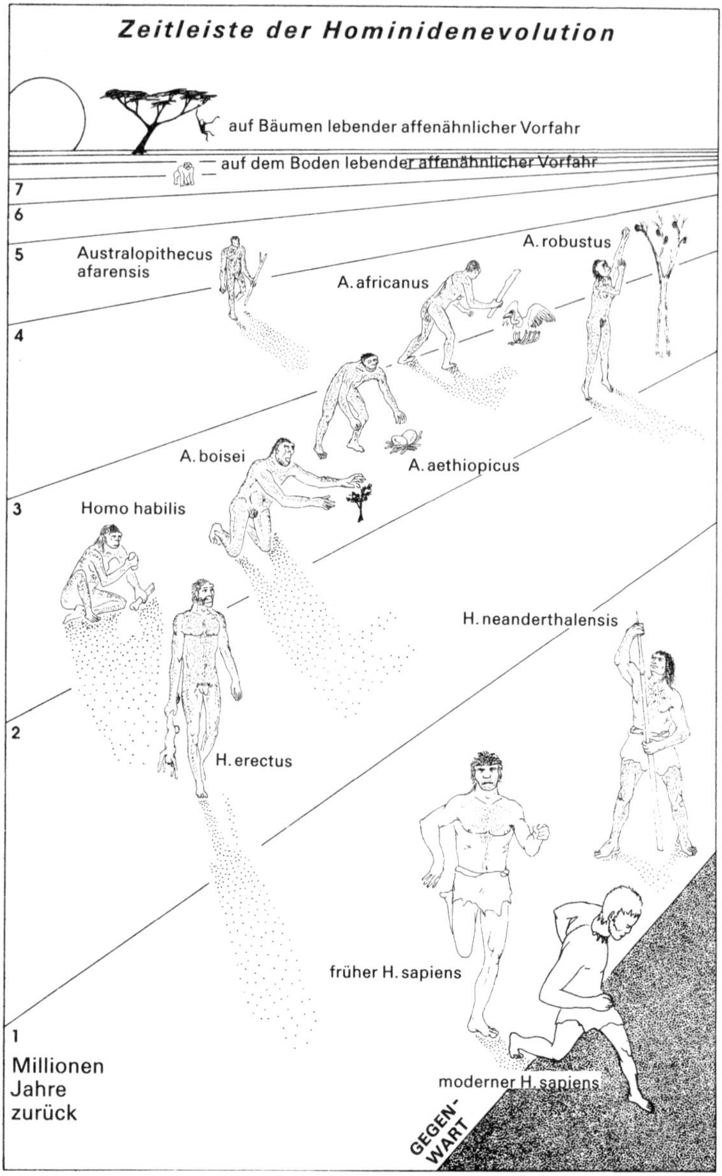

Bei dieser Wiedergabe der fossilen Zeugnisse für den Werdegang der Menschenfamilie ist die uns bekannte Dauer jeder Art durch die Schatten dargestellt, die die Figuren werfen. Die genaue Beziehung zwischen ausgestorbenen Hominidenarten läßt sich unterschiedlich interpretieren; ihre Anordnung auf dieser Graphik bedeutet keine Parteinahme für eine bestimmte phylogenetische Auffassung. (Entwurf und Ausführung von Douglas Beckner, nach Richard Hay, Geology of Olduvai Gorge, UC Press, 1976.)

Inhalt

Teil I:
Wieder in Afrika

1. Kapitel
Gedanken, die aus der Kälte kamen

Auf zu einem neuen und kühnen Abenteuer.
Robert Browning

Kaum hatte ich die Augen geöffnet, griff ich nach der Armbanduhr auf dem Nachttisch. Ich wußte schon vorher, daß es fast halb vier sein mußte. In Monaten höchst unruhigen Schlafes hatte ich die Fähigkeit entwickelt, im Augenblick des Aufwachens die Zeit zu bestimmen, als hätte jede Minute der endlosen Nacht ihre besondere Witterung, die ich sofort erkannte. Das war mir zu einem bitteren Vergnügen geworden, ein kleiner Trost dafür, daß ich aufwachte. Dabei spielte es keine Rolle, ob ich zu Hause in Berkeley schlief, in einem Hotelzimmer in Ames, Iowa, oder im äthiopischen Addis Abeba. Es war auch gleichgültig, wann ich ins Bett ging oder was mich weckte – ein Schuß vor dem Fenster, ein unruhiger Traum oder ein verkrampfter Rückenmuskel. Fast immer erriet ich die Zeit auf zehn Minuten genau.

Ich frage mich, ob alle Menschen, die unter Schlaflosigkeit leiden, diese überflüssige Fähigkeit entwickeln.

Damals befand ich mich in einem Zimmer im ersten Stock eines Hotels in Daressalam, Tansania. In wenigen Tagen würde ich mit den Kollegen zusammentreffen, die ich zu einer Feldexpedition in die etwa fünfhundertfünfzig Kilometer nordwestlich gelegene Olduvai-Schlucht führen sollte. Ich bin Paläoanthropologe und habe die letzten zwanzig Jahre mit dem Versuch verbracht, die Ursprünge unserer frühesten Vorfahren zu erforschen – wie sie sich aus ihren affenähnlichen Vorgängern entwickelt, wie sie ausgesehen, wie sie sich bewegt und was sie gegessen haben, und schließlich, welche neuen Verhaltensweisen dazu geführt haben, daß aus ihnen die mächtigsten Lebewesen wurden, die die Welt je gesehen hat. Um diese Fragen zu beantworten, untersuche ich die Anhaltspunkte, die sie zurückgelassen haben – in erster Linie fossile Knochen. Merkwürdigerweise haben wir die meisten unserer Annahmen über diese fernen Vorfahren anhand von Fossilien gewonnen, die in den letzten fünfzig Jahren entdeckt wurden. Die Olduvai-Schlucht hat in diesem Erkenntnisprozeß eine wichtige Rolle gespielt – so wichtig, daß jeder, der im Begriff steht, eine Expedition dorthin zu führen, eigentlich eine hinreichende Entschuldigung für seine Schlaflosigkeit hätte. Vor allem, wenn man seit fast zehn Jahren kaum noch »im Feld« gearbeitet hat. Und ganz besonders, wenn man annehmen muß, daß der wissenschaftliche Ruf und die berufliche Zukunft davon abhängen, was man dort findet.

In dem schwachen Lichtschimmer, der zum Fenster hereindrang, konnte ich gerade noch das Zifferblatt erkennen: 3 Uhr 28. Nicht schlecht. Mit erstaunlicher Deutlichkeit erinnerte ich mich plötzlich an den Traum, den ich unmittelbar vor dem Wachwerden gehabt hatte. Ich stand am Rande eines tiefen kühlen Sees, der von Palmen umsäumt war. Die Oberfläche des Wassers war mit einem changierenden Strudel von Farben gesprenkelt, als hätte jemand Farbstoffe ins Wasser geschüttet und sie dann der Strömung überlassen. Menschen – Freunde von mir, zumeist Anthropologen wie ich – traten unter den Palmen hervor und sprachen mit gedämpften Stimmen über eine Angelegenheit von offenbar höchster Wichtigkeit. In Paaren und kleinen Gruppen näherten sie sich dem See und sprangen saltoschlagend ins Wasser. Ohne einen Spritzer verschwanden sie alle. Plötzlich sah ich mich selbst winkend und rufend am Ufer entlanglaufen. Ich wollte ebenfalls ins Wasser springen, aber etwas hielt mich zurück. Ich war allein, aber die Luft war von einem hektischen Gemurmel erfüllt, wie von hundert geflüsterten Unterhaltungen, die gleichzeitig stattfanden. Mir wurde kalt. Ich legte die Arme um die Schultern und erschauerte.

Jetzt, da ich wach war, merkte ich, daß ich tatsächlich vor Kälte zitterte. Quer über die leere Doppelbetthälfte neben mir traf mich ein eiskalter Luftstrom aus einer unregelmäßig summenden Klimaanlage unter dem Fenster. Ich stand auf, legte die Bettdecke um die Schultern und untersuchte das Gerät. Die Klimaanlage befand sich in einem langen, mit einer Abzugsöffnung versehenen Metallkasten, der in dem gleichen schmuddeligen Beige gestrichen war wie die Wände des Hotelzimmers. Unter einer Platte oben auf dem Kasten befand sich ein Knopf. Ich versuchte das Gerät auszustellen, aber der Knopf ließ sich nicht von Hand bewegen. Der kalte Luftstrom aus dem Belüftungsschlitz traf meine Fußgelenke. Ich hüpfte auf dem nackten Linoleumboden auf und ab und wickelte mich fester in die Decke.

Auf Feldexpeditionen nehme ich stets ein Allzweckgerät mit, eines jener höchst einfallsreich konstruierten Taschenmesser, das mal ein Messer ist, mal eine Drahtschere oder eines von fünfzehn anderen Geräten, je nachdem, welches Scharnier man aufklappt. Im Augenblick brauchte ich dringend eine Zange. Ich fand das Messer auf dem Boden meines Matchbeutels und verwandelte es nach ein bißchen Fummelei in eine Zange. Die Klimaanlage summte und schnarrte lauter denn je. Ich faßte den Knopf mit der Zange und beschrieb eine ganze Drehung nach links. Nichts geschah. Eine volle Drehung nach rechts. Wieder nichts.

Ich nahm das Bettzeug von der unbenützten Doppelbetthälfte und breitete sie über meine Hälfte, dazu noch eine überraschend dicke Decke, die ich im Schrank gefunden hatte. Dann kroch ich darunter, zog das Bettzeug bis ans Kinn und starrte zur Zimmerdecke. Erst jetzt wurde mir allmählich klar, wie merkwürdig meine Situation war: Da lag ich an der tropischen Küste Afrikas schlaflos in einem Hotelzimmer und zitterte vor Kälte.

Man sagt mir nach, ich hätte viel Glück gehabt in meinem Leben. Von 1973 bis 1977 war ich mit anderen Wissenschaftlern für eine Reihe von Expeditionen nach Hadar verantwortlich, das mitten im Afar-Dreieck liegt, einer entlegenen und verlassenen Region Äthiopiens, zweihundert Meilen nordöstlich von Addis Abeba. Von diesen Expeditionen brachten wir Fossilien mit, die unsere kühnsten Hoffnungen übertrafen. 1973, kaum mit dem Studium fertig, fand ich ein Kniegelenk, das dem menschlichen ähnlich war und zweifelsfrei bewies, daß unsere Vorfahren schon vor fast dreieinhalb Millionen Jahren aufrecht gingen – lange bevor sie das große Gehirn entwickelten, das man einst für das Charakteristikum der Menschwerdung gehalten hatte. Im folgenden Jahr suchte ich mit einem Kollegen kurz vor Mittag auf dem Abhang einer Wasserrinne nach Fossilien, als ich plötzlich das Stück eines Ellbogengelenks auf dem Boden der Rinne bemerkte. Etwas weiter entdeckten wir die Hinterseite eines Schädels. Dann stießen wir auf einen Schenkelknochen, einige Wirbel, den Teil eines Bekkens, Rippen ..., und plötzlich dämmerte uns, daß wir möglicherweise vor den Überresten eines menschenähnlichen Individuums standen, einem Skelett, das vollständiger und um Millionen Jahre älter war als irgendwelche bis dahin bekannten Stücke. Das war in der Tat ein glücklicher Fund.

In drei Wochen hatte das Expeditionsteam fast das halbe Skelett gesammelt und zusammengefügt, wobei kein Knochenteil doppelt vorhanden war – was darauf schließen ließ, daß wir es mit einem einzigen Individuum zu tun hatten. Ohne Frage war es ein Hominide – ein Mitglied der Familie aufrecht gehender Primaten, zu der wir, *Homo sapiens*, als einzige überlebende Art gehören. Anhand der Größe und des Beckenbaus konnten wir den Fund als weibliches Individuum identifizieren. Wir nannten sie »Lucy« nach dem Beatles-Song »Lucy in the Sky with Diamonds«, der an dem Tag im Camp gespielt wurde, als sie aus der Anonymität der kleinen Wasserrinne geborgen wurde. Es ist weitgehend Lucy zu verdanken, daß unsere Arbeit auch über die Grenzen unserer Wissenschaft hinaus Beachtung fand. Doch damit war mein Glück noch nicht erschöpft. Im nächsten Jahr kehrten wir nach Äthiopien zurück und entdeckten einen noch aufregenderen Schatz – eine Sammlung von mehr als zweihundert Hominidenknochen an einer einzigen Fundstelle. Sie stammten von mindestens dreizehn verschiedenen Individuen, die möglicherweise vor drei Millionen Jahren alle demselben Ereignis zum Opfer gefallen waren. Diese Fossilien wurden unter dem Namen »die erste Familie« bekannt. Mit Einverständnis der äthiopischen Regierung entliehen wir die gesamte Hadar-Sammlung und brachten sie in das damals von mir geleitete Cleveland Museum of Natural History, um dort mit dem langwierigen Prozeß der Analyse zu beginnen.

Ja, ich habe Glück gehabt. Die Hadarfunde erwiesen sich tatsächlich als eine Goldgrube für alle Wissenschaftler, die sich mit den Ursprüngen des Menschen beschäftigen. Die Paläoanthropologie ist eine Wissenschaft, die auf den glücklichen Zufall angewiesen ist. Doch das Glück, das ihre Fortschritte ermöglicht, hat wenig mit jenem Glück zu tun, dem wir es verdanken, wenn wir beim Poker gewinnen oder in der Hauptgeschäftszeit einen Parkplatz in der City finden. Überlegen wir einmal, was es bedeutet, ein Hominidenskelett zu entdecken. Wenn ein Tier – irgendein Tier – in der Savanne stirbt, zieht sein Verwesungsgeruch sofort Aasfresser aller Art an. Sie zerren das Fell beiseite, verschlingen die weichen Gewebe und zerknacken die Knochen zwischen ihren kräftigen Kiefern. Kaum etwas bleibt ungefressen. Die wenigen Knochenfragmente und Zähne, die übrigbleiben, bleichen in der Sonne und sind nach drei oder vier Jahren zu Staub zerfallen. Sie hinterlassen keine Spur von ihrer Existenz.

Nur ganz wenigen Tierkadavern wird ein anderes Schicksal zuteil. Ihre verstreuten Überreste versinken langsam in einem schlickigen Flußbett oder einem versumpften See, so daß sie dem Sonnenlicht entzogen sind. Ist der Boden zu sauer, zerfallen die Knochen dennoch. Herrschen jedoch die richtigen chemischen Bedingungen, beginnt der Prozeß der Fossilisation – die langsame, von den Chemikern noch immer nicht recht verstandene Verwandlung von Knochengewebe in Stein. Die Jahrhunderte vergehen und häufen viele Meter Erde zwischen den Fossilien und dem freien Himmel auf. Natürlich stammen nicht alle fossilisierten Knochen von Hominiden. Selbst wenn sich vor zwei Millionen Jahren zwei oder drei Hominidenarten das Habitat der Savanne teilten, können sie nur einen winzigen Prozentsatz der dortigen Säugetierfunde stellen. Und auch die zu Stein gewordenen Hominidenüberreste bleiben, von einer Handvoll versteinerter Knochen abgesehen, auf ewig in der Erde vergraben.

Millionen Jahre nach ihrem Verschwinden in der Erde und auch nur in bestimmten Teilen der Welt befördern heftige Bewegungen der Erdkruste einige wenige Knochen wieder nahe an die Oberfläche. Weitere zehntausend Jahre arbeiten Wind und Regen am Erdboden, bis dann eines Tages ein Frühlingssturm die letzte Staubschicht abträgt. Dann liegt irgendwo auf einem felsigen Hang ein Fossil frei im Sonnenlicht. Aber selbst jetzt ist die Wahrscheinlichkeit außerordentlich gering, daß ein ausgebildeter Fossilienjäger ausgerechnet an diesem Ort herumstörbert. Viel mehr spricht dafür, daß die Knochen einfach fortgewaschen werden, durch den jahrelangen Wechsel von Hitze und Feuchtigkeit in winzige Bruchstücke zerfallen oder durch Generationen wilder Savannentiere zu Staub zertrampelt werden.

Doch nehmen wir an, der Fossilienjäger kommt rechtzeitig. Nehmen wir weiter an, er schlägt genau den richtigen Weg ein, während er über den Hang klettert. Wenn die Sonne in exakt dem richtigen Winkel einfällt, um den reflektierenden Knochen vom stumpfen Staub abzuheben, und wenn unser Forscher just in diesem Augenblick zu Boden blickt, so daß er das Bruchstück seines Vorfahren zu seinen Füßen schimmern sieht, dann können wir mit Fug und Recht behaupten, daß er Glück gehabt hat. *Jeder* Fossilienfund ist ein Wunder. Natürlich ist Glück nicht die einzige Voraussetzung für diese Arbeit. Dic meisten Entdeckungen sind geschulten Sammlern zu verdanken, die durch jahrelange Erfahrung die Fähigkeit entwickelt haben, Fossilien wahrzunehmen, die für das ungeübte Auge so gut wie unsichtbar sind. Trotzdem weiß jeder Forscher, der entgegen aller Wahrscheinlichkeit Erfolg gehabt hat, in seinem Inneren, was er seinem Glück zu verdanken hat – falls sich das unfaßliche Zusammenwirken von vulkanischer Tätigkeit, Erdbeben, Regen, Wind und Zeit durch ein solch bescheidenes Wort wiedergeben läßt.

Insgesamt wurden an der Hadar-Fundstelle etwa 6000 Fossilien entdeckt, von denen 250 von Hominiden stammten – Kieferknochen, Zähne, Schädelfragmente, Extremitätenknochen, Zehen, Finger. In wenigen Jahren hatten wir die Zeugnisse einer entscheidenden und kaum erforschten Periode der menschlichen Evolution, die drei bis dreieinhalb Millionen Jahre zurückliegt, um ein

Vielfaches vermehrt. Jedes Fossil bekam schließlich seinen Platz in einem völlig neuen Entwurf der menschlichen Abstammungsgeschichte zugewiesen. Meine Kollegen und ich schlugen eine neue Ursprungsart der Menschheit vor. Zusammen mit einem dieser Kollegen – Tim White von der University of California in Berkeley – entwickelte ich einen neuen Stammbaum der Menschen. Lucy und den anderen Hadarfunden verdankte ich Einladungen zu Vorträgen im ganzen Lande und im Fernsehen. Mit dem Wissenschaftsautor Maitland Edey verfaßte ich ein Buch über die Hadar-Entdeckungen und die Erkenntnisse zur Geschichte des Menschen, die wir ihnen verdanken. Das Buch wurde ein Bestseller und ist ins Russische, Holländische, Japanische und in ein halbes Dutzend weiterer Sprachen übersetzt worden.* Später ging ich nach Berkeley, um dort ein neues Institut für menschliche Frühgeschichte einzurichten. Es folgten weitere Interviews und weitere Bitten um Vorträge und Auftritte. Ich wurde gekrönten Häuptern vorgestellt, erhielt Preise und Auszeichnungen und galt in der Öffentlichkeit als Sprecher der amerikanischen Anthropologen.

Doch der Ruhm, den Lucy mir brachte, hatte auch seine Schattenseiten. Ich war als Primadonna, Scharlatan und Medienkasper verschrien und verlor etliche Freunde, darunter einige sehr geschätzte Fachkollegen, deren Auffassungen über den Ursprung der Menschheit durch Lucy und ihre Gefährten aus Hadar erheblich in Frage gestellt worden waren. Meine große Hoffnung, nach Äthiopien zurückkehren und die angefangene Arbeit beenden zu können, wurde wieder und wieder enttäuscht. Andere Feldexpeditionen blieben ohne Ergebnis. Allmählich begann ich an meinem sprichwörtlichen Glück zu zweifeln. Nun lag ich mutterseelenallein in einem Hotelzimmer in Daressalam, zitterte vor Kälte und fragte mich, ob meine wissenschaftliche Laufbahn am Ende sei.

Die Klimaanlage riß mich aus meinen Gedanken. Ihr kehliges Schnarren war plötzlich in ein hysterisches Heulen übergegangen.

* Die deutsche Übersetzung erschien unter dem Titel: Donald Johanson/Maitland Edey, *Lucy. Die Anfänge der Menschheit*, München/Zürich 1982, Piper Verlag.

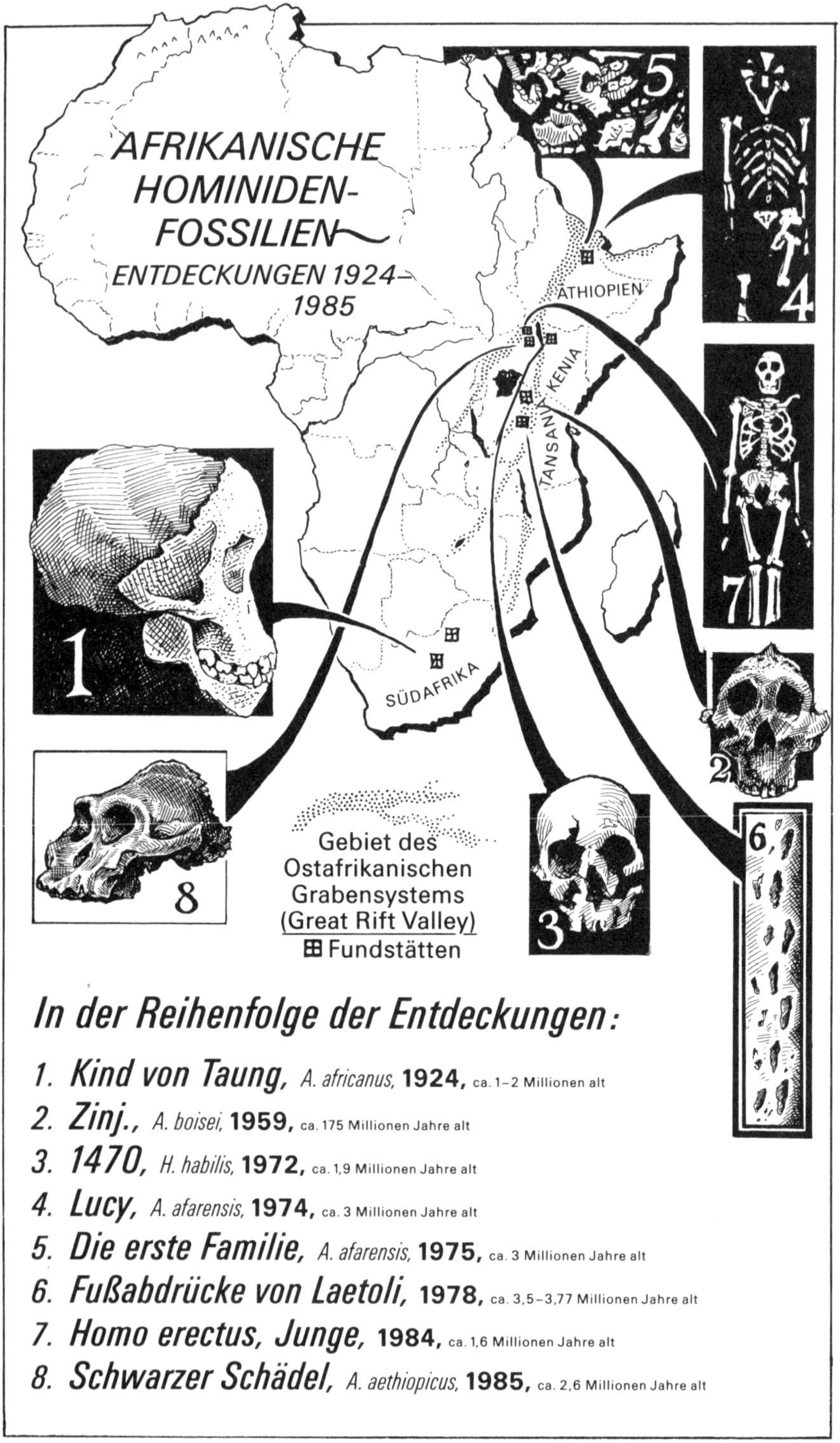

In der Reihenfolge der Entdeckungen:

1. **Kind von Taung,** *A. africanus,* **1924,** ca. 1–2 Millionen alt
2. **Zinj.,** *A. boisei,* **1959,** ca. 175 Millionen Jahre alt
3. **1470,** *H. habilis,* **1972,** ca. 1,9 Millionen Jahre alt
4. **Lucy,** *A. afarensis,* **1974,** ca. 3 Millionen Jahre alt
5. **Die erste Familie,** *A. afarensis,* **1975,** ca. 3 Millionen Jahre alt
6. **Fußabdrücke von Laetoli,** **1978,** ca. 3,5–3,77 Millionen Jahre alt
7. **Homo erectus, Junge,** **1984,** ca. 1,6 Millionen Jahre alt
8. **Schwarzer Schädel,** *A. aethiopicus,* **1985,** ca. 2,6 Millionen Jahre alt

Die vibrierenden Seitenwände machten ein Geräusch wie rasselnde Ketten. Irgendwie nötigte mir die Eigenwilligkeit und Entschlossenheit dieses Gerätes Respekt ab. Die Temperatur fiel unaufhaltsam. Ich sah mich erfroren im Bett liegen, ein grausiger Fund für das Zimmermädchen am Morgen. Ich sah das Bild lebhaft vor mir: Das Mädchen, in einem hellen kurzärmeligen Baumwollkleid in der subtropischen Luft des Flures, klopft an und tritt ein. Die arktische Luft trifft sie wie ein Schlag. Offenen Mundes betrachtet sie die Eiszapfen an den Lampenschirmen und die weißbereiften Zimmerwände. Dann fällt ihr Blick auf den durchsichtigen Eisblock im Bett, darin ein Mann mit Socken, Unterwäsche und Rollkragenpullover.

Von derartigen Vorstellungen heimgesucht, war ich schon fast entschlossen, den Nachtportier zu rufen, als mir ein Gespräch einfiel, das ich bei meiner Ankunft an der Rezeption geführt hatte. Ich war sechsunddreißig Stunden unterwegs gewesen und brauchte dringend eine Dusche.

»In meinem Zimmer scheint es kein heißes Wasser zu geben«, teilte ich der Angestellten an der Rezeption mit.

»Es tut mir leid, Sir, unser Wasserboiler ist vorübergehend defekt«, sagte sie.

»Wie lange ist er denn schon kaputt?«

»Etwas über ein Jahr«, erklärte sie.

Ich dankte ihr, ging in mein Zimmer zurück und nahm mir vor, an solchen Unbequemlichkeiten in Zukunft keinen Anstoß mehr zu nehmen. Wir Menschen aus dem Westen haben eine überzogene Vorstellung von unserer Macht über die Umwelt. Wir erwarten einfach, daß heißes Wasser aus jedem Hahn kommt, bequem und prompt – als sei erhitztes Wasser, das sich in einem System von Metallrohren bewegt, ein Teil der natürlichen Weltordnung wie die Schwerkraft oder die Sonnenwärme. Jedesmal wenn ich nach Afrika komme, entdecke ich aufs neue, wie sehr wir von der Einsatzfähigkeit unserer technischen Errungenschaften abhängig sind. Nicht daß die Dinge in Afrika niemals funktionieren würden, sie funktionieren nur nicht immer so, wie wir es erwarten, und nicht immer dann, wenn wir es erwarten. Einmal mußte ich beispielsweise feststellen, daß die Telefonverbindungen der Stadt, in der ich mich aufhielt, unterbrochen waren und es noch nicht einmal möglich war, über die Straße zu telefonieren. Doch schon im nächsten Augenblick verband mich die Telefonzentrale des Hotels mit meiner Mutter in Kalifornien, und ihre Stimme war so deutlich, als spräche sie aus dem Nebenzimmer.

Wie um mir recht zu geben, ließ die Klimaanlage plötzlich eine Reihe von ohrenbetäubenden Lauten ertönen und verfiel dann in ein selbstzufriedenes Schweigen, als sei sie sich sicher, in den Ecken so viel kalte Luft gespeichert zu haben, daß diese bis zum Morgen reiche. Doch schon nach wenigen Minuten spürte ich deutlich, wie die warme Luft ins Zimmer zurückkroch, zunächst an den Wänden entlang und dann in genüßlichen, langsam kreisenden Wirbeln zum Bett hin. Ich stand auf, immer noch in die Bettücher gewickelt, und trat ans Fenster. Die Dämmerung hatte gerade die Dächer erreicht, ein weiches, perlgraues Licht, das die Umrisse des Straßenbildes verschwommen modellierte – die verschachtelten Marktbuden und die massige Fassade eines alten Bürohauses. Auf der anderen Straßenseite konnte ich mühsam das Reklameschild einer Tankstelle entziffern. Keine Menschenseele war zu sehen. Daressalam bedeutet im Arabischen »Hafen des Friedens«; zum erstenmal erlebte ich, daß es seinem Namen Ehre machte. Am Tage ist es eine geschäftige Großstadt, die Gehsteige überfüllt mit Passanten und Straßenhändlern, die Fahrwege verstopft mit Bussen, die tief in ihren Federn hängen und sich in jeder Kurve gefährlich zur Seite neigen.

Besorgt fragte ich mich, was der Tag bringen würde. Bei meiner Ankunft am Morgen zuvor war ich am Flughafen von dem Archäologen Fidelis Masao, dem Direktor des National Museum of Tanzania, abgeholt worden. Masao hatte auf tansanischer Seite die Vorbereitung der Expedition nach Olduvai übernommen. An sich besitzt dieser gewinnende, sportliche Mann einen unverwüstlichen Optimismus. Als er mir jetzt die Hand gab, sah er allerdings etwas besorgt aus.

»Es gibt ein paar Probleme mit den Unbedenklichkeitsbescheinigungen für alle Besucher des Olduvai«, erklärte er. »Auch die Besuchserlaubnis für Laetoli muß noch genehmigt werden.«

»Wer hat noch keine Bescheinigung?« fragte ich und versuchte meine Stimme beiläufig klingen zu lassen, hatte aber ein unangenehmes Gefühl in der Magengegend.

»Binford und Frison, ihre Frauen und vielleicht noch ein paar andere.«

Das waren niederschmetternde Neuigkeiten. Lewis Binford und George Frison waren Archäologen, von denen wir uns neue Erkenntnisse über die berühmten Olduvai-Ausgrabungen an frühen menschlichen Wohnstätten erhofften. Blieb uns der Zugang zum dreißig Kilometer südlich gelegenen Laetoli verwehrt, konnte das noch schlimmere Folgen haben. Die fossilführenden Schichten in Olduvai enden abrupt in einem Basaltgestein, das zwei Millionen Jahre alt ist. Die Sedimentschichten von Laetoli reichen zeitlich fast doppelt so weit zurück. Ihnen verdankten wir bereits eine stattliche Sammlung von Hominidenzähnen und -kiefern, die mit ihren 3,5 Millionen Jahren zu den ältesten unzweifelhaften Hominidenfunden der Welt gehören. Zehn Jahre zuvor hatte ein Mitglied von Mary Leakeys Team ebenfalls in Laetoli jene sensationelle Fährte von Fußabdrücken entdeckt, die irgendwelche Vorfahren der menschlichen Rasse 3,5 Millionen Jahre zuvor in feuchter Vulkanasche zurückgelassen haben. Olduvai sollte uns als Ausgangspunkt dienen, insgeheim aber erhoffte ich mir die entscheidenden Funde in Laetoli.

»Wie ernst ist das Problem?« fragte ich, während ich mein Gepäck im Kofferraum von Masaos Auto verstaute. Er zuckte die Achseln.

»Nicht sehr ernst, glaube ich. Eigentlich sind alle daran interessiert, daß es klappt.«

Auf der Fahrt nach Daressalam setzte Masao mich über den Stand der Vorbereitungen ins Bild und ging mit mir durch, welche Verabredungen für den folgenden Tag getroffen waren, um mich mit den offiziellen Persönlichkeiten bekanntzumachen, von denen die endgültige Erlaubnis für die Feldarbeiten abhing. Was er sagte, klang beruhigend. Er hatte für mich einen Termin bei der

Staatssekretärin im Ministerium für Kultur, Jugend und Sport bekommen, die die Aufsicht über die gemeinsame Expedition hatte. Masao versicherte mir, daß ich bei ihr volle Unterstützung für das tansanisch-amerikanische Gemeinschaftsunternehmen finden würde. Die Verzögerung der Erlaubnis schien tatsächlich schlicht auf ein bürokratisches Kompetenzgerangel zurückzugehen. Trotzdem wurde ich das unbehagliche Gefühl in der Magengegend nicht los – zu vertraut schien mir alles.

Als ich 1982 nach Addis Abeba flog, war ich überglücklich, endlich auf dem Weg nach Hadar zu sein. Die Expedition hatte lange auf sich warten lassen. Nach unseren Erfolgen Mitte der siebziger Jahre war es abzusehen, daß viele anthropologische Teams versuchen würden, in den ausgedehnten, unerforschten Ablagerungsschichten des Afardreiecks Fuß zu fassen. Anthropologen neigen schon unter günstigen Umständen zu einem gewissen Futterneid, und in diesem Fall ging es immerhin um die fossilreichsten Ablagerungsstätten, die man je entdeckt hatte. Trotzdem war ich überrascht, als in Addis Abeba Gerüchte umgingen, meine Kollegen und ich seien unfähig oder versuchten absichtlich, andere Forscher auszuschließen. Daran war zwar kein Wort wahr, aber die Regierung gab keine Erlaubnis mehr für Arbeiten im Afargebiet. So blieb uns nichts anderes übrig, als Geduld zu beweisen und zu warten.

1982 schien sich die Situation zu entspannen. Im Herbst zuvor hatte ein Anthropologenteam unter der Leitung des Berkeley-Archäologen Desmond Clark die Erlaubnis erhalten, ein Gebiet im Afar zu erforschen, das Middle Awash heißt. Die Gruppe grub dort kostbare Fundstücke aus, unter anderem einige vier Millionen Jahre alte Hominidenfragmente. Doch die größte Bedeutung der Expedition lag in den langfristigen Hoffnungen, die sie weckte. Zum Team gehörten auch einige junge Äthiopier, unter ihnen Berhane Asfaw, ein Anthropologiestudent aus Berkeley. Er war ins Afargebiet gekommen, um Felderfahrungen zu sammeln, auf die er später zurückgreifen konnte. Äthiopier wie Berhane wollen nicht mehr nur die Gastgeber für ausländische Wissenschaftler spielen, sondern die Erschließung der ungewöhnlichen paläoanthropologischen Vorkommen in eigener Verantwortung koordinieren. Inzwischen sind auf Betreiben von Desmond und anderen Berkeley-Wissenschaftlern wie Tim White, Clark Howell und mir ein neues Laboratorium und eine Unterbringungsmöglichkeit im National Museum für das gesammelte Material gebaut worden – ein weiterer Schritt zur Begründung eines nationalen anthropologischen Forschungszweiges in Äthiopien.

Der Erfolg der Middle-Awash-Expedition im Jahre 1981 hatte große Hoffnungen für das Afar-Unternehmen im folgenden Jahr geweckt. Doch als ich nach Addis Abeba kam und Tim mich am Flughafen abholte, wirkte er nervös und erschöpft.

»Beeil dich nicht zu sehr mit dem Auspacken«, sagte er. »Wir haben Schwierigkeiten, und es sieht schlecht aus. Die Regierung hat ein Moratorium für alle prähistorischen Forschungsarbeiten von Ausländern verhängt.«

»Ein Verbot? Jetzt? Wie ist das möglich?«

»Das haben wir in den letzten anderthalb Wochen herauszufinden versucht«, sagte Tim. »Um es kurz zu machen, sie wollen erst schriftliche Richtlinien zur Koordinierung der Forschungsarbeiten herausgeben, bevor sie wieder Ausländer hereinlassen. Ehrlich gesagt, ich kann ihnen das eigentlich nicht verdenken. In der Vergangenheit ist das alles einfach zu planlos gelaufen. Irgend jemand kriegt eine Erlaubnis, beginnt eine Grabung und findet ein Fossil. Dann wird es ausgeliehen, irgendwo im Ausland untersucht, in ausländischen Zeitschriften von Autoren mit ausländischen Namen beschrieben. Dabei sind es nationale Schätze Äthiopiens – man kann den Leuten hier keinen Vorwurf daraus machen, daß sie die Sache in eigener Regie durchführen wollen.«

»Aber genau das hast du doch erreichen wollen, als du das Zentrum am National Museum eingerichtet hast«, sagte ich. »Geeignete Unterbringungsmöglichkeiten, kontrollierter Zugang zur Sammlung...«

»Das Problem ist nicht, was wir tun oder nicht tun. Das Problem ist, was einige unserer sogenannten Kollegen von uns behaupten. Es gehen Gerüchte um, das neue Labor sei *ausschließlich* zu unserem eigenen Gebrauch bestimmt. Ich habe sogar gehört, wir hätten erst vor kurzem mit der Ausbildung äthiopischer Studenten begonnen, um den Schein zu wahren. Das macht mich wirklich rasend. Seit Jahrzehnten bildet Desmond auf seinen Expeditionen einheimische Studenten und Wissenschaftler aus.«

»Also was schlägst du vor?«

»Ich glaube nicht, daß wir in diesem Jahr noch irgendwas erreichen«, meinte Tim.

Er hatte recht. Als wir am folgenden Tag mit den zuständigen Beamten zusammentrafen, stellte sich heraus, daß in diesem Jahr nichts mehr aus der Hadar-Expedition werden würde. Sie konnten uns auch für das nächste Jahr keine Garantie geben – zumindest solange nicht, bis die neuen Verordnungen aufgestellt und in Kraft getreten waren.

In einem Beruf, der mit so vielen *Wenns* gespickt ist, zahlt es sich aus, ein unverbesserlicher Optimist und auf alles vorbereitet zu sein. Wir vereinbarten, daß wir für 1983 auf alle Fälle eine Feldexpedition vorbereiten würden, um gerüstet zu sein, falls das Verbot aufgehoben werden sollte. Sobald diese Dinge geregelt waren, flog ich nach Hause, wieder mal in der Hoffnung, im folgenden Jahr zurückkehren zu können. Doch es sollte weder 1983 noch 1984, noch im Jahr danach eine Expedition ins Afar-Gebiet geben.

Kein Wunder, daß ich unter diesen Umständen enttäuscht war. Ein paar Jahre zuvor hatten Tim und ich eine Theorie der menschlichen Evolution vorgeschlagen, die zu den kontroversesten Hypothesen der letzten fünfzig Jahre gehörte. Im Prinzip hatten wir die Auffassung vertreten, daß Lucys Art, von uns *Australopithecus afarensis* genannt, der gemeinsame Vorläufer aller Hominiden, einschließlich des *Homo* sei. Wenn wir recht hatten, dann irrten sich alle, die glaubten, der *Homo* sei viel älter als die drei Millionen Jahre, die Lucy aufzuweisen hatte – auch Mary Leakey und ihr Sohn Richard, die nach dem Tode des Ehemanns und Vaters Louis dessen Platz als bekannteste lebende Paläoanthropologen eingenommen hatten. Die Anhaltspunkte, die Tim und ich benötigten, um unsere Theorie zu überprüfen, konnten wir nur in den reichen Vorkommen des Ostafrikanischen Grabensystems finden, einer

Y-förmigen Narbe in der Erdkruste, die nördlich durch Tansania, Kenia und Äthiopien verläuft. Diese gewaltige Kontinentalspalte ist vor Jahrmillionen, begleitet von Vulkanausbrüchen und Erdbeben, aufgerissen worden. Die heftig-bewegte geologische Geschichte des Grabensystems, die lange verborgene Erdschichten an die Oberfläche beförderte, ist für Fossiliensucher wie mich eine unschätzbare Fundgrube.

Doch Tim und ich sahen uns durch Grabensysteme ganz anderer Art behindert. Zehn Jahre zuvor waren Mary und Richard Leakey wirkliche Freunde und Kollegen von uns gewesen. Inzwischen waren wir beide in offenen Streit mit den Leakeys geraten, die die wichtigsten Fundstätten in Kenia und Tansania kontrollierten. Die Chance, daß man uns jemals gestatten würde, in diesen Ländern zu arbeiten, war außerordentlich gering – und nun blieb uns auch Äthiopien auf unbestimmte Zeit verschlossen. So sahen wir uns durch ein seltsames Zusammenspiel uralter Geologie und moderner Politik aus Ostafrika verbannt und damit der Möglichkeit beraubt, Zugang zu den Fossilien zu erhalten, die unsere Theorie hätten bestätigen oder widerlegen können.

Allerdings blieb mir wenig Zeit, den verpaßten Gelegenheiten nachzutrauern. 1981 hatte ich meinen Posten am Cleveland Museum of Natural History aufgegeben, um in Berkeley das Institute of Human Origins (IHO) aufzubauen. Jahrelang hatte ich davon geträumt, ein Forschungsinstitut einzurichten, das sich ausschließlich mit der Vorgeschichte beschäftigte – eine Denkfabrik für Gelehrte aus aller Welt, zur Finanzierung von Feldexpeditionen und zur Ausbildung von Wissenschaftlern und Technikern aus den Vereinigten Staaten und aus den Ländern, in denen man die Fossilien fand. Berkeley war ein idealer Standort für eine solche Einrichtung. Obwohl das Institut nicht der Universität angeschlossen sein sollte, konnte es mit Angehörigen der Fachbereiche Anthropologie, Geowissenschaften und Paläontologie zusammenarbeiten – mit Wissenschaftlern wie Clark Howell, Tim White, Desmond Clark, Garniss Curtis und all den anderen, die Berkeley zu einem der führenden Zentren der Paläoanthropologie in der Welt gemacht haben.

Mit der Unterstützung interessierter Förderer begann das IHO in einem kleinen Kellerraum am Rande des Campus in Berkeley. Unsere ganze Ausrüstung bestand aus einigen ausgemusterten Tischen, Stühlen, Bücherschränken und einer gemieteten IBM-Schreibmaschine. Das war zwar ein bescheidener Anfang, doch im Laufe der Zeit, so hoffte ich, würde das Institut wahre Bedeutung erlangen. Vor meinem geistigen Auge erblickte ich lange Regalreihen, gefüllt mit Fossilien und Abgüssen, die allen Interessenten zugänglich gemacht wurden. Ich sah modernste Anlagen zur radiometrischen Datierung, mit denen Geologen das Alter ihrer neuesten fossilen Funde bestimmen konnten, Labors zur Gewinnung von Nachgüssen und Abdrücken, Zeitschriftensammlungen, Videotheken, Verlage, Tagungen, Konferenzen, Symposien – vor allem aber sah ich IHO-Feldexpeditionen in Ostafrika und anderen Regionen operieren.

Solche Träume sind hartnäckig und lassen einen nicht wieder los. Aber es ist auch viel Geld erforderlich, um sie am Leben zu erhalten oder gar Wirklichkeit werden zu lassen. Wir brauchten zweihunderttausend Dollar, um überhaupt einen Anfang machen zu können, und eine weitere halbe Million für die Personal- und Unterhaltskosten der ersten beiden Jahre. Weit mehr würde in der Folgezeit erforderlich sein. Wir wurden unterstützt von höchst engagierten Förderern, die rührend bemüht waren, das gerade erst gegründete Institut am Leben zu erhalten. Doch ich wußte, daß es letztlich nur Bestand haben konnte, wenn es mir gelang, noch mehr Mittel, Interesse und Unterstützung zu gewinnen. Also trat ich öffentlich auf, hielt Vorträge und steckte alle Honorare in das Institut. Ich hielt mich an eine Lektion der Louis Leakey School of Anthropology: Widme zehn Prozent deiner Zeit dem Feld und die anderen neunzig Prozent der Reklametrommel.

Als Student hatte ich den berühmten Leakey-Vorträgen hingerissen gelauscht, und ich wußte, welchem Umstand sie ihren Erfolg verdankten. Mochte er sich auch privat beklagen, wie lästig sie ihm seien, er hielt die Vorträge nicht nur des Geldes wegen, er hielt sie, weil es ihm Spaß machte, von seiner Arbeit zu sprechen. Die Neugier der riesigen Zuhörerschaft wirkte auf ihn wie eine

Droge. Er sog das hingerissene Interesse ein, das sein Publikum den Anfängen der Menschheit entgegenbrachte, und gewann daraus seinerseits die Faszinationskraft, die seine Vorträge immer auszeichnete. Auch ich setzte auf die Begeisterungsfähigkeit meines Publikums, und es ließ mich selten im Stich. Überall kamen die Menschen zusammen, um den Mann zu hören, der Lucy gefunden hatte und von dem sie mehr über ihren Ursprung erfahren konnten. Ich sprach in den USA in großen Sälen, kleinen Seminarräumen und in den Aulen von Schulen. Nicht weniger begeistert war die Aufnahme in Europa. Einmal hielten Desmond Clark und ich einen Vortrag in Rovigo, einer kleinen Stadt westlich von Venedig. Dort drängten sich tausend Menschen in einem winzigen Amphitheater, während man mehrere Hundert wieder hatte fortschicken müssen.

Das öffentliche Interesse an den Ursprüngen der Menschheit ist ein Phänomen, mit dem man rechnen muß. Seit Darwin die Auffassung vorgetragen hat, wir seien nicht immer das gewesen, was wir heute sind, möchten die Menschen unbedingt wissen, welche Gestalt sie einst besessen haben. Thomas Huxley, der sich in Vortragsreisen für Darwins Theorie einsetzte, sprach vor Sälen, die überfüllt waren von Wissenschaftlern und Laien. Als 1925 ein unbekannter Anatom namens Raymond Dart erklärte, er habe einen Schädel, der in einem südafrikanischen Kalksteinbruch gefunden worden sei, als den Schädel eines Affenmenschen identifiziert, machte das weltweit Schlagzeilen. Wenn Louis Leakey von seinen Entdeckungen berichtete, waren die Säle so überfüllt, daß die Zuhörer in den Fluren und auf den Treppen hockten. Sein Sohn Richard ist heute nicht weniger bekannt.

Ohne die Leistung dieser Forscher schmälern zu wollen, glaube ich, daß Lucy die Phantasie der Öffentlichkeit in besonderer Weise anspricht. Einen Teil dieser Anziehungskraft verdankt sie ihrem hohen Alter. Lucy kam aus den fernsten Anfängen unserer Geschichte ins 20. Jahrhundert. Bevor wir sie fanden, besaßen die Paläontologen nur eine Handvoll älterer Fundstücke, von denen man annahm, daß sie von Hominiden stammten. Das Stück eines Armknochens hielt man für vier Millionen Jahre alt. Ein Unterkiefersplitter wurde auf 5,5 Millionen Jahre datiert, und einen einzelnen Backenzahn schätzte man noch einmal eine halbe Million Jahre älter.

Alle diese Fossile sind stark verwitterte, anonyme Fragmente. Doch Lucy ist nicht irgendein Stück Knochen, sie ist ein *Skelett*, ein organisches Gebilde wie wir selbst. 40 Prozent ihres Skeletts fanden wir auf dem Abhang im Hadar. Doch da wir Stücke von beiden Seiten ihres Körpers hatten und da die beiden Seiten eines Skeletts einander spiegelbildlich entsprechen, konnten wir später 70 Prozent von ihr genau rekonstruieren. Ein Fundstück von solcher Vollständigkeit ist von außerordentlichem wissenschaftlichem Wert, doch Lucy spricht nicht nur unseren Verstand an. Es sind so viele Teile von ihr erhalten geblieben, daß unsere Vorstellungskraft den Rest ergänzen kann – so wie wir eine Unterhaltung, von der wir nur Bruchstücke aufschnappen, rekonstruieren können. Nur daß es sich in diesem Falle um eine Unterhaltung handelt, die vor drei Millionen Jahren stattgefunden hat.

Neben Alter und Vollständigkeit ist noch ein dritter Aspekt für Lucys Faszination verantwortlich. Ich weiß, daß es reichlich kühn klingt, aber ich bin fest davon überzeugt, daß Lucys Wirkung auch mit ihrem Geschlecht zu tun hat. Ein Kieferstück oder das Fragment eines Schädeldachs hat kein Geschlecht, und wenn wir uns doch für eines entscheiden, wird es automatisch das männliche sein, weil dies in unserer Gesellschaft noch immer der allgemeine Maßstab, der »Prototyp«, ist. Als Frau bekommt Lucy noch ein Stück mehr Individualität. Ob man, wie ich, der Überzeugung ist, daß ihre Art ein direkter Vorläufer der Menschheit war, oder ob man dies bestreitet, in jedem Fall verleiht ihr das weibliche Geschlecht eine Art menschlicher Identität. Und ich denke, sie spricht auch eine sehr tiefe Schicht unserer kollektiven Phantasie an. In gewissem Sinne – verborgen zwar, aber sehr nachdrücklich – repräsentiert sie die Urmutter, Gäa, Isis – oder welchen Namen auch immer dieses Fruchtbarkeitssymbol bekommen hat, das so alt ist wie das menschliche Bewußtsein.

Als Wissenschaftler begebe ich mich auf gefährlichen Boden, wenn ich auf Lucys »mythische« Qualitäten zu sprechen komme.

Ihre eigentliche Bedeutung liegt natürlich weniger in solch symbolischen Eigenschaften als vielmehr in den empirischen Beweisen, die sie zum Verständnis des Evolutionsprozesses, insbesondere der evolutionären Ursprünge der menschlichen Art, beisteuert. Dennoch sollte man sich klarmachen, daß die Suche nach diesen Anfängen bei vielen Menschen auf die gleichen Bewußtseinsschichten wirkt wie früher die tröstlichen Mythen der Religionen. Das erlegt allen Wissenschaftlern, die mit der vorgeschichtlichen Forschung befaßt sind, große Verantwortung auf. Als Louis Leakey vor zwanzig Jahren seine Vortragsreisen durch die Vereinigten Staaten machte, berichtete er von Menschen in Olduvai, die Behausungen aus Stein erbaut, riesige Büffelherden erlegt

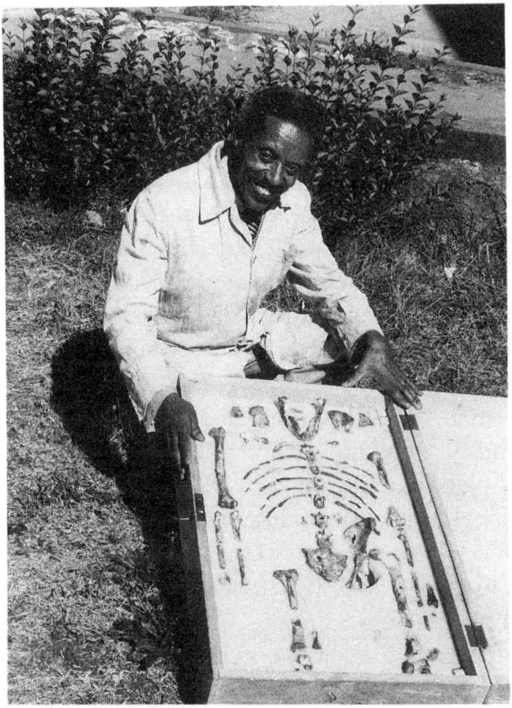

Ato Woldesembet Abomisa, Lagerverwalter des National Museum of Ethiopia, mit Lucys Skelett. (Donald Johanson)

und mit gerundeten, durch Lederriemen zusammengehaltenen Steinchen gespielt haben. Leakey hat damals das berichtet, was er für die Wahrheit hielt, doch inzwischen ist vieles davon in Zweifel gezogen worden. Vor allem in den letzten zehn Jahren hat sich die Paläoanthropologie immer stärker zur strengen Naturwissenschaft geläutert, indem sie immer genauere Methoden entwickelt und einen erheblich erweiterten Bestand an Fundstücken zusammengetragen hat, auf dem sie fußt.

Dabei hat man erhebliche Skepsis gegenüber den recht subjektiven Methoden entwickelt, die diese Wissenschaft einst kennzeichneten. Je mehr wir über unsere Herkunft erfahren, desto fragwürdiger erscheinen Annahmen, die man lange für Tatsachen hielt. Diese kritische Vorsicht ist von den Anhängern der sogenannten »Schöpfungslehre« gelegentlich als Anzeichen für grundlegende Zweifel der Paläoanthropologen an den Schlußfolgerungen der Evolutionslehre ausgelegt worden. Genau das Gegenteil ist richtig. Sie zeigt, daß die Paläoanthropologie endlich erwachsen wird.

Ich fühlte mich meiner Wissenschaft gegenüber verpflichtet, dem Publikum diesen Punkt klarzumachen – eine Verpflichtung, die sich nicht mit den Erwartungen des Publikums zu decken schien. Als ich mit meinen Vorträgen überall im Lande begann, beschlich mich das unangenehme Gefühl, daß man meinen Worten eine besondere Geltung zuschrieb. Wenn ich meine Zuhörer ansah – Geschäftsleute, die kerzengerade in ihren Stühlen saßen, junge Studenten, die eifrig mitschrieben, ältere Menschen, die mir aufmunternd zulächelten –, dann las ich in ihren Gesichtern, daß sie von mir die Verkündigung ewiger Wahrheiten erwarteten, als sei ich auf dem heiligen Berg gewesen und hätte von dort die endgültige, völlig neue Version des Uranfangs mitgebracht, mit dem Gütesiegel von Logik und Wissenschaftlichkeit versehen. In ihren Gesichtern konnte ich sehen, wie sehr es sie nach Wahrheit verlangte, und aus den Fragen, die sie nach den Vorträgen stellten, hörte ich es heraus. Was macht uns zu Menschen? Wann hat sich die Menschheit aus moralischer Sicht entwickelt? Welche Zukunft hat unsere Art?

Diese Fragen gaben mir nicht das Gefühl besonderer Bedeutung, sondern vermittelten mir den unangenehmen Eindruck, daß ein Mißverständnis vorlag. Ich bin ein Anthropologe und kein Priester. Donald Johansons Meinung über die Zukunft der Menschheit ist nicht interessanter als die eines anderen einigermaßen informierten Zeitgenossen. Ja, sogar meine Auffassungen über den Ursprung der Menschheit – einschließlich meiner festen Überzeugung, daß Lucys Art die direkte Vorgängerin der menschlichen Linie ist – sind notgedrungen vorläufig. Ich wäre der erste, der sie verwürfe, wenn neue Fakten sie als falsch erwiesen. Doch ganz gleich, wie viele Einschränkungen ich in meine Vorträge aufnahm, wie oft ich *vielleicht* oder *nach meiner Meinung* sagte, kaum hatte ich mit meinem Vortrag begonnen, da spürte ich auch schon die bedingungslose Zustimmung meiner Zuhörer wie ein Gewicht auf mir lasten: *Johanson hat es gesagt, also ist es so.*

Es gab noch einen anderen, ärgerlicheren Grund für das Gefühl, daß da etwas falsch lief. Ich wußte natürlich, daß die Leute meine Vorträge besuchten, weil ich die Funde im Afar-Gebiet gemacht hatte. Doch wie lange würde ich noch von der Vergangenheit zehren können? Seit ich das Institut im Jahre 1981 gegründet hatte, mußte ich einen immer größeren Teil meiner Zeit seinen Belangen widmen – Mittelbeschaffung, Vorträge, Personalfragen, Verwaltungsarbeit. Es war nicht nur so, daß man mir die Gelegenheit zur Feldforschung verwehrte, es blieb mir auch weit weniger Zeit, als mir lieb war, für die eigentliche wissenschaftliche Arbeit, die Analyse von Fundstücken und die Abfassung von erläuternden Artikeln. Ich schaffte es gerade noch, mich in den einschlägigen wissenschaftlichen Zeitschriften auf dem laufenden zu halten. Aus dieser Lektüre und aus den Gesprächen mit Kollegen erfuhr ich von den Fortschritten, die stattfanden. Doch inwiefern war ich noch an ihnen beteiligt? Die Rolle eines öffentlichen Sprechers für die Paläoanthropologie mißfiel mir durchaus nicht. Bedeutete das jedoch, daß ich nicht mehr gleichzeitig als Paläoanthropologe tätig sein konnte? Und wenn ich kein praktizierender Paläoanthropologe mehr war, welches Recht hatte ich dann noch, für diese Zunft zu sprechen?

Inzwischen nahm das Institut allmählich die Gestalt an, die ich ihm von Anfang an zugedacht hatte. 1983 zogen wir in ein geräumigeres Quartier um. Im Keller war ein hochmodernes Laboratorium zur Datierung von Fossilfunden eingerichtet, das von Garniss Curtis und Bob Drake geleitet wurde. Im oberen Stockwerk war ein ganzes Team damit beschäftigt, Vorschläge, Projekte und Artikel auszuarbeiten. Wir hatten schon Tagungen durchgeführt und uns an zahlreichen Expeditionen in Europa beteiligt. Das paläoanthropologische Labor im Untergeschoß war noch nicht ganz fertig. Die Chemikalien, die für den Abguß und die Nachbildung erforderlich sind, stapelten sich in Kartons auf dem Fußboden. In einer Ecke lag ein Abguß von Lucy auf einem Tisch zwischen den neuen Geräten und Apparaten. Doch die blauen, filzbespannten Arbeitstische waren sauber, die Laborschränke leer. Wenn es keine Möglichkeit gab, nach Afrika zurückzukehren, war das alles zwar wunderschön, aber nutzlos – wie ein hochgezüchtetes Rennpferd, dem keine Strecke zur Verfügung steht, auf der es sein Können zeigen kann.

Die Ankündigung, daß die Durststrecke bald zu Ende sein könnte, kam unerwartet. Eines Tages im Frühling 1985 diktierte ich einige Briefe, als Gerry Eck mein Büro betrat. Eck ist ein langjähriger Freund und Kollege, ein Experte auf dem Gebiet fossiler Affen und außerdem ein hervorragender Organisator von Feldexpeditionen. Meine ersten afrikanischen Expeditionen führten mich an den äthiopischen Fluß Omo, und es war »Feld-Marschall« Eck, der dafür sorgte, daß das Omo-Team mit allem Nötigen versorgt und auf vier Rädern befördert wurde – eine gigantische Aufgabe, bedenkt man, wie abgelegen die Gegend und wie extrem das Klima ist. Seit 1974 lehrte er an der University of Washington in Seattle.

Ganz ruhig habe ich Eck noch nie erlebt – immer scheint er unter Spannung zu stehen und sich mit irgendeinem Problem auseinanderzusetzen, das nur er in seiner ganzen Tragweite erfaßt. An diesem Tag wußte er sich kaum zu beherrschen vor Aufregung.

»Ich habe etwas für dich«, sagte er. »Vielleicht ist es gar nichts, vielleicht aber auch eine Riesensache.«

»Laß mich raten. Richard Leakey hat sich entschlossen, uns fünf Minuten mit einem Fundstück unserer Wahl aus dem Kenya National Museum allein zu lassen.«

»Das ist kein Scherz. Was weißt du von Prosper Ndessokia?«

»Er ist tansanischer Student am paläontologischen Fachbereich von Berkeley. 1982 war er mit Glynn Isaac auf der Lake-Natron-Expedition. Netter Bursche. Arbeitet über Pavianschädel.«

»Das war eigentlich der Grund, warum ich ihn aufgesucht habe. Doch deshalb bin ich nicht hier.«

»Also, worum geht es?«

»Ndessokia ist Paläontologe am Tanzanian Antiquities Department. Er meint, wir sollten ruhig versuchen, eine Arbeitserlaubnis in Tansania zu erhalten. Möglicherweise könnte er uns sogar in die Olduvai-Schlucht bringen.«

»Vergiß es, Gerry! Mary Leakey würde niemals zulassen, daß wir in Olduvai arbeiten«, sagte ich. Mary war im letzten Jahr in den Ruhestand getreten und nach Nairobi gezogen, um dort eine Monographie über ihre letzten Ausgrabungen in der Schlucht abzuschließen. Sie war sicherlich noch interessiert daran, was dort vor sich ging. Und Richard Leakeys Einfluß auf die Nutzung von Fundgebieten mochte zwar im wesentlichen an der kenianischen Grenze enden, doch ich war mir sicher, daß er auch bei der Entscheidung darüber, wer in der Olduvai-Schlucht arbeiten durfte, ein Wort mitzureden hatte.

»Genau das habe ich auch Prosper gesagt. Er war bestürzt, daß ich meinte, Mary habe irgendeinen Einfluß auf die Forschungsbewilligungen für Tansania. Dieses Recht behält sich der tansanische Staat ganz alleine vor. Das gilt für Olduvai, Laetoli und die ganze Gegend.«

»Einen Moment. Heißt das etwa, wir können in der Olduvai-Schlucht ohne Marys Zustimmung arbeiten?« fragte ich.

Ich muß zugeben, daß mir diese Vorstellung zunächst äußerst unwahrscheinlich erschien. Für jeden, der sich für dieses Fachgebiet interessiert, ist der Name *Olduvai-Schlucht* untrennbar mit dem Namen *Leakey* verbunden. Mary und ihr Mann Louis hatten Olduvai seit den fünfziger Jahren durch eine Reihe spektakulärer

Funde zum Zentrum der paläontologischen Karte in Ostafrika gemacht. Während Louis sich später anderen Regionen zugewandt hatte, war Mary in der Schlucht geblieben, um die archäologischen Überreste sorgfältig auszugraben. Ihre Arbeit über die Steinwerkzeugherstellung in Olduvai ist ein Klassiker auf diesem Gebiet. Laetoli war weniger bekannt, doch die Fußabdrücke, die Mary dort 1978 gefunden hatte, gehören zu den größten Entdekkungen aller Zeiten.

»Ich gebe mal einfach wieder, was Prosper mir gesagt hat«, erwiderte Gerry. »Seiner Darstellung nach wäre der Tanzanian National Scientific Research Council empört über die Unterstellung, wir müßten die Genehmigung einer Engländerin und eines kenianischen Staatsbürgers einholen, um auf tansanischem Gebiet zu arbeiten – ganz gleich, wie ihr Familienname auch lauten mag. Ohne Mary Leakeys Verdienste schmälern zu wollen, sei doch festzustellen, daß sie nicht mehr in Tansania arbeite und ihren Ruhestand in Nairobi verbringe.«

»Ich glaube, wir sollten so bald wie möglich mit Ndessokia sprechen«, sagte ich.

Von seinem Temperament her erwies sich Prosper Ndessokia als das genaue Gegenteil von Gerry – so nervös dieser war, so gelassen und unerschütterlich wirkte jener. Seine Haltung erweckte den Eindruck, daß die Dinge in seinem Inneren unaufhaltsam dem Gleichgewicht und der Klarheit zustrebten, mochte das Leben äußerlich auch noch so chaotisch verlaufen. Als wir am folgenden Tag mit ihm zusammentrafen, bestätigte Prosper alles, was Gerry Eck mir gesagt hatte, und ging sogar noch einen Schritt weiter. Das Tanzanian Department of Antiquities hatte bereits ehrgeizige, langfristige Pläne zur Erschließung der reichen prähistorischen Fundstätten des Landes entwickelt, wozu auch die Ausbildung tansanischer Wissenschaftler gehörte. Das National Museum hatte beschlossen, ein naturhistorisches Museum in der Bezirkshauptstadt Arusha, etwa hundertfünfzig Kilometer östlich von Olduvai, einzurichten. Doch während die Zukunft recht vielversprechend aussah, fehlte es gegenwärtig an Fachleuten und Mitteln. Abgesehen von dem kleinen Mitarbeiterstab, der das bescheidene Museum am Rande der Schlucht betrieb, stand das Dauerlager in Olduvai seit Marys Fortgang leer.

Von Prosper ermutigt, baten wir das National Scientific Research Council – auch Utafiti genannt – um die Erlaubnis, in Zusammenarbeit mit tansanischen Wissenschaftlern und Studenten über einen Zeitraum von drei Jahren Feldarbeiten durchführen zu dürfen. Eines Morgens Anfang Mai begrüßte mich mein Kollege Bill Kimbel am Institutseingang mit einem strahlenden Lächeln auf seinem schwarzbärtigen Gesicht. Er händigte mir ein Telegramm von Mrs. A. E. Lyaruu, einer Beamtin des Utafiti, aus: *Genehmigung für Sie und Ihre Kollegen zugesagt, dass vorgeschlagenes Projekt erneuter paläoanthropologischer Forschungsarbeiten in der Olduvai-Schlucht durchgeführt werden kann...*

Ich mußte schlucken. Die frohe Botschaft hatte lange auf sich warten lassen.

»Wir haben's geschafft, Bill«, schrie ich, »wir sind in der Schlucht.«

Kimbel zog die Stirn kraus. Er neigt von Natur aus eher zu Vorsicht und Bedenklichkeit. In den zehn Jahren unserer Zusammenarbeit hat Bill es sich zur Gewohnheit gemacht, meinen Optimismus zu dämpfen. Nach einem ständigen Witz zwischen uns hält er für solche Notfälle immer einen Krug mit kaltem Wasser in seiner Schreibtischschublade bereit.

»Dreh nicht gleich durch«, meinte er, »noch sind wir nirgends. Erst mal brauchen wir das Geld, um dort arbeiten zu können. Weiß der Himmel, wie wir es auftreiben sollen, um noch in diesem Jahr mit der Arbeit beginnen zu können.«

»Aha, und wie lautet Ihre Prognose, Dr. Miesepeter.«

»Hol Eck ans Telefon. Ich rufe Tim an und sage ihm, er soll machen, daß er herkommt. Wir müssen über ein paar Dinge nachdenken.«

In den nächsten Tagen legten Tim, Bill, Prosper, Gerry und ich – dazu der Geologe Bob Drake aus dem Datierungslabor im Erdgeschoß – fest, was zu tun war. Uns war völlig klar, daß kaum Hoffnung auf eine gründliche Expedition noch im gleichen Jahr bestand. Allein für die Anträge auf Forschungsgelder war es erforderlich, alle Forschungsarbeiten zu beschreiben, die bislang in der Olduvai-Schlucht durchgeführt worden waren, und sie ist schließlich eines der am gründlichsten erforschten anthropologischen Reviere der ganzen Welt. Sodann mußten wir uns ein überzeugendes Argument für eine erneute Expedition in die Schlucht einfallen lassen – nicht nur hinsichtlich der Möglichkeit weiterer Hominidenfunde, sondern auch zur Untersuchung ihrer Geologie, Paläontologie und Archäologie. Nach unserer Einschätzung würde keine dieser Aufgaben schwierig sein, sie würden aber ihre Zeit brauchen. Die meisten Fristen für die Vergabe solcher Gelder waren bereits verstrichen.

Schließlich beschlossen wir, die Dinge nacheinander anzugehen. Zunächst wollten wir einen kurzen – aus den Mitteln des Instituts finanzierten – Abstecher nach Olduvai machen, um zu prüfen, was von dem Terrain tatsächlich zu erwarten war. Dabei sollten auch die Beziehungen zu den Tansaniern fester geknüpft werden, um ihre Prioritäten kennenzulernen. Schließlich galt es, Anträge für Forschungsmittel aufzusetzen, um im Sommer 1986 die eigentlichen Forschungsarbeiten durchführen zu können. Wir hatten entschieden, daß Tim, Gerry, Prosper, Bob und ich im Juli die Vorbesichtigung in Tansania durchführen sollten. Bill blieb zu Hause und kümmerte sich um das Institut.

Vor unserer Abreise war noch eine Sache zu erledigen. Ich hatte nach unserem ersten Gespräch mit Prosper Ndessokia noch keine Verbindung mit Mary Leakey aufgenommen, um ihr von unseren Hoffnungen auf neuerliche Forschungsarbeiten in der Olduvai-Schlucht zu berichten. Aus Gründen, auf die ich später noch eingehen werde, hatten meine Beziehungen zu Mary 1978 ein jähes Ende gefunden. Seither hatten wir nicht mehr miteinander gesprochen. Ich wußte natürlich, sie würde nicht gerade begeistert darüber sein, daß ich eine Forschungsexpedition in das Gebiet leiten wollte, das so lange ihr Arbeitsplatz und ihre Heimat gewesen war.

Solange wir noch nicht sicher waren, ob es überhaupt klappen würde, sah ich keinen Anlaß, sie mit unseren Plänen zu behelligen. Wenn ich in all den Jahren etwas über das Geschäft der Anthropologie gelernt hatte, dann das eine – daß man der Versuchung, über ungelegte Eier zu plaudern, nicht nachgeben durfte. Wichtiger war noch der Aspekt, daß Olduvai in Tansania lag und es deshalb Sache der tansanischen Stellen war, sich mit Mary in Verbindung zu setzen. Für die angestrebten Forschungsarbeiten heimlich die Billigung einer dritten Seite einzuholen, schien mir zumindest unangebracht zu sein – möglicherweise sogar beleidigend für unsere Gastgeber.

Im Juni, kurz nachdem wir das Telegramm des Utafiti erhalten hatten, schrieb ich einen Brief an Mary, in dem ich ihr mitteilte, daß wir die Erlaubnis erhalten hatten, Forschungsarbeiten in Nordtansania, insbesondere in der Olduvai-Schlucht und in Laetoli, durchzuführen. Ich versprach ihr auch, sie über den Fortgang der Ereignisse auf dem laufenden zu halten. Sie antwortete mir im Juli, zeigte sich in dem Brief sehr beunruhigt über unsere Absichten und behauptete, ich wisse »nichts über die wissenschaftlichen Verfahren, die unter solchen Umständen üblich sind«.

Daressalam, Hauptstadt von Tansania. (Donald Johanson)

Ich habe tiefe Hochachtung für alles, was Mary in Olduvai geleistet hat. Doch das einzige Prinzip, gegen das ich möglicherweise verstoßen hatte, war das »Old-Boy-«, das »Vitamin-B-Prinzip«, jene besondere Spielart der Anthropologie, die sich seit Kolonialzeiten in Ostafrika gehalten hat. Die Leakeys hatten lange das alleinige Privileg, die Olduvai-Schlucht zu erforschen, deshalb räumte man ihnen in diesen Anthropologenkreisen auch das Recht ein, mitzuentscheiden, wer nach ihnen dorthin durfte. Nach meiner Auffassung war es allerdings an der Zeit, die Schlucht nicht länger als Erbhof der Leakeys zu betrachten. Diese fundreiche Region verdiente nicht nur eine Vergangenheit, sondern auch eine Zukunft, und über die hatten natürlich nur die Tansanier zu entscheiden. Ich hoffte sogar, daß Mary, sobald sie sich erst einmal von ihrem anfänglichen Schock erholt hatte, einsehen würde, daß es für Olduvai besser war, auch weiterhin zur paläoanthropologischen Forschung beizutragen, statt brachzuliegen, während möglicherweise wertvolle Fossilien in den Regenzeiten fortgewaschen wurden.

Anfang August 1985 flogen wir nach Daressalam und führten eingehende Gespräche mit den Vertretern des Department of Antiquities, des Utafiti und der Universität von Daressalam. Dabei ging es um drei Bereiche – Forschung, Verwaltung der Fundstätten und Ausbildung. Die Forschung sollte sich zunächst auf bekannte Gebiete wie Olduvai und Laetoli konzentrieren und die berühmten Leakey-Fundstellen neuen Ansätzen zugänglich machen. Später konnten die vielfältigen Einrichtungen in Olduvai als Ausgangsbasis für die Erschließung neuer Fundstätten im Süden dienen. Es sollte ein Maßnahmenkatalog aufgestellt werden, um die Fossilvorkommen in Olduvai sowohl vor den Hufen der Massairinder wie auch den Händen der Touristen zu schützen, die unwissentlich unersetzliches Material aus den Fundstätten entfernen konnten. Schließlich wollten wir ein theoretisches und praktisches Ausbildungsprogramm für Tansanier entwerfen, dessen erste Nutznießer Prosper Ndessokia und sein Geologiekollege Paul Manega sein sollten. Ferner war vorgesehen, Empfehlungen für die beste Konservierungsmethode der berühmten Fußabdrücke von Laetoli auszuarbeiten. Vor einigen Jahren hatte Mary sie wieder eingegraben, um sie vor schädlichen Witterungseinflüssen zu schützen. Das war eine vernünftige Notmaßnahme, doch vergrabene Fußabdrücke sind nur von geringem Nutzen für die Wissenschaft. Wichtiger noch, sie waren auf diese Weise durchaus nicht vor Schaden geschützt; Wasser konnte in den Boden sickern; Akazienwurzeln konnten sie erreichen und sprengen. Wie ließen sich die Fußabdrücke auf Dauer sichern? Konnten sie ausgegraben und in das vorgeschlagene neue Museum in Arusha gebracht werden?

Das alles verlangte jahrelange mühevolle Arbeit und erhebliche Finanzmittel. Zunächst mußten wir daher die Institutionen, die Forschungsgelder bereit hielten, davon überzeugen, daß die Fundstellen in Olduvai und Laetoli tatsächlich so vielversprechend waren, wie wir annahmen. In Olduvai eröffnen sich keine unerforschten Horizonte wie in Hadar oder im Omo-Gebiet. Generationen von Fossiljägern haben dort ihre Fußabdrücke hinterlassen. Hunderte von Augenpaaren haben jeden kleinen Vorsprung, jede Unregelmäßigkeit in der Bodengestaltung gemustert. Geologen haben die Schichten vermessen, bezeichnet, untersucht und datiert. Archäologen haben eingehende Ausgrabungen an Schlüsselstellen der Hominidenaktivität vorgenommen. Paläontologen haben sich mit der Bedeutung der pflanzlichen Überreste beschäftigt, alle Schlußfolgerungen zusammengefaßt und dann noch einmal durchgearbeitet.

Wir wußten, daß einige Beobachter das Olduvai für ein ziemlich abgegrastes Revier halten würden – wie eine Sonderangebotsecke in einem Kaufhaus, die seit Monaten von scharfäugigen Käufern durchstöbert worden ist. Doch nach unserer Auffassung bedeuteten die Forschungsaktivitäten der Vergangenheit für jemanden, der sich erneut mit der Schlucht beschäftigte, einen außerordentlichen Vorteil gegenüber den Wissenschaftlern, die sich neuen Revieren zuwandten. Für Anthropologen ist Olduvai mehr als nur eine Forschungsstätte. Es repräsentiert einen unvergleichlichen Bestand an Wissen, an Informationen, die man nirgendwo sonst so reichhaltig und ausführlich vorfindet. Wenn es einem gelang, dort neue Hinweise zu entdecken, dann ließen sie sich sofort in ein komplexes und außerordentlich geordnetes System von Daten einfügen – wie neue Stücke in einem Puzzle, dessen Ränder bereits gelegt sind.

1985 konnten wir uns lediglich zehn Tage Feldarbeit leisten, gerade Zeit genug, um die Schlucht flüchtig zu durchstreifen und festzustellen, was sie noch zu bieten hatte. Als wir über die Hänge und durch die Wasserrinnen kletterten, bildeten wir uns nicht ein, sensationelle Funde machen zu können. Doch wir wußten, daß alle noch so winzigen Entdeckungen, die diese Landschaft möglicherweise noch bereithielt, doppelte Erkenntnis versprachen durch all die Forschungsarbeit, die hier schon geleistet worden war.

Was wir in diesen wenigen Tagen fanden, war mehr als genug, um uns davon zu überzeugen, daß die berühmte alte Fundstätte noch keineswegs erschöpft war. Die Regenfälle im letzten Frühjahr waren besonders heftig gewesen, und auf vielen Hängen waren fossile Knochen und alte Steinwerkzeuge freigespült worden. Auf dem Boden einer Rinne fand Gerry einen Teil eines Elefantenkiefers. Ein paar Tage später stieß Bob Drake auf einen vollständigen fossilen Nashornschädel. Um einen Hang mit besonders reichlichen Vorkommen zu prüfen, arbeiteten wir zu viert eine Fläche von fünf Quadratmetern durch, wobei wir jedes Knochenfragment und jedes Steinwerkzeug untersuchten. Nach einer halben Stunde harter Arbeit hatten wir mehr als siebenhundert Knochenstücke, achtundachtzig Zahnfragmente, einen Schlangenwirbel und mehr als zweihundert Steinstücke entdeckt, die, wie deutlich zu erkennen, vor Jahrmillionen von Hominiden zu groben Werkzeugen geformt worden waren. Wir hofften, daß allein dieser Beweis für die Dichte der Fossilvorkommen die zuständigen Stellen dazu bewegen würde, die Mittel zu bewilligen, die wir brauchten, um die Olduvai-Schlucht im kommenden Jahr sorgfältig zu erforschen. Nach unserer Rückkehr würde uns die abgesammelte Hangfläche außerdem verraten, wieviel neues Material durch die Erosion eines Jahres freigelegt wird. Ein Abstecher nach Laetoli hatte auch hier gezeigt, wie rasch sich die Erosion der Fossillager vollzieht. Zahlreiche Säugerknochen mit einem Alter von dreieinhalb Millionen Jahren waren über die Landschaft verstreut.

Nachdem wir soviel erledigt hatten, wie sich in dieser kurzen Zeit schaffen ließ, packten wir unsere Sachen zusammen und fuhren nach Hause. Den Herbst über arbeiteten wir an den Anträgen für die National Science Foundation und die National Geographic Society, entwarfen ein umfangreiches Projekt zur dreijährigen Erforschung der Schlucht und auch der buschbewachsenen Ablagerungsschichten in Laetoli. Wir luden Lewis Binford und George Frison auf einige Wochen zu den Feldarbeiten ein. Vor allem war ich an Binfords Ergebnissen interessiert. Binford, ein Wissenschaftler von großem Scharfsinn mit einer Neigung zu beißender Kritik, hatte bereits ein Buch veröffentlicht, in dem er die Auffassung der Leakeys von Olduvais Vorgeschichte stark in Zweifel zog, und ich wußte, daß er sich über die Möglichkeit freuen würde, die Fundstellen selbst in Augenschein nehmen zu können. Inzwischen hatte der Geologe Bob Walter, der uns vor zehn Jahren bei der Stratigraphie und Datierung der Hadar-Funde geholfen hatte, einen Vorschlag zur Erweiterung des absoluten Datierungsrahmens der Ablagerungsschichten in Olduvai unterbreitet. Zum erstenmal seit Jahren hatte ich wieder das faszinierende Gefühl, vor einem neuen Projekt zu stehen und mit einem Team von Fachleuten eine vielversprechende Fundstelle bearbeiten zu können.

Eines Tages im Mai kam Bill Kimbel in mein Büro und brachte schlechte Nachrichten. Unser Antrag war von der National Science Foundation abgelehnt worden. Die National Geographic Society, die die Leakeys fünfundzwanzig Jahre lang in Olduvai mit Forschungsmitteln versorgt hatte, hatte vor einigen Tagen einen anderen Antrag abschlägig beschieden. Wir riefen Tim an, und er kam von seinem Labor auf dem Berkeley-Campus herüber. Zu dritt gingen wir mißmutig den Stapel der Stellungnahmen durch und überlegten, was wir falsch gemacht hatten.

Im Wissenschaftsbetrieb der Vereinigten Staaten werden Forschungsgelder auf der Grundlage des *Peer-review-system* – der Prüfung durch Kollegen – bewilligt oder abgelehnt. Kopien der Anträge werden von der Institution, die die Mittel bereitstellt, an andere Wissenschaftler des Fachgebietes verschickt, die über genügend Sachkenntnis verfügen, um den Wert des vorgeschlagenen

Projektes beurteilen zu können. Nach einer schriftlichen Stellungnahme zu dem Antrag ordnet jeder Prüfer seine Wertung in einer Skala ein, die von »Ausgezeichnet« bis »Schlecht« reicht. Nach Eingang aller Stellungnahmen wird der Durchschnitt der Bewertungen errechnet und dem Antrag danach ein Rangplatz im Verhältnis zu allen anderen eingereichten Anträgen zugewiesen. Die Forschungsmittel werden nach dem insgesamt verfügbaren Geld verteilt – manchmal bekommen alle als »Sehr gut« eingestuften Projekte den Zuschlag oder, wenn die Mittel knapp sind, nur die Anträge, die mit »Ausgezeichnet« bewertet worden sind. Die *Peer-review* ist beileibe kein vollkommenes System, aber es bietet doch weitgehend die Garantie dafür, daß in einem sehr konkurrenzorientierten Bereich die besten Projekte die größten Aussichten haben, auch tatsächlich Forschungsgelder zu erhalten.

Die anonymen Stellungnahmen zu unserem Antrag waren entschieden gemischt – wohl kaum eine Überraschung in einem Bereich, der von erbitterten Fehden zwischen konkurrierenden Lagern geprägt ist.

»Mit der Beteiligung, den Einrichtungen und der Unterstützung der tansanischen Regierung und Forschung könnte Olduvai zum wichtigsten Projekt der nächsten zehn Jahre werden«, hieß es in einer Stellungnahme, die unseren Antrag als »Ausgezeichnet« einstufte.

»Nicht systematisch« war in einer anderen Beurteilung zu lesen, deren Verfasser meinte, hier sollte die NSF für Wissenschaftler zur Kasse gebeten werden, die sich aufs Geratewohl aufmachten, »um ohne konkrete Anhaltspunkte nach Hominidenfossilien zu suchen«. Er oder sie hatte das Kästchen »Mittelmäßig« angekreuzt.

»Aus welchen Gründen auch immer«, merkte ein dritter an, »sind weder die Vorkommen in Olduvai noch in Laetoli restlos erschlossen worden... Deswegen ist es höchst interessant und vielversprechend, wenn sich hier eine interdisziplinär zusammengestellte Gruppe von Experten mit ausführlicher Felderfahrung offenbar mit der aktiven Unterstützung der tansanischen Behörden an die Arbeit machen kann.«

Doch in der nächsten Stellungnahme, die ich vom Stapel nahm, wurde die gegenteilige Auffassung geäußert: »Bedenkt man, wie viele Jahre dieses Gebiet erforscht wurde, so erscheint es nicht sehr wahrscheinlich, daß das Team noch sehr vicl mehr Hominidenmaterial finden wird.« Auch dort erhielten wir nur eine mittelmäßige Beurteilung.

»Hier heißt es, daß es ein ›Glücksspiel‹ sei«, meinte Bill und reichte mir ein weißes Blatt. »Immerhin wird das Projekt als ›Sehr gut‹ eingestuft. Was hältst du davon?«

»Hör dir das an«, knurrte Tim. »›Die Aussichten sind außerordentlich gering, daß eine größere Menge brauchbares neues Hominidenmaterial entdeckt wird.‹ Was ist denn das für'n Mist?«

»›... kaum wahrscheinlich, daß größere Mengen neuer Hominidenfundstücke entdeckt werden‹, las ich vor. »Haben wir das nicht schon gehört?«

»Scheint so«, meinte Tim. »Niemand glaubt, daß in Olduvai noch was zu finden ist. Oder zumindest behaupten sie das.«

»Was meinst du?« fragte Bill. »Was steckt dahinter?«

»Ganz einfach; sie sagen damit: ›Wenn Ihr glaubt, daß Ihr im Vorgarten der Leakeys wildern könnt, dann besorgt Euch gefälligst woanders die Moneten dazu‹«, erwiderte Tim.

»Das glaub ich nicht«, sagte Bill.

»Dann hör dir das an«, meinte Tim. »›Die Nichterwähnung des Kenya National Museum ist so auffällig, daß sie als absichtlich verstanden werden muß und darauf schließen läßt, daß der Antrag nicht frei von politischen Tendenzen ist.‹ Seit wann muß in einem Antrag, in dem es um Forschungsarbeiten in Tansania geht, ein Museum in einem Nachbarland erwähnt werden, bloß weil sein Direktor Richard Leakey ist? In dieser Stellungnahme kann nicht mehr von Tendenzen die Rede sein; das ist knallharte Politik.«

Dann wandte sich Tim mir mit einem breiten Grinsen zu.

»Was ist, Johanson? Meinst du nicht, daß es an der Zeit ist, dich in einen deiner Nadelstreifenanzüge zu werfen? Es muß doch noch irgendwo Leute geben, die bereit sind, gute paläoanthropologische Arbeit zu unterstützen.«

»Uns bleibt nicht viel Zeit«, meine ich. Dazu fiel niemandem etwas ein.

Noch in derselben Woche nahm ich an einem Kochwettbewerb für Prominente teil, dessen Erlös für wohltätige Zwecke bestimmt war. Ich freute mich auf dieses Ereignis, versprach es doch Ablenkung von all den beruflichen Sorgen und Problemen. Zu den Juroren zählten einige in der Gastronomie sehr bekannte Namen. Ich bin ein leidlicher Amateurkoch, und mir war klar, daß Köche von solchem Rang nicht mit irgendeinem zusammengekochten Gericht zu beeindrucken waren. Da hielt man sich besser an etwas Einfaches. Ich entschied mich also für ein Gericht, das ich einmal bei Gerry Eck gegessen hatte – Hähnchenkeulen in Orangensahnesauce.

Als *Sous-chef* hatte ich Gordon Gettys Frau Ann gewonnen. Am Abend des großen Ereignisses bauten wir unseren Stand auf und banden die Schürzen um. Gordon machte den Claqueur, und so breiteten wir zu dritt die Zutaten aus. Ich bräunte das Hähnchen in Butter, setzte einen Deckel drauf und ließ es eine halbe Stunde ziehen. Inzwischen kamen Freunde vorbei und kiebitzten. Als die Keulen fast gar waren, nahm ich sie heraus, raspelte Orangen- und Zitronenschale in die Pfanne, löschte mit etwas Wein und Sherry ab und schlug einen Viertelliter fette Sahne darunter. Als die Sauce dick war, ließ ich die Hähnchenkeulen wieder hineingleiten und fertig garen. Spät am Abend wurden die Preisträger bekanntgegeben. Sieger in der Kategorie Hauptgericht – Hähnchenkeule in Orangensahnesauce. Wir erhielten einen Eiskühler für unsere Mühen.

Das ganze war ein Riesenspaß, und obendrein diente es noch einem guten Zweck. Doch so ganz konnte ich mir die Gedanken an Olduvai nicht aus dem Kopf schlagen. Vielleicht sah man es mir an.

»Bill Kimbel hat mir von der Antragspleite erzählt«, meinte Gordon, als wir endlich saßen.

»Die anderen glauben, daß es keine Möglichkeit mehr gibt«, sagte ich.

»Und wie sehen Sie die Sache?«

»Ich bin mir da nicht so sicher. Aber es ist falsch, die Olduvai-

Schlucht für ein völlig abgegrastes Revier zu halten, das nichts mehr hergibt. Die Hänge dort sind steil. Ein einziger starker Regenfall kann den Zustand der ganzen Gegend verändern. Da bin ich sicher.«

»Die Sache scheint mir einen Versuch wert zu sein«, sagte Gordon. »Ich würde Ihnen gerne für diese Saison aushelfen.«

Gordon Getty war ein großzügiger Mäzen, aber auch ein Freund. Unter diesen Umständen wollte ich ihn nicht um Unterstützung bitten.

»Sie haben schon genug für das Institut getan«, sagte ich und meinte es auch so.

»Nehmen wir mal an, daß ich es tue, weil ich ein begeisterter Anhänger der IHO-Küche bin«, lachte Gordon. »Ich bin einfach hingerissen von den Hähnchenkeulen à la Eck.«

Gordons »Hähnchenzuschuß« löste hektische Aktivitäten aus. Am Ende der Woche hatten wir noch zwei bescheidene Beiträge aus anderen Quellen. Die Expedition würde nicht ganz den Umfang haben, den wir erhofft hatten, doch zumindest konnten wir uns ein paar Monate Feldarbeit leisten.

Am 12. Juli 1986 – zwei Tage vor meinem Kälteerlebnis mit der Hotelklimaanlage – war ich nach London geflogen, um mich von dort aus nach Tansania zu begeben. Wir landeten kurz nach Mitternacht auf dem Internationalen Flughafen Kilimandscharo, lange vor unserer planmäßigen Ankunft. Im Abfertigungsgebäude trank ich eine Tasse Kaffee und wartete auf den letzten Teil der Reise nach Daressalam. Ich blickte durch das Fenster hinaus auf die riesige DC-10, die mit geöffneten Ladeklappen auf dem Vorfeld stand, während Tankfahrzeuge und Gepäckkarren unter ihrem gewaltigen Silberleib umherfuhren. Die Besatzung kam die Gangway herunter und sah erschöpft aus. Ganz am Rande dieses Kreises aus Licht und Geschäftigkeit blitzte kurz das Auge eines afrikanischen Hasen auf. Schwach konnte ich die Umrisse des Tieres wahrnehmen, bevor es von der Rollbahn sprang und in der Dunkelheit verschwand. Schließlich begaben wir uns wieder an Bord und flogen in Richtung Daressalam davon. In zehntausend Meter Höhe sah ich die Sonne aufgehen.

Am Flughafen wurde ich, wie schon erwähnt, von Fidel Masao abgeholt, der mir von den Problemen mit den Bescheinigungen berichtete. Aber da war ich erschöpft, und meine Bedenken waren nicht weniger auf die Zeitverschiebung zurückzuführen als auf die Erinnerung an Tims traurige Begrüßung auf dem Flughafen von Addis Abeba vier Jahre zuvor.

»Da ist noch etwas, was Sie wissen müssen«, sagte Masao, als wir nach Daressalam fuhren. »Mary Leakey hat offenbar einen Lastwagen gemietet und ist ins Olduvai gefahren. Soweit ich gehört habe, hat sie alles abtransportiert, was nicht niet- und nagelfest war – Tische, Stühle, Matratzen, Betten, Öfen, Abgüsse, Bücher, vielleicht sogar die Windmühlen und den Generator. Es ist nicht herauszukriegen, was da genau los ist.«

»Das ist ja toll!« sagte ich. »Was hat Eck unternommen?« Gerry war vor uns in Daressalam eingetroffen, um die Ausrüstung und Vorräte zusammenzustellen. Dann sollte er nach Arusha aufbrechen, wo wir uns alle am siebzehnten treffen wollten.

»Was glauben Sie denn, was Gerry getan hat?« grinste Masao. »Er hat die letzten zwei Wochen damit verbracht, Möbel zusammenzukaufen, wenn er nicht gerade auf dem Basar war und nach Töpfen und Pfannen Ausschau gehalten hat. Als er schließlich alles zusammengepackt hatte und es mit dem Lastwagen des Antiquities Department fortschaffen wollte, platzte ein Zylindermantel. Es hat zwei Tage gedauert, einen neuen einzubauen.«

»Der gute alte Eck. Ob wir da draußen genießbares Essen haben oder nicht, jedenfalls haben wir Möbel, auf denen wir sitzen können, um es zu verputzen.«

Masao setzte mich mit dem Versprechen am Hotel ab, mich am folgenden Tag nach dem Frühstück abzuholen. Ich war seit sechsunddreißig Stunden unterwegs. Dann entdeckte ich, daß es kein heißes Wasser gab, und erfrischte mich nach meiner ergebnislosen Beschwerde an der Rezeption mit einem kalten Schwamm über dem Waschbecken. Ich ging zu Bett und war mit meinen Gedanken in zwei Welten. Wenn alles gut ging, stiegen wir in wenigen Tagen vom Ngorongoro-Krater auf der berühmten Serengeti-Ebene in die Olduvai-Schlucht ab, eine dunkle Bodenfalte ganz in der Nähe. Wieder und wieder stellte ich mir den Augenblick vor, da das Lagertor nach einer Straßenbiegung auftauchte, die Sonne auf dem staubigen Gras lag, Menschen hin und her eilten, das Lager mit Leben und endlich wieder mit *Arbeit* erfüllten. Ich versuchte mir auszumalen, wie es wäre, wenn wir »aufs Geratewohl« nach Hominidenfossilien suchten und tatsächlich etwas von Wert fänden, aber noch gelang es mir nicht, die andere Hälfte von mir abzuschalten, die mit den Dingen zu Hause beschäftigt war – Telefonanrufe im Institut, die noch nicht beantwortet waren, Haushaltspläne und Anträge, die noch abzuschließen waren, Vorträge, die ich vorzubereiten hatte. Und schließlich waren da noch die Bescheinigungsprobleme, mit denen wir uns am nächsten Morgen auseinanderzusetzen hatten. Aus dem Nebenzimmer hörte ich Stimmen und die Musik eines Kassettenrekorders. Beim Klang eines schrillen Saxophons, das zu den eintönigen Rhythmen einer schrägen Band »New York, New York« spielte, schlief ich ein.

Giancarlo Ligabue untersucht fossilführende Schichten in der Olduvai-Schlucht. Das italienische Studien- und Forschungszentrum Ligabue arbeitet seit 1986 mit dem Olduvai Project zusammen.

Wie sich herausstellte, hatte die Olduvai-Schlucht in diesem Sommer noch ein weiteres Geheimnis preiszugeben. Gemäß ihrer afrikanischen Natur sollte die Entdeckung alle unsere Erwartungen enttäuschen, uns in Kummer und Verwirrung stürzen und uns doch in höchstem Maße faszinieren. Doch ich greife vor. Wie jedes Hominidenfossil gewinnt die neue Entdeckung ihre Bedeutung erst im Zusammenhang aller Entdeckungen, die ihr vorausgingen. 1859 merkte Charles Darwin in seinem Buch *Vom Ursprung der Arten* ganz am Rande an, daß seine Theorie der Evolution durch natürliche Selektion auch die Anfänge der Menschheit erhellen könnte. Seither wird die Erde nach Spuren unserer frühesten Vorfahren durchwühlt. Doch die Vergangenheit verliert sich im Dunkel der Zeit, und die Hinweise, die uns Rückschlüsse erlauben, sind spärlich und nur sehr schwer zu deuten.

2. Kapitel
Das Alter des Menschen

> Daß damals dieser Anfang war, ist eine Sache des Glaubens und mithin unfehlbar, wann er war, ist eine Sache der Vernunft und folglich kompliziert und strittig.
>
> *John Donne*

»Der Mensch und vom Affen abstammen!« rief die Frau des Bischofs aus und sah ihren Mann an. »Mein Lieber, laß uns hoffen, daß es nicht wahr ist; und wenn es doch wahr ist, so laß uns beten, daß es nicht publik wird.«

Ungeachtet ihrer Gebete verbreitete sich die Kunde von Darwins Theorien wie ein Lauffeuer in allen Schichten der viktorianischen Gesellschaft. Die erste Auflage des Buchs *Vom Ursprung der Arten* war schon am ersten Tag vergriffen. Dabei stammte der Grundgedanke einer evolutionären Entwicklung neuer Arten aus älteren, primitiveren gar nicht von Darwin selbst und wurde im England des ausgehenden 19. Jahrhunderts durchaus nicht von jedermann als so ungehörig empfunden wie von des Bischofs Weib. Die Idee hatte sogar etwas ausgesprochen Attraktives. Die Evolution ließ sich als biologisches Gegenstück zum viktorianischen Fortschrittsglauben begreifen – eine allmählich ansteigende Stufenfolge von Experimenten, jedes ein bißchen »lebenstüchtiger« als der Vorgänger, eine Entwicklung, die unaufhaltsam zur Krone der Schöpfung, dem Menschen, führt. Für eine Gesellschaft mit soviel selbstgerechtem Stolz auf ihre Kolonialmacht und die Errungenschaften der industriellen Revolution bedeutete es nur einen kleinen Schritt, diesen biologischen Entwurf in einen gesellschaftlichen Zusammenhang zu übernehmen und die Stufenleiter ein klein wenig zu verlängern, so daß sich nun auch die angeborene Überlegenheit des weißen Mannes gegenüber den »minderwertigen« Völkern darlegen ließ.

Die Evolution erwies sich nicht nur als akzeptabler Begriff, sondern sogar als sehr hübsche Idee. Häßlich war nur der Mechanismus, den Darwin als Triebkraft dieses Prozesses vorgeschlagen hatte. Nach seiner Theorie der natürlichen Selektion – seiner *wirklichen* Ketzerei – wird durch die materielle und biologische Umwelt einer Art festgelegt, welche ihrer Mitglieder überleben und die meisten Nachkommen hervorbringen. Die Eigenschaften, die für die Anpassung der überlebenden Individuen an ihre Umwelt sorgten, werden sich in der nächsten Generation deutlicher ausprägen und die Entwicklung der Art entsprechend bestimmen. So sind alle Arten – auch die menschliche – nicht das Endprodukt eines Prozesses innerer Ausgestaltung, sondern schlicht das konkrete Ergebnis von Umwelteinflüssen, die auf zufällige Veränderungen der Eigenschaften von Individuen jeder Generation einwirken. Das scheinbare Fehlen eines Plans – göttlicher oder anderer Art – war selbst für viele Anhänger Darwins ein Ärgernis, für Darwins Gegner war der Gedanke absolut unerträglich. »Ein Gesetz von Kraut und Rüben«, spottete ein bedeutender Wissenschaftler, während ein anderer von »einer moralischen Ungeheuerlichkeit« sprach. Kein Wunder, aus der Perspektive der Darwinschen Selektionstheorie hat der Mensch keinen höheren Anspruch auf die Krone der Schöpfung als der Moskito, der sein Blut saugt, oder die Mikrobe, die von seinen Exkrementen lebt.

Tatsächlich waren Darwins erbittertste Widersacher nicht Bischöfe und ihre Frauen, sondern andere Wissenschaftler. An der Spitze seiner Gegner in England stand der berühmte Anatom Richard Owen, der die Hypothese, der Mensch stamme vom Affen ab, durch eine minutiöse anatomische Beweisführung zu widerlegen trachtete. Zwar räumte er gewisse Ähnlichkeiten zwischen *Homo sapiens* und den großen Affen (Schimpansen, Gorillas und Orang-Utans) ein. Gleichzeitig bemühte sich Owen aber auch, seine Fachkollegen davon zu überzeugen, daß es auf der anderen Seite unüberbrückbare Unterschiede gab. Insbesondere konzentrierte er sich auf morphologische Unterschiede, die sich seiner Meinung nach nicht auf Umwelteinflüsse zurückführen ließen und sich deshalb auch in einer endlosen Generationenfolge nicht veränderten. So verwies Owen auf die vorspringenden Augenbrauenwülste bei Gorillas. Da an diesen Vorsprüngen keine Muskeln ansetzen, lasse sich – so Owen – kaum vorstellen, daß sie im Verhalten des Tieres gegenüber seiner Umwelt irgendeine Rolle gespielt hätte. Folglich müsse man sie auch unverändert in der Ahnenreihe des Gorillas antreffen. Andererseits hätten menschliche Schädel keine vorspringenden Augenwülste; deshalb müsse ihr *Fehlen* ein Merkmal des Menschen sein, ganz gleich, wie weit man in die Vergangenheit zurückgehe. Folglich könnten Gorillas und Menschen nie miteinander verwandt gewesen sein.

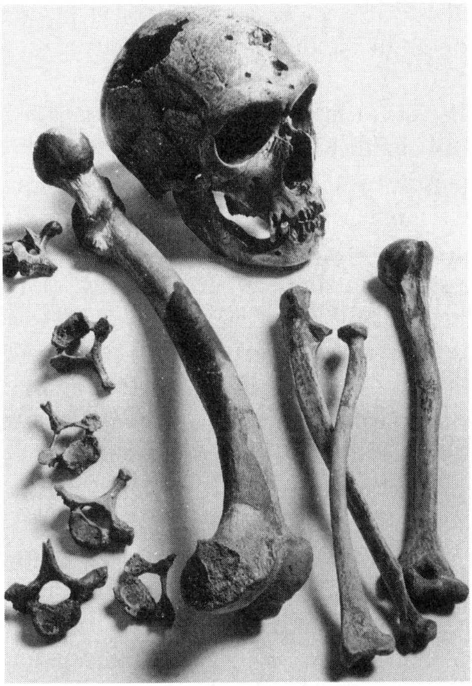

Ein Neandertaler-Skelett, das 1908 in La Chapelle-aux-Saints (Frankreich) gefunden wurde. Die Verkrümmungen in den Knochen der Gliedmaßen und andere Mißbildungen ließen die Wissenschaftler annehmen, daß die Neandertaler in gebeugter Haltung und mit abgewinkelten Knien gegangen seien. Erst Jahrzehnte später konnte nachgewiesen werden, daß diese Knochen von einem alten, durch Arthritis verkrüppelten Neandertaler stammten. (John Reader/Science Photo Library)

1856 – drei Jahre, bevor Darwins großes Werk erschien – fanden Arbeiter eines Steinbruchs in einer Höhle im Neandertal bei Düsseldorf einige seltsame Knochen; es schien sich um menschliche

Fossilien zu handeln, auch wenn die Knochen nicht denen normalgebauter heutiger Menschen glichen. Die Beinknochen waren gebogen, die Gliedmaßen außerordentlich robust mit ausgeprägten Vorsprüngen für Muskelansätze, die auf enorme Körperkräfte schließen ließen. Der abgeflachte Schädel des Fundstücks scheint ein Gehirn umschlossen zu haben, das offenbar nicht kleiner gewesen ist als das des modernen Menschen, doch ungeachtet der gelehrten Ausführungen von Richard Owen liegen die Augenhöhlen des Schädels unter stark hervorspringenden Augenbrauenwülsten. Wer auch immer der Neandertaler gewesen sein mag – und die Versuche, diese Frage zu beantworten, haben zu einigen der phantasievollsten Hypothesen in der Wissenschaftsgeschichte geführt –, verleugnen konnten ihn weder die Evolutionisten noch ihre Gegner.

Ob es uns nun gefällt oder nicht, Darwins Evolutionstheorie war zumindest eine wissenschaftliche Hypothese, mit der sich arbeiten ließ. Sie ließ Voraussagen zu, die man an der Wirklichkeit überprüfen konnte. Darwin nahm an, daß die Beweise für seine Theorien – auch für die Vorfahren, die wir mit den Affen gemeinsam haben – in den Fossilfunden zu finden sein müßten. Doch auch 1871, zwei Jahrzehnte später, als er das Buch *Die Abstammung des Menschen* veröffentlichte, waren die Beweise für diese Verwandtschaftsbeziehung immer noch spärlich. Der Neandertaler war praktisch die einzige Grundlage, auf die man ein solches Urteil stützen konnte. Natürlich wurden die Knochen von Wissenschaftlern beider Lager auf das genaueste geprüft. Wenn die Darwinisten beweisen konnten, daß sie auf der zum Menschen führenden Entwicklungsleiter eine frühere Stufe darstellten, dann hatte sich die Menschheit tatsächlich aus einem primitiveren Zustand entwickelt. Konnten die Anti-Evolutionisten sie hingegen auf irgendeine Weise forterklären, dann waren damit alle paläontologischen Beweise für eine primitivere Vorgeschichte des Menschen widerlegt.

Aus der Steinbruchhöhle bei Düsseldorf gelangten die seltsamen Knochen zunächst in das Labor eines deutschen Anatomen namens Hermann Schaaffhausen. Nach sorgfältigen Untersuchungen kam er zu dem Schluß, die Knochen seien in der Tat älteren Ursprungs und gehörten zu einer wilden, barbarischen Rasse, mit der sich die römischen Armeen auseinandergesetzt hätten. Als Schaaffhausens Artikel ins Englische übersetzt wurde, erregte er den Unwillen der Anti-Darwinsten. Der Deutsche habe unrecht, hieß es – die Neandertalerknochen seien zweifellos neuzeitlicher Herkunft. Die O-Beine und der flache Schädel seien schlicht und einfach die Überreste eines Schwachsinnigen, der als Kind unter Rachitis gelitten habe. Der arme Kerl habe sein Leben lang unter dem Eindruck seiner Schmerzen die Brauen emporgezogen – dadurch seien die vorspringenden Augenbrauenwülste entstanden. Ein Kritiker namens Mayer meinte, der sogenannte Neandertaler sei in Wirklichkeit ein mongolischer Kosak, der aus der russischen Armee desertiert sei, die 1814 Napoleon vor sich hergetrieben habe. Der Reitersmann sei offenbar krank geworden und habe sich in die Höhle verkrochen, um zu sterben. Darwins unermüdlicher Mitstreiter Thomas Huxley wies jedoch darauf hin, daß Mayers Theorie nicht erkläre, wie und warum der sterbende Kosak eine zwanzig Meter hohe, senkrechte Felswand erklettert und seine eigenen Knochen unter einem halben Meter Lehm begraben habe.

Auch als ein weiterer Neandertalerschädel in einem kleinen Museum auf Gibraltar entdeckt wurde, gaben sich die Anti-Darwinisten noch nicht geschlagen. Einer der namhaftesten Wissenschaftler im damaligen Europa war der deutsche Pathologe Rudolf Virchow. Ohne sich um den Schädel von Gibraltar zu kümmern, untersuchte Virchow die verwirrenden Anomalien des ursprünglichen Neandertalers und gelangte zu dem Schluß, bei dem Fundstück handle es sich in der Tat um die Überreste eines Mannes, der in der Kindheit an Rachitis erkrankt sei, später durch Schläge schwere Schädelverletzungen davongetragen und als alter Mann unter schlimmer Arthritis gelitten habe! Daß dieser Mensch trotz seines schweren Schicksals bis ins hohe Alter gelebt habe, sei, so Virchow, ein weiterer Beweis für seinen neuzeitlichen Ursprung. Nur in einer zivilisierten, Ackerbau betreibenden, modernen Gesellschaft sei denkbar, daß in solchem

Maße für Schutz und Wohlergehen auch der schwächeren Mitglieder gesorgt werde.

Die Darwinisten hatten zwar keine Schwierigkeiten, solch abenteuerliche Erklärungen dem Spott preiszugeben – aber auch sie taten sich nicht leicht mit dem Neandertaler. Zu Beginn der Kontroverse hatte Huxley eine eingehende Beschreibung der Knochen veröffentlicht. Obwohl sie sicherlich in mancher Hinsicht affenähnlicher waren als andere damals verfügbare Fundstücke, lieferten sie doch keinen Beweis für das unmittelbare Bindeglied zwischen Affe und Mensch, nach dem er suchte. Aus einer Sammlung neuzeitlicher Menschenschädel konnte Huxley eine Anzahl heraussuchen, deren Merkmale »in unmerklichen Abstufungen« von der durchschnittlichen modernen Form zum Neandertalerschädel führten. Mit anderen Worten, dieser Schädel unterschied sich nicht entscheidend von der heutigen Erscheinungsform des *Homo sapiens*. Wichtiger noch, das Schädelvolumen war genauso groß wie beim modernen Menschen – sogar größer als bei vielen lebenden Menschen. So sah Huxley sich zu der Schlußfolgerung gezwungen, daß der Neandertaler zwar alt, aber vollständig menschlich sei. Damit schuf er ein folgenreiches Kriterium: Gehirnvolumen als entscheidendes Merkmal des Menschen – ein Maßstab, der sich nachhaltig auf die späteren Untersuchungen menschlicher Evolution auswirkte.

Die Generation von Anatomen in der Nachfolge von Darwin und Huxley konnte sich also an eine schlüssige Theorie und an die offensichtliche anatomische Ähnlichkeit zwischen Menschen und Affen halten. Doch dreißig Jahre lang hatten sie wenig fossiles Material vorzuweisen, auf das sie ihre Behauptung eines solchen biologischen Bindeglieds hätten stützen können. In England, Deutschland und Frankreich gab es eine Fülle von paläontologischen Ausgrabungen. Dadurch wurden erfreulicherweise die Methoden zur Datierung von Fossilien verfeinert, doch trotz hochgespannter nationaler Erwartungen gelang es nicht, die Überreste des ersten Engländers, Deutschen oder Franzosen zu finden. Anfang der neunziger Jahre des vorigen Jahrhunderts machte dann ein junger exzentrischer Holländer namens Eugène Dubois eine

Reihe von Entdeckungen auf dem fernen Java. Einer seiner Funde war ein Schädeldach, das zu einem menschenähnlichen Schimpansen zu gehören schien, ein anderer ein versteinertes Femur, ein Oberschenkelknochen, der offenbar einem aufrechtgehenden Individuum gehört hatte. Dubois gelangte zu dem Ergebnis, daß beide Fundstücke einem einzigen Individuum zuzuordnen seien, einem aufrechtgehenden, affenähnlichen Menschen, den er *Pithecanthropus erectus* nannte. Triumphierend teilte er seinen Kollegen in Europa mit, er habe das *missing link*, das fehlende Bindeglied, gefunden.

Nach der langen Durststrecke, die man auf der Suche nach Fossilien hinter sich hatte, mußte die Ankunft von Dubois' Knochensammlung aus Asien die Fachwelt natürlich in helle Aufregung versetzen. Überall, wo er Vorträge hielt, erntete er Beifall und Anerkennung. Mit gemischteren Gefühlen wurden hingegen seine Deutungen aufgenommen. Der Femur war ohne Zweifel menschenähnlich, doch das Schädeldach war zu dick und primitiv geformt, um den Erwartungen zu entsprechen, die viele Wissenschaftler an einen Vorfahren des Menschen stellten. So hatte der Schädel nach Virchows Meinung einem Riesengibbon gehört. Doch Dubois ließ sich nicht irremachen und schaffte seine Knochenkiste nach England, um sie von Arthur Keith untersuchen zu lassen, der im Begriff war, seinen Ruf als einer der bedeutendsten Anatomen seiner Zeit zu festigen.

Keith war wie Dubois der Meinung, daß die Fundstücke einem einzigen Individuum gehört haben könnten, überraschte den stolzen Finder aber mit der Schlußfolgerung, das Schädeldach lasse sich keinem Affen zuordnen, auch keiner Übergangsform zwischen Affen und Menschen, sondern müsse einer weiteren primitiven Menschenart zugeschrieben werden. Da er Huxleys Überzeugung teilte, daß der Mensch am Gehirnvolumen zu erkennen sei, behauptete Keith, entscheidend sei die Frage, ob das Wesen, zu dem diese Fundstücke einst gehört hatten, den »zerebralen Rubikon« überschritten habe. Mit einem Schädelvolumen von 860 Kubikzentimeter war der *Pithecanthropus* zwar kein Geistesriese, aber sein Gehirn war damit immerhin noch doppelt so groß wie das einiger lebender Menschen, die unter der Mikrozephalie, einer abnormen Kleinheit des Schädels, leiden, aber aufrecht gehen und einfache Aufgaben verrichten können. Von Keith zutiefst enttäuscht und im Widerspruch zu fast allen Autoritäten in Europa, die seine Fundstücke nicht als das »fehlende Bindeglied« anerkennen wollten, verfiel Dubois in zunehmende Verbitterung und Rachsucht. Es heißt, er habe seine kostbaren Fossilien schließlich unter den Fußbodenbrettern seines Eßzimmers vergraben. Jedenfalls hat er sie kaum jemandem mehr zugänglich gemacht.

Bevor der *Pithecanthropus* dem allgemeinen Zugriff entzogen wurde, überzeugte sein Anblick Keith und andere davon, daß sich die javanischen Knochen nahtlos in eine stufenförmige Entwicklung der menschlichen Linie fügten. Zuerst kam der *Pithecanthropus*, sehr alt und mit verhältnismäßig kleinem Gehirn, dann der Neandertaler, mit größerem Gehirnvolumen, aber von sehr grobem Äußeren. Schließlich folgte der Echtmensch. So einleuchtend der schlichte Entwurf auch erscheinen mochte, er hatte nicht lange Bestand. Ausgerechnet Keith hatte entscheidenden Anteil an der Widerlegung dieser Hypothese. 1911 untersuchte er ein Skelett, das einige Jahre zuvor östlich von London, an einem Ort namens Galley Hill, gefunden worden war. Dieses Fundstück erwies sich von Anfang an als problematisch. Man hatte es in Ablagerungsgeschichten entdeckt, die sich anhand der in ihnen gefundenen rohen Werkzeuge und Tierreste mit einiger Sicherheit auf den Anfang des Pleistozäns datieren ließen. Damit war der Fund wesentlich älter als der Neandertaler, möglicherweise Hunderttausende von Jahren. Doch ließ die Anatomie auf ein bemerkenswert modernes Individuum schließen. Bevor Keith sich mit der Frage befaßte, waren die meisten Fachleute zu dem Schluß gekommen, das Skelett stamme von einem modernen Menschen, der in sehr alter Erde begraben sei. Doch Keith kam zu dem Schluß, der »Galley-Hill-Mensch« sei in Wahrheit ein uralter Vorfahr des modernen *Homo*.

Wenn der alte, aber mit einem großen Gehirn ausgestattete Mensch von Galley Hill unser Vorfahr war, wo waren dann die primitiveren, jedoch *jüngeren* Arten des *Pithecanthropus* und Neandertalers einzuordnen? Die Evolution ist in der Regel eine Einbahnstraße. Die natürliche Selektion beginnt nicht mit einer höher entwickelten Eigenschaft wie einem großen Gehirn und verwandelt sie wieder zurück, um ihr anschließend wieder die höher entwickelte Form zu geben. Keith hatte eine Erklärung dafür: Der menschliche Stammbaum ähnele mehr einem verzweigten Busch als einer Leiter.

»In einer fernen Vergangenheit gab es nicht nur eine, sondern eine Reihe sehr verschiedener Menschenarten«, erklärte er auf einer Tagung der British Association im Jahre 1912. »Mit Ausnahme des Zweiges, aus dem sich der moderne Mensch entwickelt hat, sind sie alle ausgestorben.« Mit anderen Worten: Dieser (durch und durch britische) Galley-Hill-Mensch war der wahre Vorfahr; bei den Fundstücken von Neandertal und Java handelte es sich lediglich um die Überreste »degenerierter Vettern«.

Kurze Zeit später erhielt der Glaube an die vorgeschichtliche Existenz des Menschen neuen Auftrieb – nur daß es diesmal mit den Beweisen seine eigene Bewandtnis hatte. Im November 1912 verkündete der *Manchester Guardian* die Entdeckung eines Urmenschen mit großem Gehirn und Affenkiefer. Aus dem geologischen Umfeld des Fossils war auf ein Alter von Hunderttausenden von Jahren zu schließen. Noch wichtiger, das Fundstück war nicht in irgendeiner teutonischen Höhle oder im exotischen Java aufgetaucht, sondern mitten in England, in der Kiesgrube einer Farm bei Piltdown Common in Sussex.

Drei Wochen später präsentierten die Entdecker – Charles Dawson, ein Anwalt und Amateurpaläontologe, und Arthur Smith Woodward, ein namhafter englischer Paläontologe – ihren Fund auf einer Tagung der Geological Society vor einer zahlreichen und erwartungsvollen Zuhörerschaft. Arthur Keith war erschienen und auch Grafton Elliot Smith, eine weitere anatomische Koryphäe der britischen Inseln. Beide priesen den Piltdown-Menschen als die vielleicht wichtigsten fossilen Überreste des Menschen, die je gefunden wurden. Doch Keith zeigte sich skeptisch, was den »Affencharakter« des Schädels anbetraf. Smith Woodward hatte die Fragmente so zusammengefügt, daß eine Schädelrekonstruktion ein Gehirnvolumen von lediglich 1070 Kubikzentimetern aufwies – weniger als die meisten modernen Menschen besitzen. Als Keith mit Abgüssen der Fragmente eine eigene Rekonstruktion vornahm, erwies sich *sein* Piltdown-Gehirn um fast fünfzig Prozent größer. Smith Woodward habe bei der Rekonstruktion geschludert, erklärte Keith – die Piltdownfragmente stammten offenbar von einer Art, die sehr viel mehr Ähnlichkeit mit dem modernen Menschen aufwies, als die Entdecker vermutet hatten. Unsinn, meinten seine Gegner, die die Besessenheit, mit der Keith das hohe Alter des Menschen verfocht, ohnehin als »eine amüsante evolutionäre Ketzerei« abtaten. In der Auseinandersetzung stellte sich Elliot Smith entschieden auf die Seite von Smith Woodward und warf seine ganze Autorität für die Auffassung in die Waagschale, daß der Schädel eindeutig affenähnlichen Charakter habe.

Daß Elliot Smith, der wahrscheinlich bedeutendste Neuroanatom seiner Zeit, den Schädel eingehend untersucht hat und zu dem Ergebnis gekommen ist, er sei affenähnlich, ist wahrhaftig erstaunlich. Der Schädel gehörte nämlich einem modernen Menschen, und der Kiefer war nicht nur affen-*ähnlich*, er stammte tatsächlich von einem *Affen* (einem Orang-Utan, um genau zu sein). Sein »Alter« war das Ergebnis einer sorgfältigen Behandlung; die Zähne waren abgefeilt worden, um ihnen das Verschleißmuster menschlicher Zähne zu verleihen. Dann waren die Knochen in der Kiesgrube so arrangiert worden, daß sie von einer leichtgläubigen Welt entdeckt werden mußten. Nicht nur Smith Woodward, Elliot Smith und Keith hatten sich täuschen lassen, sondern auch das gesamte wissenschaftliche Establishment Englands.

Es dauerte mehr als vierzig Jahre, bis man den Piltdown-Menschen als kompletten Schwindel entlarvte. Identität und Beweggründe des Betrügers sind noch immer ein Geheimnis – Dawson, Smith Woodward und Elliot Smith sind in Verdacht geraten. Unlängst hat man sogar Sir Arthur Conan Doyle, den Schöpfer Sherlock Holmes', in den Kreis der Verdächtigen eingereiht. Dieser Meister der Kriminalgeschichte lebte nur wenige Kilometer entfernt, war fasziniert von der Piltdown-Ausgrabungsstelle, verfügte über die chemischen und medizinischen Kenntnisse, um die Knochen zu präparieren, und war nicht gerade gut zu sprechen auf die Vertreter der englischen Wissenschaft. Wer weiß?

Die meisten Berichte über den Piltdown-Fund lassen diese Fragen offen und wenden sich rasch einer anderen zu, die als das eigentliche Rätsel der Affäre gilt: *Wie konnten sich so viele kundige Wissenschaftler so gründlich und peinlich an der Nase herumführen lassen?* Doch wir machen es uns zu leicht, wenn wir über die evolutionistische Leichtgläubigkeit dieser Engländer spotten. Bedenken wir, wie spärlich ihre Grundlagen waren. Es gab keine zuverlässigen Datierungsmethoden, nur eine knappe Handvoll europäischer Funde und einige vielversprechende asiatische Stücke, die jedoch von ihrem verbitterten Besitzer unter Verschluß gehalten wurden. Und dann tauchten diese sensationellen neuen Knochen auf, in englischer Erde entdeckt! Natürlich setzten sich in dieser Situation die englischen Fachleute mit deren Bedeutung auseinander, ohne sich Gedanken darüber zu machen, daß soviel geballte Aufmerksamkeit die Echtheit der Fundstücke besiegeln mußte. Und natürlich sahen sie in dem Fossil ihre vorgefaßten Meinungen bestätigt: Mehr als solche Meinungen hatte man schließlich damals nicht. Außerhalb Englands, vor allem in Amerika, verursachte der Piltdown-Mensch weit größere Ratlosigkeit. In wenigen Jahrzehnten sammelte sich genug Material an, um das Fossil vom Rang eines entscheidenden paläontologischen Beweisstücks zu dem eines ärgerlichen Rätsels herabzustufen. Nun war England aber in der zweiten Hälfte des 19. Jahrhunderts der Mittelpunkt der Paläoanthropologie, und der Piltdown-Mensch war das zentrale Fundstück. Die Deutung jedes neuen Fossils war an ihm zu messen.

Das Fossil, das schließlich den Beginn der modernen Paläoanthropologie einleitete, wurde an höchst unerwarteter Stelle entdeckt. Durch Vermittlung seines Mentors Elliot Smith erhielt der junge Raymond Dart eine Berufung als Anatomieprofessor an die University of Witwatersrand Medical School in Johannesburg. Trotz des eindrucksvollen Titels war die Stelle kein reines Vergnügen. 1922 war die Universität knapp drei Jahre alt, in einer besseren Goldgräberstadt gelegen, die praktisch nur aus Wellblechhütten erbaut war. Geographisch und geistig war es ein sehr weiter Weg von dem Weltzentrum der Anatomie und Medizin, zu dem London sich entwickelt hatte.

Dart hatte das Gefühl, in der Verbannung zu leben. Als er und seine Frau Dora in der medizinischen Fakultät eintrafen, fanden sie an den Wänden des Seziersaals die Abdrücke von Tennisbällen – ein Indiz für seine außerplanmäßige Nutzung durch die Studenten – und die Tische übersät mit vertrockneten Leichenteilen. Unter einer ähnlichen Austrocknung der Geistesverfassung schienen die Universitätsbehörden zu leiden. Darts Vorgänger war wegen des ungeheuerlichen Verbrechens einer Scheidung zum Fortgang gezwungen worden, während Dart selbst nur als ungeliebte Notlösung galt, weil er Australier war.

Achtzehn Monate lang bemühte sich das Paar, den Mut nicht sinken zu lassen und die unsäglichen Lehrbedingungen zu verbessern. Eines Tages zeigte dann die Studentin Josephine Salmons ihrem Professor den versteinerten Schädel eines Pavians, den sie auf dem Kaminsims eines Freundes entdeckt hatte. Dieser leitete einen Kalksteinbruch bei Taung im Protektorat Betschuanaland. Dart veranlaßte sofort, daß das Unternehmen ihm alle Fossilien nach Johannesburg schickte, auf die es bei seinen Arbeiten stoßen sollte.

Dart berichtet, die erste Fossilienlieferung sei ausgerechnet an dem Tag bei ihm eingetroffen, als er und Dora in ihrem Haus die Hochzeit eines Freundes ausrichten wollten. Die Sendung hätte keinen besseren Adressaten finden können. Statt sich für das festliche Ereignis anzukleiden, lief er hinaus, um die beiden großen Holzkisten persönlich entgegenzunehmen. Die erste enthielt nichts von Wert. Doch als er den Deckel von der zweiten Kiste nahm, erwartete ihn der aufregendste Augenblick seines Lebens. Ganz oben lag der Abdruck einer Schädelinnenfläche, das grobe Abbild eines Gehirns, wie es manchmal zustande kommt, wenn sich ein fossiler Schädel mit Material füllt, das später selbst versteinert. Der runde Stein, den Dart in Händen hielt, zeigte noch die Windungen und Furchen des lebenden Gehirns – auf immer erstarrt. Der Abdruck stammte ohne Zweifel von dem Schädel eines Primaten, der größer als ein Pavian war.

Dank der neuroanatomischen Ausbildung, die Dart bei Elliot Smith genossen hatte, vermochte er sofort ein auffälliges Merkmal zu erkennen. Im hinteren Bereich des Primatengehirns befinden sich zwei durch Gehirnwindungen gebildete Furchen. Elliot Smith hatte festgestellt, daß diese Furchen beim Affen näher zusammenliegen als beim Menschen, ein Indiz für die evolutionäre Ausweitung des Großhirns. Bei diesem Innenabdruck lagen die Furchen dreimal so weit voneinander entfernt wie bei jedem Schimpansen- oder Gorillagehirn, das Dart jemals gesehen hatte. Tiefer in der Kiste fand er einen großen Stein mit einer Höhlung, in die der Innenabdruck hineinpaßte. Ganz schwach zeichneten sich auch die Umrisse von Schädel und Gesicht des Lebewesens ab.

»Mir fiel Darwins weithin abgelehnte Theorie ein, nach der die frühen Vorfahren des Menschen in Afrika gelebt haben«, schrieb er später. »Sollte nun ausgerechnet ich das ›fehlende Bindeglied‹ entdeckt haben?«

Während Dart darüber nachdachte, welche Rolle die Geschichte ihm zugedacht hatte, klopfte sein Freund, der Bräutigam, ungeduldig an die Tür. Dart schloß die Kiste, befestigte in aller Eile Kragen und Krawatte und erschien gerade noch rechtzeitig zu Beginn der Trauungszeremonie. Kaum war der letzte Gast gegangen, wandte er sich wieder seiner Kiste zu. Jetzt galt es als nächstes, die harte Kalksteinkruste, die »Breccie«, zu entfernen, die das Gesicht des Fossils bedeckte. Dafür benötigte Dart fast einen Monat. Zwei Tage vor dem Weihnachtsfest des Jahres 1924 löste sich die Gesteinsschicht von der linken Seite und legte das Gesicht eines jugendlichen Individuums mit einem vollständigen Milchgebiß frei, bei dem gerade die ersten bleibenden Backenzähne durchbrachen.

Die ersten Wochen des Jahres 1925 verbrachte Dart mit der fieberhaften Abfassung eines Berichtes über seine Entdeckung für die angesehene englische Wissenschaftszeitschrift *Nature*. In einem Artikel, der inzwischen zu einem Klassiker der wissenschaftlichen Literatur geworden ist, legte er seine Gründe für die Annahme dar, daß sein *Kind von Taung* »einer ausgestorbenen Affenrasse angehört, die zwischen den lebenden Anthropoiden und dem Menschen angesiedelt ist«. Neben der Lage der Gehirnfurchen läßt der Innenabdruck auch deutlich eine hohe, runde Gehirnform erkennen, den flachen Affengehirnen ganz unähnlich. Die Stirn steigt senkrecht von den Augenhöhlen auf, ohne einen Ansatz der für Affen typischen Augenbrauenwülste erkennen zu lassen. Die Zähne – auch wenn es sich nur um ein Milchgebiß handelt – weisen ebenfalls überraschend menschliche Merkmale auf. Der vielleicht wichtigste Beleg für seine These war die Lage des Foramen magnum, des großen Hinterhauptloches, durch das das

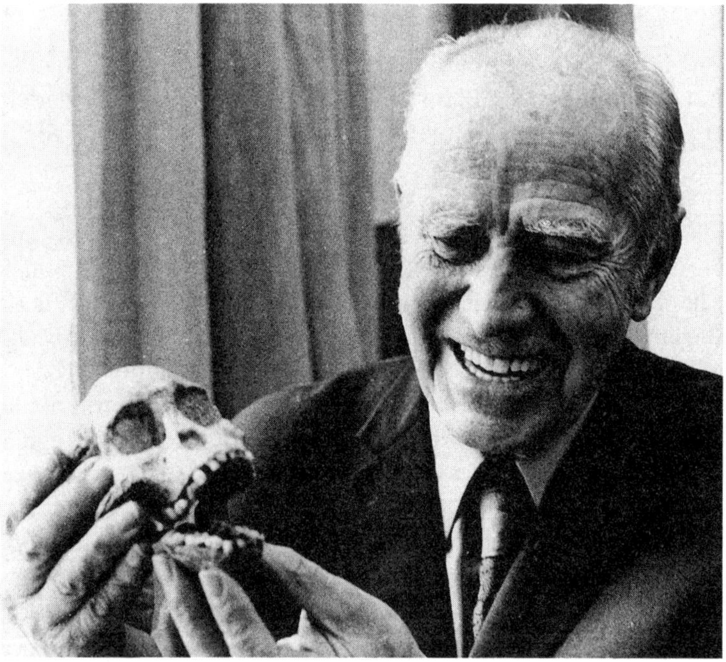

Raymond Dart zeigt den Taung-Schädel, den er 1924 gefunden hat. (F. Herholdt)

Rückenmark in den Schädel eintritt, um sich mit dem Gehirn zu verbinden. Bei Affen, die auf allen Vieren laufen, befindet sich dieses Loch im rückwärtigen Teil des Schädels, während es beim Menschen – und eben auch beim Kind von Taung – weiter vorne liegt, so daß die Wirbelsäule senkrecht verlaufen kann. Daraus schien sich folgern zu lassen, daß das Lebewesen aufrecht gegangen war. Dart schlug für sein Fossil die etwas schwerfällige Bezeichnung *Australopithecus africanus*, »südlicher Affe aus Afrika«, vor.

Es läßt sich unschwer vorstellen, wie verblüfft der *Nature*-Herausgeber war, als er dieses erstaunliche Dokument von einem praktisch unbekannten Anatomieprofessor erhielt, der es in irgendeinem Kolonialnest am anderen Ende der Welt geschrieben hatte. Nach Art guter Redakteure bat er zunächst einmal Fachleute auf diesem Gebiet um ihr Urteil – unsere alten Bekannten Arthur Keith, Arthur Smith Woodward und Grafton Elliot Smith dazu noch W. L. H. Duckworth. Während sich die Neuigkeit in London nur über die wissenschaftlichen Nachrichtenkanäle verbreitete, hatte in Johannesburg ein Reporter von der Geschichte Wind bekommen. Darts »fehlendes Bindeglied« wurde von der internationalen Presse am 4. Februar 1925 gebracht. Drei Tage vor der Veröffentlichung seines Artikels in *Nature* hatte Dart bereits zwei Buchangebote und Glückwunschtelegramme aus aller Welt bekommen. Die Stellungnahmen der vier englischen Experten wurden erst eine Woche später veröffentlicht und fanden in der allgemeinen Aufregung kein Gehör. *Affenmensch war vernunftbegabt!* lauteten die Schlagzeilen. *Fehlendes Bindeglied konnte sprechen!*

Ich habe mich gelegentlich gefragt, ob nicht die überstürzte öffentliche Resonanz auf das Fossil von Taung zu seiner äußerst kühlen Aufnahme in wissenschaftlichen Kreisen beigetragen hat. Natürlich flößte Darts unübersehbare Neigung zu Spekulationen den Autoritäten nicht gerade Vertrauen in seine wissenschaftliche Zuverlässigkeit ein. Keith, Elliot Smith und Duckworth veröffentlichten alle drei vorsichtige, vorläufige Stellungnahmen, in denen sie Dart beglückwünschten, aber auch darauf hinwiesen, daß die Merkmale des Fossils insgesamt eher auf einen Affen als auf einen

Menschen schließen ließen. Am kritischsten äußerte sich Smith Woodward, obwohl er wie die anderen sein endgültiges Urteil von einer genaueren Kenntnis der Fundstücke abhängig machte. Gerechterweise muß man zugeben, daß Dart seine These in der Tat etwas überhastet vorgetragen hatte, ohne sich in Johannesburg genauere Kenntnisse verschaffen zu können. Im übrigen stammte sein Fundstück von einem jugendlichen Individuum und wies deshalb nicht so ausgeprägte und aussagefähige Merkmale auf, wie es bei einem ausgewachsenen Individuum der Fall gewesen wäre.

In den entscheidenden Wochen, die folgten, wurden die Experten in ihrer Ablehnung der Dartschen These nur noch bestärkt. Arthur Keith bekam einen Gipsabdruck des Fossils zu Gesicht. Inzwischen hatte der Fund die Öffentlichkeit auch ganz konkret erreicht, der Abguß war nämlich in einer Ausstellungshalle in Wembley zu besichtigen. Keith – mittlerweile Sir Arthur – sah sich gezwungen, die Kopie zusammen mit dem gewöhnlichen Publikum in Augenschein zu nehmen, ein Umstand, den er als äußerst ungehörig empfand. Sein abschließendes Urteil?

»(Darts) Behauptung ist absurd«, schrieb er in *Nature*. »Der Schädel gehört einem jungen Menschenaffen ... und weist so viele Gemeinsamkeiten mit den beiden in Afrika lebenden Menschenaffen, dem Gorilla und dem Schimpansen, auf, daß es überhaupt keine Frage sein kann, das Fossil der Gruppe dieser Lebewesen zuzuordnen.«

Ich bin immer geneigt, Urteilen, die auf vorgefaßten Meinungen beruhen, mit Nachsicht zu begegnen, wenn es keine anderen Anhaltspunkte gibt – doch in diesem Falle hatte Keith Gelegenheit, einen höchst aufschlußreichen Beleg für die menschliche Evolution zu betrachten, und trotzdem hat er es fertiggebracht, den entscheidenden Punkt zu übersehen. Natürlich beruhte seine Ablehnung des *Australopithecus* nicht nur auf dem Ärger, daß er sich dem Abguß in Wembley nur wie ein ganz normaler Schaulustiger nähern konnte. Das entscheidende Problem bestand darin, daß das Taung-Fossil Keiths eigene Auffassungen über das Alter des Menschen grundsätzlich in Frage stellte. Für Keith war noch immer der Galley-Hill-Mensch das Fossil der Fossile. (Leider sollte sich herausstellen, daß es sich um einen *Homo sapiens* handelte, der in zufällig freiliegenden alten Ablagerungsschichten begraben worden war.) Der Piltdown-Mensch mit dem Gehirn eines Menschen und dem Kiefer eines Affen war da noch als Vetter zu akzeptieren, doch Darts Tier zeigte die umgekehrte Merkmalkombination: das Gehirn eines Affen, aber die Kieferknochen und Zähne eines Menschen. Sir Arthur blieben nur zwei Möglichkeiten: Seine eigene sorgfältig entwickelte Theorie aufzugeben oder Darts These für absurd zu erklären.

Überdies hatte Dart noch den schlechten Geschmack bewiesen, das Fossil am völlig falschen Ort zu finden. Zu dieser Zeit galt Darwins Hypothese, die Menschheit sei in Afrika entstanden, als überholt. Ganz allgemein litt der Darwinismus an einer Art ideologischer Auszehrung. Die Prinzipien der natürlichen Selektion waren wahllos von Rassismus, Eugenik und schrankenlosem Wirtschaftsliberalismus vereinnahmt worden. John Scopes stand vor Gericht, weil er in Tennessee die Evolutionslehre im Unterricht vertreten hatte, und niemand war daran interessiert, irgendwelche Ähnlichkeit mit Schimpansen zu haben. Afrika – die tropische Heimat von dunkelhäutigen Untermenschen und grobschlächtigen Affen – war *out*. Asien, die Wiege alter Kulturen, war *in*. So entwarf der einflußreiche amerikanische Paläontologe Henry Fairfield Osborn ein Bild von den asiatischen Ursprüngen der Menschheit, das in seiner edlen Farbgebung an Constables Landschaften erinnert. Da ist nicht mehr von haarigen Affen die Rede, sondern von einem »Land, durch das sich Flüsse schlängeln, bedeckt mit lichten Wäldern, Ebenen und Wiesen. Nur hier entwikkeln sich Vier- und Zweifüßler, die zu rascher Fortbewegung in der Lage sind. Nur hier liegt das Hauptgewicht auf rascher Beobachtungsgabe, auf dem geistesgegenwärtigen und geschickten Ausweichen vor dem Feind. Nur hier konnten die Vorfahren des Menschen die nötigen Materialien finden und die Kunst erlernen, Feuersteine und andere Werkzeuge zu bearbeiten.«

Ende der zwanziger Jahre unternahmen Osborn und andere Forscher aufwendige paläontologische Expeditionen nach China. Diese amerikanischen »Missing-link-Expeditionen« förderten eine große Zahl von Dinosaurierknochen zutage, aber keine fehlenden Bindeglieder.* Raymond Dart hatte sich inzwischen in Südafrika nicht weiter mit der Suche nach Fossilien beschäftigt, sondern sich ganz der Verbesserung des neurologischen und anatomischen Lehrbetriebs an der medizinischen Fakultät gewidmet. Erst 1930 fand er die Zeit, eine ausführliche Monographie über den *Australopithecus* abzufassen, die er an die Royal Society in London schickte. Im nächsten Jahr machte er sich dann persönlich nach London auf, das Fossil im Gepäck und »mit genügend Selbstvertrauen ausgestattet, um mit allem fertig zu werden«. Er war sich sicher, daß er seine Kritiker in seiner geistigen Heimat von der Bedeutung des Taung-Fundes würde überzeugen können.

Er hätte keinen ungünstigeren Zeitpunkt wählen können. Elliot Smith und Keith begrüßten ihn freundlich, zeigten sich aber nicht sonderlich interessiert an seinen neuesten Überlegungen zum Taung-Fund. Beide Wissenschaftler waren wegen des kürzlich entdeckten Peking-Menschen ganz aus dem Häuschen. Nach fast einem Jahrzehnt vergeblicher Hoffnungen hatte man in einem Steinbruch in Tschoukoutien bei Peking endlich eine reichliche Sammlung von Fossilien zutage gefördert, bei denen man eine nahe Verwandtschaft zu Eugène Dubois' *Pithecanthropus erectus* vermutete. (Die Fundstücke aus Java und Peking wurden später der menschlichen Gattung zugerechnet und unter der Bezeichnung *Homo erectus* zusammengefaßt.) Offenbar hatte sich damit die Erwartung, daß der Mensch asiatischen Ursprungs sei, bewahrheitet. In wenigen Tagen wollte Elliot Smith die neuen Ergebnisse vor der Zoological Society referieren und forderte Dart auf, dort auch seinen *Australopithecus*-Schädel vorzustellen.

* Eine sehr viel bescheidenere asiatische Expedition stieß tatsächlich auf eine Art »fehlendes Bindeglied«. 1932 kehrte der Yale-Student Edward Lewis aus dem Vorgebirge des Himalaya mit dem Stück eines fossilen Kieferknochens zurück, das er *Ramapithecus* nannte. Seine Behauptung, es handle sich um den Überrest eines Hominiden, wurde jedoch rasch von namhafteren Vertretern der Zunft niedergeschrien. Entmutigt und angewidert kehrte Lewis der Paläoanthropologie für immer den Rücken. Doch dreißig Jahre später wurde sein Kieferknochen aus dem späten Miozän von dem Yale-Paläontologen Elwyn Simons in einer Schublade wiederentdeckt. Zusammen mit seinem Kollegen David Pilbeam überzeugte Simons

Auf dieser Tagung hielt Elliot Smith einen brillanten Vortrag über die Bedeutung des Peking-Menschen. Er zeigte Dias und ließ Abgüsse herumgehen, die seine Zuhörer in die Hand nehmen konnten, während er seine Argumente und Beweise auf sie herabregnen ließ – für den aufrechten Gang des Peking-Menschen, seine Fähigkeit, Feuer zu machen, seine Neigung zum Kannibalismus. Die Zuhörer hatten alle Mühe, ihm zu folgen. Nachdem der Applaus verklungen war, wurde Dart vorgestellt. Er erschien am Rednerpult, nur mit dem Taung-Schädel in Händen und kaum mehr Argumenten bewaffnet als denen, die seine Zuhörer schon gelesen hatten. Nach der Hälfte seines Vortrags ließ die höfliche Gleichgültigkeit auf den Gesichtern der Anwesenden sein Selbstvertrauen immer mehr zusammenschrumpfen. Er gelangte glücklich zu den sattsam bekannten Schlußfolgerungen und verließ wenige Tage später London, ohne jemanden umgestimmt zu haben.

Darts Monographie über den *Australopithecus africanus* wurde nie veröffentlicht, und das Kind von Taung geriet in Vergessenheit. In dem bekanntesten englischsprachigen Lehrbuch der Zeit – *Up from the Ape* von E. A. Hooton – wurden Raymond Dart und

in den sechziger Jahren die meisten Forscher davon, daß es sich bei dieser Art um nicht weniger als den ersten Hominiden handle. Auf der Höhe seines Ruhms wandelte der *Ramapithecus* durch eine Reihe von Time-Life-Büchern als aufrecht gehender, sozial lebender, mit einem großen Gehirn ausgestatteter Werkzeugmacher – mit anderen Worten, als der erste Mensch in allen entscheidenden Belangen. Anhand der vorliegenden Fossilfunde vertraten Simons und Pilbeam darüber hinaus die These, daß sich die Hominidenlinie mindestens vor fünfzehn Millionen Jahren, möglicherweise noch sehr viel früher, von der Affenlinie getrennt habe.

Die Hominidenzugehörigkeit des *Ramapithecus* wurde in der Folgezeit von den Biochemikern Vincent Sarich und Alan Wilson in Berkeley bestritten. Sie meinten, die große Ähnlichkeit einiger Proteine der Affen und des Menschen lasse darauf schließen, daß die Trennung der beiden Abstammungslinien nicht länger als fünf Millionen Jahre zurückliegen könne. Wenn das richtig war, konnte der *Ramapithecus*, dessen Alter damals auf zwölf Millionen Jahre geschätzt wurde, unmöglich ein Hominide sein. Neue Fossilfunde sowie modernere Untersuchungsmethoden, die die große Ähnlichkeit der DNA-Struktur von Affen und Menschen erkennen lassen, haben die These von Simons und Pilbeam weitgehend widerlegt. Heute gilt *Ramapithecus* als Vorfahr des Orang-Utan, und obwohl noch immer keine Einigkeit über die Genauigkeit der sogenannten »Molekularuhr« herrscht, hat die Molekularbiologie doch eine entscheidende Bedeutung für das Verständnis der menschlichen Vorgeschichte gewonnen.

sein Fund noch nicht einmal erwähnt. Und auch in dem populärwissenschaftlichen Buch des jungen Louis Leakey, *Adam's Ancestors*, aus dem Jahr 1934 war kein Wort über Taung zu lesen.

Paradoxerweise war es dann Leakey selbst, der die Aufmerksamkeit bei der Suche nach den Ursprüngen des Menschen wieder nach Afrika zurücklenkte. Doch auch er hatte dabei zunächst Widerstände zu überwinden.

Louis Leakeys Name wird immer mit der Olduvai-Schlucht verbunden bleiben, aber er war nicht der erste Wissenschaftler, der ihre Reichtümer entdeckt hat. Einer alten Überlieferung zufolge war im Jahre 1911 auf den Hochebenen der deutschen Kolonie Tanganjika der Schmetterlingskundler Kattwinkel so in die Jagd nach einem seltenen Exemplar seiner Wissenschaft vertieft, daß er sich dabei fast zu Tode stürzte und so die Olduvai-Schlucht entdeckte. Der Schmetterling hatte ihn an den Rand des hundert Meter tiefen Abgrunds gelockt: Ob die Geschichte nun wahr ist oder nicht, jedenfalls hat Kattwinkel einige Säugetierfossilien nach Deutschland gebracht, die dort so viel Eindruck machten, daß im Jahre 1913 eine paläontologische Expedition unter Leitung von Hans Reck durchgeführt wurde. Das Unternehmen war sensationell erfolgreich. Reck brachte ungefähr 1700 Fossilien und eine Fülle von Informationen über die Geologie der Schlucht zurück, dazu ein menschliches Fossil, das die Reihe der angeblichen Vorfahren um ein weiteres Mitglied erweiterte.

Wenn Recks Einschätzung zutrat, war sein »Oldoway-Mensch« in der Tat ein spektakulärer Fund: der Schädel und das Skelett eines erstaunlich modern aussehenden Individuums, entdeckt in Ablagerungsschichten, die Reck für mindestens eine Million Jahre alt hielt. Doch viele Fachleute waren skeptisch und meinten, bei dem Oldoway-Menschen handle es sich wie bei dem Galley-Hill-Menschen um ein modernes Exemplar des *Homo sapiens*, das vor relativ kurzer Zeit von seinen Angehörigen in alten Sedimentschichten begraben worden sei. Um seine These zu erhärten, plante Reck für das folgende Jahr eine weitere Expedition nach Olduvai. Doch es kam zum Krieg zwischen Deutschland und

Großbritannien, und der Konflikt ergriff auch rasch die beiderseitigen Kolonien in Ostafrika. Die Expedition gelangte nie an ihr Ziel, so daß dessen Schätze weitere zehn Jahre unberührt blieben.

1931 bekam Hans Reck eine zweite Chance, seinen Oldoway-Menschen zu verteidigen. Diese verdankte er einem rastlosen und ehrgeizigen jungen Mann namens Louis Leakey. Der in Kenia geborene Sohn eines Missionars begann sich schon früh für die afrikanische Vorgeschichte zu interessieren und hatte sich das Ziel gesetzt zu beweisen, daß Darwin mit seiner These, der Ursprung der Menschheit liege in Afrika, recht gehabt habe. Mit achtundzwanzig Jahren hatte Leakey bereits zwei archäologische Expeditionen in Kenia geleitet und einige menschliche Fossilien entdeckt, die seiner Meinung nach erhebliche Ähnlichkeit mit dem Oldoway-Menschen aufwiesen. Leakey war allerdings der Meinung, daß seine Funde aus Ablagerungsschichten stammten, die weit jünger waren als die Sedimente, die Reck nach eigenem Bekunden in der Olduvai-Schlucht entdeckt hatte. Er war sich fast sicher, daß Reck bei der Datierung des Skeletts irrte. Und warum hatte Reck auf seiner Expedition keinerlei Steinwerkzeuge gefunden? Leakey hatte an den kenianischen Fundstellen eine Fülle von Steinartefakten gesammelt, die er für ebenso alt hielt wie die Funde von Olduvai – doch Reck blieb bei seiner Behauptung, daß in der Schlucht keine Werkzeuge zu sehen gewesen seien. Diese Fragen sollten durch eine Expedition geklärt werden, und Leakey lud den Deutschen zur Teilnahme ein. Er wettete sogar um zehn Pfund mit ihm, daß er innerhalb von vierundzwanzig Stunden nach Ankunft in der Schlucht ein Steinwerkzeug finden werde.

Soviel geballtes Selbstvertrauen zeichnete Louis Leakey sein Leben lang aus. 1903 in einer Lehmhütte geboren, wuchs Leakey unter Angehörigen des Kikuyuvolkes auf, das sein Vater zum Christentum zu bekehren trachtete. Louis beherrschte ihre Sprache, bevor er noch Englisch lernte, und verlebte eine bemerkenswert freie Kindheit. Als er dann auf eine Schule geschickt wurde, die ihn auf das College vorbereiten sollte, vermochte er sich nur schwer an die Bedingungen der sogenannten Zivilisation zu gewöhnen. Das galt auch für die Cambridge University, wo Leakey seine Kommilitonen und Lehrer mit seiner aggressiven, prahlerischen Art vor den Kopf stieß. Dennoch legte er glänzende Examina ab und machte tiefen Eindruck auf seine Lehrer – von denen einer Arthur Keith war.

Es ist oft gesagt und geschrieben worden, Keith habe in Leakey den festen Glauben an das hohe Alter des Menschen geweckt – eine Überzeugung, aus der Leakey immer wieder die Kraft zu seiner wissenschaftlichen Tätigkeit gewann. Doch der Keim ist möglicherweise früher gelegt worden. Louis war durch Herkunft und Erziehung ein tiefreligiöser Mensch und überlegte sich noch 1925, ob er in des Vaters Fußstapfen treten und Geistlicher werden sollte. Er war kein Anhänger der Schöpfungslehre, aber das Christentum lehrt im Unterschied zu vielen anderen Religionen, daß nur der Mensch eine Seele besitzt und seine Herrschaft über den Rest der Schöpfung Teil der göttlichen Ordnung ist. Es ist schwer vorstellbar, daß Leakey in seinem Denken *nicht* beeinflußt war von dem Glauben an diese besondere Beziehung zwischen dem Menschen und dem Schöpfer. Eine solche Glaubensüberzeugung läßt sich nicht leicht mit der Vorstellung vereinbaren, daß sich die Menschheit erst unlängst aus einem schimpansenähnlichen Wesen entwickelt habe.

Aus welchen Gründen auch immer – in dem eisernen Willen, einen frühen Ursprung des Menschen nachzuweisen, wies Leakey alle Kandidaten zurück, die von anderen Forschern als Vorfahren des Menschen vorgeschlagen worden waren. In diesem Punkte blieb er sich im Laufe seines langen beruflichen Weges treu. Ob Piltdown-Mensch, Neandertaler, Java-Mensch, Peking-Mensch oder das Kind von Taung – für Leakey waren sie *alle* »Irrläufer der Evolution«, die Reste ausgestorbener Arten, die vermutlich an ihrer Unfähigkeit, es mit dem »echten« *Homo* aufzunehmen, gescheitert waren. Aus dieser Überzeugung speiste sich seine unerschöpfliche Energie, und sie führte ihn letztlich auch zu den Entdeckungen, die ihm internationalen Ruhm eintrugen und die Paläoanthropologie ins Rampenlicht des öffentlichen Interesses rückten. Doch zunächst galt es Jahrzehnte der Enttäuschung zu überstehen.

Die Expedition des Jahres 1931 begann mit einem Knalleffekt. Die Gruppe traf am 26. September um 10 Uhr morgens in der Schlucht ein, und schon am nächsten Morgen hatte Leakey sein Steinwerkzeug gefunden, eine vollkommen geformte Handaxt aus einer vorgeschichtlichen Epoche, die wir Acheuléen nennen. (Mit einem Streich leitete er so ein halbes Jahrhundert glänzender archäologischer Forschung in Olduvai ein und erleichterte – nebenbei – Hans Reck um zehn Pfund.) Wenn man die Olduvai-Schlucht so gut kennt wie ich, kann man sich kaum vorstellen, wie Reck auf seiner Expedition im Jahre 1913 die Steingeräte hat übersehen können – man braucht sich nur nach ihnen zu bücken. Doch wir haben es hier abermals mit dem Einfluß des Vorverständnisses auf die Resultate zu tun. Reck hatte in Europa gelernt, nach *Feuerstein*-Werkzeugen zu suchen. In Olduvai gibt es jedoch keinen Feuerstein – und so vermochte das Auge des Deutschen keine Steinwerkzeuge zu entdecken. Leakey dagegen war in Afrika aufgewachsen und wußte, wonach er zu suchen hatte: roh behauene Werkzeuge aus Quarz, Kieselsäure und vulkanischem Gestein.

Die nächste Runde ging an Reck. Louis war in der festen Überzeugung nach Olduvai gekommen, daß der Oldoway-Mensch in jüngerer Zeit in einer sehr alten Sedimentschicht bestattet worden sei. Nach vier Tagen war er anderen Sinnes geworden und hatte sich Recks Auffassung zu eigen gemacht, daß das Skelett tatsächlich außerordentlich alt sei. Angeblich überzeugte ihn das Vorkommen sehr alter Säugerfossilien in derselben geologischen Schicht, in der auch das Skelett gefunden worden war. Davon hatte er jedoch schon vor seinem Eintreffen in der Olduvai-Schlucht gewußt. Weit eher dürfte die Entdeckung einer alten Steinkultur den Ausschlag gegeben haben, bedurfte es doch nie großer Anstöße, um Leakey vom hohen Alter des Menschen zu überzeugen. In der Londoner *Times* berichtete Leakey, die Expedition habe »nahezu zweifelsfrei bewiesen, daß das menschliche Skelett, das Professor Reck 1913 gefunden hat, das älteste bekannte echte Skelett des *Homo sapiens* ist«.

Wohl doch nicht so ganz, denn ein paar Monate später wußte man aus eingehenderen Untersuchungen der geologischen Verhältnisse in Olduvai und einer genaueren Prüfung des Fossils, daß Leakeys erste Vermutung richtig gewesen war: Bei dem Skelett handelte es sich zwar um ein Exemplar des *Homo sapiens*, doch offensichtlich um einen modernen Menschen, der vor ungefähr zwanzigtausend Jahren in älteren, durch Faltung nach oben gelangten Sedimentschichten begraben worden war. Nachdem sich Leakey zu einer derart kühnen Behauptung hatte hinreißen lassen, hätte dieses Untersuchungsergebnis für seine Karriere verheerende Folgen haben können. Doch irgendwie gelang es dem jungen Kenianer, seinen Kopf aus der Schlinge zu ziehen, und statt dessen einen strahlenden Erfolg zu präsentieren. Als Reck Olduvai verließ, um nach Europa zurückzukehren, zog Leakey weiter nach Westen, um einige Ablagerungsschichten bei Kanjera am Viktoriasee zu untersuchen. Dort fand er die Bruchstücke zweier Schädel in Sedimentschichten, die sowohl Handäxte als auch die Überreste längst ausgestorbener Elefanten enthielten. Dann entdeckte er in noch älter erscheinenden Ablagerungsschichten des nahegelegenen Kanam das Stück eines menschlichen Kiefers. So ungestüm wie eh und je behauptete Louis, etwas gefunden zu haben, das noch älter sei als Recks Oldoway-Mensch, doch ohne jene primitiven Merkmale, die den Piltdown-Menschen und die asiatischen Funde zu toten Ästen des menschlichen Stammbaums hätten erstarren lassen. Er nannte seine Entdeckungen *Homo*.

Ein paar Monate später kamen einige hochqualifizierte Wissenschaftler unter der Leitung von Sir Arthur Smith Woodward – inzwischen geadelt wie Keith – zu einer Sondertagung in London zusammen, die ausschließlich dazu dienen sollte, die Fachleute von Leakeys Behauptungen zu überzeugen. Am ersten Tag präsentierte Louis seine Beweise. Nach einem zweiten Tag eingehender Diskussion schloß sich die Versammlung seiner Auffassung an und gratulierte ihm zu dem, wie es schien, historischen Fund. Allerdings verließ ein Wissenschaftler die Tagung mit erheblichen Zweifeln. Der Geologe Percy Boswell vom Imperial College in England war ein Anhänger des Piltdown-Menschen und hatte zu den Forschern gehört, die den Oldoway-Menschen nicht hatten zur Kenntnis nehmen wollen. Vielleicht fiel es ihm deshalb besonders leicht, die Behauptung, daß die »ältesten Menschen« in Afrika gelebt hätten, mit Skepsis aufzunehmen. Aus welchen Gründen auch immer, Boswell zerpflückte Leakeys Beweise mit einer solchen Hartnäckigkeit, daß Leakey die Royal Society schließlich bat, dem Geologen eine Forschungsreise zum Viktoriasee zu finanzieren, damit er sich persönlich ein Urteil von den Fundstätten bilden könne.

Die Reise stand von Anfang an unter einem unglücklichen Stern. Als Boswell in Kanjera eintraf, stellte Leakey fest, daß er die Stelle, an der er die Schädel gefunden hatte, nur auf zehn Meter genau bestimmen konnte. In Kanam war es noch schlimmer. Die einheimischen Fischer hatten sich mit den Eisenpflöcken davongemacht, die er zur Kennzeichnung der Fundstätte verwendet hatte. Ein Foto des Ortes, das er auf der Londoner Tagung herumgereicht hatte, erwies sich als das Bild einer Stelle, die hundert Meter entfernt lag. Boswell reiste am nächsten Tag ab, »in schlechter Stimmung«, wie es hieß. Nach seiner Rückkehr veröffentlichte er in der Zeitschrift *Nature* eine vernichtende Kritik der Leakeyschen Thesen und gelangte zu dem Schluß, das geologische Alter der Knochenfragmente von beiden Fundstätten sei völlig ungewiß.

Keiner der Teilnehmer war besonders glücklich darüber, daß man ihn auf der Londoner Tagung, wenn auch unabsichtlich, zum Narren gehalten hatte. Leakeys Ansehen in Cambridge litt weiter, als er 1936 die gesellschaftliche Todsünde einer Scheidung beging. Er und seine Frau Frida lebten seit zwei Jahren überwiegend getrennt, und seine Beziehung zu Mary Nicol bestand schon seit einiger Zeit. Kurz nach der Scheidung heirateten sie. Mit diesen beiden häßlichen Flecken in seinem Lebenslauf galt Leakey der Cambridger Gesellschaft fortan als Persona non grata.

Bei seiner Scheidung hatte Louis recht daran getan, sich über die gesellschaftlichen Gepflogenheiten hinwegzusetzen: Mary war für ihn eine sehr viel passendere Gefährtin als Frida, die ihr Heim in Cambridge weit mehr schätzte als das Leben im afrikanischen Busch. Leakeys Einschätzung seiner Fossilien erwies sich jedoch als falsch. Bei den Fossilien von Kanjera und Kanam handelte es sich lediglich um Überreste des *Homo sapiens*. Leakey selbst hat das nie akzeptiert. In gewissem Sinne hat er den Rest seiner beruflichen Laufbahn dem Versuch gewidmet, seine Auffassung vom Kanam-Menschen durch einen weiteren sensationellen Fund bestätigt zu finden. Nur daß er das nächste Mal sorgfältiger zu Werke gehen wollte.

Louis Leakey präsentiert in der Olduvai-Schlucht Bruchstücke fossiler Elefantenbackenzähne. (Melville Bell Grosvenor/National Geographic Society)

Nach der Kanam-Pleite genoß Louis Leakey den gleichen Ruf, der Raymond Dart auf seiner Rückreise nach Südafrika begleitet hatte – ein eigensinniger junger Wissenschaftler zu sein, der zu sehr in den eigenen Ideen gefangen war, um noch klar sehen zu können, und der zu rasch mit voreiligen Schlußfolgerungen bei der Hand war. Nach seiner entmutigenden London-Reise im Jahre

1931 war Dart nach Südafrika zurückgekehrt, fester denn je entschlossen, sich in Zukunft ganz seiner medizinischen Fakultät zu widmen und sich nicht mehr um menschliche Fossilien zu kümmern. So wäre ohne das hartnäckige Interesse des namhaften Paläontologen Robert Broom der *Australopithecus*, die Frucht der Dartschen Bemühungen, in Vergessenheit geraten.

Wie Dart und Leakey war Broom ein brillanter Kopf, unorthodox und unberechenbar. Und seine Exzentrik übertraf sogar noch die der beiden anderen. Auf Expeditionen, die der Suche nach Fossilien galten, trug er stets einen untadeligen dunklen Anzug, steifen Kragen und Krawatte. In den zwanziger Jahren hatte er mit seinen Arbeiten über die Entwicklung der Säugetiere aus den Reptilien internationale Anerkennung gewonnen. Gleichzeitig hatte er sich mit gewissen Unarten und Eigenheiten – etwa der angeblichen Gewohnheit, aus persönlichem Gewinnstreben nationale Fossilien an ausländische Museen zu verkaufen – den Zorn der südafrikanischen Behörden zugezogen. Obwohl er zweifellos der berühmteste Wissenschaftler des Landes war, verwehrte man ihm den Zugang zum Nationalmuseum.

Nachdem Dart die Entdeckung des Kindes von Taung bekanntgegeben hatte, erschien zwei Wochen später Broom im Büro des jungen Professors. Ohne Dart zu beachten, begab er sich geradewegs zum Tisch, auf dem das Fossil lag, und fiel auf die Knie – »in Ehrfurcht vor unserem Vorfahr«. Damals war Broom fast siebzig und hatte wenig Erfahrung auf dem Gebiet der menschlichen Vorgeschichte. Trotzdem hielt er sich, wie er später erklärte, für den besten Paläontologen, der je gelebt hatte, und war entschlossen, auch der beste Anthropologe zu werden.

Es sollten noch zwölf Jahre vergehen, bevor Broom etwas unternehmen konnte, um seine Überzeugung zu belegen, daß das Kind von Taung in die menschliche Ahnenreihe gehört. 1936 kam ihm zu Ohren, daß in einem Kaufhaus in der Nähe des Steinbruchs Sterkfontein Fossilien als Souvenirs verkauft wurden. Er setzte sich mit dem Direktor des Steinbruchs in Verbindung, fuhr hin und fand nach neun Tagen einen Schädel, der in steinharte Breccie eingebettet war. Im Unterschied zu Darts Fund handelte es sich bei diesem Schädel um den eines ausgewachsenen Individuums. Damit entfielen viele der Einwände, die gegen das Kind von Taung vorgebracht worden waren. Broom erkannte zwar die Ähnlichkeiten zwischen seinem Fossil und Darts Fundstück, zog es aber vor, sein Exemplar *Plesianthropus transvaalensis* – Menschenbenachbarter, also »Fastmensch aus Transvaal« – zu nennen. Wie Leakey war er ein unermüdlicher Erfinder neuer Namen. (Leute, die so großzügig mit der Taxonomie umgehen, nennen wir *Splitters*, Haarspalter, die bestehende taxonomische Einheiten in immer neue aufteilen; Forscher, die umgekehrt verfahren und so viele Fossilien wie möglich in einer taxonomischen Einheit unterbringen, nennen wir *Lumpers*, also Leute, die alles in einen Topf werfen.) Das Fundstück wurde später dem gleichen Taxon zugeordnet wie das Kind von Taung, nämlich dem *Australopithecus africanus*.

Brooms nächster Fund verdiente allerdings ohne Zweifel eine eigene taxonomische Kategorie. Mit Hilfe eines einheimischen Schuljungen entdeckte er einen weiteren Hominidenschädel im nahegelegenen Steinbruch Kromdraai. Ohne Zweifel war dieser zu den Australopithecinen zu rechnen, doch Broom war erstaunt über die Dicke des Kiefers und die Massivität der Zähne. Das Fundstück war insgesamt größer und robuster als Brooms erste Entdeckung und als Darts Taung-Schädel. Broom gab ihm den Namen *Paranthropus robustus*, also »robuster Menschengleicher«. Die meisten Wissenschaftler zählen ihn heute zu einer der Taung-Gattung angehörenden Art: *Australopithecus robustus*.

Mit seinen massigen, gedrungenen Zügen wirkte das neue Fossil auf Broom nicht wie ein unmittelbarer Vorfahr des Menschen. Aber er zweifelte nicht daran, daß solch ein Vorfahr in der *Familie* der Australopithecinen zu finden sein würde, für deren Definition er, Broom, soviel getan hatte – ein aufrechtgehender Hominide mit kleinem Gehirn und sehr menschenähnlichen Zähnen. Die einflußreichen Leute vom Fach spitzten zwar die Ohren, ließen sich aber noch nicht überzeugen. Es gab noch immer keine zweifelsfreien Beweise dafür, daß die Australopithecinen aufrecht gingen, und die Abstammungslinie zwischen ihnen und den Affen blieb unklar.

Ein weiteres Problem betraf die Altersfrage. Vor 1960 war die Datierung aller Hominidenreste, wo sie auch gefunden sein mochten, eine sehr ungewisse Sache, die auf einer mühseligen Analyse der geologischen Verhältnisse und der Tierreste an der Fundstätte beruhte. An Orten wie Olduvai, wo sich im Laufe der Jahrtausende sogenannte »Schichtkuchen« aus Vulkanasche und Sedimenten gebildet haben, ist es nicht allzu schwer, zumindest *relative* Altersangaben zu machen. Wenn man dort ein Fossil beispielsweise in einer unberührten Schicht grauer Asche findet, kann man sicher sein, daß es jünger ist als die Fossilien in der roten Schicht darunter und älter als die Fundstücke in der braunen Schicht darüber. Für die südafrikanischen Höhlen hingegen gibt es keine solchen Anhaltspunkte. Sie haben sich vor langer Zeit gebildet, als Oberflächenwasser durch den porösen Kalkstein sickerte, in der Tiefe Mineralien löste und dort Hohlräume zurückließ. Bei Vergrößerung dieser unterirdischen Höhlen hat das Regenwasser manchmal von der Oberfläche aus einen Kanal gegraben, durch den dann Knochen und anderes Material in die Höhle fielen oder von Tieren hineingetragen wurden. Aber wann? Und wie lange? Das läßt sich noch nicht einmal heute genau sagen. Dart schätzte das Alter der Ablagerungen in der Höhle von Taung auf eine Million Jahre, doch das war nur eine Vermutung. Neuere Schätzungen gehen eher von zwei Millionen Jahren aus.

Unter dem ausschlaggebenden Einfluß von Broom, der ständig neue Australopithecinenreste entdeckte, begannen Mitte der vierziger Jahre die Widerstände gegen Darts ursprüngliche Auffassung, es handele sich bei dem Taung-Schädel um ein Hominidenrelikt, allmählich abzubröckeln. Sogar Sir Arthur Keith mußte zugeben, daß die Fossilien aus Südafrika menschenähnliche Züge aufwiesen. 1947 machte der bekannte Oxforder Anatom Sir Wilfred Le Gros Clark einen Besuch bei Broom in Pretoria und unterzog alle Fossilien einer sorgfältigen Untersuchung. Danach war er restlos überzeugt. Von Südafrika reiste er nach Nairobi, wo er an dem ersten panafrikanischen Kongreß zur Vorgeschichte teilnahm. Der Oxforder Anatom nutzte die Gelegenheit, um sich mit seiner ganzen, nicht unbeträchtlichen Autorität für die Australopithecinen-Theorie einzusetzen. Damit war die Frage so gut wie entschieden.

Raymond Dart war auf der Tagung in Nairobi und erlebte mit, wie seine These nach zweiundzwanzig Jahren endlich die gebührende Anerkennung fand. Auch Robert Broom, damals schon über achtzig, aber noch nicht am Ende seiner Karriere, war anwesend, dem die Wissenschaft noch weitere Funde verdanken sollte. Sir Arthur Keith, die Nemesis des Taungschen Fundes, befand sich im fernen England. Als er den Bericht in *Nature* las, raffte er sich zu einem Brief an die Zeitschrift auf: »Ich gehörte damals zu denen, die den Standpunkt vertraten, die Entdeckung der erwachsenen Form [des Kindes von Taung] werde beweisen, daß es sich um einen nahen Verwandten der lebenden afrikanischen Menschenaffen – des Gorillas und des Schimpansen – handle. Ich bin heute davon überzeugt, daß Professor Dart recht gehabt hat und ich mich irrte.«

Der Motor dieses richtungsweisenden Kongresses in Nairobi war niemand anders als der unermüdliche Louis Leakey. Nach dem Kanam-Debakel hatte Leakey in den dreißiger und vierziger Jahren ein atemberaubendes Arbeitstempo an den Tag gelegt und in ganz Kenia und Tansania eine archäologische Ausgrabung nach der anderen vorgenommen. Auch Mary Leakey hatte sich in die Arbeit gestürzt und sich zu einer Expertin für die Steinwerkzeugkultur der ostafrikanischen Frühmenschen entwickelt. Louis suchte lieber nach Knochen, dennoch war es Mary vorbehalten, 1948 ihrer beider bis dahin bedeutendstes Fossil zu entdecken, den Schädel eines frühen Menschenaffen, *Proconsul* genannt. Mary machte auch die nächste große Entdeckung, die noch weit sensationeller war als *Proconsul*.

Die Leakeys hatten ihre intensive Erforschung der Olduvai-Schlucht Anfang der fünfziger Jahre wieder aufgenommen. Sie waren auf eine ungeheure Zahl von Säugerknochen gestoßen, unter anderem Paviane von Gorillagröße und Schweine, so groß wie heutige Flußpferde. Ein Riesenbüffel, den sie fanden, trug Hörner mit einer Spannweite von über zwei Metern. Überall in der Schlucht entdeckten sie auch Anzeichen für frühe menschliche Besiedlung – Steinwerkzeuge, zu Haufen zusammengetragene Fragmente von Säugerknochen, anscheinend die Überreste von Hominidenmahlzeiten, sogar ein urzeitliches Moor, das mit den Knochen riesiger Pflanzenfresser gefüllt war. Man geht heute davon aus, daß sie von frühen Jägern zu Tode gehetzt wurden. Doch das Stück, das dem ganzen Bild erst einen Sinn gegeben hätte – nicht die Hinterlassenschaften des Menschen, sondern er selbst –, war einfach nicht zu entdecken.

Als die Leakeys endlich fanden, wonach sie all die Jahre gesucht hatten, war es ganz anders, als sie erwartet hatten. Eines Julimorgens des Jahres 1959, als Louis im Bett lag und sich mit einer Grippe plagte, nahm Mary ihre Hunde und machte einen Spaziergang zu einer Wasserrinne, *Korongo* auf Suaheli, in der, wie sie hofften, Anhaltspunkte für eine Besiedlung durch Frühmenschen zu finden sein müßten. Vor Jahren war diese Stelle nach Louis erster Frau FLK genannt worden – »Frida Leakey Korongo«. Mary bemerkte auf dem Abhang einen Schädel, der durch Erosion freigelegt worden war. Als sie den Staub fortwischte, sah sie im Kiefer menschenähnliche Backenzähne. Sie eilte ins Lager zurück und berichtete Louis von ihrem Fund, der seine Grippe vergaß und ihr zur Fundstätte folgte. Er hoffte natürlich, eine Rechtfertigung seines Kanam-Menschen zu finden – einen primitiven *Homo*, dem man die gröbsten Steinwerkzeuge von Olduvai hätte zuschreiben können. Doch ein Blick auf die Zähne nahm ihm alle Illusionen.

»Ach, meine Liebe«, so soll er zu Mary gesagt haben. »Ich glaube, es ist ein Australopithecine.«

Leakeys anfängliche Enttäuschung muß groß gewesen sein. In all den Jahren hatte er Darts und Brooms Behauptung, ihre primitiven Individuen mit kleinen Gehirnen seien menschliche Vorfahren, nie akzeptiert. Daß er mit dieser Auffassung immer mehr zum einsamen Rufer in der Wüste wurde, beirrte ihn nicht im mindesten. Er war davon überzeugt, daß die Australopithecinen ganz entfernte Verwandte waren, nicht menschlich genug, um die in Olduvai gefundenen Werkzeuge herzustellen. Und da tauchte nun einer an einem Ort auf, der nur wenige Meter von einer Anhäufung eben solcher Werkzeuge entfernt lag. Noch verwirrender war, daß Louis und Mary, als sie die Erde in der Umgebung des Fundstücks untersuchten, zu ihrer Überraschung feststellen mußten, daß es sich bei den Zähnen, die Mary für Backenzähne gehalten hatte, in Wirklichkeit um Vorbackenzähne handelte. Die Backenzähne selbst erwiesen sich als riesig, ihre Kauflächen so groß wie Fünfcentstücke. Tatsächlich war alles an diesem Schädel überdimensional, *mit Ausnahme* des Gehirns und der Vorderzähne. Das riesige Gesicht stellte sogar die Gesichter von Brooms »robusten« Schädeln in den Schatten, und wie bei einem Gorilla lag mitten auf dem Schädel ein massiver Knochenvorsprung, der dem riesigen Kaumuskel des Tieres Platz zum Ansetzen bot.

Der Besitz dieses erstaunlichen Fossils brachte Leakey in ein sehr unangenehmes Dilemma. Ordnete er den Schädel *Homo* zu, mußte er dessen robuste, ja *über*-robuste Eigenschaften außer acht lassen. Das würden ihm seine Kritiker niemals durchgehen lassen. Doch wenn er ihn *Australopithecus* nannte, würde er zugeben müssen, daß die südafrikanischen »Fastmenschen« Werkzeuge hergestellt hatten und damit doch in die Entwicklungslinie des *Homo sapiens* gehörten. Damit wäre sein gesamtes Konzept von der menschlichen Evolution zerstört gewesen. Es gab einen Ausweg, den er zuvor schon benutzt hatte, für den er sich diesmal aber nicht entschied. Früher einmal hatte er erklärt, die in Tschoukoutien entdeckten Fundstücke des Peking-Menschen seien in Wirklichkeit nicht dem Menschen zuzuordnen, sondern als »Überreste seines Festmahls« zu betrachten. Vielleicht war auch dieses Lebewesen einfach ein Australopithecine, der von dem wie auch immer beschaffenen, für die Werkzeuge verantwortlichen Echtmenschen gefressen worden war. Doch Leakey verwarf diesen Gedanken. Der Schädel war in praktisch unversehrtem Zustand versteinert; er ließ keinerlei Werkzeugspuren erkennen. Abgesehen davon war dieser Schädel ein *Leakey*-Fund. Wenn

Louis es auch nie zugegeben hätte, schon diese Tatsache allein machte den Knochen etwas menschenähnlicher.

Leakeys Arbeitsnotizen, auf die ich 1980 während eines Aufenthalts in Nairobi stieß, lassen seine Bestürzung deutlich erkennen. In seinem Tagebuch stellt er eine Liste mit *robustus*-ähnlichen Merkmalen des Fossils zusammen und eine andere Liste mit Eigenschaften, die ihn dem *Homo* zuweisen. Die *robustus*-Liste ist weit länger als die des *Homo*. Trotzdem wird das Fossil als *Titanohomo mirabilis*, als »wunderbarer Riesenmensch« bezeichnet.

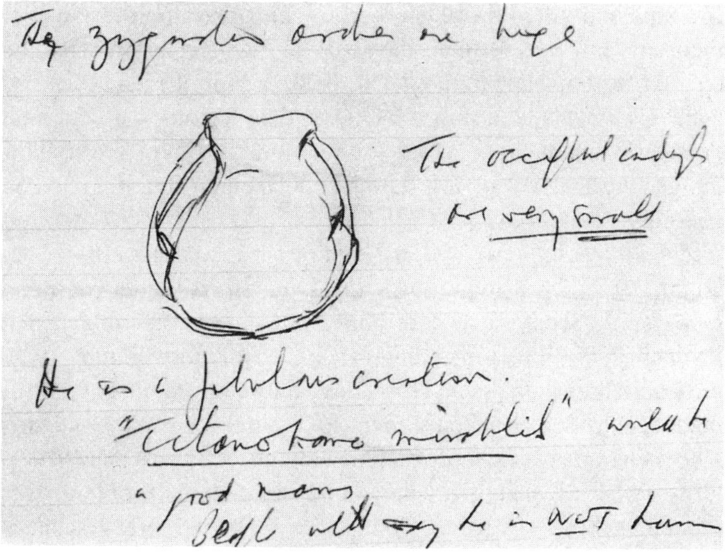

Eine Seite aus Louis Leakeys Arbeitstagebuch nach der Entdeckung des »Zinjanthropus« im Jahre 1959. (Donald Johanson)

»Er ist ein fabelhaftes Geschöpf«, schrieb Leakey unter eine grobe Skizze von der Aufsicht des FLK-Schädels. »*Titanohomo mirabilis* wäre ein guter Name. Es wird heißen, er sei *nicht* menschlich, aber er ist es doch.«

Als Leakey seinen Fund dann publizierte, wich er dem Problem aus, statt es zu lösen. Er entschied sich nämlich weder für *Homo* noch für *Australopithecus*, sondern erfand statt dessen einen völlig neuen Namen für das Fossil – *Zinjanthropus boisei*. Der Gattungsname bedeutet »Ostafrikamensch«, während die Artbezeichnung zu Ehren von Charles Boise, einem großzügigen Geldgeber, gewählt wurde. Louis und Mary gaben ihm den Spitznamen »Dear Boy«, ein anderer Wissenschaftler bezeichnete ihn wegen seiner gewaltigen Kiefer als »Nußknackermenschen«. Doch der Spitzname, der haften blieb, war die einfache Abkürzung »Zinj«.

Unabhängig von der gewählten Bezeichnung ließ Leakey an der Natur seines Fundes keinen Zweifel. In seinem Bericht in der Zeitschrift *Nature* erkannte er ohne Wenn und Aber die vielen Merkmale an, die sein Exemplar mit den Australopithecinen gemeinsam hat, und ordnete ihn sogar in die gleiche Unterfamilie ein. Doch dann begann er auch die *Homo*-ähnlichen Züge des Schädels aufzuzählen und gelangte zu dem Schluß, daß Zinj und der Werkzeugmacher eine Person seien. Nach einem Vierteljahrhundert hatte der Kanam-Mensch endlich einen Bundesgenossen gefunden.

Zinjanthropus machte den Namen der Leakeys weltweit bekannt. Er brachte ihnen auch die Unterstützung der National Geographic Society und damit das Ende der ewigen finanziellen Probleme, die ihre Forschungsarbeiten behindert hatten. Doch die Vorstellung von einem Hominiden mit relativ kleinem Gehirn, mahlsteingroßen Backenzähnen und einem Gorilla-ähnlichen Knochenkamm auf dem Schädeldach paßte vielen Wissenschaftlern nicht ins Konzept. Leakey hatte ein anderes Problem. Das Alter des Fossils wurde auf ungefähr 600000 Jahre geschätzt. Nach seiner eigenen Vorstellung vom Evolutionstempo blieb damit nicht genügend Zeit, um die primitiven Merkmale des Ostafrikamenschen zu den hochentwickelten anatomischen Merkmalen des *Homo sapiens* zu läutern. Louis setzte sich mit der für ihn typischen Unbedenklichkeit über das Dilemma hinweg: Jeder wisse, daß Haustiere sich rascher entwickeln als Tiere in ihrem natürlichen Habitat. Könne der Mensch nicht durch die Fertigung von Werkzeugen die eigene Evolution durch eine Art *Selbst-Domestikation* beschleunigt haben?

Vielleicht – aber eine solch subjektive Idee läßt sich natürlich nicht verifizieren. Leakey verstand es, Argumente von höchst fadenscheinigem Charakter so miteinander zu verflechten, daß sie überzeugend wirkten. In diesem Falle waren seine rhetorischen Fähigkeiten jedoch nicht vonnöten. Fast unmittelbar nach der Entdeckung des *Zinjanthropus* wurde das Alter des FLK-Fundortes mit Hilfe einer neuen chemischen Methode zur Datierung vulkanischer Sedimentschichten wie der in Olduvai objektiv und wissenschaftlich überprüfbar mit 1,75 Millionen Jahren angegeben.

Diese als Kalium-Argon-Methode bezeichnete Datierungstechnik sollte die Paläoanthropologie revolutionieren. Sie macht sich den Umstand zunutze, daß radioaktive Isotope in vulkanischem Gestein – in diesem Falle das Kaliumisotop ^{40}K – über einen Zeitraum von Jahrmillionen gleichmäßig in stabile Bestandteile zerfallen – hier in Argongas. Die Geologen Garniss Curtis und Jack Evernden in Berkeley nahmen eine Probe vulkanischer Kristalle und ermittelten die Anteile von radioaktivem Kalium und eingeschlossenem Argongas. Auf diese Weise konnten sie das absolute Alter ihrer Gesteinsproben angeben. Die Technik verlangt unglaublich empfindliche Instrumente und war vor allem anfangs sehr anfällig für Fehler durch Spuren von Felsgesteinen, die manchmal aus anderen geologischen Schichten in einen Tuff gelangen. Im übrigen läßt sie sich nicht zur direkten Altersbestimmung der Fossilien verwenden, sondern nur der Sedimentschichten, die die Fundstücke umgeben. Trotz dieser Einschränkungen brachte die Kalium-Argon-Methode eine lang ersehnte Objektivität in eine Wissenschaft, die an einer Überfülle subjektiver Interpretationen krankte. Die Methode wurde für das Wissensgebiet im Laufe der Zeit noch wertvoller als die Entdeckung von Zinj selbst.

Leakey akzeptierte das neue Alter von FLK natürlich mit Begeisterung. Warum auch nicht? Mit einem Schlage war sein Ostafrikamensch um mehr als eine Million Jahre gealtert, Zeit genug, um die fällige Evolution zu vollziehen. Mit der für ihn typischen Unbedenklichkeit tat Leakey den Lesern der Zeitschrift *National Geographic* kund, daß er endlich den ersten Echtmenschen gefunden habe, den Hersteller der Werkzeuge vom FLK – »ein Evolutionszustand, der sich in größerer Nähe zum Menschen in seiner heute bekannten Form befindet als der Fastmensch (d. h. *Australopithecus*) aus Südafrika«. Die meisten seiner Kollegen neigten jedoch zu der Annahme, daß sein erster Eindruck von der Identität des Schädels richtig gewesen sei; sie glaubten mit anderen Worten, es handle sich um einen weiteren hyperrobusten Typus der Australopithecinen. So wurde Zinj schließlich dieser Gattung zugeschlagen und erhielt die offizielle Bezeichnung *Australopithecus boisei*.

Einige Jahre später wurde ruchbar, die Leakeys seien in Olduvai auf einen neuen Fund gestoßen, praktisch direkt unter Zinjs Füßen. Im November 1960, nur zwei Monate nach Veröffentlichung des Artikels in *National Geographic*, grub Jonathan, der älteste Sohn der Leakeys, die Fundstelle einer Säbelzahnkatze in der Nähe vom FLK durch, als er das Stück eines Unterkiefers, einer *Mandibula*, und einige Schädelfragmente eines jugendlichen Hominiden zutage förderte. Das Fundstück befand sich in Sedimentschichten, die ebenso alt waren wie Zinjs Schichten, doch die Schädelknochen und Zähne von »Johnnys Kind« zeigten mehr als nur die Fastmensch-Eigenschaften des vorherigen Fundes. Vor allem waren deutliche Anzeichen für ein großes Gehirn zu erkennen.

Johnnys Kind oder OH (Olduvai-Hominid) 7, wie seine offizielle Bezeichnung lautet, hatte in der Tat größere Ähnlichkeit mit dem echten *Homo*, nach dem Louis schon sein ganzes Leben lang suchte. Doch dieses Mal besiegte Louis seine übliche Ungeduld und ging mit seiner Entdeckung nicht an die Öffentlichkeit, bevor das Fossil nicht eingehend untersucht worden war. Das Leakeysche Team hatte erstaunliches Glück und fand in Olduvai noch zwei weitere Schädel mit ähnlichen Merkmalen. Der erste war OH 13, ein Ober- und Unterkiefer und einige Schädelfragmente. Dieses Fundstück erhielt den Namen Cinderella oder einfach Cindy. Bald darauf stieß man in der Nähe vom FLK auf OH 16 – einen zertrampelten Schädel und einige Zähne. Man gab ihm den Namen George. Beide Schädel wiesen die gleichen menschenähnlichen Merkmale wie Johnnys Kind auf. Das Schädelvolumen war groß. Die Vorbacken- und Backenzähne waren schmal und klein im Verhältnis zu den Eckzähnen. Am Fundort OH 7 wurden auch einige Hand-, Fuß- und andere postkraniale Knochen entdeckt. Die Handknochen lassen auf einen hochentwickelten, genauen Griff schließen, wie ihn ein Werkzeugverwender wohl besitzen muß. Und die Knochen des Fußes zeugen von einem vollständig ausgebildeten zweifüßigen Gang.

Diese Merkmale waren mehr als genug, um Louis davon zu überzeugen, daß die neuen Hominiden unzweifelhaft dem *Homo* zuzurechnen waren. Doch bevor Leakey eine neue Art proklamieren konnte, hatte er noch ein weiteres Hindernis zu überwinden. Merkwürdigerweise war die Gattung *Homo* nie eindeutig definiert worden. Bei der Frage, ob ein fossiler Schädel dem Menschen zuzurechnen sei, prüften die meisten Forscher, ob er Arthur Keiths »zerebralen Rubikon« überschritten hatte. Diese Schwelle wurde bei 700 bis 800 Kubikzentimeter angesetzt – das war bei den einzelnen Forschern unterschiedlich. Nach Leakeys Kollegen Phillip Tobias lag das Schädelvolumen der neuen Olduvai-Fundstücke bei ungefähr 650 cm^3. Wenn das Team die Fossilien *Homo* zuweisen wollte, mußte es den zerebralen Rubikon niedriger ansetzen, als man bisher angenommen hatte. Sie drückten ihn also auf 600 cm^3, wodurch ihre neuen Fossilien auf der menschlichen Seite angesiedelt wurden. Gemeinsam mit John Napier stellten Leakey und Tobias ihre neue Art der Öffentlichkeit 1964 in einem richtungweisenden Artikel der Zeitschrift *Nature* vor. Dies sei endlich, so die Autoren, der *echte* Werkzeugmacher der Olduvai-Schlucht, den sie auf Vorschlag von Raymond Dart *Homo habilis* oder »geschickter Mensch« nannten. *Zinjanthropus*, der eigentlich nie einen sehr überzeugenden Vorfahren des Menschen abgegeben hatte, wurde von Leakey zu einem »Eindringling (oder Opfer) im Lebensraum des *Homo habilis*« herabgestuft.

Obwohl Leakey diesmal die öffentliche Vorstellung seines neuen *Homo* sorgfältig vorbereitet hatte, fand er wenig Zustimmung. Bei dieser Gelegenheit wurde er sogar von dem angesehenen Wilfred Le Gros Clark, lange ein Freund und Fürsprecher Leakeys, im Stich gelassen. Es war einfach so, daß die paläoanthropologische Gemeinschaft Leakey einmal zu oft »Mensch!« hatte ausrufen hören. Einige Wissenschaftler nahmen Anstoß an dem krampfhaften Bemühen, den *habilis* über Keiths zerebralen Rubikon zu schmuggeln. Zu allem Überfluß waren die Fundstücke, die Tobias vermessen hatte, unvollständig und stark zerstört, so daß einige Kollegen die Genauigkeit seiner Messungen in Frage stellten. Hinsichtlich der Zähne befanden sich Leakey und seine beiden Ko-Autoren auf festerem Boden. Nach der von Le Gros Clark stammenden Unterscheidung zwischen *Homo-* und *Australopithecus*-Zähnen ließ sich der *habilis* eindeutig ersterer Gattung zuordnen.

Doch das reichte nicht, um die Skeptiker zu überzeugen. Die taxonomische »Haarspalterei« war in den sechziger Jahren aus der Mode gekommen. Die meisten Forscher waren bemüht, die Zahl der Hominiden zu *reduzieren*, statt sie zu vergrößern. Le Gros Clark faßte den Standpunkt der Opposition zusammen: Alle neun Fundstücke aus der Olduvai-Schlucht könnten genausogut in Darts Spezies *Australopithecus africanus* untergebracht werden.

»So bleibt zu hoffen«, schrieb er, »daß der ›Homo habilis‹ so rasch wieder von der Bildfläche verschwinden wird, wie er aufgetaucht ist, denn er lohnt ganz gewiß keine längere Kontroverse.«

Besonders vernichtend an dieser Erwiderung waren die Anführungszeichen, die den Namen des neuen Taxons einrahmten – kleine, boshafte Totengräber der Hoffnung, Anspruch auf jene Legitimität erheben zu können, die erst der Kursivdruck verleiht. Tatsächlich aber löste der *Homo habilis* eine der hartnäckigsten Debatten aus, die es in der Geschichte unserer Wissenschaft je gegeben hat – eine Debatte, die Louis überdauern sollte und auch heute noch nicht entschieden ist. Doch davon später mehr. Der »geschickte Mensch« war Leakeys letzter großer Fund; die restlichen zehn Jahre seines Lebens verbrachte er damit, Vorträge zu halten und Mittel aufzutreiben. Mary und er lebten sich auseinander; während seine Vortragsreisen Louis um die ganze Welt führten, setzte Mary die Ausgrabungsarbeiten in Olduvai fort. Schließlich machte sie die Schlucht zu ihrem ständigen Wohnsitz und entlockte ihr eine erstaunliche Fülle an Informationen über die Steinkultur des Frühmenschen. Inzwischen hat sich das Zentrum der paläoanthropologischen Aufmerksamkeit nach Norden verlagert; das Interesse gilt jetzt eher Leakeys Funden beim Rudolfsee in Kenia und unseren eigenen Entdeckungen im äthiopischen Afargebiet.

Teil II:
Die Straße nach Olduvai

3. Kapitel
Rückblick

Die Wissenschaft muß mit Mythen und der Kritik an Mythen beginnen.

Karl Popper

Daressalam ist keine schöne Stadt, und doch gehe ich gern durch seine Straßen. Die Stadt sieht ein bißchen verschlissen und abgetragen aus, wie ein altes Paar Schuhe, an dem man aus langer Gewohnheit hängt. In den fünfziger Jahren des vorigen Jahrhunderts vom Sultan von Sansibar erbaut, hat Daressalam seine Reichtümer den wechselnden Besetzern überlassen müssen – Arabern, Portugiesen, Deutschen und schließlich Engländern. Nach der Unabhängigkeitserklärung im Jahr 1961 blühte es auf als Hauptstadt des neuen Staates Tansania, der die ehemaligen Kolonien Tanganjika und Sansibar, eine vor der Küste gelegene Insel, zusammenfaßt. In den Kolonialgebäuden wurden die neuen Behörden untergebracht, überall schossen Hochhäuser und Fabrikgebäude aus dem Boden, am Hafen entstanden neue Lagerhäuser und Kaianlagen. Doch in den siebziger Jahren schlief diese Entwicklung langsam ein. 1985, auf der Durchreise zu unserem kurzen Abstecher nach Olduvai, konnte ich überall Anzeichen für einen beginnenden Aufschwung erkennen. Im folgenden Sommer schien sich diese Tendenz noch verstärkt zu haben. Doch ganz gleich, wie es um die Wirtschaft bestellt ist, Daressalam macht nie einen trübseligen oder deprimierenden Eindruck – immer ist es von wimmelndem, pulsierendem Leben erfüllt. Ich habe ein Faible für seine Bewohner, die überfüllten Bürgersteige, die gerissenen Händler und die Art und Weise, wie die Stadt jeden Morgen den Straßenstaub abzuschütteln und einen neuen Anfang zu machen scheint.

In den drei Tagen, die auf meine erste schlaflose Nacht in Daressalam folgten, pendelte ich zwischen den Regierungsbüros und dem National Museum hin und her, manchmal allein, manchmal mit Fidelis Masao. Die meisten der tansanischen Wissenschaftler und Regierungsbeamten bekundeten ihre ausgesprochen positive Einstellung zum Olduvai-Projekt. Es stellte sich heraus, daß es nur eines Briefes bedurfte, um die Erlaubnis für Lewis Binford und George Frison zu erhalten. Am 15. Juli hatte ich ein Gespräch mit Zahra Nuru, der Staatssekretärin im Kultusministerium, die, wie ich feststellte, auch Sprachwissenschaftlerin war. Während sie mir eine Reihe von Fragen zur Anthropologie stellte, erfuhr ich von ihr, welche Ursprünge das Kisuaheli hat und wie es sich zur Verkehrssprache in großen Teilen Ostafrikas entwickelt hat.

Als ich am Donnerstag, dem 17., von Daressalam aus zur Regionalhauptstadt Arusha aufbrach, trug ich die Forschungserlaubnis für Olduvai nebst den Unbedenklichkeitserklärungen für alle Wissenschaftler und Besucher bei mir. Außerdem hatte ich die Zusage von Regierungsbeamten im Department of Antiquities, daß die Ausgrabungserlaubnis für Laetoli bald folgen würde. Doch noch waren meine Zweifel nicht besiegt. Ich hatte inzwischen erfahren, daß Richard Leakey unter den Beamten des Departments das Gerücht ausgestreut hatte, wir hätten bei unserer Erkundungsexpedition im Vorsommer zwei Hominidenschädel gefunden und sie außer Landes geschmuggelt.

Ich hatte mir zwar sagen lasen, Leakey sei empört darüber, daß wir, wie er fand, auf dem ureigensten Gebiet seiner Mutter zu »wildern« beabsichtigten, trotzdem war ich bestürzt und entsetzt über dieses Gerücht. Ich hielt es für ausgeschlossen, daß Richard bei all seiner Erfahrung einem solchen Märchen Glauben schenken konnte. In der ganzen stolzen Geschichte der Olduvai-Schlucht hatte man dort nur einen einzigen vollständigen Schädel gefunden – Zinj. Ansonsten waren es Fragmente wie Cindy oder der arme George gewesen. Wie sollten wir da zwei Schädel in einem Zeitraum von zehn Tagen entdeckt haben? Und selbst wenn uns ein solch erstaunlicher Fund gelungen wäre, warum in aller Welt hätten wir dann versuchen sollen, ihn aus Tansania herauszuschmuggeln? Anthropologische Konterbande ist nutzlos. Man kann nichts veröffentlichen, ohne den Diebstahl offenzulegen. Veröffentlicht man aber nichts, kann das Material nicht als Beweismittel dienen – praktisch existiert es gar nicht. Mochte für das Gerücht verantwortlich sein, wer wollte, es zeigte jedenfalls, daß man unsere Beweggründe noch immer mit Argwohn betrachtete. Ich würde meinen Seelenfrieden erst wiederfinden, wenn wir alle Genehmigungen hatten.

Am frühen Nachmittag stieg ich im New Arusha Hotel ab und rief Sandy Evans von der örtlichen Niederlassung von Abercrombie and Kent, einem renommierten Ausrüster von Touristensafaris in Ostafrika, an. Dank meiner Freundschaft mit den Kents hatte mir A & K zugesagt, für den Transport und eine Nachschubverbindung in die Olduvai-Schlucht zu sorgen. Sandy teilte mir mit, Gerry Eck, Lew Binford und mehrere andere Expeditionsmitglieder hätten beschlossen, nicht auf uns zu warten, und seien deshalb schon am Morgen nach Olduvai aufgebrochen. Ich konnte ihnen keinen Vorwurf daraus machen. Selbst für erfahrene Forscher wird der Wunsch, endlich am Ausgrabungsort anzukommen, immer heftiger, je näher sie ihm kommen. Ich konnte nur hoffen, daß Gerry genügend Vorräte mitgenommen hatte. Die A & K-Fahrzeuge würden zwar mühelos mit der behelfsmäßigen Straße den Ngorongoro-Krater hinauf fertig werden, aber Sandy Evans konnte mir nicht versprechen, daß immer hinreichende Mengen an Gemüse, Mehl und anderen Grundnahrungsmitteln greifbar sein würden.

Im Laufe des Nachmittags versammelten sich die restlichen Mitglieder des Teams im Hotel. Tim White und Berhane Asfaw trafen mit dem Flugzeug aus Addis Abeba ein. Gen Suwa, ein japanischer Student, der seine Doktorarbeit bei Tim schrieb, war aus Nairobi gekommen. Leider war Gens Gepäck nicht mitgekommen, weshalb er sich noch immer auf dem Flughafen befand und es ausfindig zu machen versuchte. Tim und ich gingen zum National Natural History Museum hinüber, das noch nicht fertiggestellt war. Es war in dem Gebäude untergebracht, das den Deutschen als Zentralverwaltung der Region gedient hatte, bevor die Kolonie nach dem Ersten Weltkrieg in britische Obhut kam. Wir hofften, daß uns Pelaji Kyauka, der verantwortliche Kurator des Museums, ein paar Tage lang begleiten konnte, denn sein Landrover war für die Beförderung der Gruppe nach Laetoli besonders geeignet. Kyauka zeigte große Lust, sich uns anzuschließen, konnte aber wegen dringender Geschäfte nicht gleich mitkommen. Wenn alles gutging, wollte er am Montag folgen. Als wir ins Hotel zurückkamen, war inzwischen auch Gen Suwa eingetroffen, sehr wütend und noch immer ohne Gepäck. Wir waren alle erschöpft und gingen früh schlafen.

Am nächsten Morgen um sieben Uhr wartete ein eleganter sandfarbener Kleinbus vor der Tür des Hotels. *Abercrombie and Kent* stand in schwungvoller schokoladenbrauner Schrift auf beiden Seitenflächen. Von Gens Gepäck gab es noch immer keine Spur. Alles, was er bei sich hatte, waren eine Zahnbürste, eine Kamera, ein paar Bücher und die Kleidung, die er am Leibe trug. Es sah so aus, als müsse er in Arusha zurückbleiben und am Montag mit Kyauka nachkommen.

»Wenn Sie es der Fluggesellschaft überlassen, sich um den Koffer zu kümmern, sehen Sie ihn vielleicht nie wieder«, meinte Tim beim Frühstück. »Bleiben Sie hier und versuchen Sie die Sache zu klären. Sie kommen noch früh genug raus.«

Tim hat eine Art, solche Sachen darzulegen, die es einem schwermacht, ihm zu widersprechen – besonders wenn man ihn als Doktorvater hat –, aber Gen sah doch fürchterlich enttäuscht aus. Nach einem sechsjährigen Studium, in dem man über Fundstücke in Museen gebrütet und einen Artikel nach dem anderen gelesen hat, mußte die Vorstellung, noch drei Tage in Arusha herumzusitzen, während wir anderen über die Hänge der berühmtesten Fundstätte der Welt streiften, natürlich niederschmetternd sein.

»In dem Koffer ist nichts, was ich unbedingt brauche«, murrte er, über seinen Teller gebeugt. Tim schüttelte den Kopf und lachte.

»Schon gut, Sie haben gewonnen«, sagte er. »Wenn jemand bereit ist, Mr. Suwa ein Paar Socken und eine Unterhose zu leihen, dann kann er mitkommen und irgendwo einen verflixten Hominiden entdecken.«

Wir steuerten alle ein paar Kleidungsstücke zum »Gen-Fonds« bei und überließen den Koffer seinem Schicksal. Draußen kletterten wir in das wartende Auto – einen dieser Kleinbusse für acht Personen, »Kombis« genannt, die speziell für Besichtigungsfahrten in Wildreservate umgebaut werden. Mit unseren Jeans, T-Shirts und Kameras hätte man uns durchaus für eine recht bunte Touristengruppe halten können, die zu einer Safari aufbrach. Wir sanken in unsere drehbaren Plüschsitze. Gelegentlich hielten wir noch, um Brot und andere verderbliche Lebensmittel zu kaufen, dann waren wir endlich auf der Straße, westlich zur Stadt hinaus. Die Schaufenster wichen einem unordentlichen Durcheinander von langen, niedrigen Industriegebäuden, Schrottplätzen und staubigen Baustellen, dazwischen hin und wieder ein Stück Grünland, auf dem Gemüse angebaut wurde. Allmählich gewann das Grün die Oberhand. Zu beiden Seiten der Straße sahen wir kleine Grüppchen von Frauen in bunten Gewändern, die stadteinwärts gingen und miteinander schwatzten. Hinter ihnen führten Reihen von Kaffeebüschen und Bananenbäumen von der Straße fort ins Land hinein. Wir überquerten mehrere Flüsse, an deren Ufer zahlreiche Frauen Wäsche wuschen und Kinder im Wasser planschten.

Unser Gefährt surrte die Straße entlang und fing die Schläge der unebenen Fahrbahn sanft mit seinen Stoßdämpfern ab. Es war eine absurd komfortable Art, zu einer Ausgrabungsstelle zu fahren, aber nach kurzer Zeit beschloß ich, mein Befremden einfach zu vergessen und die Fahrt zu genießen. Vor dem Fenster wurde das bebaute Grünland allmählich von einer Ebene mit niedrigem gelben Gras abgelöst. Hier und da erhob sich eine gerundete Hügelkuppe – der erodierte Überrest eines vulkanischen Aschekegels. Sobald die Hinweise auf Wasser verschwanden, wurde auch die menschliche Besiedelung spärlicher. Bald begegneten uns nur noch vereinzelte Fußgänger oder Fahrradfahrer. In der Ferne sah ich eine Rinderherde über die Ebene ziehen, begleitet von Hütejungen der Massai. Zum erstenmal hatte ich wirklich das Gefühl, wieder in Afrika zu sein, ein beweglicher Punkt auf einer offenen Ebene, die nur von Termitenhügeln und den Akazien mit ihren flachen Wipfeln unterbrochen wurde. Darüber spannte sich der blaue Himmel von Horizont zu Horizont und hielt den ganzen Kontinent in seinem Griff.

Das erste Mal hatte ich Afrika unter ganz anderen Umständen betreten. Ich war damals sechsundzwanzig und einer von vielen Doktoranden in Clark Howells Labor an der University of Chicago. Alles, was ich vorzuweisen hatte, waren eine bescheidene archäologische Ausbildung und wachsende Vertrautheit mit den Mysterien der Affenzähne. Nachdem ich ein kleines Forschungsstipendium für eine Reise nach Europa erhalten hatte, um Material für meine Dissertation über Schimpansenzähne zu sammeln, hatte ich Clark gefragt, ob ich die Reise verlängern und mich seiner Expedition in Ostafrika anschließen könne. Zu meiner unbeschreiblichen Freude war er einverstanden.

Seit drei Jahren suchte Howell im äthiopischen Omo-Tal nach Hominidenfossilien. Dieses Tal ist eine etwa 250 Quadratkilometer große, fossilreiche Region, benannt nach dem Fluß, der sich in Mäandern hindurchzieht, bevor er unmittelbar hinter der kenianischen Grenze in den Turkana-See mündet. Die Hominidenfundstücke, die Clark vor meiner Ankunft im Omo-Tal entdeckt hatte, waren an sich nicht besonders aufregend – im wesentlichen Zähne, Kiefer- und Knochenfragmente, deren meist aufschlußreiche Oberfläche »glattgewalzt«, war, da sie sich in bewegtem Wasser abgeschliffen hatte. Tatsächlich gelang Clark in dieser Region nie der erhoffte große Fund. Dafür lieferte das Gebiet ein einzigartig vollständiges Protokoll der Säugetierevolution für den Zeitraum von vier bis eine Million Jahren vor unserer Zeit: Urformen der Schweine, Antilopen, Elefanten, Giraffen – in steter Entwicklung von den Arten in den älteren bis zu denen in den jüngeren Schichten.

Diese Säugerfossilien, vor allem die von Schweinen stammenden Überreste, erwiesen sich als die eigentliche Trumpfkarte des Omo-Tals. Die Paläontologen protokollierten die morphologischen Veränderungen der Schweine aus den aufeinanderfolgenden Schichten und vermochten so das Auftreten und Aussterben der verschiedenen Schweinearten im Laufe der Jahrtausende zu verfolgen – also praktisch die Evolution bei der Arbeit zu beobachten. Nun bezog man den Ursprung und das Aussterben der Arten auf die absoluten Zeitbestimmungen der Kalium-Argon-Methode und konnte damit die Entwicklungslinien der Schweinefamilien selbst zur Zeitbestimmung heranziehen – nicht nur im Omo-Tal, sondern überall, wo Schweine gefunden werden. Wir verdanken dem Omo-Tal also vor allem einen zweiten zeitlichen Maßstab, die Möglichkeit, Ablagerungsschichten, die keine Vulkanasche enthalten und sich damit der Kalium-Argon-Methode entziehen, bestimmten Zeitaltern zuzuordnen. In einem Fall versuchte man mit der »Trumpfkarte« des Omo-Tals die These zu beweisen, daß es sich bei einem bestimmten Fossilfund um den ältesten je entdeckten Menschen handle.

Für mich brachte das Omo-Tal ein wundervolles, wenn auch gelegentlich etwas schmerzliches Erwachen. Wie jeder Anfänger hegte ich die stille Überzeugung, mir sei ein eindrucksvoller Fund vorherbestimmt. Irgendwo dort draußen liege der Kiefer oder das Schädeldach eines Hominiden im Staub und warte darauf, daß Johanson es seiner Bestimmung zuführe. Auf dem Flug von Nairobi zur behelfsmäßigen Landebahn des Expeditionscamps im Omo-Tal sah ich die Szene immer wieder vor mir – wie ich den anderen Forschern davonlief, vorwärtsgetrieben von einer magischen Anziehungskraft des Fundortes, wo eine Reihe glänzender Zähne aus dem Erdboden hervorlugte. »Hierher! Ich glaube, ich habe etwas gefunden!« hörte ich mich rufen und sah Clark Howell und den Rest des Teams herbeistürzen, aufgeregt und außer Atem. *»Mein Gott, da hat das Bürschchen doch tatsächlich einen intakten Unterkiefer gefunden...«*

Was ich am Omo tatsächlich entdeckte, war meine Unwissenheit. Für meine Dissertation hatte ich zwar Daten über jede Ecke und Vertiefung der Schimpansenzähne zusammengetragen und dabei ein neues System zum Vergleich der Zahnmerkmale aller Affen und auch der ausgestorbenen Hominiden entwickelt, aber von der paläoanthropologischen Forschung in Afrika hatte ich ziemlich naive Vorstellungen. Nachdem das Flugzeug auf der Landebahn des Camps aufgesetzt hatte, hatte ich in wenigen Minuten meine Sachen ausgepackt und befand mich draußen auf der Suche nach Fossilien. Zumindest ein Teil meines Tagtraums ging in Erfüllung. Der Boden war, wie ich es mir vorgestellt hatte, buchstäblich übersät von Knochen. Mein Problem bestand nur darin, daß ich keine Ahnung hatte, was es mit den Knochen auf sich hatte – welche von Antilopen stammten, welche von Schweinen, ganz zu schweigen von denen, die möglicherweise hominiden Ursprungs waren. Hinzu kam, daß ich von der Hitze wie erschlagen war und das Gefühl hatte, gleich ohnmächtig zu werden. Statt die Gruppe hinter mir zu lassen, hatte ich Mühe, mit ihr Schritt zu halten.

Auf Clarks Vorschlag hin blieb ich am nächsten Nachmittag im Camp und half ihm, die Taschen voller Knochen durchzusehen, die am Morgen gesammelt worden waren. Im Laufe der nächsten Wochen lernte ich allmählich, die charakteristischen Merkmale der Fundstücke zu erkennen. Ich lernte auch, meinen Teil der täglichen Pflichten zu übernehmen, die scheinbar belanglos sind, aber eine wichtige Rolle für das Gelingen einer Expedition spielen. Ich fertigte Karten von Fundorten an, sortierte Vorräte, reparierte Fahrzeuge und leistete meinen Beitrag zum leiblichen und seelischen Wohl der Expeditionsmitglieder. Kurzum, ich lernte, was dazugehört, eine Feldexpedition zu organisieren. Nach zwei weiteren Aufenthalten im Omo-Tal hatte ich recht gründliche Kenntnisse auf diesem Gebiet erworben.

Anfang der siebziger Jahre wurden die Forschungsarbeiten im Omo-Tal gemeinsam von französischen und amerikanischen Teams durchgeführt, deren Lager etwa anderthalb Kilometer auseinanderlagen. Die beiden Gruppen hatten unterschiedliche Forschungsansätze, und ihre gegenseitigen Beziehungen waren gelegentlich ziemlich distanziert und kühl. Mich interessierten jedoch diese anderen Wissenschaftler, die in solcher Nähe zu unserer eigenen Operationsbasis lebten, und ich gewöhnte mir an, ihr Lager aufzusuchen. Das führte im Laufe der Zeit zu freundschaftlichen

Beziehungen, die sich als außerordentlich erfolgreich erweisen sollten. Ich lernte dort nämlich einen jungen Geologen namens Maurice Taieb kennen, der mit einer Untersuchung des Awash-Tals im Afar-Dreieck begonnen hatte, einem Gebiet nordöstlich von Addis Abeba, das nach dem dort ansässigen Stamm der Afar benannt ist. Taieb behauptete, die Ablagerungsschichten dort seien offensichtlich drei Millionen Jahre alt und voller Fossilien, die überall herumlägen.

»Warum kommen Sie nicht im nächsten Jahr hin und sehen es sich selbst an?« fragte er. Es klang ganz einfach.

Ich folgte Taiebs Einladung tatsächlich, doch als einfach erwies es sich keineswegs. Clark Howell wandte ein, daß ich meine Dissertation noch nicht beendet und einen Lehrauftrag an der Case Western Reserve University in Cleveland angenommen habe und es folglich überhaupt keinen Grund gebe, mich auf der Suche nach neuen Fundorten in der Weltgeschichte herumzutreiben. Und woher ich im übrigen das Geld für eine solche Expedition nehmen wolle? Ich wußte, daß Clark recht hatte, konnte aber trotzdem der Versuchung nicht widerstehen, ein völlig unbekanntes Gebiet zu erforschen. Ich brannte darauf, auf eigene Faust loszuziehen, und nach Taiebs Berichten schien das Afar-Dreieck der rechte Ort dafür zu sein. Im übrigen wurde ich in meinem kühnen Vorhaben durch das Beispiel eines ähnlichen Falles bestärkt. Einige Jahre zuvor hatte Richard Leakey, damals erst dreiundzwanzig Jahre alt, die Omo-Expedition verlassen und sich selbständig gemacht. Richard schlug sein Lager am Koobi Fora auf, einem Vorgebirge am Ostufer des Rudolfsees (des heutigen Turkana-Sees). Als ich ihn 1971 das erste Mal in Nairobi traf, hatte er sich schon einen Namen mit den Fossilien gemacht, die er in Koobi Fora gefunden hatte, vor allem mit dem wunderbar vollständigen Schädel eines *Australopithecus boisei*. Er hat große Ähnlichkeit mit dem Zinj-Fossil, das seine Eltern zehn Jahre zuvor in Olduvai gefunden hatten. Selbst wenn es im Afar-Gebiet Dinge geben sollte, die nur halb so wertvoll waren, wäre es schon eine Sensation gewesen. Ich hatte keine Lust zu warten, bis jemand anderer sie entdeckte. Es gelang mir, einige Forschungsgelder zusammenzukratzen; zusammen mit meinen Ersparnissen reichte es, um gemeinsam mit Taieb einen exploratorischen Abstecher in das Gebiet zu machen.

Im Frühjahr 1972, noch bevor im Omo-Tal die Ausgrabungssaison begann, traf ich mich mit Taieb in Addis Abeba, wo auch der Geologe Jon Kalb zu uns stieß. Als wir Hadar erreichten, sah ich sofort, daß sich die Mühe gelohnt hatte. Wie Taieb versprochen hatte, führten die Sedimentschichten von Hadar eine große Menge Fossilien, wunderbar erhaltene Säugerknochen, die – nach dem rekonstruierten Aussehen der Schweine zu urteilen – etwa drei Millionen Jahre alt waren. Nach drei Monaten am Omo flog ich in die Vereinigten Staaten zurück, nahm meine Lehrtätigkeit auf und arbeitete fieberhaft die Nächte hindurch, um meine Dissertation abzuschließen. Sobald ich diese Hürde hinter mir hatte, beantragte ich für 1973 bei der National Science Foundation die Mittel für eine Expedition nach Hadar. Die NSF bewilligte mir $ 43000. Damit war ich zwar noch kein renommierter Wissenschaftler, aber auch kein Anfänger mehr.

Inzwischen waren vierzehn Jahre vergangen – eine Zeit, in der sich die Entdeckungen überstürzten wie noch nie in der Geschichte unserer Wissenschaft. Nun war ich wieder in Afrika, saß in einem komfortablen Kleinbus und blickte auf die sonnenverbrannte Grasfläche hinaus, die sich zu beiden Seiten der Teerstraße ausbreitete. Zum ersten Mal war ich diese Straße 1972 entlanggefahren, als mich Mary Leakey zu einem Besuch der Olduvai-Schlucht eingeladen hatte. Ich kannte Mary nur flüchtig und war ziemlich nervös. Sie stand in dem Ruf, etwas schwierig im Umgang zu sein. Ein Kollege hatte mir erzählt, sie habe ihn aus dem Lager geworfen, weil er einen ihrer Hunde »beleidigt« habe, als er diesem half, in den Laderaum eines Lieferwagens zu klettern. Doch ungeachtet ihres Rufes erwies sie sich mir gegenüber damals als gleichbleibend freundlich. Sie fühlte sich in meiner Gesellschaft offenbar wohl und schien meinen Mut zu schätzen, mit dem ich mich anschickte, das unbekannte Hadar zu erforschen.

»Es ist vernünftig, daß Sie das Omo-Tal verlassen«, meinte sie eines Abends, als wir zusahen, wie die Dämmerung auf der Serengeti Einzug hielt. »Louis und ich haben Clark Howell gesagt, daß am Omo nichts zu finden ist, aber er wollte nicht auf uns hören. Doch Sie werden etwas entdecken. Sie sind den Leakeys ähnlich.«

Im Herbst 1973 schlug die International Afar Research Expedition ihr erstes Lager auf der Ebene eines Steilufers auf, von dem man den Fluß Awash überblickte – ein Standort, der sowohl Wasser wie auch etwas Erleichterung von der Backofenhitze in den Canyons und Einschnitten der ausgetrockneten Bachbetten versprach, in denen die eigentlichen Grabungen und Sucharbeiten stattfinden sollten. Taieb stürzte sich kopfüber in die schwierige Aufgabe, die komplizierte Stratigraphie von Hadar auszuarbeiten. Wir anderen folgten seinem Beispiel. Tag für Tag kletterte ich in der betäubenden Hitze umher. Doch wenn es dort Hominiden zu entdecken gab, hatten sie sich gut versteckt. Nach einigen Wochen hatte ich den größten Teil eines Stipendiums verbraucht, das zwei Jahre reichen sollte, und ich hatte nichts vorzuweisen. Ich fragte mich, wie ich das der NSF erklären sollte.

Als sich die Expedition bereits ihrem Ende zuneigte, hielt Hadar doch noch, was es versprochen hatte. Ich suchte eines Spätnachmittags mit meinem Kollegen Tom Gray das Gelände ab, als ich ein Fossil entdeckte, das wie die proximale Tibia – das obere Ende des Schienbeins – eines Affens aussah. Ein paar Schritte weiter entdeckte ich ein distales Femur – das untere Ende eines Schenkelknochens; es lag in zwei Stücken auf dem Boden. Ich fügte die beiden Stücke des Femur zusammen und legte dann die Tibia dazu. Es war kein Wunder, daß sie nahtlos zusammenpaßten. Schließlich hatten sie die gleiche Farbe und lagen sehr nahe beieinander. Aller Wahrscheinlichkeit nach hatten diese Stücke einst das Kniegelenk eines einzigen Individuums gebildet. Indes, überraschend – ja, verblüffend – war die *Art*, wie sie sich zusammenfügten. Schenkelknochen und Schienbeine von Affen bilden eine gerade Linie. Diese beiden Knochen trafen sich in einem Winkel, wobei das Femur nach außen abzweigte. Es gibt nur einen lebenden Primaten, der ein solches Kniegelenk aufzuweisen hat – den Menschen. Sein Femur ist nach außen abgewinkelt, damit er beim Gehen auf zwei Beinen das Gleichgewicht halten kann. Ich konnte kaum glauben, was ich da in Händen hielt. Wenn unsere vorläufige Altersbestimmung der Hadar-Sedimente richtig war, dann hatte ich das Kniegelenk eines mehr als drei Millionen Jahre alten Hominiden vor Augen – das älteste Zeugnis eines auf zwei Beinen gehenden Vorfahren, das man je entdeckt hatte.

Was für einen Hominiden ich gefunden hatte, blieb der Spekulation überlassen. Ein isoliertes Kniegelenk läßt sich nicht *Homo, Australopithecus* oder einer anderen Gattung zuordnen. Mit Sicherheit konnte ich nur sagen, daß das Geschöpf zweibeinig und überraschend klein gewesen sein mußte. Die meisten Merkmale eines Skeletts, an denen man seine Identität festmachen kann, findet man vom Hals aufwärts. So springen die Gesichter von Australopithecinen stärker vor als menschliche Gesichter, und ihre Kieferknochen sind in der Regel robuster – vermutlich besser geeignet, um eine Nahrung von zäher pflanzlicher Konsistenz zu zermalmen. Ihre Backenzähne sind entsprechend größer, während die des *Homo* im Vergleich zu seinen Vorderzähnen klein sind. Und dann ist da natürlich noch die Frage der Gehirngröße. Noch Mitte der siebziger Jahre galt sie als das entscheidende Merkmal des Menschen, so daß viele Wissenschaftler bereit waren, einem Fundstück nur auf der Grundlage dieser Eigenschaft menschlichen Charakter zuzuschreiben – auch wenn andere Merkmale dagegensprachen. Ich hoffte, bei meiner Rückkehr im nächsten Jahr einen Schädel zu finden, der zu dem Kniegelenk paßte, oder zumindest genügend Teile eines solchen Schädels, um entscheiden zu können, womit ich es hier zu tun hatte.

Im Jahr zuvor war Richard Leakeys Team erfahrener Fossilsucher ein solcher Fund in Koobi Fora gelungen. Nachdem Richards Frau Meave und der Anatom Alan Walker den Schädel in minutiöser Arbeit aus Hunderten von Bruchstücken rekonstruiert hatten, erwies er sich als der eines Hominiden mit einem Volumen von 775 Kubikzentimeter – und damit mit Sicherheit größer als der irgendeines bekannten Australopithecinen. Doch das Bemerkenswerteste an diesem Schädel war sein vermutliches Alter. Nach der Kalium-Argon-Datierung eines vulkanischen Tuffs oberhalb der Ablagerungsschicht, in der man den Schädel gefunden hatte, hielt Richard ihn für 2,9 Millionen Jahre alt. Aus dieser Altersbestimmung ergaben sich verblüffende Konsequenzen. Der älteste bekannte Australopithecine war fast eine halbe Million Jahre *jünger*. Wenn der Schädel zu einem *Homo* gehörte – und Richard war der festen Überzeugung –, dann gehörten Taung und die anderen Australopithecinen nicht in die menschliche Entwicklungslinie. Richard hatte den ältesten Menschen gefunden. Louis Leakeys Vorstellungen über das Alter unserer Vorfahren waren von seinem Sohn offenbar in Frage gestellt worden.

Damals war Louis' Gesundheitszustand schon seit längerer Zeit angegriffen; Arthritis und eine Herzschwäche machten ihm zu schaffen, aber er weigerte sich, Verantwortung zu delegieren und die Zahl seiner öffentlichen Vorträge zu reduzieren. Die Bezie-

Louis und sein Sohn Richard untersuchen gemeinsam einen fossilen Schädelknochen in Koobi Fora, kurz vor dem Tod des älteren Leakey. Mit der Entdeckung des Homo habilis-Schädels 1470, den Richard für fast drei Millionen Jahre alt hielt, schien er die Vorstellungen des Vaters vom Alter der Menschheit in Frage zu stellen. (Gordon W. Graham/National Geographic Society)

hung zu seinem zweiten Sohn war lange gespannt gewesen, vor allem seit dessen frühen Erfolgen. Doch als Richard im September den neuen Schädel von Koobi Fora mitbrachte, um ihn seinem Vater zu zeigen, war Louis außer sich vor Freude. Er hielt das Fossil – das nach der Klassifizierung im Kenya National Museum die offizielle Bezeichnung KNM 1470 trägt – für die endgültige Bestätigung des *Homo habilis*, jener umstrittenen Art, die er fast zehn Jahre zuvor postuliert hatte. Mit dem Fundstück 1470 war Louis' lebenslange Suche nach dem authentischen frühen Menschen zu Ende. Noch am gleichen Abend fuhr Richard seinen Vater zum Flughafen, wo dieser ein Flugzeug nach London bestieg – die erste Etappe einer weiteren mörderischen Vortragsreise durch die Vereinigten Staaten. Ein paar Tage später starb Louis an einem Herzanfall in der Wohnung eines Londoner Freundes.

Die Hadar-Expedition des Jahres 1974 brachte weitere Entdeckungen. Am Anfang stand eine Reihe bemerkenswerter Funde von Alemayehu Asfaw, einem äthiopischen Mitglied des Teams: drei wundervoll erhaltene Hominidenkiefer, zwei von ihnen in einem Abstand von einer Stunde gefunden. Nur ein paar Tage später entdeckte einer der einheimischen Afar-Arbeiter einen vierten Kieferknochen. Jetzt hatten wir etwas genauere Anhaltspunkte. Es gab keinen Zweifel daran, daß die Kieferknochen von Hominiden und nicht von Affen stammten – ihre Eckzähne waren, um nur ein Beispiel zu nennen, viel schwächer ausgeprägt als die von Gorillas und Schimpansen. Doch die Entscheidung, ob es sich um Kieferknochen von *Australopithecus* oder *Homo* handelte, war weit schwerer. Einige ihrer Merkmale waren eindeutig primitiv. So klaffte beispielsweise zwischen den oberen Eckzähnen und den benachbarten Schneidezähnen eine Lücke – zur Aufnahme der ausgeprägten Eckzähne des Unterkiefers bestimmt. Andererseits waren ihre Backenzähne kleiner, als ich sie von den robusten Australopithecinen Südafrikas kannte, und im allgemeinen wiesen die Kiefer *Homo*-artige Proportionen auf. Einer der Kieferknochen sah so aus, als würde er genau zu Richards Schädel 1470 passen. Doch konnte man sie wirklich dem *Homo* zuschreiben? Ein zuverlässiges Urteil ließ sich, wenn überhaupt, nur nach sorgfältigen Untersuchungen in unseren Labors abgeben.

Inzwischen konnte es nichts schaden, wenn einige andere Fachleute einen Blick auf die Kieferknochen warfen. Ich brannte darauf, sie vorzuzeigen und die Auffassungen von Kollegen zu hören. Diese Vorgehensweise ist durchaus nicht jedermanns Sache. Einige Kollegen ziehen es vor, einsam über einem rätselhaften Knochen zu brüten und jede seiner Einzelheiten auswendig zu lernen, bevor sie mit anderen Wissenschaftlern darüber sprechen. Ich lege meine Karten lieber offen auf den Tisch. Die besten Einfälle habe ich, wenn die Fossilien von Hand zu Hand gehen, ins Licht gewendet, verglichen und diskutiert werden. Ich beschloß, Richard zu schreiben und ihn ins Lager einzuladen.

Am 28. November trafen Richard und seine Frau Meave zusammen mit Mary und dem Paläontologen John Harris mit dem Flugzeug aus Nairobi ein. Zu meiner Freude stimmten die Leakeys meiner Hypothese zu, daß es sich bei den Kieferknochen um *Homo*-Stücke handeln könnte. Richard und Mary waren nicht nur Freunde von mir, sondern auch die bekanntesten Forscher, die in Ostafrika tätig waren. Ihre Meinung hatte viel Gewicht für mich. Wenn die Kieferknochen tatsächlich dem *Homo* zuzuschreiben waren, dann hatte ich im Afar-Gebiet die ältesten Spuren des Menschen auf der Erde gefunden. Das ist für jeden Anthropologen ein verführerischer Gedanke. Für jemanden, der so jung und ehrgeizig war wie ich, war die Vorstellung einfach unwiderstehlich.

Nachdem ich meine Besucher am Morgen des 30. November verabschiedet hatte, beschloß ich, im Lager zu bleiben und einen Artikel vorzubereiten, in dem ich die Kieferknochen beschreiben und sie mit allen Vorbehalten der Gattung *Homo* zuordnen wollte. Doch an diesem Morgen kam Tom Gray in mein Zelt und bat mich, ihm einen Abschnitt der Fundstelle *Locality 162* zu zeigen. Ein paar Stunden später trat Lucy in mein Leben.

Bevor wir das Lager an diesem Morgen verließen, hatte ich die Vorahnung, daß wir einen bedeutenden Fund machen würden. Ich habe dieses Gefühl nur selten, und wenn es sich einstellt, dann bewahrheitet es sich meist. Doch nachdem wir Locality 162 mehrere Stunden abgesucht hatten, bestand unsere ganze Ausbeute in einigen Pferde- und Antilopenzähnen, dem Fragment eines Schweineschädels und dem Bruchstück eines Affenkiefers. Nichts, was für unsere aus allen Nähten platzende Säugetiersammlung eine Bereicherung bedeutet hätte. Es war schon fast Mittag, und es hatte eigentlich keinen Sinn, die Suche fortzusetzen. Die meisten Fossilien werden frühmorgens oder spätnachmittags entdeckt, wenn die Sonnenstrahlen schräg einfallen und den Gegenständen am Boden Schatten und Kontur verleihen. Sobald die Sonne höher steigt, scheinen Geröllbrocken, Steine und Knochen unterschiedslos ineinander zu verschwimmen. Mittags kann man durchaus auf eine vollkommene Zahnreihe blicken und gar nichts sehen.

Der Rückweg zum Landrover führte durch eine kleine ausgetrocknete Wasserrinne auf der anderen Seite einer Anhöhe. Wie immer hielt ich die Augen bei jedem Schritt auf den Erdboden gerichtet. Ich wußte, daß die Rinne schon mehrfach abgesucht worden war, deshalb war ich nicht überrascht, daß praktisch keine Knochen zu sehen waren. Doch als ich mich gerade zum Gehen wandte, erblickte ich am Fuße des Abhangs über mir ein Fossil, das wie das Fragment eines Ellenbogengelenks aussah. Tom und ich knieten nieder, um das Objekt zu untersuchen. Es war klein, sehr klein, aber unzweifelhaft hominiden Ursprungs. Dann entdeckte ich das Stück eines Schädels neben Toms Hand, und plötzlich schienen wir von Hominidenknochen umgeben zu sein – ein Femur, das Stück eines Beckens, Rippen, einige Wirbel. Eine Zeitlang tasteten wir uns buchstäblich von Knochen zu Knochen, zu sehr unter dem Eindruck des Geschehens, um zu sprechen. Ich hatte sofort den Verdacht, daß alle diese Knochen möglicherweise zu einem einzigen Individuum gehörten. Doch ich scheute mich, den Gedanken auszusprechen, als könnte ich dadurch den Zauber brechen und bewirken, daß wir uns in einer belang- und knochenlosen kleinen Wasserrinne mitten im Nirgendwo wiederfänden. Tom dagegen konnte seine Aufregung nicht länger im Zaum halten. Er stieß einen Freudenschrei aus, und dann hörte ich mich selber schreien; wir fielen uns in die Arme und sprangen wie Verrückte in der Hitze herum.

Im Laufe der nächsten Wochen schafften wir die Fragmente des Skeletts ins Lager und ordneten sie so an, wie sie im Leben zusammengefügt gewesen sein mußten – die Wirbel in einer Reihe, die Rippen in parallelen Bögen von ihnen abzweigend, der Schenkelknochen fest in der Gelenkpfanne des Hüftknochens aufgehängt. Die Wirkung war unbeschreiblich. Wir alle hatten das Gefühl, daß dieses uralte Geschöpf vor unseren Augen wieder zum Leben erweckt wurde. Je deutlicher Lucy Gestalt annahm, desto klarer wurde mir bewußt, daß sie mein Leben unwiderruflich veränderte. Was immer Lucy tatsächlich sein mochte, mit Sicherheit war sie einer der bedeutendsten Funde des Jahrhunderts. Wollte man ein Skelett von ähnlicher Vollständigkeit finden, mußte man sich schon an die Neandertaler-Fossilien aus der Mitte der Altsteinzeit in Europa halten, nicht älter als 75000 Jahre. Lucy war mindestens vierzigmal so alt. Mit der Entdeckung des Kniegelenks im Jahr zuvor war mir ein bedeutender Fund gelungen, mit Lucy würde ich mir einen wissenschaftlichen Namen machen.

Allerdings leistete sie keinen Beitrag zur Bestimmung der vorhandenen Hadar-Sammlung. Ich hatte die Kieferknochen als *Homo* einordnen wollen, doch dieses neue Skelett ließ mich anderen Sinnes werden. Die Unterkieferfragmente, die wir an Lucys Fundstelle entdeckt hatten, ließen auf einen V-förmigen Unterkiefer schließen, von zweifellos primitiverem Zuschnitt als alles, was man der Gattung *Homo* zuordnen konnte. Ihre ersten Prämolaren, die Zähne unmittelbar hinter den Eckzähnen, hatten nur einen Höcker, die des *Homo* dagegen zwei – ein weiteres primitives Merkmal. Die Schädelfragmente zeugten von einem sehr kleinen Gehirn, nicht viel größer als das eines Schimpansen. Tatsächlich ist Lucy, die nur etwas über einen Meter mißt, ungefähr so groß wie ein Schimpanse. So gern ich Lucy auch als Menschen eingestuft hätte, ich konnte mich nicht dazu durchringen, ein so kleines und offensichtlich primitives Wesen als *Homo* einzuordnen. Entweder täuschte ich mich in meinem Urteil über Alemayehus Kieferknochen, oder wir hatten in Hadar *zwei* Arten entdeckt, die beide vor ungefähr drei Millionen Jahren gelebt hatten. Ich war mir ziemlich sicher, welche Alternative richtig war, brauchte aber mehr Zeit für die Untersuchung der Sammlung, bevor ich mich in gedruckter Form dazu äußern konnte.

Noch dringender als Zeit brauchte ich weitere Anhaltspunkte. Die Sedimentschichten von Hadar ließen uns nicht im Stich. Die Expedition des folgenden Jahres brachte Funde, die Lucys Entdeckung im Grunde genommen noch übertrafen: eine herrliche Kollektion von fast zweihundert Hominidenfossilien, alle aus der Fundstelle 333, darunter weitere Kiefer, Beinknochen, Zähne, Fuß- und Handknochen, Rippen, Wirbel, Schädelfragmente, sogar den Teil eines Säuglingsschädels. Merkwürdigerweise waren an dieser Stelle Überreste anderer Tiere kaum zu entdecken – nur Hominidenfossilien, die über einen steilen Abhang verstreut lagen. Bei systematischer Sichtung der erodierten Ablagerungen fanden wir noch mehr solcher Knochen.

Die Fossilien der Fundstelle 333 erhielten den Namen »die erste Familie«. Ob es sich wirklich um die Überreste einer hominiden Familiengruppe handelt, läßt sich nicht mehr feststellen. Doch mit Sicherheit sind es Angehörige einer Art. So war uns ein Blick durch ein meist verschlossenes Fenster gestattet – auf die gesunde Stichprobe einer Population von Vorfahren des Menschen mit einer gewissen *Variation*. Darin liegt ihr unschätzbarer Wert. Für die Paläoanthropologen wäre es sehr angenehm, wenn alle Individuen einer ausgestorbenen Art völlig gleich aussehen würden und nichts gemein hätten mit den Individuen anderer Arten. Leider verteilt die Evolution das Leben nicht so sauber auf einzelne Schubladen. Definitionsgemäß haben engverwandte Arten stets eine ganze Anzahl von Merkmalen gemeinsam, von denen viele in den fossilen Zeugnissen zu erkennen sind, während wichtige Unterschiede möglicherweise nicht zutage treten. Da Fossilien in der Regel sehr spärlich und weit verstreut vorkommen, läßt sich kaum entscheiden, welche Eigenschaft das besondere Kennzeichen einer bestimmten Art und welches Material zwei oder mehr Arten gemeinsam ist.

Erschwerend kommt hinzu, daß auch das Umgekehrte gilt: Individuen einer einzigen Art können untereinander ein hohes Maß an Variationen aufweisen. Stieße in einer Million Jahren der sprichwörtliche Anthropologe vom Mars in Zentralafrika auf das Skelett einer Pygmäin und fände er dann ein anderes Skelett – etwa das eines Eskimos in Alaska -, hätte er möglicherweise nicht genügend Anhaltspunkte, um sie beide der Art *Homo sapiens* zuzuordnen. Selbst in einzelnen Populationen unserer Spezies gibt es erhebliche Unterschiede in Gehirngröße, Gesichtsmerkmalen, Kieferform und zahllosen anderen Merkmalen. Doch wenn dieser außerirdische Fossiliensucher dreizehn intakte Schädel an einem einzigen Ort fände, alle einander sehr ähnlich, so würde er wahrscheinlich zu der logischen Schlußfolgerung gelangen, daß es sich – ungeachtet ihrer kleinen Unterschiede – um Angehörige derselben Art handelt.

Wir haben an der Fundstelle 333 zwar keine dreizehn intakten Schädel entdeckt, doch das, was wir dort fanden, war fast ebenso wertvoll – Fragmente von mindestens dreizehn Individuen, darunter neun Erwachsene, die in der Größe eine erhebliche Variation aufweisen. Eine flüchtige Untersuchung der neuen Knochen brachte mich zu der Vermutung, es müsse sich um die gleiche frühe *Homo*-Art handeln wie bei den Kieferknochen, die wir im Jahr zuvor gefunden hatten. Nachdem wir die Grabungen für das betreffende Jahr beendet hatten, machte ich einen Zwischenstop in Nairobi, um den Leakeys die neue Fossiliensammlung zu zeigen. Im National Museum waren zahlreiche andere Wissenschaftler versammelt, die zumeist mit Richard am Koobi Fora oder mit Mary im tansanischen Laetoli arbeiteten. Ich wußte, daß die Fossilien einige Aufregung verursachen würden. Wir breiteten sie auf dem Tisch aus und hörten uns die Auffassungen unserer Kollegen an. Alle nahmen die Knochen in die Hand, wendeten sie hin und her, hielten sie ins Licht, stellten Fragen und ließen ihrer Begeisterung freien Lauf. Die Fundstücke der »ersten Familie« überzeugten Richard und Mary endgültig davon, daß die Gattung *Homo* tatsächlich vor drei Millionen Jahren im Afar-Gebiet existiert hatte, wenn auch offenbar in sehr primitiver Form. Sie waren jedoch der Meinung, daß die kleine Lucy etwas ganz anderes sei.

Ich verließ die Leakeys in der Überzeugung, daß sie recht hatten, und entschloß mich dazu, nun auch über die Fossilien zu schreiben. Im März 1976 veröffentlichten Taieb und ich in der Zeitschrift *Nature* einen Artikel über die Hadar-Fossilien, in dem wir mit allen Vorbehalten die Auffassung vertraten, daß einige der Fossilfunde der ersten beiden Jahre Ähnlichkeiten mit dem *Australopithecus* aufweisen würden, während andere eher dem *Homo* zuzuordnen seien. Die Expedition 1976/77 brachte weitere Anhaltspunkte, die mich in meiner Überzeugung bestärkten. Inzwischen entdeckte einer von Taiebs Kollegen einige sehr primitive Steinwerkzeuge in einer Wasserrinne, ungefähr fünf Kilometer vom Lager entfernt. Die Fähigkeit, Gerätschaften herzustellen, wie primitiv sie auch immer sein mögen, markiert für die meisten Anthropologen noch immer den Anfang menschlicher Kultur. Nach der Kalium-Argon-Datierung einer nahegelegenen Fundstelle mochten diese Werkzeuge etwa 2,6 Millionen Jahre alt sein. Damit wären sie die ältesten bekannten Zeugnisse für das technische Vermögen des Menschen.

Obwohl auch bei den äthiopischen Funden von Vollständigkeit keine Rede sein konnte, deuteten sie doch alle in eine Richtung: Bereits vor drei Millionen Jahren hatten *Homo* und *Australopithecus* in Hadar nebeneinander gelebt. Das gleiche galt nach Auffassung der Leakeys für Koobi Fora in der Periode zwischen drei und zwei Millionen Jahren vor unserer Zeit und in Olduvai zwischen zwei und einer Million Jahren. So zeichnete sich für das gesamte Ostafrikanische Grabensystem allmählich eine einfache, schlüssige Hypothese ab, in deren Mittelpunkt – deutlich, unzweifelhaft und in der Tat sehr alt, wie Louis Leakey vorhergesagt hatte – der Mensch stand. Es gab keinen Anhaltspunkt dafür, daß der *Australopithecus* mehr war als der »evolutionäre Irrläufer«, für den ihn die Leakeys schon lange hielten.

Das Problem solcher einfachen, schlüssigen Hypothesen liegt darin, daß sie die kompliziertere Wahrheit häufig verschleiern. Wie sich wenig später zeigen sollte, ließen sich die Funde von Hadar, Laetoli und Koobi Fora auch ganz anders verstehen und zu einer Theorie zusammenfassen, die die Leakeysche Auffassung vom Ursprung des Menschen ernsthaft in Zweifel zog. Pikanterweise waren 1975, als ich die Fundstücke von Hadar in Richards Labor dem Kollegenurteil unterbreitete, die beiden Wissenschaftler zugegen, die diese Zweifel säen sollten. Einer von ihnen war ein drahtiger, langhaariger Paläoanthropologe namens Tim White, der andere – ich hätte es nie geglaubt, hätte man es mir damals prophezeit – war ich.

Achtzig Kilometer südwestlich von Arusha zweigt ein staubiger Weg von der Hauptstraße ab und führt westwärts ins Hochland. Während unser Gefährt uns sanft über alle Schlaglöcher und ausgefahrenen Wagenspuren trug, wurde die Landschaft felsiger. Hin und wieder wand sich die Straße durch ausgetrocknete Flußbetten. Tim hielt Ausschau nach dem Austritt älterer Sedimentschichten. Jemand hatte ihm berichtet, er habe vom Flugzeug aus in diesem Gebiet mehrere vielversprechende Stellen entdeckt. Dabei war es wenig wahrscheinlich, direkt am Straßenrand irgend etwas zu entdecken, was der näheren Untersuchung wert war. Schließlich wurde dieser Weg seit Jahrzehnten von Fossilsuchern benutzt, die in die Olduvai-Schlucht wollten. Aber diese Wachsamkeit war typisch für Tim. Gleichzeitig unterhielt er sich über die Schulter mit Gen und ließ sich von ihm über den Abguß eines rätselhaften Schädels informieren, den dieser in Nairobi untersucht hatte – der neueste Hominide von Richard Leakeys Ausgrabungsstelle westlich des Turkana-Sees in Kenia.

Nach einer weiteren Stunde konnte ich im Dunstschleier das Hochland ausmachen. Seit meiner ersten Reise nach Olduvai im Jahre 1972 war ich diese Strecke schon oft gefahren, doch für Gen und Berhane war es ein ganz neues Erlebnis. Währenddessen planten wir unser Vorgehen, tauschten Neuigkeiten aus und machten Witze über die Verpflegung, die uns in den nächsten Wochen im Olduvai-Camp bevorstand. Während solcher Expeditionen blieb Gerry Eck leider weit hinter den kulinarischen Standards zurück, die er beispielsweise mit den Hähnchenkeulen in Orangen-Sahne-Sauce gesetzt hatte. Auf der vorbereiteten Expedition im vorigen Sommer hatte seine eintönige Küche aus Ziegenfleisch und Kohlsuppe in uns allen das unerklärliche Verlangen nach Erdnußbutter geweckt. Nun ist Tansania zwar reich an Erdnüssen, aber ich habe dort nie ein einziges Glas Erdnußbutter zu Gesicht bekommen. In Erinnerung an diese Zeit hatte ich eine Überraschung parat. Ich griff unter den Sitz und holte aus meiner Tasche einen kleinen Mixer hervor, den ich dort mit meiner übrigen Gerätschaft verstaut hatte.

»Was ist denn das, um Himmels willen?« fragte Gen.

»Unsere Rettung«, sagte ich. »Da wirft man Erdnüsse rein, schaltet es ein, und was kriegt man? Ein Gegenmittel gegen Ziegenfleisch.«

»Sie sind doch ein schlauer Bursche«, lachte Tim. »Wenn Ihnen Mary nur keinen Strich durch die Rechnung macht. Was ist, wenn sie die Windmühlen außer Betrieb gesetzt hat? Keine Windmühlen, keine Elektrizität – keine Erdnußbutter. Dann haben uns die Leakeys wieder mal geleimt!«

Solche Witze über die Leakeys bekommt man von Tim häufiger zu hören. Es wäre sicherlich angenehmer für alle Beteiligten, wenn ich hier feststellen könnte, daß es sich um harmlose Scherze handelt, doch dazu haben ihn die Auseinandersetzungen mit den Leakeys in der Vergangenheit zu tief getroffen. Hinter seinem Spott steht die Erinnerung an eine Beziehung gegenseitiger Achtung und Zuneigung, die ihn einst mit beiden verbunden hat – Gefühle, die inzwischen längst erkaltet sind. Tim hat eine viel zu professionelle Einstellung zu seiner Wissenschaft, um sich in seiner Arbeit von Gefühlen beeinflussen zu lassen. Ich würde eher sagen, sie veranlassen ihn zu noch sorgfältigerem Vorgehen. Vielleicht ist die gescheiterte Freundschaft zu den Leakeys die Ursache oder ein anderes schmerzliches Erlebnis aus früherer Zeit, jedenfalls ist ein verborgener Groll in ihm, der seinem Verstand eine beißende, sehr kritische Schärfe verleiht. Mag sein, daß manche Leute deshalb Schwierigkeiten haben, mit ihm zusammenzuarbeiten. Das macht ihn aber auch zu einem phantastischen Paläoanthropologen, einem der besten. »Ein wahrer Hexenmeister, wenn man ihm einen Knochen in die Hand gibt«, wie einmal ein Kollege sagte.

Als ich Tim 1975 in Richards Laboratorium kennenlernte, war er ein vielversprechender Doktorand, überzeugtes Mitglied der »Firma«, wie sich Leakeys Team selbst nannte. Anders als die von Zwistigkeiten und Streitereien beeinträchtigten Expeditionen, die ich oft genug erlebt habe, zeichneten (und zeichnen) sich Leakeys Unternehmen durch vorbildliche Teamarbeit aus. Jeder ist auf die Ziele der Expedition und ihres Leiters eingeschworen. Dieses ungewöhnliche Loyalitätsverhältnis war dafür verantwortlich, daß das Koobi Fora Research Project zu einer der erfolgreichsten paläoanthropologischen Unternehmungen aller Zeiten wurde. Ein solches Verhältnis hat aber auch leicht die Tendenz, alle Äußerungen von unabhängigem Denken zu unterdrücken. Ich erinnere mich an den Beitrag eines Mitarbeiters von Richard auf einer Tagung in London im letzten Februar. Der Redner leitete seine Sätze mehrfach mit der Wendung »Ich glaube ...« ein. Daraufhin schob Richard ihm einen Zettel zu. Der Kollege las die Nachricht und fuhr in seiner Rede fort – allerdings hieß es am Anfang seiner Kernsätze fortan »*Wir* glauben ...«. Richard saß zurückgelehnt in seinem Stuhl, die Andeutung eines Lächelns auf den Lippen, die den gebogenen Pfeifenstiel umschlossen.

Leakey ist bekannt dafür, daß er sich für solche Loyalität erkenntlich zeigt. Er hat auch einen guten Blick für Begabungen. Im Jahr zuvor war Tim eingeladen worden, bei John Harris, dem Paläontologen der Koobi-Fora-Expedition, zu arbeiten. Leakey hatte rasch Gefallen an Tims Arbeit gefunden. Außerdem wußte er zu schätzen, wie dieser mit der »Hominiden-Gang« zurechtkam, dem Team der erfahrenen afrikanischen Fossilsucher, die die meisten Schätze von Koobi Fora entdeckt hatten. Ungeachtet aller Vorfälle, die ihre Beziehung später trüben sollten – 1975 gehörte Tim White fest zu Richards »Firma«. Doch schon bald sah er sich tief in die unangenehmste Affäre verstrickt, die Richards junge und brillante Laufbahn zu verzeichnen hatte. Oberflächlich betrachtet ging es nur um eine Meinungsverschiedenheit über zwei Methoden zur Datierung einer bestimmten Schicht vulkanischer Asche. Allerdings stand die Altersbestimmung von Richards kostbarstem

Fund auf dem Spiel, dem Schädel 1470, der die Thesen seines Vaters in Frage gestellt und Richard praktisch über Nacht berühmt gemacht hatte.

Das Koobi-Fora-Gebiet – damals noch East Rudolf genannt – ist eine eindrucksvolle Mondlandschaft aus felsigen Hügeln und ausgetrockneten Wasserrinnen und stellt jeden Geologen vor eine schwierige Aufgabe. Die Erosion und die wechselnden Wasserstände des Sees haben die vulkanischen Ablagerungsschichten hoffnungslos durcheinandergebracht. Asche, die ursprünglich ganz woanders niedergefallen ist, wurde dort von Flüssen und Strömen angeschwemmt, die es längst nicht mehr gibt. Auf der Fläche von mehreren Quadratkilometern, die die drei Grabungsfelder der Expedition umfassen, bedeutet es eine Sisyphusarbeit, alle Tuffs in eine systematische Ordnung zu bringen.

Einer der Geologen von Koobi Fora war der Doktorand Kay Behrensmeyer von der Harvard University. Eines Tages im Jahr 1969 hatte Behrensmeyer in einer grauen Schicht Vulkanasche einige primitive Steinwerkzeuge gefunden, die große Ähnlichkeit mit den frühen Artefakten von Olduvai hatten. Diese Entdeckung war aus zwei Gründen bedeutsam. Richard hatte den ersten Schädel des *Australopithecus boisei* in einem anderen Gebiet im Norden gefunden, das man dem gleichen »Horizont« zurechnete, also der gleichen geologischen Zeitschicht. Den Australopithecinen traute man nicht zu, daß sie auch nur die einfachsten Steinwerkzeuge hatten herstellen können. Deshalb waren die Artefakte in der Asche der erste Anhaltspunkt dafür, daß auf diesem Gebiet irgendeine Art des *Homo* gelebt haben könnte. Interessant war auch die Beschaffenheit der Asche. Die Schicht enthielt genau jene Kristalle, die sich zur Datierung mit Hilfe der Kalium-Argon-Methode eignen. Damit ergab sich also eine Möglichkeit, das Alter der in die Asche eingebetteten Werkzeuge zu bestimmen. Alles, was in Zukunft *unterhalb* der »Kay Behrensmeyer Site« – abgekürzt KBS – gefunden wurde, mußte noch älter sein.

Richard schickte rasch Stichproben der Kristalle an die beiden englischen Geochronologen Frank Fitch und Jack Miller. Miller hatte schon Kalium-Argon-Datierungen für Richards Vater in der

Olduvai-Schlucht durchgeführt, aber inzwischen mit seinem Kollegen Fitch entscheidend zur Entwicklung weit ausgefeilterer Techniken beigetragen. In ihrer ersten Antwort bestimmten sie das Alter des Tuffs auf 221 Millionen Jahre. Das konnte natürlich nicht stimmen, wollte man die Steinwerkzeuge nicht den Dinosauriern zuschreiben. Es stellte sich heraus, daß die Ablagerungsschichten, denen Leakey und Behrensmeyer ihre Stichproben entnommen hatten, mit weit älterem vulkanischen Material durchsetzt waren, das Flüsse und Ströme aus höher gelegenen Gebieten hier angeschwemmt hatten.

Leakey nahm neue – wie er hoffte – reinere Stichproben des KBS-Tuffs und schickte sie Fitch und Miller. Diesmal sagten ihm ihre Ergebnisse eher zu. Zunächst wurden die Kristalle auf 2,4 Millionen Jahre datiert; ein weiterer Test korrigierte die Altersbestimmung auf 2,6 Millionen Jahre. Damit waren Behrensmeyers Werkzeuge die älteste Spur menschlichen Lebens auf der Erde, fast eine Million Jahre älter als alles, was in der Olduvai-Schlucht gefunden worden war. Drei Jahre später stieß man auf Fundstück 1470 – deutlich *unterhalb* des KBS-Tuffs. Deshalb konnte Richard mit solcher Sicherheit behaupten, der neue Schädel sei mindestens 2,6 Millionen Jahre alt, wahrscheinlich sogar eher drei Millionen Jahre. Seit er im Besitz des »ältesten Menschen« war, flossen die Forschungsgelder dem Koobi Fora Research Project reichlich zu. 1973 fand man noch mehr Fossilien, darunter Dutzende weiterer Hominidenstücke. Inzwischen schloß der Geologe Ian Findlater eine stratigraphische Karte des Geländes ab, auf der er die komplizierten Tuffs der drei Grabungsfelder von Koobi Fora in eine brauchbare systematische Ordnung brachte.

Alles sah sehr rosig aus in Leakeys Camp. Nur noch einen kleinen Zweifel galt es zu beseitigen, eine winzige Wolke in der Gestalt eines Schweines, die den Horizont eintrübte. Zunächst tat man sie mit einem Achselzucken ab. Doch noch bevor Richard die Arbeit am Ostufer des Turkana-Sees beendet hatte, wurde der Schatten des Schweines immer größer und verdüsterte das ganze Unternehmen.

Zur Erschließung der Fundstelle hatte Leakey schon recht früh den Paläontologen Basil Cooke gebeten, die gut bestückte Fossiliensammlung von *Suidae* – Angehörigen der Schweinefamilie – zu sichten, die man in Koobi Fora geborgen hatte. Cooke war der Biostratigraph, der anhand der sukzessiven Veränderungen ausgestorbener Schweinearten den evolutionären »Zeitmaßstab« von Omo entwickelt hatte. Zusammen mit Louis Leakey hatte er ein ähnliches Zeitschema für die Schweine der Olduvai-Schlucht ausgearbeitet. Richard meinte, wenn man die Schweine von Koobi Fora mit denen von Omo und Olduvai vergleiche, dann müsse man eine biostratigraphische Bestätigung der radiometrischen Altersbestimmung von Fitch und Miller für den KBS-Tuff erhalten. Gleichzeitig benutzte man noch ein weiteres Datierungssystem: Mit Hilfe der regelmäßigen, periodischen Umkehrungen im Magnetfeld der Erde läßt sich das Alter magnetisierbarer Gesteinsarten bestimmen. Die paläomagnetische Datierung zeigte eine beruhigende Übereinstimmung mit den 2,6 Millionen Jahren, die sich nach der Kalium-Argon-Methode errechnet hatten. Eine Bestätigung durch die biostratigraphische Untersuchung hätte praktisch die endgültige Gewißheit bedeutet.

Leider kam Cooke in seiner Untersuchung zu einem ganz anderen Ergebnis. Nach monatelanger Sichtung der Schweinefossilien gelangte er zu dem Schluß, daß die Altersangabe von 2,6 Millionen Jahren, zu der man aufgrund der radiometrischen Untersuchung gelangt war, falsch sei. Die von Cooke untersuchten Fossilien des KBS-Tuffs entsprachen vielmehr den Schweinen von Omo, die in der Stammesgeschichte viel später angesiedelt sind, eher bei zwei Millionen Jahren. Leakey und seine Kollegen mochten zwar enttäuscht sein, zeigten sich aber von Cookes Ergebnissen zunächst noch nicht allzusehr beunruhigt. Es hatte schon früher einige Fehler in den Sammeltechniken gegeben, so daß der eigentliche Fehler möglicherweise in den Daten von Omo und Olduvai steckte. Sie warteten erst einmal ab. In der Zwischenzeit verließ Richard sich fest auf die radiometrische Untersuchung und erklärte in dem Artikel, in dem er den Fund von 1470 bekanntgab, der KBS-Tuff sei »zuverlässig« auf 2,6 Millionen Jahre datiert worden.

Außerhalb des Leakeyschen Lagers führten Cookes Schweine allerdings zu einer gewissen Skepsis gegenüber Richards Schlußfolgerungen – insbesondere auf der anderen Seite des Omo, keine hundert Kilometer von Koobi Fora entfernt. Clark Howell hatte der radiometrischen Altersbestimmung von Fitch und Miller von Anfang an nicht so recht getraut. Zum einen sprachen für die angezweifelte Schweinedatierung biostratigraphische Studien an ausgestorbenen Elefanten, Antilopen und anderen Säugetieren. Zum anderen scheint die Untersuchung von Fitch und Miller nie auf einer sehr soliden Grundlage gestanden zu haben. Zwei von

Wenn man genug über die Entwicklungslinie einer Art weiß, kann man den Zeitablauf am Auftreten und Verschwinden bestimmter Formen erkennen. In unserer Abbildung sind Veränderungen an der Kaufläche der Zähne von Schweinen der Gattung Metridiochoerus in den Zusammenhang der Kalium-Argon(K/Ar)-Datierung gestellt. Mit Hilfe der Zähne läßt sich dann wiederum das Alter von Fossilablagerungen bestimmen, die nach der Kalium-Argon-Methode möglicherweise undatierbar sind. (Illustration von Douglas Beckner nach Fotos von T. D. White und J. M. Harris, Science, 7. Oktober 1977)

drei Gutachtern eines nachfolgenden Artikels sprachen sich für seine Ablehnung aus. In einer Stellungnahme hieß es gar, er »bleibt weit hinter den Anforderungen zurück, die an eine Veröffentlichung in einer wissenschaftlichen Zeitschrift zu stellen sind«. Der Artikel, in dem die 2,6-Millionen-Jahre-Datierung des KBS-Tuffs verteidigt wurde, erschien dann doch, praktisch unverändert. Die Ergebnisse einer unabhängigen Kalium-Argon-Analyse, die Garniss Curtis an KBS-Kristallen vornahm, führten mit ihrer Altersangabe von 1,8 bis 1,6 Millionen Jahren schließlich wieder in die zeitliche Nähe von Cookes Schweinen.

1975 hatten sich in dieser Frage zwei Lager gebildet. In Koobi Fora, wo sich zumeist englische Wissenschaftler aus Nairobi befanden, vertrat man die Datierung von 2,6 Millionen Jahren, zu der Fitch und Miller mit ihrer vermeintlich zuverlässigen Weiterentwicklung der radiometrischen Analyse gelangt waren. Howells Omo-Gruppe, in erster Linie amerikanische Wissenschaftler aus Berkeley, stellten sich hinter Basil Cookes Altersbestimmung von 2,0 Millionen Jahren, die auf einer überprüfbaren biostratigraphischen Analyse beruhte. Dieses Tauziehen war kein müßiger akademischer Zeitvertreib. Das Seil, an dem die beiden Parteien zerrten, war immerhin die Entwicklungslinie der Menschheit. Wenn Cooke nämlich recht hatte, dann war Leakeys 1470 nicht älter als die Fundstücke des *Homo habilis* aus der Olduvai-Schlucht und sein Argument für die Ausgliederung des *Australopithecus* aus der menschlichen Stammesgeschichte hinfällig.

Trotz der großen Ernsthaftigkeit, mit der die KBS-Kontroverse geführt wurde, hat sie uns einige der köstlichsten Augenblicke in der modernen Paläoanthropologie beschert. Bei einer Tagung in einer alten österreichischen Burg griffen sich zwei Wissenschaftler aus unterschiedlichen Lagern plötzlich zwei Schwerter von der Wand, sprangen auf den Tisch und begannen sich zu duellieren. (Sie hatten das Melodram am Abend zuvor abgesprochen und eingeübt.) Auf einer anderen Konferenz erschien der zur Koobi-Fora-Gruppe zählende Archäologe Glynn Isaac mit einem »Schweine-Sicherheitshelm«. Im Februar 1975 schmückte sich Basil Cooke für eine Konferenz in London mit einem Schlips, auf dem die Buchstaben MCP eingewebt waren – »Male Chauvinist Pig« (männliches Chauvinistenschwein). Inzwischen hatte Cooke weit genauere Daten über die Koobi-Fora-Schweine zusammengetragen, besonders über die Art *Mesochoerus*, die vor ungefähr zwei Millionen Jahren über ganz Ostafrika verbreitet war, mit Ausnahme von Koobi Fora, wo sie – will man der Fitch-Miller-Datierung des KBS-Tuffs Glauben schenken – aus rätselhaften Gründen schon mehr als eine halbe Million Jahre früher auftrat. Im Verlaufe der Tagung stand Cooke unvermittelt auf und deutete auf seinen Schlips. »Sie glauben vielleicht, Sie wissen, wofür die Buchstaben MCP stehen, doch Sie täuschen sich«, sagte er. »In Wirklichkeit bedeuten sie ›*Mesochoerus* correlates properly‹ (*Mesochoerus* ist richtig eingeordnet).«

Leakey konnte nicht darüber lachen.

»Ich war verärgert und enttäuscht«, erinnerte er sich später.* »Ich fand, Basil hätte als Mitglied ›meines‹ Teams die Koobi-Fora-Daten nicht in dieser Weise verwenden dürfen, ohne mich vor der Tagung ausführlich zu unterrichten.« Cooke war von dieser Äußerung befremdet, denn seine Auffassung über die Schweine hatte sich nicht geändert, seit er sie das letzte Mal vorgetragen hatte. Deshalb hatte er keine Veranlassung gesehen, Richards Zustimmung einzuholen, bevor er die Ergebnisse seiner Arbeit präsentierte.

Ebenso befremdend war für die Teilnehmer der Londoner Tagung die »ökologische Hypothese« von Leakey, Isaac und John Harris, mit der sie die zeitliche Differenz von 600000 Jahren zwischen den fossilen Zeugnissen der Tierwelt von Koobi Fora und Omo zu erklären suchten. Nach ihrer These könnten sich in Umwelten, die durch geographische Barrieren – in diesem Falle den breiten Fluß Omo – getrennt sind, Tierpopulationen in unterschiedlichem Tempo entwickelt haben. Die so frühzeitig auftretenden Schweine von Koobi Fora seien deshalb nur *scheinbar* eine halbe Million Jahre jünger als ihre Artgenossen jenseits des Flus-

* Nachzulesen in Roger Lewins Buch *Bones of Contention*, das eine ausgezeichnete und detaillierte Zusammenfassung der KBS-Tuff-Kontroverse bietet.

ses, weil sie sich einfach rascher entwickelt hätten. Schon Charles Darwin ist aufgrund seiner Untersuchungen an den Finken der Galapagosinseln zu dem Schluß gekommen, daß Populationen, die voneinander isoliert sind, besondere Entwicklungsbahnen einschlagen können. Die meisten Evolutionisten sind in der Tat der Meinung, daß eine geographische Isolierung erforderlich ist, damit sich neue Arten entwickeln können. Doch die geographischen Barrieren, von denen Darwin sprach, waren Ozeane und keine Flüsse. Wichtiger noch, nach Darwins Vorstellungen beeinflussen solche Barrieren die *Richtung* der Veränderung, nicht ihr Tempo. Nach meinem Eindruck übertrieben Richard und seine Leute etwas, um ihren Glauben an die Fitch-Miller-Datierung zu rechtfertigen. Elefanten und andere Pflanzenfresser überqueren den Omo gelegentlich noch heute. Es ist kaum vorstellbar, daß sie am anderen Ufer auf die eigenen evolutionären Großväter stoßen.

Wenn Leakey auch kaum jemanden von seiner ökologischen Hypothese zu überzeugen vermochte, so hatte er doch nach wie vor gute Gründe, an der 2,6-Millionen-Jahre-Datierung festzuhalten. Vorläufige Ergebnisse zur Datierung des KBS-Tuffs mit Hilfe einer anderen radiometrischen Technik, der Fission-track- oder Kernspaltungsspurenmethode, kamen den Kalium-Argon-Resultaten sehr nahe. Damals hatte Richard auch Anhaltspunkte dafür, daß Basil Cookes Schweinedaten zweifelhaft waren – Erkenntnisse, die zum Teil Tim White zu verdanken waren. Nachdem er im Jahr zuvor mit John Harris verschiedene Tierrelikte gesammelt hatte, war er nach Nairobi gefahren und hatte einige der zuvor von Cooke gesammelten Schweine fotografiert. Zwar hatten Tim und John noch keine nähere Analyse vorgenommen, doch was sie sahen, ließ sie Richard gegenüber an Cookes Auswahlkriterien zweifeln. Sie hofften, diese Unstimmigkeiten durch weitere Feldarbeiten klären zu können.

Inzwischen zog Richard auf der Londoner Konferenz eine weitere Trumpfkarte aus dem Ärmel. Er präsentierte sie auf einer kleinen Party, die er eines Abends nach dem Essen gab. Anwesend waren Glynn Isaac, Kay Behrensmeyer und die physikalischen Anthropologen Bernard Wood und Michael Day – alles eingeschworene Mitglieder der »Firma« von Koobi Fora. Doch Richard hatte auch Clark Howell eingeladen, den Geologen Frank Brown und einige ihrer Kollegen von der anderen Seite. Natürlich kam das Gespräch auf die KBS-Datierung, die Schweine, die Kristalle, die Geologie und gipfelte schließlich in dem Versuch, die Argumente durch bloße Lautstärke zu ersetzen. Richard beteiligte sich nicht an der Auseinandersetzung; er hörte nur zu. Plötzlich stand er auf, ging ins Nebenzimmer und kam mit dem Abguß eines wunderschönen hominiden Hüftknochens zurück – allem Anschein nach zum *Homo erectus* gehörig. Alles verstummte.

»Hier hab ich etwas, was meine Hominiden-Gang zwischen zwei Expeditionen entdeckt hat«, sagte er. »Es lag unter dem Tulu-Bor-Tuff in Koobi Fora.« Damit setzte er sich wieder in seinen Sessel und lächelte. Alle wußten, daß der Tulu-Bor-Tuff *unter* dem KBS-Tuff liegt. Das hätte bedeutet, daß dieser erstaunlich menschenähnliche Beckenknochen mindestens drei Millionen Jahre alt war.

»Unmöglich«, sagte Howell.

»Da ist er«, erwiderte Richard und zog an seiner Pfeife. »Lassen wir das Fossil doch für sich sprechen.« Womit er die nächste Auseinandersetzung auslöste.

Leakey war sich hinsichtlich des Tulu-Bor-Beckens so sicher, daß er schon einen Artikel über den Fund verfaßt hatte, den er in der Zeitschrift *Nature* zu veröffentlichen gedachte. Die Einwände von Howell und anderen überzeugten ihn dann doch, daß er besser daran tat, sich noch einmal abzusichern. Im Sommer 1975 schickte er Harris, White und die Hominiden-Gang nach Koobi-Fora, um die Herkunft des Fossils zu verifizieren – sie sollten also überprüfen, ob der Beckenknochen in den richtigen geologischen und paläontologischen Kontext eingeordnet war.

»Wir begaben uns an den Ort, an dem der Beckenknochen gefunden worden war, und begannen mit der Suche«, erinnert sich Tim. »Die Schweine, die wir fanden, hatten keine Ähnlichkeit mit denen, die unter Tulu Bor liegen – es war ein ganz anderer Tuff. Das war der erste Hinweis, daß die Koobi-Fora-Stratigraphie völlig durcheinander war.«

Tim und Harris gaben sofort weiter, daß der Beckenknochen aus sehr viel jüngerer Zeit stammte und nicht älter als 1,9 Millionen Jahre sein konnte. Der *Nature*-Artikel wurde zurückgezogen, und Richard blieb eine ziemliche Blamage erspart. Ian Findlater wurde aus London herbeizitiert, wo er an seiner Dissertation arbeitete, und erhielt den Auftrag, die Schichtung noch einmal zu prüfen. Er räumte ein, daß es möglicherweise einen Fehler gegeben habe.

Mochten die Nachrichten über den Tulu-Bor-Tuff auch schlecht sein, so setzte Richard doch immer noch große Hoffnungen auf die Resultate, die Harris und White hinsichtlich der Schweine zutage fördern würden. Basil Cooke ging davon aus, daß er auch 1975 in Koobi Fora würde arbeiten und seine Untersuchung an den Schweinefossilien beenden können. Doch Leakey gestattete ihm nicht zu kommen. Statt dessen forderte er Harris und White auf, eine eigene Monographie über die Schweine von Koobi Fora zu schreiben.

»Die Chronologie, die Basil aufgestellt hatte, stützte sich auf eine einzige Entwicklungslinie der Schweine«, berichtete mir Tim später. »Darauf beruhten die zeitlichen Verbindungen, die er zwischen Koobi Fora und anderen ostafrikanischen Fundorten hergestellt hatte. John und ich konnten mit diesem System wenig anfangen. Wir fanden Spuren von drei separaten Schweinelinien, nicht nur einer. Als Richard das hörte, dachte er wohl: ›Wenn Cookes Schweine-Stammbaum nicht stimmt, trifft das vielleicht auch für seine Datierungen zu.‹ Das sollten wir da draußen beweisen. Er hätte dann das Alter seines *Homo* retten können. Aber man kann nicht immer haben, was man sich wünscht.«

Am Ende des Sommers hatten die beiden jungen Paläontologen genügend neues Material gesammelt, um zu erkennen, daß Leakeys Altersbestimmung von 2,6 Millionen Jahren für den KBS-Tuff auf tönernen Füßen stand. Cookes Zeitschema erwies sich am Ende doch als ziemlich genau. Es gab aber noch eine schwache Hoffnung: Wenn die unter dem KBS-Tuff gefundenen Schweinefossilien den Omo-Schweinen glichen, die auf 2,0 Millionen Jahre datiert wurden, so war die *Omo*-Altersbestimmung vielleicht irreführend. Um das zu verifizieren, mußte Tim bis Anfang des folgenden Jahres warten. Dann konnte er in die Vereinigten Staaten zurückkehren und den Teil der paläontologischen Omo-Sammlung untersuchen, der in Berkeley untergebracht ist. Doch auch hier wurde Tim in seinem Verdacht nur bestärkt. Ende März 1976 flog Richard selbst an die Westküste, um dort ein Seminar abzuhalten. Tim holte ihn am Flughafen von Oakland ab.

»Auf dem Rückweg habe ich ihm alles erzählt«, erinnert er sich. »Wir gingen die Metrik durch, die Geologie, die Stratigraphie, die ganze verflixte Analyse. Das einzige, was ihm nicht gefiel, war die Datierung in meinem Schema. Ihm machte die Diskrepanz zu den Kalium-Argon-Resultaten Kummer.«

Um die Untersuchung abzuschließen, galt es jetzt nur noch, den Rest der Omo-Schweine zu prüfen, die in einem Labor in der Umgebung von Paris untergebracht sind. Harris traf dort im Mai mit Tim zusammen, und nach einer Woche hatten sie alle Zweifel ausgeräumt. Im Juni flogen sie nach Nairobi weiter und erstatteten Richard Bericht. Er hörte sie kommentarlos an, und John und Tim begannen ihre Monographie zu schreiben.

Es sah nach einem Knüller aus. Erstens wollten sie ausführlich auf Cookes Arbeit über die Schweine des Plio-Pleistozäns eingehen. Dabei sollten erstmals auch die südafrikanischen Arten berücksichtigt werden – eine äußerst wichtige Ergänzung, da bei Anwesenheit jenes vulkanischen Materials, das zur Kalium-Argon-Datierung erforderlich ist, die Biostratigraphie die einzig zuverlässige Methode zur Altersbestimmung der von Dart und Broom entdeckten südafrikanischen Hominiden ist. Zweitens hätten die von ihnen vorgelegten Schweinedaten eine vollkommene Neubewertung der Koobi-Fora-Geologie und des dort verwendeten Systems zur Tuff-Numerierung bedeutet. Drittens konnten die Schweine beweisen, daß die radiometrische Altersbestimmung des KBS-Tuffs auf 2,6 Millionen Jahre aus welchen Gründen auch immer falsch war. Mit der Revision dieser Datierung war auch das Schicksal von Leakeys ältestem Menschen besiegelt.

»Aus wissenschaftlicher Sicht war dieser letzte Punkt bei weitem der unwichtigste«, meint Tim, »aber seinetwegen gerieten alle Leute aus dem Häuschen.«

Nach allem, was Richard inzwischen erfahren hatte, war ihm klar, daß die Stratigraphie seiner Fundstelle in ernster Gefahr war. Im August berief er in Koobi Fora ein »Gipfeltreffen« ein, zu dem alle Beteiligten eingeladen waren – Glynn Isaac, Kay Behrensmeyer und Meave. Ian Findlater traf wieder mit dem Flugzeug aus London ein. John Harris und Tim kamen aus Nairobi und brachten das Manuskript ihrer Schweinemonographie mit. Die Gruppe fuhr alle Fundstellen ab, wobei John und Tim auf die Schwierigkeiten hinwiesen, die es ihrer Meinung nach aus paläontologischen Gründen bei der Einordnung der Tuffs gab, während Ian und Kay ihre ursprüngliche geologische Auffassung verteidigten. Nach mehreren solchen Lokalterminen war für jedermann ersichtlich, daß das einst so geschlossen erscheinende Schema äußerst lückenhaft war. Daraufhin schlug Isaac eine Übergangslösung vor: Man sollte nicht mehr versuchen, die Tuffs *einheitlich* für alle Grabungsfelder zu bestimmen, sondern für jedes der drei Felder ein eigenes komplexes Tuff-Bezifferungssystem entwickeln. Nach Isaacs Schema würde es sehr schwierig, wenn nicht sogar unmöglich sein, Fossilien, die zwischen den Tuffs gefunden wurden, überhaupt zu datieren. Es war ein Kompromiß, der niemandem gefiel, aber John und Tim erklärten sich widerstrebend mit ihm einverstanden. Sie teilten allen mit, daß sie die Absicht hätten, ihre Monographie über die Datierung der Schweinefossilien in einem Artikel für *Nature* zusammenzufassen. Parallel dazu begann Isaac an einem Artikel zu arbeiten, in dem er das neue Tuff-Bezifferungssystem erläuterte.

Wenn sich Richard über die Richtung ärgerte, in die die Arbeit seiner beiden Paläontologen steuerte, so ließ er sich das jedenfalls nicht anmerken. Inzwischen trafen bessere Nachrichten von anderen Fronten der Schlacht ein. Die beiden Geochronologen Tony Hurford und Andrew Gleadow, die an einer Fission-Track-Datierung des KBS-Tuffs arbeiteten, hatten ihre Technik verbessert und konnten das Alter des Tuffs nun zuverlässig mit 2,44 Millionen Jahren – plus/minus 80000 Jahre – angeben. Das war zwar ein bißchen weniger als die 2,6 Millionen Jahre von Fitch und Miller, doch selbst diese geringfügige Differenz entfiel bald: In demselben *Nature*-Heft, in dem die Ergebnisse der Fission-track-Studien dargelegt wurden, korrigierten Fitch und Miller ihre Datierung auf 2,42 Millionen Jahre. Manch ein Fachkollege empfand diese vollkommene Übereinstimmung als fast zu schön, um wahr zu sein, trotzdem stärkte sie natürlich Leakeys Position. Berücksichtigt man außerdem, daß Garniss Curtis' Datierung von 1,6 Millionen Jahren falsch war, weil er, wie sich herausstellte, eine falsch justierte Waage benutzt hatte, so war es eigentlich nicht verwunderlich, daß Richard – Schweine hin oder her – sich weiter auf seine Geochronologen verließ.

Tim und John Harris beendeten ihren Artikel für *Nature*, in dem sie auch auf die Bedeutung dieser Ergebnisse für die Hominidentheorien eingingen, Anfang September. Die beiden Autoren waren davon überzeugt, daß Leakey, Isaac und die anderen Mitglieder des Koobi-Fora-Teams genauestens über die Schlußfolgerungen informiert seien, die sie zu präsentieren gedachten – daß nämlich der KBS-Tuff zwei Millionen Jahre alt sei und nicht 2,6 Millionen und daß der berühmte Schädel 1470 sowie andere unter diesem Tuff gefundene Hominidenfossilien sehr viel jünger seien als behauptet. John händigte Leakey eine Kopie des Manuskripts in dessen Büro in Nairobi aus. Am 7. September hatte Tim eine kurze Zusammenkunft mit Richard, der ihm mitteilte, daß er mit den Schlußfolgerungen des Artikels nicht einverstanden sei, aber nicht im mindesten erkennen ließ, daß er ernsthaft verstimmt war. Noch am selben Tag mußte Tim zu einer internationalen Konferenz nach Nizza abreisen. Bevor er das Museum verließ, schaute er noch bei John Harris hinein. Was er dort erfuhr, entsetzte ihn.

»John teilte mir mit, daß Leakey wütend über den *Nature*-Artikel sei«, entsinnt sich Tim. »Er hatte sich bei John beklagt, daß wir ihn nicht hinreichend zu Rate gezogen hätten, was absoluter Quatsch war – zwei Wochen im August hatten wir allen Leuten in Koobi Fora unsere Absichten erläutert. Richard wollte nicht, daß wir uns in dem Artikel auf die Hominidenfossilien bezogen, weil es über sie angeblich noch keine Veröffentlichung gebe. Das verstoße gegen eherne Grundsätze des East Rudolf Research Project. Ich konnte es einfach nicht fassen. Alle Hominidenfossilien, die wir in dem Artikel erwähnten, hatte Richard selbst in den Zeitschriften *Nature* und *The American Scientist* vorgestellt. Er wollte einfach nicht, daß wir unsere Schlußfolgerungen präsentierten, weil sie ihm nicht ins Konzept paßten.«

Angeblich hat Leakey selbst eine ganz andere Erinnerung an diesen Vorfall. Nach Roger Lewins Darstellung erklärt er, er habe Tim seine Einwände direkt mitgeteilt und ihn daran erinnert, daß nach Übereinkunft der Gruppe kein Mitglied das Recht habe, über irgendwelche Fossilien zu schreiben, bevor diese nicht offiziell in der Zeitschrift *The American Journal of Physical Anthropology* beschrieben worden seien. Diese Regel solle dafür sorgen, so habe Richard erläutert, daß die Gruppenmitglieder, die die praktische Arbeit am fossilen Material geleistet hätten, nicht von anderen Mitgliedern um die Früchte ihrer Mühen gebracht würden. Nach Leakey habe Tim daraufhin einen Wutausbruch gehabt, sein Ausscheiden aus dem Koobi-Fora-Projekt erklärt, sei aus dem Büro gestürzt und habe die Tür hinter sich zugeknallt.

»Das ist eine hübsche Geschichte, nur ist sie leider nie passiert«, meint Tim, und seine Tagebucheintragungen von damals bestätigen das. »Im übrigen stand in unserem Manuskript über die betreffenden Hominidenfossilien nichts, was nicht jeder Leser von *Nature* hätte wissen können. Wir hielten uns auch insofern an die Gruppenkonvention, daß wir Leakey vorab eine Kopie unseres Artikels gaben. Es war eine Frechheit, uns hintenherum sagen zu lassen, wir hätten falsch gehandelt.«

Sehr aufgebracht machte sich Tim auf den Weg zum Flughafen. Sollte der *Nature*-Artikel tatsächlich entschärft werden, indem alle Hinweise auf die Bedeutung der Hominidenfossilien gestrichen wurden, wollte er nichts mehr mit ihm zu tun haben. John Harris, ein besserer Diplomat als sein Mitautor (und überdies Leakeys Schwager), rang Tim die Erlaubnis ab, den Artikel so umschreiben zu dürfen, daß die Konsequenzen für die Datierung weniger eindeutig und kraß formuliert waren. Dann reichte Harris den Artikel wie vorgesehen bei *Nature* ein – und erhielt ihn mit einem Ablehnungsschreiben zurück. Die Redaktion behauptete, er habe dem, was Basil Cooke bereits über die Schweine veröffentlicht habe, nichts Wesentliches hinzuzufügen.

Tim weigert sich, diese Erklärung ernstzunehmen, und sie ist in der Tat kaum zu rechtfertigen. Von allem anderen abgesehen enthielt das Manuskript eine zeitliche Einordnung der südafrikanischen Schweine – Daten, die nie veröffentlicht worden waren und sich nach meinen Entdeckungen in Äthiopien als absolut notwendig für die Neuordnung des menschlichen Stammbaums erwiesen. Tim hat die Redakteure oder Gutachter von *Nature* noch immer in Verdacht, daß sie sich zur Ablehnung des Manuskriptes haben beeinflussen lassen. Doch es gibt keine Möglichkeit, das zu beweisen. Jedenfalls reichten Harris und er das Manuskript unverändert bei der Zeitschrift *Science* ein, wo es im Oktober 1977 erschien. Daraufhin brachte Cooke seine Stammesgeschichte der Schweine in Einklang mit der ihren. Tim machte einen Versuch, sich mit Richard zu versöhnen, doch ihre Beziehung wurde immer kühler und erreichte schließlich einen absoluten Nullpunkt.

»Man muß wissen, daß die 2,6-Millionen-Jahre-Datierung zum Glaubensbekenntnis von Koobi Fora gehörte«, erklärt Tim. »Ich war in meiner Arbeit zu einer anderen Schlußfolgerung gelangt, und Richard hat mit allen Mitteln versucht, ihre Veröffentlichung zu verhindern. Weder unsere Freundschaft noch berufliche Erwägungen konnten mich dazu bringen, das zu akzeptieren. Ich war zutiefst empört.«

Später stellte sich dann doch heraus, daß die Fitch-Miller-Datierung des KBS-Tuffs falsch war. Die Untersuchung eines dritten, unabhängigen Geochronologen bestätigte Garniss Curtis' Altersbestimmung von 1,8 Millionen Jahren. Weitere Fission-track-Studien von Hurford und Gleadow kamen zu dem gleichen Ergebnis. Richard mußte schließlich die ältere Datierung aufgeben. Die ganze unerfreuliche Affäre hatte seine Gesundheit angegriffen, die durch ein Nierenversagen bereits ernsthaft bedroht war. 1979 mußte ihm eine Niere seines Bruders Philip implantiert werden, um sein Leben zu retten.

Tim White beschäftigte sich indessen mit der bemerkenswerten Sammlung von Hominidenkiefern, die Mary Leakey in Laetoli, südlich der Olduvai-Schlucht, gefunden hatte. Wenn Tim in Koobi Fora des Teufels Advokaten gespielt hatte, so erwies er sich in Laetoli als der Teufel persönlich.

4. Kapitel
Die alte Ordnung geht verloren

Nicht nur das, was wir von Vater und Mutter geerbt haben, geht in uns um. Es sind alle erdenklichen alten, toten Ansichten und allerhand alter, toter Glaube und so weiter. Es lebt nicht in uns; aber es sitzt trotzdem in uns, und wir können es nicht loswerden.

*Henrik Ibsen, Geister**

Auf dem Weg nach Olduvai, kurz bevor die Straße den steilen Anstieg zum Ngorongoro emporzuklettern beginnt, kommt man durch das Dorf Mto Wa Mbu, was »Fluß der Moskitos« bedeutet. Es ist ein geschäftiger kleiner Ort mit Rindern, Ziegen und Hühnern auf den Straßen und einem lebhaften Verkehr von Bussen und Lastwagen. Mto Wa Mbu bot die letzte Gelegenheit, uns mit frischem Obst und Gemüse zu versorgen.

Als wir zwischen den Verkaufsständen ausschwärmten, sahen wir uns bald von Gruppen kleiner Jungen verfolgt. Zu Gen Suwas Verlegenheit taten die Kleinen, als sei er Bruce Lee. Immer wenn Gen sich umwandte, sah er sich wilden Kampfgebärden und hemmungslosem Gelächter gegenüber. Fast genauso faszinierend war Tims breitkrempiger Hut mit dem Klapperschlangenband. Tim hatte keine Probleme mit den Kindern. Er tat so, als bemerke er sie nicht, dann fuhr er plötzlich herum und jagte sie mit wilden Armbewegungen und furchterregendem Zähnefletschen vor sich her. Diese Vorstellung erzeugte beinahe ebenso große Begeisterung wie der Anblick eines Kung-Fu-Kämpfers mit dicken Brillengläsern und einer blauen Windjacke der University of California.

Wir kauften einige Apfelsinen, grüne Bananen, Jackfruits (Früchte des Brotfruchtbaumes), Kohlköpfe und Tomaten. Im Auto schnitten wir zum Mittagessen eine Jackfruit auf und reich-

* Ibsen, Dramen, Winkler, München, S. 37.

ten die Stücke herum. Das köstliche, aromatische Fruchtfleisch streiften wir mit den Zähnen von der Schale. Schon bald begann sich die Straße den steilen Hang über dem Nationalpark Lake Manyara hinaufzuwinden. In der Nähe des Gipfels hielten wir am Straßenrand und traten an den Rand der Klippe. Im Tal unten sah der See wie ein Silberteller auf einem grün getupften Tischtuch aus. Besonders dunkel wurde das Grün am Westufer, wo Waldstreifen den geschlängelten Fluß säumten, der den See von Norden her speist. Auf der anderen Seite markierte ein kühles Jadegrün die Salzflächen – in ihrer Mitte ein Fleck von blassem Rosa. Während ich ihn betrachtete, lief eine Welle durch das Rosa. Vorübergehend wurde der Farbfleck dünner und verfloß, dann verdichtete er sich an anderer Stelle. Ich begriff, daß ich einen Flamingoschwarm vor mir hatte, den etwas aufgeschreckt hatte. Am

Der Markt von Mto Wa Mbu an der Straße zur Olduvai-Schlucht. (Donald Johanson)

gegenüberliegenden Ufer konnte ich eine Herde Elefanten ausmachen, die in einem Eukalyptuswäldchenästen. Ich sah die Tiere schemenhaft zwischen den Baumstämmen auftauchen und verschwinden wie Steine, die man im bewegten Wasser eines Bergbachs betrachtet. Hoch oben zog ein Adler seine ruhigen Kreise, indem er den am Hang entstehenden Aufwind nutzte.

»Gen, Berhane – sehen Sie sich das an«, sagte Tim und zeigte ins Tal. »Süßwasserflüsse, die in einen weiten, flachen See von alkalischer Beschaffenheit strömen, Uferwälder, Sumpfflächen. So dürfte die Olduvai-Schlucht ausgesehen haben, als Zinj sie vor ungefähr zwei Millionen Jahren durchstreift hat.«

Da hatte er sicherlich recht. Im frühen Pleistozän war Olduvai keine Schlucht, sondern eine offene Fläche, die einen See wie diesen umgab und eine Fülle von Tieren beherbergte – Elefanten und andere Pflanzenfresser, die von der üppigen Vegetation des Sumpfes angelockt wurden, aber auch Löwen, Hyänen und andere Fleischfresser. Sie alle hinterließen Millionen Jahre, bevor es so etwas wie die Serengeti gab, ihre Knochen am Olduvaisee. Auch die Hominiden. Wir sahen schweigend hinab. Dann wandten wir uns plötzlich um, als hätten wir alle den gleichen Gedanken gehabt, und gingen rasch zum Wagen zurück. Wenn wir uns beeilten, konnten wir die Schlucht so früh erreichen, daß vor dem Abendessen noch ein kleiner Abstecher in ihre berühmten Wasserrinnen möglich war.

Als Tim 1975 noch ein geschätztes Mitglied der »Firma« war, hatte Richard Leakey ihn für eine außerodentlich wichtige Aufgabe vorgeschlagen. Unter Mary Leakeys Leitung hatten Forschungsexpeditionen an der tansanischen Fundstelle von Laetoli in der Nähe der Olduvai-Schlucht einige vielversprechende neue Hominidenkiefer und -zähne in Sedimentschichten gefunden, die man für älter als dreieinhalb Millionen Jahre hielt – also älter noch als meine Hadar-Funde. Insgesamt enthielt die Sammlung dreizehn Fundstücke, die sehr primitiv waren, aber auch merkwürdige *Homo*-artige Merkmale aufwiesen. Das schönste Stück war ein gut erhaltener Unterkiefer, der noch neun Zähne besaß. Er trug die Bezeichnung LH-4. Tim erhielt die Aufgabe, die Kiefer für die Veröffentlichung zu beschreiben. Er war damals fünfundzwanzig Jahre alt und noch zwei Jahre von seiner Promotion entfernt. Der offizielle Auftrag, die Hominiden von Laetoli zu beschreiben, war eine phantastische Chance.

Mit dieser Arbeit war Tim beschäftigt, als ich ihn damals in Richards Labor kennenlernte. Ich hatte von Mary ein bißchen über die Laetoli-Hominiden erfahren, und Tim hatte natürlich von Lucy und den anderen Fossilien gehört, die wir in Hadar gefunden hatten. Auch von mir hatte er gehört.

»Richard hatte mir von dem Wunderknaben in Afar erzählt, der überhaupt nicht begriff, was er da tat«, berichtete Tim mir grinsend ein paar Monate später. »Doch ich wollte mir selbst ein Urteil bilden und fand Sie gar nicht so blöd, wie Richard gesagt hatte.«

Wenn Richard irgendwelche Zweifel bezüglich meiner Sachkenntnis hatte, so wußte er das gut zu verbergen. Ich jedenfalls hatte großes Vertrauen zu ihm und war so gut wie überzeugt, daß wir in Afar mindestens zwei Arten entdeckt hatten: die größeren Kiefer schienen mir von einer sehr primitiven *Homo*-Art zu stammen, während ich Lucy und ihresgleichen für etwas ganz anderes hielt, wahrscheinlich grazile (zart gebaute) Australopithecinen. Diese Hypothese mußte Richard und Mary natürlich sehr gefallen. Damals gab es zwischen ihnen nur in sehr wenigen Punkten Übereinstimmung, sie waren aber gleichermaßen – und zutiefst – von Louis' These über das Alter des *Homo* überzeugt. Ich ließ mich gerne von ihnen beraten – nicht um mich bei ihnen einzuschmeicheln, obwohl Richards Freundschaft für jeden jungen Paläoanthropologen, der in Ostafrika arbeitete, zweifellos von Vorteil war, sondern weil das Leakeysche Schema die verwirrenden Variationen, die die Hadar-Sammlung zeigte, am besten zu erklären schien. Mir war auch völlig klar, welches Aufsehen jeder Forscher erregen mußte, der erklärte, er habe den ältesten Menschen gefunden. Die Aufregung unter den Anwesenden angesichts der Hadar-Fossilien, die ich hier auf dem Labortisch ausgebreitet hatte, war nur der Anfang.

Mit den ersten Worten, die Tim an mich richtete, kam er gleich auf den entscheidenden Punkt zu sprechen. Als die anderen den Raum verlassen hatten, trat er aus einer Ecke hervor, ging zum Tisch und meinte, nachdem er die Fossilien ein paar Minuten untersucht hatte: »Ich glaube, Ihre Fossilien aus Hadar und Marys Fossilien aus Laetoli sind gleich.« Ich war verblüfft. Laetoli und Hadar lagen immerhin fast zweitausend Kilometer auseinander, und ihre Hominidenfossilien waren durch einen zeitlichen Abstand von mindestens einer halben Million Jahre getrennt. Seine Vermutung erschien mir sehr unwahrscheinlich. Tim forderte mich auf, zwei Stücke zu vergleichen. Sie waren fast identisch.

»Eine Art?« fragte ich.

»Eine Art.«

»Was ist mit Lucy?«

»Lucy auch.«

»Auf keinen Fall«, sagte ich. »Sie ist viel zu klein und zu primitiv. Kieferform, Zähne, Gehirngröße – das paßt alles nicht zu den anderen Fundstücken.« Ich nannte noch ein halbes Dutzend weiterer primitiver Merkmale. »Kommen Sie nach Cleveland, und ich zeige sie Ihnen.«

»Lucy auch.«

»Kommen Sie nach Cleveland!«

Er hatte mich zwar nicht überzeugt, aber doch mit seiner freimütigen Art und seinen offenkundigen Kenntnissen auf dem Gebiet der Hominidenmorphologie beeindruckt. Wir vereinbarten, uns gegenseitig über den Fortgang unserer Arbeiten auf dem laufenden zu halten.

Im März 1975 erschien wie vorgesehen der *Nature*-Artikel von Maurice Taieb und mir, in dem wir mehr oder minder deutlich darlegten, daß es in Hadar mindestens zwei Arten gegeben haben müsse, möglicherweise sogar drei: eine grazile und eine robuste Form von *Australopithecus* und daneben einen primitiven *Homo*. Im Laufe des nächsten Jahres traf ich Tim gelegentlich auf Tagungen, und er versäumte es kaum jemals, das Thema wieder anzusprechen. Ich hörte ihm interessiert zu, hatte mich aber in dem Artikel öffentlich festgelegt und war deshalb eher geneigt, nach Gründen zu suchen, mit denen ich neue Gesichtspunkte verwerfen konnte, als meine eigenen Schlußfolgerungen noch einmal zu überdenken.

Warum Tim zu so ganz anderen Schlüssen kam, war leicht einzusehen. Als Student von Milford Wolpoff und Loring Brace an der University of Michigan war er in der Tradition der »Superlumper« ausgebildet worden (derer also, die bestrebt sind, wirklich alles in einen taxonomischen Topf zu werfen). Durch Konzentration auf die Ähnlichkeit zwischen den verschiedenen bekannten Hominidenfundstücken – und durch Vernachlässigung offenkundiger Unterschiede – war es der Michigan-Schule seinerzeit gelungen, die menschliche Stammesgeschichte auf einen einzigen Stamm zu beschränken. Stets habe es in der Vergangenheit – so wurde behauptet – immer nur eine Hominidenart gegeben, nicht anders als heute. Die Entdeckungen der siebziger Jahre hatten die »Eine-einzige-Art-Hypothese« praktisch unhaltbar gemacht. Selbst Loring Brace hatte Schwierigkeiten, einen relativ voluminösen Gehirnschädel wie 1470 der gleichen Art zuzuordnen wie die robusten Australopithecinen mit ihren grapefruitgroßen Gehirnen, obwohl deren Knochenreste im gleichen zeitlichen Abschnitt an der gleichen Stelle gefunden worden sind. Doch nach wie vor reagierten Brace und seine Kollegen in Michigan sehr ungehalten auf alle Versuche, enge Artgrenzen auf der Grundlage von morphologischen Unterschieden zu ziehen, die man in Michigan für geringfügig erachtete.

»Natürlich kann Tim White in Hadar nur eine Art erkennen«, sagte ich mir. »Seine Augen sind geschult, Übereinstimmungen zu entdecken.« Ich wußte damals noch nicht, daß er sich mit seinen Lehrern überworfen hatte.

Trotzdem flößten mir Tims Behauptungen ein gewisses Unbehagen ein. Gleichzeitig schlug ich mich mit einem Problem herum, das mir die meisten Paläoanthropologen mit Vergnügen abgenommen hätten: Ich fand zu rasch zu viele Hominidenfossilien, um sie in Ruhe analysieren zu können. Hatte ich möglicherweise zu überhastet veröffentlicht? Ich war fast erleichtert, als die Revolution in Äthiopien die Hoffnung auf die Fortsetzung der Expedition im Jahre 1977 zerschlug – so bekam ich eine Atempause und konnte die Sammlung gründlich sichten. Ich hatte natürlich keine Ahnung, daß mir damit die Möglichkeit einer Rückkehr nach Hadar auf viele Jahre genommen war.

Auch Tim hatte im Sommer 1977 etwas Zeit. Nach der dramatischen Wende in der Auseinandersetzung um die KBS-Datierung hatte man ihn nicht aufgefordert, seine Arbeit in Koobi Fora fortzuführen. Statt dessen war er im vorigen Herbst nach Nairobi zurückgekehrt, um die Beschreibung der Laetoli-Fossilien fortzusetzen und seine Dissertation zu beenden. Er arbeitete viel mit Mary Leakey zusammen. Tim war allein, als die Weihnachtszeit nahte, und Mary lud ihn über die Weihnachtsferien ins Olduvai-Camp ein. Sie schien ihn zu mögen, und er erwiderte ihre Freundschaft.

»Sie war mir sehr sympathisch«, erinnert er sich, »und durchaus nicht die zähe, hartgesottene Lady mitten im Niemandsland, als die sie immer hingestellt wurde. Ihr Mann war tot. Und ein vorbildlicher Ehemann war er ohnehin nie gewesen. Ihre Söhne Richard und Philip konnten sich gegenseitig nicht ausstehen. Aber sie hielt durch da draußen in der Olduvai-Schlucht, Jahr für Jahr, nur mit ihren Tieren. Mir imponierte das.«

Als die Arbeit mit Mary beendet war, kam Tim in die Vereinigten Staaten zurück und suchte mich in Cleveland auf. In seinem Gepäck hatte er Abdrücke der Laetoli-Fossilien. Wir waren sehr gespannt, was der Vergleich mit der sehr viel umfangreicheren Hadar-Sammlung bringen würde. Also breiteten wir die Fossilien auf meinem Labortisch aus und machten uns an die Arbeit. Eines fiel sofort ins Auge: Die größeren Kiefer aus Hadar hatten eine erstaunliche Ähnlichkeit mit denen aus Laetoli. Da wir wußten, daß eine oberflächliche Übereinstimmung irreführend sein kann, gingen wir die Fundstücke tagelang durch – einen Kiefer, einen Gaumen, einen Zahn nach dem anderen. Wir maßen Entfernungen und Winkel, untersuchten die Morphologie jedes Zahnhökkers und versuchten nachzuweisen, daß unser erster Eindruck falsch gewesen war. Er war es nicht. Zähne und Kiefer waren praktisch identisch. Man fände wohl kaum einen einzigen Morphologen, der das bestreiten würde. Doch ich bezweifle, daß man zwei finden könnte, die sich ohne weiteres über die Einordnung dieser Fossilien einigen könnten.

Ursprünglich waren wir beide geneigt, die großen Kiefer dem *Homo* zuzuschreiben. Sie hatten nicht die großen Backenzähne und das massige Erscheinungsbild der Australopithecinenkiefer. Doch merkwürdigerweise zeigten sie auch eine Reihe sehr primitiver, fast affenartiger Merkmale. Beispielsweise hatten ihre Zahnreihen mehr Ähnlichkeit mit der kastenartigen Affenanordnung als mit der parabolischen Form der Hominiden. Je genauer wir die Zähne und Kiefer untersuchten, desto deutlicher wurde unser Eindruck, daß sie ein Stadium zwischen Affen und allen anderen bekannten Hominiden repräsentierten. Doch wenn sie zum *Homo* gehörten, wie konnten sie dann primitiver sein als ihre eigenen, dem *Australopithecus* zuzurechnenden Vorfahren?

Und schließlich war da noch Lucy zu berücksichtigen. Ihr Kiefer war ganz anders. Erstens war er deutlich kleiner, und zweitens war ihre Zahnreihe v-förmig. Die Rekonstruktion des Gehirnschädels anhand der gefundenen Knochenfragmente zeigte, daß Lucys Gehirn viel zu klein war, um nach irgendeinem herkömmlichen Maßstab der Gattung *Homo* zugeschrieben werden zu können. Tatsächlich war es nicht viel größer als das eines Schimpansen. An diesem Punkt der Analyse war ich mehr denn je davon überzeugt, daß Lucy einer anderen Art angehörte als die Besitzer der großen Kiefer von Hadar, einschließlich einiger Kieferknochen von der Fundstelle der ersten Familie. Andererseits gab es unter den Fossilien der ersten Familie auch Kiefer, die kleiner waren und größere Ähnlichkeit mit Lucys Knochen aufwiesen.

»Wie wollen Sie *das* Problem in Ihre Zwei-Arten-Theorie einbauen?« meinte Tim spöttisch. Es war drei Uhr nachts. Seit dem Morgen zuvor hatten wir gearbeitet und diskutiert. »Oder sind in Ihrer Familie zwei Arten vertreten?«

»Seien Sie nicht albern.«

»Es ist der logische Schluß aus *Ihrem* Argument, nicht aus meinem.«

»Bitte, welche Erklärung haben *Sie*?«

»Ich habe es schon gesagt. Geschlechtsdimorphismus in Verbindung mit Allometrie.«

Tim hatte diese, seine Michigan-Herkunft verratenden Argumente von Anfang an vorgebracht, um Lucys Anomalien erklären zu können. Unter Geschlechtsdimorphismus versteht man die allgemeinen morphologischen Unterschiede zwischen den beiden Geschlechtern einer Art. Dazu können Abweichungen in der Größe der Eckzähne gehören, Gehirnschädelvolumen, Beckenmaße, Länge der Extremitätenknochen und eine Vielzahl anderer Merkmale. Ein typisches Beispiel ist die Körpergröße. Das Männchen von Arten mit ausgeprägtem Geschlechtsdimorphismus wie etwa der Gorilla ist manchmal doppelt so groß wie das Weibchen. Die Geschlechter von Arten mit weniger deutlichem Geschlechtsdimorphismus, zu denen auch wir gehören, sind sich in ihren Proportionen ähnlicher.

Die Allometrie beschreibt ein verwandtes Phänomen. Grundsätzlich ist darunter zu verstehen, daß Unterschiede in der anatomischen *Größe* auch zu vorhersagbaren Unterschieden in der *Form* führen. Man »erhält« keinen männlichen Gorilla, indem man einfach die anatomischen Dimensionen eines weiblichen Gorillas erweitert. Die Eckzähne des Männchens sind nicht einfach größer als die des Weibchens, sondern auch *proportional* größer und von anderer Form. Entsprechend ist das Weibchen auch nicht einfach ein geschrumpftes Abbild des Männchens. Mit diesem Argument wollte Tim Lucys merkwürdig geformten Kiefer erklären. Ihre Vorderzähne waren nicht einfach kleiner als die der männlichen Gegenstücke – sie waren auch proportional kleiner. Da sich ihr Kiefer keinen breiteren Vorderzähnen anzupassen hatte, konnte er sich nach vorne hin zu jener unverkennbaren V-Form zuspitzen.

Allometrie hin oder her, ich konnte Tims Argument einfach nicht akzeptieren. Lucys Kiefer war zu verschieden von den anderen. Das führte mich immer wieder zu den anderen Unterschieden zurück – ihrer kleinen Statur zum Beispiel –, obwohl ich Tim insofern recht gab, als Lucys Größe in einer geschlechtsdimorphen Art durchaus mit der der anderen in Einklang zu bringen war. Und dann mußte ich noch ständig an die geringe Gehirngröße und auch daran denken, wie nahtlos einer meiner größeren Hadar-Kiefer mit Richards Schädel 1470 zusammenpassen würde, der einen erheblich höheren Entwicklungsstand repräsentierte als Lucys Schädel. Damit würde das ganze Puzzle der menschlichen Evolution plötzlich einen Sinn bekommen. Ein primitiver *Homo*, der vor drei Millionen Jahren aufrecht ging und dessen Gehirn sich langsam vergrößerte – wundervoll. Ich brauchte Tim nicht, damit er mir entgegenhielt, daß dieses Argument auf sehr schwachen Füßen stand. Nach den gefundenen Schädelfragmenten zu urteilen, hatten wir keinen Grund zu der Annahme, daß die größeren Hadar-Hominiden Gehirne hatten, die größer als Lucys waren. Deshalb sagte ich kein Wort von der Gehirngröße – ich *dachte* nur daran. Statt dessen redete ich von der Größe und der Form der Kiefer.

»Natürlich ist Lucys Kiefer ganz anders, wenn man ihn mit dem anderen Extrem vergleicht«, meinte Tim eines Tages zu mir. Um seine Worte zu verdeutlichen, legte er Lucys Kiefer neben den größten von der Fundstelle der ersten Familie. »Aber nun nehmen Sie mal die Leakeysche Brille für einen Augenblick ab, und sehen Sie sich *das* an.«

Tim rückte die beiden Fossilien an die Enden des großen Labortisches und ging zum Regal, in dem wir die anderen Kiefer der Sammlung aufbewahrten. Nacheinander legte er sie zwischen die beiden Extremstücke, so daß sie eine abgestufte Folge vom größten zum kleinsten Fossil bildeten. Plötzlich sah Lucy gar nicht mehr so merkwürdig aus. Der Größenunterschied war quantitativer, nicht qualitativer Art; gegen die Kiefer in der Mitte wirkte der von Lucy beispielsweise gar nicht mehr so ungewöhnlich.

»Na gut. Ich gebe zu, daß wir aufgrund der Größe nicht auf zwei Arten schließen können. Doch was ist mit der Kieferform? Sie sagen Allometrie. Wenn Sie das beweisen können, haben Sie gewonnen.«

»Sie sind dran.«

Wir brauchten viel Zeit und viel Geduld dafür. Doch als wir alle Kiefer der Sammlung maßstabsgerecht auf Lucys Größe gebracht hatten, waren die Formunterschiede fast verschwunden. Der letzte Aspekt, der gegen Tims Behauptung sprach, daß es sich um eine Art handle, war damit hinfällig geworden. Die Analyse hatte den ganzen Sommer in Anspruch genommen und beruhte auf sehr viel komplizierteren Überlegungen, als ich sie hier beschrieben habe. Doch am Ende mußte ich zugeben, daß alle Fossilien von Hadar und Laetoli einer einzigen Art angehörten. Das nächste Problem bestand darin, herauszufinden, um was für eine Art es sich handelte.

Tim reiste Ende des Sommers ab, und ich widmete mich wieder stärker den alltäglichen Aufgaben des Museums. Nachdem ich mich dazu durchgerungen hatte, Tims Hypothese zu akzeptieren,

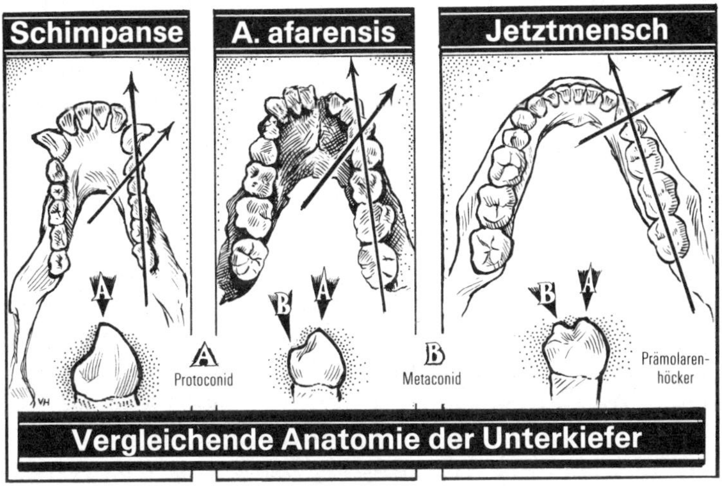

Die primitiven Merkmale der Kiefer und Zähne führten Johanson und White zu dem Schluß, daß A. afarensis der Vorfahr aller späteren Hominiden ist. Diese Darstellung zeigt, daß die Prämolaren von afarensis nicht mehr die scharfen Kanten der Prämolaren des Schimpansen haben, sich aber auch noch nicht zu der zwei-höckerigen Form der späteren Hominiden entwickelt haben. Ihre Krone steht auch wie beim Schimpansen in einem schärferen Winkel zur Zahnreihe.

erkannte ich allmählich, wie gut sie alle die Aspekte erklärte, die mir so widersprüchlich erschienen waren. Da waren vor allem die primitiven Merkmale der Fundstücke aus der Hadar- wie der Laetoli-Sammlung und dazu die unzweifelhaft *Homo*-artigen Züge. Ich war immer von dem Vorverständnis ausgegangen, daß *Homo* mit höher entwickelt gleichzusetzen sei. Tims Argumentation zwang mich zum Umdenken. Es galt, das Erscheinungsbild des *Homo* als die primitive Entwicklungsstufe anzusehen und das Merkmalsmuster der Australopithecinen als die *später* entstandene Form. Durch die Ausgangsposition der Zwei-Arten-Theorie hatte ich mich dazu bringen lassen, klare Trennungslinien zu ziehen, wo gar keine hingehörten: *Homo* und *Australopithecus*, grazil und robust, höher entwickelt und primitiv. Erst als ich mich dazu aufgerafft hatte, den sicheren Boden dieser Unterscheidungen zu verlassen, vermochte ich zu erkennen, was uns *tatsächlich* vorlag: eine einzige, sehr alte, sehr primitive Hominidenart, die älter war als *Homo und Australopithecus*.

Diese Schlußfolgerung hatte verblüffende Konsequenzen, denn damit waren wir auf den gemeinsamen Vorfahren aller bekannten Hominiden gestoßen.

Im November schrieb ich Mary Leakey und teilte ihr mit, ich sei im Gegensatz zu dem, was ich bereits veröffentlicht hätte, nun fast sicher, daß die Hadar-Funde und die Laetoli-Stücke zu einer einzigen Art gehörten (»Johanson's been *white*washed!« soll sie spöttisch zu einem Kollegen gesagt haben – also Johanson ist übertüncht und *white*-gewaschen, in Anspielung auf den Namen von Tim White). Obwohl Tim und ich die interpretierende Analyse der Fossilien vorgenommen hatten, waren wir der Meinung, daß Mary als Entdeckerin der Laetoli-Hominiden auch Ko-Autorin eines späteren Artikels sein müsse. (Nach den offiziellen Vereinbarungen der Afar Research Expedition hatte der Leiter des französischen Teams im Afar-Gebiet, Yves Coppens, das Anrecht auf eine Mitautorenschaft.) In meinem Brief an Mary erläuterte ich, daß wir daran dächten, eine neue *Homo*-Art vorzuschlagen, die noch primitiver sei als der *Homo habilis*. Sie erwiderte, es sei zu früh, um einen Artnamen vorzuschlagen. Wir täten besser daran, zu warten, bis wir aussagekräftiges Schädelmaterial hätten. Doch das hätte uns auf unbestimmte Zeit zur Untätigkeit verurteilt. Ich vermutete, daß Coppens beabsichtigte, anhand der Hadar-Fundstücke den Namen einer eigenen neuen Art vorzuschlagen. Ich war davon überzeugt, daß Tim und ich die Bedeutung dieser Knochen besser kannten als Yves, Mary oder irgend jemand anders, nachdem wir den Sommer über Tag und Nacht mit ihnen verbracht hatten. Wir konnten nicht darauf warten, daß neue Schädel aus dem Erdboden wuchsen. Wir hatten genügend, um unsere Hypothese vorzutragen.

Anfang Dezember kehrte Tim zu einer, wie wir hofften, abschließenden Arbeitssitzung nach Cleveland zurück. Wir waren uns völlig darüber im klaren, daß jeder Name, mit dem wir die Art belegen würden, einen Sturm der Aufregung auslösen würde. Eine neue Art vorzuschlagen bedeutet viel mehr, als nur ein Etikett auf einige Knochen zu kleben, so daß jeder weiß, wie sie heißen. Die Bildung eines Taxons ist die offizielle Anerkennung, daß dieses Lebewesen *existiert* hat – unverwechselbar, lebensfähig, sich nur mit Artgenossen fortpflanzend, eine eigene evolutionäre Vergangenheit und Zukunft verkörpernd. Ein Artname legt die Beziehung zu allen vorher bekannten Arten im Stammbaum fest. Wenn die neuen Beweise sich nicht haargenau mit Vorhersagen decken, die aufgrund der bekannten Anhaltspunkte getroffen werden konnten, müssen bestimmte Veränderungen in dem Stammbaum vorgenommen werden, die sicherlich einige Leute verärgern. Wir waren jung und hatten noch keine wissenschaftlichen Erfolge vorzuweisen, die uns einen gewissen Vertrauensvorsprung verschafft hätten. Im Gegenteil, wenn ich jetzt die Auffassung vertrat, es handle sich bei den Fundstücken von Hadar nur um eine einzige Art, dann gab ich damit zu, daß ich bereits einen schwerwiegenden Fehler gemacht hatte. Tim war im Begriff, sich einen Ruf als Morphologe zu erwerben, aber mit seiner kompromißlosen Art machte er sich dabei nicht viele Freunde. Warum sollte uns irgend jemand glauben? Wir mußten sichergehen, daß wir kein stichhaltiges Argument übersehen hatten, das gegen unsere These sprach.

Zunächst ordneten wir die neue, noch immer unbenannte Art in einen zeitlichen Zusammenhang ein. Das Alter der meisten ostafrikanischen Hominiden war dank der Kalium-Argon-Methode recht genau bekannt. Zur Datierung von Leakeys Schädel 1470, dem ersten bekannten *Homo*-Zeugnis, hielten wir uns an Garniss Curtis' radiometrische Altersbestimmung von 1,8 Millionen Jahren für den in der Sequenz höher liegenden KBS-Tuff. Der extrem robuste Zinj (*Australopithecus boisei*) war in Koobi Fora und Olduvai ein Zeitgenosse des *Homo habilis* gewesen. Folglich waren diese beiden Linien unzweifelhaft getrennt. Die robusten Australopithecinen verschwanden vor etwas über einer Million Jahren aus dem fossilen Protokoll, während *habilis* sich zu *Homo erectus* und schließlich zu *Homo sapiens* weiterentwickelte. Wir zeichneten einen Baum mit zwei Ästen – die *Homo*-Linie und die Linie des robusten Australopithecinen. Letztere endete vor einer Million Jahren. Ganz nach unten stellten wir den namenlosen Hadar-Laetoli-Hominiden, der auf ein Alter von 3 bis 3,5 Millionen Jahre datiert wurde.

Damit ließ sich nur die grazile Form des *A. africanus* einordnen. Bei den südafrikanischen Australopithecinen verließen wir uns auf ein geschätztes Alter von 2,7 bis 2,1 Millionen Jahren; das ergab sich aus biostratigraphischen Untersuchungen der südafrikanischen Paläontologin Elisabeth Vrba und aus einem Vergleich afrikanischer Schweinefossilien, den Tim in Zusammenarbeit mit John Harris durchgeführt hatte. Raymond Dart hatte die Überzeugung vertreten, seine Art sei älter als *Homo* – und dieser Meinung hatten sich alle angeschlossen, die glaubten, die menschliche Linie habe sich aus einem Australopithecinen entwickelt. Doch das schien nicht mehr so ganz schlüssig zu sein. Mit *africanus* begann ganz offensichtlich das Merkmalsmuster der großen Backenzähne, der massiven Kieferknochen und anderer Eigenschaften, die zum kräftigen Kauen befähigten und später ihre stärkste Ausprägung bei den robusten Australopithecinen fanden. Angesichts der fossilen Zeugnisse war die einfachste Erklärung, daß *africanus* an den Anfang des Zweiges gehörte, der in der Folgezeit zu den robusteren Formen und schließlich zum Aussterben führte.

So gelangten wir zu einer einfachen zweizinkigen Gabel, auf der die Hadar-Laetoli-Art unmittelbar vor dem Auseinanderlaufen der beiden Äste angesiedelt war. (Vgl. die Abbildung auf Seite 150).

Nach der Rekonstruktion der Stammesgeschichte standen Tim und ich vor der schwierigen Aufgabe, einen Gattungs- und Artnamen für unseren gemeinsamen Vorfahren zu finden. Die Gattungsbezeichnung ist der wichtigere Teil im Doppelnamen für eine neue Art, da er den Neuling mit Lebewesen in Zusammenhang bringt, die eine ähnliche Anpassungsstruktur aufweisen. Zur Benennung der Gattung standen uns drei Möglichkeiten zur Verfügung: *Homo, Australopithecus* oder »etwas anderes«. Rasch schlossen wir die letzte Möglichkeit aus. Die neue Art wies wenig besondere Merkmale auf, so daß ein neuer Gattungsname die vielen Ähnlichkeiten verschleiert hätte, die die Art mit allen späteren Hominiden, aber nicht mit den Affen teilte. Eine Zeitlang optierte ich für *Homo*, wiederum aufgrund der kleinen Zähne. Doch mir wurde allmählich immer klarer, wie merkwürdig sich in der menschlichen Gattung eine Art ausnehmen mußte, die ein sehr geringes Gehirnvolumen, ein affenähnlich vorspringendes Gesicht und eine Reihe weiterer primitiver Merkmale aufwies. Damit blieb nur noch *Australopithecus*. Wir waren beide nicht sehr glücklich mit dem Namen, aber er war die unausweichliche Schlußfolgerung aus unseren Überlegungen, die »am wenigsten falsche« Wahl unter drei unbefriedigenden Möglichkeiten.

Ich wußte, daß er Mary Leakey noch viel weniger gefallen würde. Ihr hatte dieser Name nie sehr zugesagt, weil sie fand, Dart habe unklug gehandelt, als er eine Gattung nach einem jugendlichen Schädel benannte. Und was für sie sicherlich noch entscheidender war: Wenn wir den gemeinsamen Vorfahren *Australopithecus* nannten, stellten wir damit die Behauptung auf, daß die menschliche Linie jünger sei als Lucy. Im Prinzip bedeutete das den Bruch mit der These vom extremen Alter des *Homo*, die von Arthur Keith auf Marys Mann Louis und von diesem auf Richard übergegangen war. Wir hofften, daß sie sich der logischen Notwendigkeit dieser Schlußfolgerung, so wenig sie ihr auch behagen mochte, nicht verschließen würde. Als Artname schien uns *afa-*

rensis angebracht, eine Bezeichnung, mit der wir dem geographischen Gebiet des Afar-Dreiecks Rechnung trugen. Wir wollten aber auch Mary Leakeys Fundstelle in Laetoli berücksichtigen und die wichtige Beziehung zwischen ihr und Hadar unterstreichen. Nach den international anerkannten Regeln der zoologischen Nomenklatur muß bei der Benennung einer neuen Art ein Fossil als »Nominatform« (Holotypus) ausgewählt werden, das Originalexemplar, das die ganze Sammlung offiziell repräsentiert. Als Nominatform bestimmten wir LH-4, den fast vollständigen Kieferknochen aus Laetoli, der bereits veröffentlicht worden war und die typischen Merkmale der Art aufwies.

Nach zwei strapaziösen Wochen hatten Tim und ich die Hauptarbeit hinter uns. Die Ergebnisse umrissen wir in einem Brief an Mary. Sie antwortete im Januar. Erfreulicherweise war sie wie wir der Meinung, daß es vielleicht an der Zeit sei, eine neue Art zu benennen, doch wie ich erwartet hatte, verschreckte sie der Name *Australopithecus*. Wir wußten mittlerweile, daß es keine andere Möglichkeit gab, waren aber nach wie vor der Meinung, daß Mary beteiligt werden müsse. So schlug ich ihr in einem Antwortbrief folgendes vor: Statt gleich einen ausführlichen Artikel zu veröffentlichen, sei die neue Art zunächst in einer *deskriptiven* Arbeit vorzuschlagen, bei der Mary und Yves Coppens als Mitautoren in Erscheinung träten. Die *interpretative* Erörterung – die Vorstellung des neuen Stammbaumes – solle einer eigenen Publikation vorbehalten bleiben, bei der nur Tim und ich als Autoren genannt würden. Auf diese Weise komme ihr – Marys – Name nicht in Zusammenhang mit der Hypothese, daß *Australopithecus* älter sei als *Homo*.

Bald darauf mußte Mary eine Vortragsreihe in den Vereinigten Staaten antreten, und Ende Februar machte sie Zwischenstation in Berkeley, um mit Tim zusammenzutreffen.

»Sie wissen, daß mir das nicht gefällt«, sagte sie, nachdem die üblichen Höflichkeitsformeln ausgetauscht waren.

»Was gefällt Ihnen nicht?«

»Die Bezeichnung *Australopithecus*. Ich hasse das Wort.«

»Warum hassen Sie es?« fragte Tim.

»Weiß ich nicht. Ich hasse es eben.«

»Mir gefällt es auch nicht besonders, Mary, aber wir haben keine Wahl«, sagte Tim. Dann ging er noch einmal alle Gründe durch, die *Homo* und jede andere Alternative ausschlossen. Schließlich überzeugte er sie davon, daß kein anderer Weg offenstand. Sie war damit einverstanden, im deskriptiven Artikel als Ko-Autorin aufzutreten – unter der Bedingung, daß dort nicht die These vertreten werde, *Australopithecus* sei älter als *Homo*. Tim und ich beendeten den Artikel Ende des Frühjahrs, schickten Mary Kopien und reichten ihn bei der Zeitschrift des Cleveland Museums, *Kirtlandia*, ein. Vorsichtshalber schickten wir eine solche Kopie auch an Ernst Mayr von der Harvard University, eine Autorität auf dem Gebiet der evolutionären Biologie, dessen gründliche Kenntnisse ihm ein entscheidendes Urteil über die Benennung neuer Arten ermöglichen. In seinem Antwortbrief schrieb Mayr uns, daß ihm die Logik unserer Namensgebung einleuchte.

Dergestalt ermutigt, schrieben wir den interpretativen Artikel im Mai und reichten ihn bei der Zeitschrift *Science* ein. Wir wußten beide, daß das Stück Arbeit, das wir gerade abgeschlossen hatten, möglicherweise die größte Leistung war, die wir jemals auf dem Gebiet unserer Wissenschaft vollbringen würden – eine Arbeit zudem, die uns auf Kollisionskurs mit einigen der ältesten und ehrwürdigsten Auffassungen über die Evolution des Menschen brachte. Natürlich hatten wir Angst, fühlten uns aber auch in der Lage, alle Einwände zu entkräften, die man möglicherweise gegen unsere Theorie vorbringen würde. Ende Mai fuhr ich nach Stockholm. Man hatte mich eingeladen, die Hadar-Fossilien bei einem Nobel-Symposion vorzustellen – eine ideale Gelegenheit, die neue Art bekanntzugeben und der wissenschaftlichen Gemeinschaft unsere Version der Stammesgeschichte vorzuschlagen. Ich hatte nicht damit gerechnet, daß diese Veranstaltung zum Ende unserer Freundschaft mit Mary Leakey und zum Anfang einer erbitterten Rivalität mit ihrem Sohn Richard führen sollte.

Sie waren an diesem Nachmittag beide unter den Zuhörern. Ich hielt meinen Vortrag wie vorgesehen und legte unsere Argumente eines nach dem anderen dar. Es war natürlich notwendig, etwas eingehender auf die Laetoli-Fossilien einzugehen, da sie in unserer Hypothese eine wichtige Rolle spielten. Ich achtete darauf, daß Mary Leakeys Verdienst an der Entdeckung dieser Fossilien und an der Erschließung der Fundstelle von Laetoli – wo man inzwischen auch auf die uralten Fußabdrücke gestoßen war – ungeschmälert zum Ausdruck kam. Allerdings bemerkte ich nicht, daß Mary während meines Vortrags die Zornesröte ins Gesicht stieg. Sie hatte vorgehabt, das Laetoli-Material unmittelbar im Anschluß zu erörtern, und nun riß ich mir *ihre* Fossilien unter den Nagel. Später behauptete sie, man habe sie nie von der Absicht in Kenntnis gesetzt, den Kiefer LH-4 als *afarensis*-Nominatform zu benennen; sie habe sich nie an der Namensgebung beteiligen wollen und sei auch nie der Ansicht gewesen, daß sich die Fundstücke von Hadar und Laetoli auf eine einzige Art zurückführen ließen.

Ihre Reaktion traf mich völlig unvorbereitet. Mary hatte eine Kopie des *Kirtlandia*-Artikels erhalten und Tim oder mir nicht im mindesten zu erkennen gegeben, daß sie ihre Meinung hinsichtlich der Ko-Autorenschaft geändert hatte. Später warf sie uns vor, sie habe uns nie gestattet, ihren Namen an erster Stelle zu verwenden; wir hätten einfach versucht, unserer Theorie mit ihrem wissenschaftlichen Ruf mehr Gewicht zu verleihen. Auch Richard war verärgert. Er hatte entscheidenden Anteil an der Organisation des Symposions und vertrat die Auffassung, es sei nicht der geeignete Rahmen für die Benennung einer neuen Art gewesen. Er warf uns vor, den glanzvollen Klang des Namens Nobel auszunutzen, um die Aufmerksamkeit auf *afarensis* zu lenken.

Ich habe in den letzten zehn Jahren so häufig auf diese Vorwürfe reagiert, daß ich mir hier die Einzelheiten schenken kann. Richards Einwände sind töricht. Das Nobel-Symposion hieß »Current Arguments on Early Man« (Aktuelle Überlegungen zum Frühmenschen) und wies sich mit diesem Titel als geeignetes Forum aus, um den Namen für einen neuen »Frühmenschen« vorzustellen. Was nun die Erörterung von Marys Fossilien anbelangt, so ist der Verweis auf unveröffentlichte Fossilien in der Tat ein schlimmer Verstoß gegen die wissenschaftliche Etikette. Die Laetoli-Fossilien *waren* jedoch zwei Jahre zuvor von Tim vollständig veröffentlicht und beschrieben worden. Infolgedessen gehörten sie jetzt der Öffentlichkeit, und ich hatte soviel Recht wie jeder andere, mich in einem Vortrag auf sie zu beziehen. Was, wie ich glaube, Mary wirklich gestört hat, war der Umstand, daß ich die Laetoli-Fundstücke in Zusammenhang mit einer Auffassung von der menschlichen Evolution zitiert habe, die Mary nicht paßte – daß nämlich erstens der Mensch von den Australopithecinen abstamme und daß zweitens die Menschheit nicht annähernd so alt sei, wie die Leakeysche Tradition behauptete. Das zweiteilige Veröffentlichungsverfahren, das Tim und ich mit ihrer Zustimmung gewählt hatten, um ihren Namen nicht mit unseren Auffassungen in Verbindung zu bringen, hatte ihr offensichtlich nicht genügt.

Eine neue Wendung nahmen die Dinge, als Tim wie vorgesehen den Sommer in Marys Lager in Laetoli verbrachte.

»Den ganzen Sommer zog sie gegen Sie zu Felde«, erzählte Tim mir später. »Ständig fragte sie mich: ›Wie konnten Sie sich mit einem *solchen Menschen* zusammentun?‹ Ich sagte ihr, wenn sie die Sache so sehe, dann müsse sie dafür sorgen, daß ihr Name aus dem *Kirtlandia*-Artikel gestrichen werde, bevor er erscheine.«

Tatsächlich schickte mir Mary ein Telegramm dieses Inhalts nach Cleveland, und obwohl der Artikel schon fertig war, konnten wir die Auslieferung stoppen und die Titelseite noch einmal drukken lassen – ohne Marys Namen. Ein paar Monate erschien der interpretative Artikel, der die Johanson-White-Phylogenie vorstellte, als Titelgeschichte in *Science*. Damit war der *Australopithecus afarensis* in aller Munde. Rasch folgte ein Artikel auf der Titelseite der *New York Times*, und plötzlich konnte ich mich vor Bitten um Interviews und Fernsehauftritte nicht mehr retten. Es war eine aufregende Zeit. Doch inmitten all des Trubels blieb mir schmerzlich bewußt, daß ich durch die Geburt des *afarensis* in Mary Leakey eine geschätzte und hochgeachtete Freundin verloren hatte. Ich fragte mich auch besorgt, wie lange wohl die herzliche Beziehung zu Richard noch Bestand haben würde.

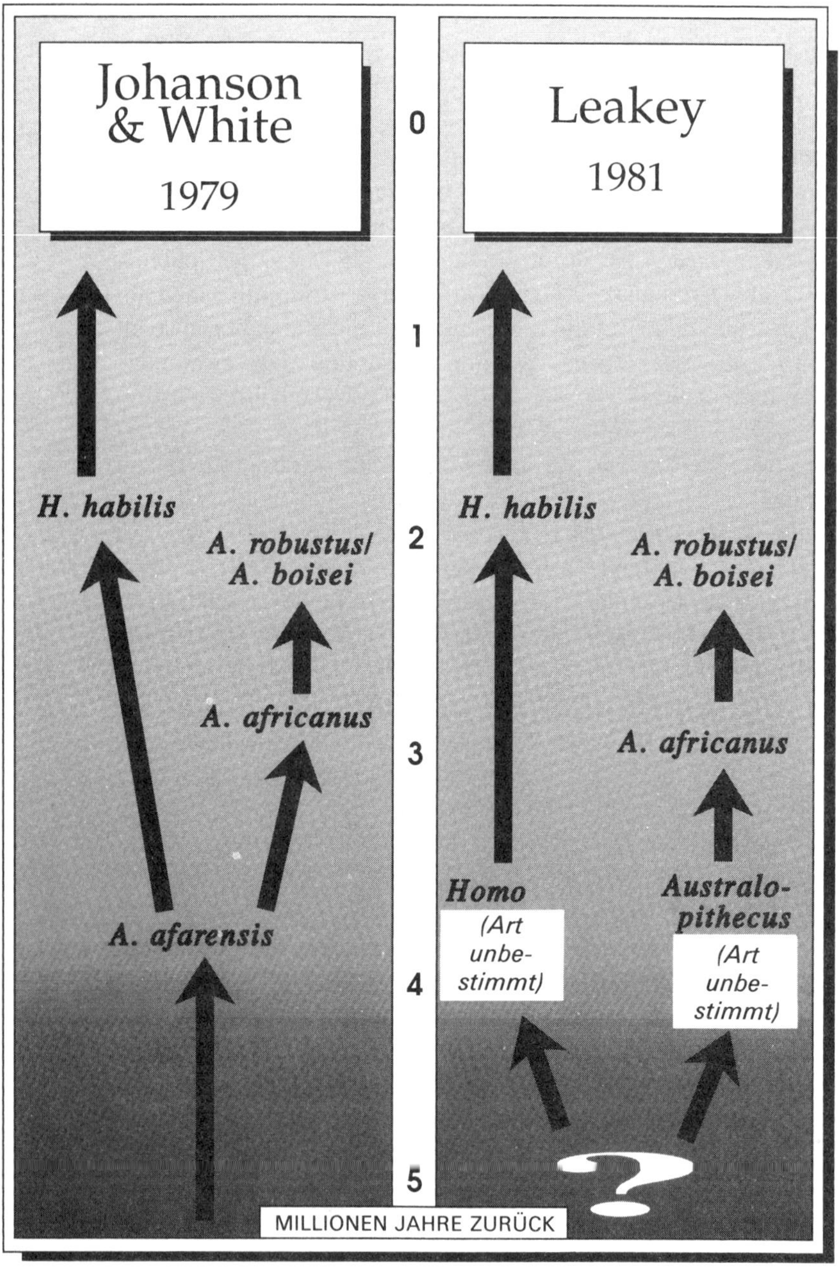
Johanson & White
1979
Leakey
1981
0
1
2
3
4
5
H. habilis
A. robustus/
A. boisei
A. africanus
A. afarensis
H. habilis
A. robustus/
A. boisei
A. africanus
Homo
(Art unbe-stimmt)
Australo-pithecus
(Art unbe-stimmt)
?
MILLIONEN JAHRE ZURÜCK

Am Rande des Ngorongoro-Kraters steht eine Schutzhütte mit einem herrlichen Blick auf den Kraterboden in knapp siebenhundert Meter Tiefe. Das Olduvai-Camp lag nur noch eine Autostunde entfernt auf der anderen Seite am Fuße des erloschenen Vulkans. Doch wir beschlossen, eine kurze Teepause in der Hütte zu machen, bevor wir den letzten Teil der Reise zurücklegten. Die Hütte besaß einen Kühlschrank und war damit der der Grabungsstelle nächstgelegene Ort, an dem wir das mitgebrachte Schlangenserum kühl lagern konnten. In der Olduvai-Schlucht gibt es kaum Giftschlangen, doch in Laetoli ist das Gras voller Puffottern. Die Giftzähne dieser dickleibigen Schlangen sondern ein gefährliches Gift ab, das besonders unangenehm ist, weil es sehr schnell wirkt. Unbehandelt kann eine gebissene Gliedmaße innerhalb von Minuten schwarz werden und zur doppelten Größe anschwellen. Nach ein paar Stunden setzen innere Blutungen ein, und man kann wenig tun, um das Opfer zu retten. Ich begann auszurechnen, wie lange es wohl dauern würde, um ein gebissenes Teammitglied von Laetoli auf der anderen Seite der Schlucht zur Schutzhütte schaffen zu lassen. Das brachte mich zu der Erkenntnis, daß man manche Rechnungen besser nicht beendet.

Von der Hütte aus folgte die Straße noch ein paar Kilometer dem Kraterrand, bevor sie langsam zur Serengeti-Ebene hinunterführte. Der ständige Nebel auf dem Ngorongoro sorgt für einen grünen Bewuchs des Berges, und zu beiden Seiten der engen Straße zwängen sich kleine Felder in Rinnen und Schluchten. Kinder winkten und riefen uns zu. Gelegentlich starrte ein Massaikrieger, Gesicht und Haare dick mit Ocker eingeschmiert, bewe-

---

Der menschliche Stammbaum, wie er von Johanson und White 1979 vorgeschlagen wurde, im Vergleich mit einer anderen Interpretation, die Richard Leakey 1981 präsentiert hat. Nach Auffassung von Johanson und White ist A. afarensis der Vorfahr aller späteren Hominiden, einschließlich des Homo. Leakey dagegen behauptete, sie hätten fälschlicherweise zwei verschiedene Arten unter dem Namen afarensis zusammengefaßt; der richtige Vorfahr des Menschen warte noch auf seine Entdeckung. Man vergleiche diese Bäume mit denen auf S. 171. (Entwurf von Van Howell und Douglas Beckner, Illustration von Douglas Beckner.)

gungslos auf unser schwarz und sandfarben lackiertes Gefährt. Bald senkte sich die Straße auf die Hänge des Lemagrut, eines anderen erloschenen Vulkans, dessen Ausbrüche einst einige der berühmten Ablagerungsschichten von Olduvai anlegten. Alle Spuren von Grün verschwanden. Als wir einen Kamm überquerten, tauchte die Schlucht verschwimmend in der Ferne auf – eine dunkle Falte am Rande der staubig-trockenen Ebene. Wir hatten den größten Teil der Fahrt über geredet, doch nun schwiegen wir alle vier. So nahe an dem Ort, der mit dem Leakeyschen Namen untrennbar verbunden ist, dachte ich etwas wehmütig zurück an die Besuche bei Mary mit den langen, freundschaftlichen Gesprächen und an die Nachmittage, die ich in Richards Segelboot auf dem Indischen Ozean verbracht hatte. Wie merkwürdig, dachte ich, daß ich jetzt in der Olduvai-Schlucht nur willkommen war, weil Mary fortgezogen war, wobei sie zu allem Überfluß auch noch die Möbel mitgenommen hatte.

Tim und ich hatten eigentlich gehofft, daß die Leakeys und ihre Kollegen trotz der Irritationen, die der Name *afarensis* bei ihnen ausgelöst hatte, auf unsere Theorie in irgendeiner Weise wissenschaftlich reagieren würden – vielleicht mit einer Gegenthese, die wir hätten widerlegen oder auch integrieren können, so daß eine verbesserte Synthese entstanden wäre. Unsere neue Stammesgeschichte war wie alle Stammbäume nicht die unumstößliche Wahrheit, sondern ein Werkzeug der Interpretation – ein hypothetisches Konstrukt, das dem Denken neue Wege eröffnen sollte. Eine solche Theorie kann sich nur beweisen und weiterentwikkeln, wenn sie durch konkurrierende Ideen wieder und wieder überprüft wird. Besonders interessierte mich, was Richard dazu zu sagen hatte. Ein paar Wochen nach unserer Ankündigung im Januar 1979 kam er zu einer Vortragsreihe in die Vereinigten Staaten. Ich traf ihn auf einem Symposion in Pittsburgh.

»Ich glaube, Don hat mit seiner ersten Vermutung über die Hadar-Fossilien recht gehabt«, meinte Richard auf dem Symposion in Anspielung auf den 1976 mit Taieb veröffentlichten Artikel. Richard meinte, es gabe in Hadar zumindest zwei Arten, eine von ihnen »ein primitiver *Homo*«. Nun waren seine Argumente aber genau diejenigen, die ich einst Tim entgegengehalten hatte. So war ich bestens gerüstet, sie zu entkräften, und bot ihm sogar an, die Fossilien noch einmal mit ihm Stück für Stück durchzugehen, doch er lehnte ab.

Erst ein Jahr später nahmen Richard und Mary in Artikeln zu *afarensis* Stellung. Tim und ich waren verblüfft. Wieder hatten wir auf konkrete Argumente gehofft, mit denen wir uns hätten auseinandersetzen können. Statt dessen griffen uns Mary Leakey und zwei Kollegen in *Science* nur aus formalen Gründen der Nomenklatur an und erhoben eine Reihe sehr fadenscheiniger Einwände gegen die Wahl des Namens, der Nominatform und so fort. Viele ihrer Einwände richteten sich gegen den Umstand, daß der Reporter einer englischen Publikumszeitschrift auf dem Nobel-Symposion anwesend gewesen war und eine Geschichte über *afarensis* gebracht hatte, bevor der Name offiziell in einer wissenschaftlichen Zeitschrift vorgeschlagen worden war. Strenggenommen war damit der Artikel in der Publikumszeitschrift die offizielle Bekanntgabe der neuen Art, und da dem Reporter einige Nomenklaturregeln nicht bekannt waren, sei, so die Argumentation von Mary und ihren Kollegen, die Bezeichnung *afarensis* suspekt! Richard Leakeys Artikel, in Zusammenarbeit mit Alan Walker verfaßt, erschien in der gleichen Nummer und war fast genauso unergiebig. Er bestritt die Berechtigung von *afarensis* mit einer Reihe konfus verknüpfter phylogenetischer Argumente, ohne im mindesten auf die Morphologie der Fundstücke einzugehen.

Drei Jahre lang war das alles, was wir von den Leakeys hörten. In seinen öffentlichen Vorträgen ließ Richard nur ein paar Bemerkungen zu *afarensis* fallen, in denen er, stets ohne Beweise, behauptete, Tim und ich hätten uns geirrt, und es seien mehr Fossilien nötig, bevor man eine klare Aussage machen könne. Ich hatte das Gefühl, gegen ein Phantom zu kämpfen.

»Ich hab das Gerede von den Fossilien, die angeblich noch nötig sind, so satt«, sagte Tim im Sommer 1981 zu mir, kurz nachdem ich nach Berkeley gezogen war, um dort das Institute for Human Origins aufzubauen. Er war inzwischen Professor an der University of California. »Wenn neue Fossilien beweisen, daß wir unrecht haben, *in Ordnung*. Ich hoffe, Richard findet sie. Aber jetzt soll er doch erst mal seine Karten auf den Tisch legen.«

Tim und ich saßen in einem Café gegenüber dem Campus. *Lucy*, das Buch, das ich zusammen mit Maitland Edey verfaßt hatte, war gerade erschienen, und der bekannte Fernsehjournalist Walter Cronkite hatte mich zu einem Auftritt in seiner Serie *Universe* eingeladen. Der Produzent hatte mir mitgeteilt, daß Richard ebenfalls in der Sendung auftreten würde, und mich gefragt, ob ich etwas dagegen hätte. Ich hatte überhaupt nichts dagegen, sondern war hocherfreut. Richard hatte behauptet, die »Rivalität« zwischen uns sei ein Mythos, weitgehend eine Erfindung der Presse. Ich hielt das für nicht ganz richtig und freute mich darauf, Richard im Fernsehen zu begegnen.

»Das könnte eine einmalige Chance sein«, sagte Tim. »Du mußt darauf hinweisen, daß es entscheidende Unterschiede in unserer Auffassung von der Stammesgeschichte gibt.«

Die Sendung sollte im American Museum of Natural History in New York aufgezeichnet werden. Man hatte mich aufgefordert, einige Anschauungsstücke mitzubringen. Deshalb hatte ich einen Gorillaschädel und den Abguß eines *afarensis*-Schädels dabei, den Tim und Bill Kimbel sorgfältig aus den Knochenfragmenten mehrerer Individuen rekonstruiert hatten. Außerdem hatte ich ein Diagramm vorbereitet. Auf der einen Seite war der Johanson-White-Stammbaum. Die andere Seite war leer.

Als ich im Museum eintraf, hatte ich noch eine halbe Stunde Zeit. Richard kam ungefähr fünfzehn Minuten später und begrüßte mich freundlich. Er erzählte mir, daß er ebenfalls im Begriff sei, ein neues Buch zu veröffentlichen, das Begleitbuch zu einer Fernsehserie mit dem Titel *The Making of Mankind*. Er war in Begleitung einiger Stiftungsleute, seines Verlegers und seines literarischen Agenten. Außerdem waren noch einige Paläontologen des Museums gekommen. Richard führte mich hinter eine Stellwand.

»Ich hoffe, daß sich das hier nicht zu einer Kontroverse auswächst, Don«, sagte er zu mir. »Unsere Meinungsverschiedenheiten sind wirklich nicht so gravierend. Es würde das Publikum nur verwirren, wenn wir uns hier unsere Kieferknochen um die Ohren schlagen. Die Schöpfungslehre ist eine ernste Gefahr in diesem Lande. Deshalb sollten wir Einigkeit zeigen und uns nicht streiten.«

»Ich denke nicht, daß es sich um geringfügige Meinungsverschiedenheiten handelt, aber ich weiß nicht, wie die Sendung laufen wird«, erwiderte ich. »Ich denke, das ist Cronkites Sache.«

Ein paar Minuten später kam Cronkite, und wir machten uns bekannt. Er war so etwas wie ein Kindheitsidol für mich, und es war aufregend, ihm zu begegnen. Cronkite erklärte, wie das Interview ablaufen sollte – zuerst eine Frage an mich, dann eine an Richard und so fort. Richard erklärte ihm das gleiche wie mir – daß er nicht die Absicht habe, sich hier auf eine Debatte einzulassen.

Cronkite sagte, daß dies auch keine Talkshow sei, die auf Konfrontation angelegt sei.

Wir nahmen in einer Kulisse Platz, die der paläoanthropologischen Abteilung des Museums nachgebaut war. Den Hintergrund bildete eine Schädelausstellung. Ich legte die Tabelle mit dem Stammbaum neben den Stuhl und den *afarensis*-Schädel vor mir auf den Tisch. Sobald die Kameras liefen, stellte sich heraus, daß es Cronkite durchaus um eine Debatte ging.

»Wir haben Donald Johanson und Richard Leakey im American Museum of Natural History zusammengebracht, um ihre unterschiedlichen Vorstellungen vom Ursprung der Menschheit zu erörtern«, eröffnete Cronkite die Sendung. Er lieferte einige Hintergrundinformationen über 1470, Lucy und die Johanson-White-Hypothese. Dann hatte ich das Wort. Ich legte meine Auffassung so deutlich wie möglich dar.

»Es gibt nunmehr seit fast drei Jahren eine Kontroverse zwischen Richard und mir, in der es in erster Linie um den Stammbaum der Menschheit geht«, sagte ich. Ich erklärte, daß wir unsere Stammesgeschichte im Januar 1979 vorgelegt hätten, daß aber andere, vor allem Richard, der Meinung seien, sie lasse sich nicht aus den fossilen Zeugnissen herleiten. Nun war Leakey an der Reihe.

»Das habe ich alles schon gehört«, sagte er. »Ich denke, es ist großartig. Ich bin nur nicht einverstanden... aber ich will hier nicht auf Einzelheiten eingehen. [Das habe ich auch schon mal gehört, dachte ich.] Ich will nicht entscheiden, ob Sie recht oder unrecht haben, aber ich glaube, Sie haben unrecht.« Dann lachte er, als habe er einen Scherz gemacht und wolle sich nun anderen Dingen zuwenden. Aber so leicht sollte er mir nicht davonkommen. Ich war an der Reihe.

»Ich habe eine Art Porträt eines Stammbaumes mitgebracht«, sagte ich. Mit diesen Worten griff ich hinter mich und zog mein Diagramm hervor. »Und ich habe genügend Platz gelassen, daß Sie Ihre Version aufzeichnen können.«

»Nein, ich glaube nicht, daß das geht«, erwiderte Richard in offensichtlicher Nervosität. »Ich habe keine Stifte, keine Schablonen, ich bin kein Künstler...«

»Daran habe ich gedacht«, sagte ich, zog einen Filzstift aus der Tasche und legte ihn auf den Tisch vor ihn. Richard ließ ihn dort liegen und sagte nichts. Doch als ich auf den Kern unserer Meinungsverschiedenheiten zu sprechen kam, griff er plötzlich nach dem Filzstift und bat mich, eine Ecke des Blattes zu halten.

»Aller Wahrscheinlichkeit nach würde ich folgendes tun«, sagte er und durchkreuzte meinen Stammbaum mit einem wütenden »X«. Nun verschlug es mir die Sprache. Cronkite strahlte vor Vergnügen.

»Und was würden Sie statt dessen zeichnen?« fragte ich schließlich.

»Ein Fragezeichen!« erwiderte Richard und zeichnete es in den freien Raum. Daraufhin lehnte er sich zurück und lachte.

Abermals hatte ich das Wort. Ich erklärte, man habe in Richards Familie stets geglaubt, daß die Wurzeln des Menschen viele Millionen Jahre zurückreichten und daß der *Australopithecus* nichts mit unserer Ahnenreihe zu tun habe. Dann ging ich kurz auf die Entdeckung Lucys ein und auf unsere Überzeugung, daß sie entscheidend mit unseren Ursprüngen zu tun habe. Richard hatte mehrfach Gelegenheit, etwas zu erwidern, doch jedesmal blockte er ab. Statt dessen betonte er, wieviel lieber es ihm wäre, wenn noch mehr Fossilien entdeckt würden.

»Ich wäre äußerst glücklich, wenn mir der Beweis gelänge, daß er recht hat«, sagte er, »aber es könnte genausogut sein, daß ich ihn widerlegte.« Wieder ein kleines Lachen, und die Debatte war vorüber.

Sobald die Aufzeichnung beendet war, sprang Richard auf und ging fort. Einer der Produzenten berichtete mir später, Richard habe sich beim Hinausgehen geweigert, eine Einverständniserklärung zu unterschreiben, und erklärt, er werde nicht zulassen, daß die Sendung gezeigt werde. Leakeys Anwälte riefen an und drohten mit einer Klage, falls das Band gesendet werde. Nach Darstellung des Produzenten mußte sich Cronkite selbst einschalten und sich für etwaige Mißverständnisse entschuldigen. Er machte aber auch klar, daß die Aufzeichnung Nachrichtenstatus habe und er für ihre Sendung nicht unbedingt eine Einverständniserklärung brauche. Das Gespräch wurde wie vorgesehen gesendet. Später hat Richard behauptet, er habe von der Sendung erst am Tage der Aufzeichnung erfahren, und Cronkite und ich hätten die ganze Sache gemeinsam ausgeheckt. Beide Behauptungen sind falsch.

Als ich Richard das nächste Mal begegnete, sah er durch mich hindurch. Das war vor vier Jahren. Seither haben wir kein Wort mehr gewechselt. Öffentlich verbreitet er nach wie vor, unsere »Rivalität« sei weitgehend eine Erfindung der Medien, es würden sich dahinter nur geringfügige wissenschaftliche Meinungsverschiedenheiten verbergen. Ich wünschte, es wäre so harmlos.

In den achtziger Jahren dehnte Richard seine Suche nach dem Ursprungsmenschen von Koobi Fora auf die andere Seite des Turkana-Sees aus. Die Region im Westen des Sees hat eine Fülle neuer Funde gebracht – zuletzt den verblüffenden »Schwarzen Schädel«. Zweifellos eine beneidenswerte Entdeckung, doch weder er noch irgendein Fossil, das in den letzten zehn Jahren entdeckt wurde, hat seine These über den Ursprung der menschlichen Linie in irgendeiner Hinsicht bestätigen können. Trotzdem hält Richard an der Familientradition fest und glaubt, weitere Entdeckungen würden schließlich den Beweis erbringen, daß sein Vater recht gehabt habe.

Natürlich hat er das Recht, zu glauben, was er will, und vielleicht wird er eines Tages tatsächlich den Beweis für seine These finden. Ich, für meinen Teil, bin sehr froh, daß ich kein Erbe zu verteidigen habe. Mein Vater war Frisör und starb, als ich zwei Jahre alt war. Ich kann mich kaum an ihn erinnern. Sicherlich habe ich meine eigenen Vorurteile, wenn ich ein Fossil untersuche. Doch ich bilde mir lieber ein, daß mein Glaube an ein jüngeres Entstehungsdatum der Menschheit aus den fossilen Zeugnissen erwachsen ist, über die wir verfügen. Nichts – auch nicht der Verlust von Freundschaften, die mir einst viel bedeutet haben – kann dieser Überzeugung Abbruch tun. Nichts, von neuen Beweisen abgesehen. Und ich werde nach ihnen suchen, wann immer und wo immer ich die Möglichkeit dazu bekomme.

Nicht alle Kritiker des *afarensis* verhielten sich so ausweichend wie Richard Leakey. Die achtziger Jahre hindurch wurden die Legitimität des neuen Taxons und unsere Überzeugung, daß die Fundstücke von Hadar und Laetoli nur einer einzigen Art zuzuordnen seien, wieder und wieder in Frage gestellt. Daran waren erfahrene Forscher, deren eigene Auffassungen durch unsere Hypothese in Zweifel gezogen wurden, ebenso beteiligt wie frischgebackene Doktoren, die ihre Waffen an einem vermeintlich schon halb gefallenen Gegner erproben wollten. Phillip Tobias, der Raymond Darts Lehrstuhl an der University of Witwatersrand übernommen hat, hat als einer der ersten geantwortet. Wenn eine fossile Art überhaupt »beleidigt« werden kann, dann war dies Darts *africanus* zugestoßen, dem bei unserer Umgestaltung der menschlichen Entwicklungslinie sicherlich am übelsten mitgespielt worden war. Wir hatten ihn praktisch seiner Rolle als Urvater aller bekannten Hominiden entkleidet und auf die zum Aussterben verurteilte Linie der robusten Australopithecinen abgeschoben. Tobias ging auf die veröffentlichten Beschreibungen ein und versuchte zu zeigen, daß *afarensis* im Grunde nur eine ostafrikanische Varietät des *africanus* sei. 1983 antworteten wir mit einer detaillierten Erörterung der Gesichts-, Zahn- und Schädelmerkmale, die *afarensis* als eigene, primitivere Art ausweisen. Tobias ließ sich schließlich so weit überzeugen, daß er die Art in seine eigene stammesgeschichtliche Rekonstruktion übernahm.

Die meisten anderen Kritiken richteten sich gegen den Versuch, alle Fundstücke von Hadar und Laetoli in einer einzigen Art zusammenzufassen. In allen diesen Fällen konzentrierten sich die Autoren auf eine Reihe anatomischer Details und wiesen darauf hin, wie groß die Unterschiede zwischen verschiedenen Gruppen von Hadar-Fossilien seien – zumindest in den anatomischen Einzelheiten, auf die der jeweilige Autor sein Augenmerk richtete. Yves Coppens, der bei der ersten Veröffentlichung über den *afarensis* noch mit mir und Tim als Ko-Autor gezeichnet hatte, änderte seine Meinung wieder und erklärte, er sei nun doch der Auffassung, daß es sich in Hadar um zwei Arten handle, wobei er auf einige Unterschiede in den Höckern der Prämolaren hinwies. Seine Studentinnen Christine Tardieu und Brigitte Senut hoben auf einige Unterschiede der Oberschenkel- und Oberarmknochen zwischen den großen und kleinen Hadar-Fundstücken ab. Adrienne Zihlman von der University of California in Santa Cruz meinte, der bloße Größenunterschied der Arm- und Beinknochen sei zu groß, um die Klassifizierung in eine Art zuzulassen. Inzwischen hatte Dean Falk von der Purdue University die Schädelfragmente von Hadar eingehend untersucht und erklärt, die Muster der Blutgefäße, die schwach auf der Innenseite der Fragmente zu erkennen sind, ließen sich eindeutig zwei Gruppen zuordnen – das eine Muster entspreche *Homo*, das andere ähnele dem der robusten Australopithecinen.

Am lautstärksten von allen unseren Kritikern gebärdete sich Todd Olson, ein junger Anatom an der City University von New York. Olson begründete seine Auffassung im wesentlichen mit einem Unterschied, den die Hadar-Schädel seiner Meinung nach im Bereich des Mastoids aufwiesen – des Knochenvorsprungs, den man direkt hinter dem Ohr fühlen kann. Nach Olson traten bei *einigen* der Hadarstücke die Mastoide sehr stark hervor – wie bei den robusten Australopithecinen –, während andere das flachere Erscheinungsbild von *africanus* und *Homo* zeigten. Ausgehend von seiner Interpretation der Mastoide und einer Reihe anderer Merkmale war Olson davon überzeugt, daß Lucy und einige ähnlich grazile Fossilien der Hadar-Sammlung als die ersten Angehörigen der menschlichen Linie anzusehen seien, einer Art, die er *Homo aethiopicus* nannte. Die anderen Hadar-Hominiden gehörten seiner Meinung nach in die robuste Entwicklungslinie.

Tim, Bill und ich antworteten auf jede einzelne Kritik, auch dann, wenn wir der Meinung waren, sie sei trivial und schon einmal vorgebracht worden. Der Grundtenor unserer Entgegnungen war in allen diesen Fällen der gleiche, den wir stets wählten, wenn jemand versuchte, die Unterschiede zweier Arten aufgrund einiger sorgfältig ausgewählter Merkmale zu definieren: Keine zwei Tiere weisen genau die gleiche Anatomie auf, selbst wenn sie einer einzigen Population angehören, von einer Art ganz zu schweigen. Doch bei all den Salven, die inzwischen auf wissenschaftlichen Tagungen und den Seiten wissenschaftlicher Zeitschriften gegen *afarensis* abgefeuert worden waren, hatte sich noch kein Schuß gegen den gesamten Bestand an Gesichts-, Zahn- und Kiefermerkmalen gerichtet, der uns überhaupt dazu veranlaßt hatte, die klärende Einheit der Fossilien aus Hadar und Laetoli anzunehmen. Wenn Kritiker die Beweise nicht zur Kenntnis nehmen wollen, mit denen man eine bestimmte These belegt, und sich statt dessen bemühen, *andere* Beweise zu finden, um diese These zu widerlegen, dann wächst der Eindruck, daß man eine recht gute Sache vertritt.

Insgesamt wurden die Attacken auf *afarensis* auch durch ihren Mangel an innerer Geschlossenheit geschwächt: Zwar riefen Olson und alle anderen: »Zwei Arten in Hadar!«, doch waren sie sich keineswegs darüber einig, welche der Fossilien in welche der beiden Gruppen gehörten.

Trotzdem fühlten sich im Sommer 1986 viele Skeptiker durch den bloßen Umstand, daß *afarensis* so viele Kritiken auf sich gezogen hatte, dazu veranlaßt, aus reiner Gewohnheit bei ihrer Ablehnung zu bleiben. Oder vielleicht war es doch ein tieferer Beweggrund als bloße Gewohnheit, der das ganze Gerede über Schenkelgröße und Blutgefäßmuster veranlaßte. Vielleicht war es die Tatsache, daß Tim und ich das ehrwürdige Alter des *Homo* bestritten, als wir die Gabelung der beiden Hominidenäste *nach* Lucys Zeit ansetzten. Wenn wir uns irren und es gegen Ende des Pliozäns tatsächlich zwei Arten in Hadar gegeben hat, dann reichten ihre Entwicklungslinien über drei Millionen Jahre zurück und träfen sich erst in einem noch unentdeckten gemeinsamen Vorfahren. Die unbewußte und unausgesprochene Konnotation dieser Hoffnung ist der Glaube an die ehrwürdige Einzigartigkeit der menschlichen Entwicklungslinie, die vom Rest der Schöpfung abgesetzt ist, auch wenn sie sich im Dunkel der Zeit verliert. Eine so tief verwurzelte Überzeugung gibt man nicht auf, nur weil zwei Wissenschaftler ein paar Knochen untersuchen und einem daraufhin etwas ganz anderes erzählen wollen. Schließlich geht es um Überzeugungen, die jahrhundertelang das Selbstverständnis der Menschheit bestimmt haben.

Im Jahr zuvor hatte Richard Leakeys Team in West-Turkana ein neues Fossil entdeckt, das dieser Hoffnung neue Nahrung zu geben schien. Der »Schwarze Schädel«, wie man es nannte, wurde von Richards langjährigem Kollegen Alan Walker gefunden. Alan hatte einen Abguß des Schädels auf einer Tagung vorgelegt, die ein paar Monate vor unserer Abreise in die Olduvai-Schlucht stattfand. Ich hatte die Tagung nicht besuchen können, hatte aber später Gelegenheit, einen Kollegen zu fragen.

»Walker wußte sich vor Glück nicht zu fassen«, berichtete der Kollege. »Er schleppte diesen Schädel in einer blauen Plastiktüte mit sich herum und öffnete sie für jeden, der einen Blick riskieren wollte. Diese Tüte zog die Leute an wie Speck die Mäuse.«

Alan Walker hatte allen Grund, stolz auf seinen Fund zu sein. Jahrelang hatten sich Paläoanthropologen, einschließlich meiner eigenen Person, darüber beklagt, daß es keine fossilen Zeugnisse für die menschliche Evolution in dem entscheidenden Zeitraum zwischen zwei und drei Millionen Jahren gibt, also zwischen der belegten Existenz des *Australopithecus afarensis* und dem Auftreten aller späteren Hominiden, einschließlich des *Homo*. Alans Entdeckung ließ sich zuverlässig mitten in diesem chronologischen »Schwarzen Loch« ansiedeln. Es handelt sich um ein wundervolles Exemplar, bei dem große Teile des Gehirnschädels und des Gesichts intakt sind. Nur ein vollständiger Zahn wurde gefunden; er war aus dem Oberkiefer gefallen. Die größte Überraschung am Schwarzen Schädel oder KNM-WT-17000, wie die offizielle Bezeichnung lautet, war die verblüffende Mischung aus sehr primitiven und sehr hoch entwickelten Merkmalen, die er präsentiert.

In der Taxonomie bedeutet das Wort »höher« nicht »besser« und schon gar nicht »menschlicher«. Höher entwickelte Merkmale sind einfach solche Eigenschaften, die ein höheres Maß an Spezialisierung verraten – und damit in der Evolution von einem primitiven, generalisierten Zustand fortführen. Weniger mißverständlich wäre evoluiert. Schon als Walker die Stücke des Schwarzen Schädels vom Boden aufsammelte, konnte er feststellen, daß dieses neue Fundstück in Richtung der robusten Australopithecinen, wie etwa Zinj, evoluiert war, inbesondere was die Massivität von Gesicht und Kiefer anging. Auch der einzige erhaltene Zahn, ein Prämolar, war riesig wie Zinjs Zähne.

Doch andere Aspekte des Schädels – besonders seine hinteren Teile – scheinen bemerkenswert primitiv zu sein und sind sehr verwandt mit *A. afarensis*, der *unspezialisiertesten* bekannten Hominidenart. Die Schädelbasis ist eher flach als gerundet, eindeutig ein primitives Merkmal, verwandt mit dem affenähnlich vorspringenden Gesicht. Die Größe des Gehirnschädels läßt auf ein minimales Gehirnvolumen schließen – nur 410 Kubikzentimeter –, kleiner als das irgendeines anderen bekannten erwachsenen Hominiden, ausgenommen ein Teilstück aus Hadar. Zu dem winzigen Gehirn kommt noch ein Knochenkamm, der den hinteren Teil des Schädels hinabläuft.

Offenkundig war dieses Fossil nicht der Überrest einer sehr alten *Homo*-Art und konnte von sich aus keinen Beitrag zur Debatte über die Artenzahl in Hadar leisten. Doch viele der Wissenschaftler, die keine Sympathien für *afarensis* hegten, bereiteten dem Schwarzen Schädel dennoch einen triumphalen Empfang, als sei er ein Samurai-Krieger, der ihrer Sache zum Sieg verhelfen werde. Sie vertraten die Auffassung, wenn das Gesicht des neuen Schädels nach einer weiterentwickelten Art aussehe, der Hinterkopf jedoch die primitiven Merkmale des *afarensis* trage, dann liege das unter Umständen daran, daß *afarensis* nichts als ein bloßes Phantasiegebilde sei.

Es ging um die Gültigkeit des *afarensis*-Schädels, den Tim und Bill rekonstruiert hatten – jenes Exemplars, das ich Jahre zuvor zur Fernsehaufzeichnung mitgenommen hatte. Wir hatten in Hadar nie den intakten Schädel eines einzelnen erwachsenen Individuums gefunden. Um diese Lücke zu füllen, hatten Tim und Bill in mühsamer Kleinarbeit einige Gesichts- und Hirnschädelfragmente zusammengefügt, die zu mehreren Hadar-Individuen annähernd gleicher Größe gehörten. Niemand stellte in Frage, daß die Rekonstruktion meisterhaft gelungen war, doch der Umstand, daß das Exemplar eingestandenermaßen zusammengesucht war, setzte es den Angriffen der Zwei-Arten-Vertreter, auch denen Richard Leakeys, aus. Wie wir es von ihm gewohnt waren, legte Richard seine Ansichten nicht in gedruckter Form vor, sondern ließ in öffentlichen Vorträgen, die er bald nach der Bekanntgabe des Schwarzen Schädels im Jahre 1986 hielt, anklingen, der rekonstruierte Schädel sei lediglich das zusammengewürfelte Kunstprodukt aus Teilen zweier Arten.

»Ich weiß, daß Don meiner Interpretation nicht zustimmen würde«, teilte er seinen Zuhörern bei einem Vortrag im California Institute of Technology mit, »aber die Wissenschaft ist nun einmal keine Frage von Zustimmung oder Ablehnung.«

Alan Walkers Frau Pat Shipman, ebenfalls eine Paläoanthropologin, vertrat diese Auffassung explizit in der Zeitschrift *Discover*. Sie meinte, Tim und Bill hätten möglicherweise ziemlich gewaltsam den Gehirnschädel eines frühen robusten Australopithecinen mit den Gesichtsteilen grazilerer Formen vereinigt. Dieser Fehler würde erklären, warum der robustartige Schwarze Schädel nur dem hinteren Teil des *afarensis*, nicht aber dem Vorderteil entspreche. Wenn also eine Expedition wieder nach Äthiopien reisen könne und das Glück hätte, eine Reihe neuer Schädel zu finden, so wären nach Pat Shipman die einen vorne *und* hinten robust und die anderen rundum grazil. Zwei Arten, nicht eine. Und aus der Asche des *afarensis* würde die Hoffnung auf einen uralten *Homo* wiedererstehen.

»Das alte Lied«, sagte ich zu Tim, als er mir den *Discover*-Artikel zeigte. »Nun sag mir bloß, was für merkwürdige geologische

Umstände dafür verantwortlich sein sollen, daß nur die Gesichter der angeblichen robusten Art und nur die Gehirnschädel der grazilen Art zerstört sein sollen.«

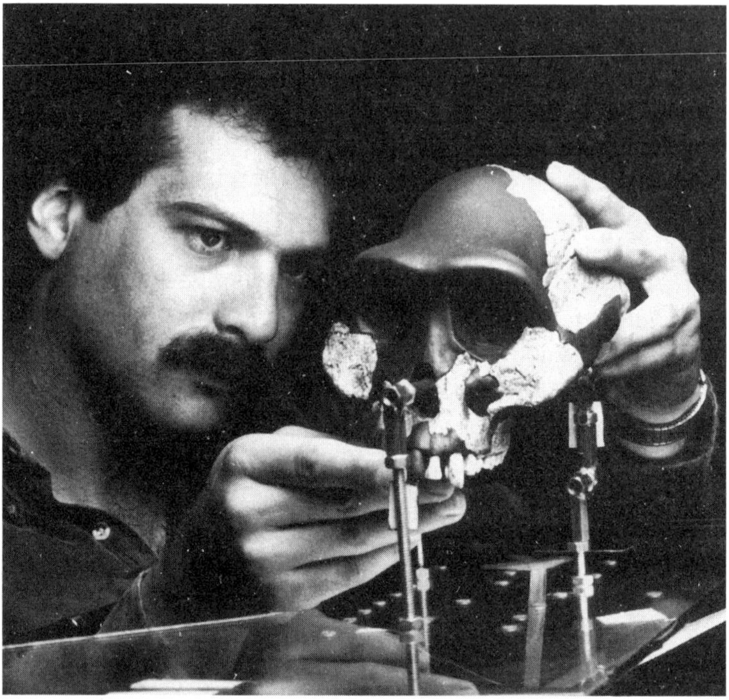

Bill Kimbel untersucht den afarensis-Schädel, den er zusammen mit Tim White rekonstruiert hat. In Hadar hat man keine vollständigen Schädel gefunden, doch die gemischte Rekonstruktion von Kimbel und White, die aus den Fragmenten von zwölf männlichen Individuen entstanden ist, gab den Wissenschaftlern unseres Faches einen besseren Anhaltspunkt zum Verständnis der afarensis-Anatomie. (David Brill)

Shipmans Argumentation hatte noch andere Schwachstellen. Sie behauptete, es gebe kein Fundstück in der Hadar-Sammlung von Schädelfragmenten, bei dem eine durchgehende Knochenverbindung zwischen Gesichts- und Gehirnschädel bestehe – ein fossiles Zeugnis, das Auskunft über die Genauigkeit unserer zusammengesetzten Rekonstruktion geben könnte. In diesem Punkt irrte sie schlicht und ergreifend. Ein Hadar-Fundstück – AL-58-22 – umfaßt sowohl Gesichts-, wie auch Gehirnschädelstücke. Dieses Fundstück läßt in keiner Hinsicht erkennen, daß es sich in Richtung der robusten Australopithecinen weiterentwickelt hat. Im Gegenteil, es ist ein vollkommenes Beispiel für die primitive, generalisierte Morphologie, die uns in erster Linie zu der Annahme veranlaßte, *afarensis* sei der Vorfahr aller späteren Hominiden. Vor allem aber haben wir unter den Hunderten von Fossilien der Hadar-Sammlung nie ein einziges anatomisches Merkmal entdeckt, das ein Fundstück eindeutig der Entwicklungslinie der robusten Australopithecinen zugewiesen hätte.

Trotz des Schwarzen Schädels haben sich heute die meisten unserer Kritiker dazu durchgerungen, den *afarensis* zu akzeptieren. Es gibt allerdings keinen Zweifel daran, daß Alan Walkers außer-

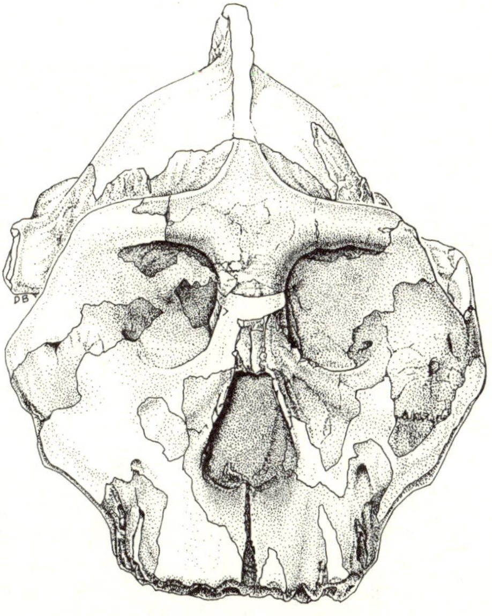

Der rätselhafte Schwarze Schädel (KNM-WT-17000), den Alan Walker 1985 in Kenia gefunden hat.

gewöhnlicher Fund zu einem Umbau der meisten Versionen des Stammbaums zwingt – eingeschlossen diejenige, die Tim und ich 1979 vorgeschlagen haben. In unserer ursprünglichen Systematik der bekannten Hominiden hatten wir die sehr spezialisierten, robusten Merkmale des ostafrikanischen *boisei* und des südafrikanischen *robustus* als Endpunkte einer Evolutionstendenz der Australopithecinen gesehen. Die Tendenz zu massiven Backenzähnen und zu den großen Kieferhöckern für den Muskelansatz war schon schwach in dem primitiven *afarensis* zu erkennen, zeigte sich deutlicher im *africanus* und fand seinen höchsten Ausprägungsgrad beim *robustus* und vor allem beim »hyperrobusten« *boisei*.

In unserem System hatten wir *boisei* der gleichen Art wie *robustus* zugeordnet, obwohl schon damals eine wachsende Zahl von Anhaltspunkten für ihre Trennung sprach. Yoel Rak, ein Paläoanthropologe an der Universität Tel Aviv, setzte sich 1983 besonders nachdrücklich für die These ein, daß *boisei* einer eigenen Art angehöre, wobei er sich auf eine eingehende Analyse von Gesichtern der Australopithecinen stützte. Der Schwarze Schädel spricht für diese Entscheidung, denn er läßt auf eine separate Entwicklungsgeschichte von *boisei* in Ostafrika schließen. Tatsächlich kamen Walker und Leakey in ihrer Untersuchung zu dem Ergebnis, das 2,5 Millionen Jahre alte Fundstück könne der Art *A. boisei* zugeschrieben werden.

Daß die Dinge so einfach lagen, glaubten wir allerdings nicht. Im Kellerlabor des Institute of Human Origins wird eine Wand vollständig von einer Tafel eingenommen. Vor unserem Aufbruch nach Olduvai hatten Bill Kimbel und ich uns angewöhnt, in jeder freien Minute nach unten zu schleichen. Gelegentlich machte auch Tim eine Pause und kam von der Universität herüber. Hätte jemand durch das Fenster in Höhe des Bürgersteigs hinabgesehen, so hätte er wieder und wieder die gleiche Szene beobachten können: Ein Mann geht zur Tafel, kritzelt etwas, tritt zurück und starrt trübsinnig auf das Ergebnis. Daraufhin tritt er oder ein anderer an die Tafel, löscht aus, was da steht, und kritzelt etwas anderes hin.

Auf der linken Tafelseite hatte Bill die drei Versionen des Hominiden-Stammbaums aufgezeichnet, die vor der Entdeckung des Schwarzen Schädels am bekanntesten gewesen waren. Alle waren sie zweigabelig und unterschieden sich im wesentlichen durch die Einordnung von *Australopithecus africanus*. In dem Baum, den Tim und ich 1979 vorgeschlagen hatten, war *afarensis* als der letzte gemeinsame Vorfahr aller nachfolgenden Hominiden abgebildet. Ein Zweig unseres Baumes führte direkt zu *Homo*, während der andere von *africanus* zu den robusten Vertretern *robustus* und *boisei* reichte. In einer zweiten Version war *africanus* in die *Homo*-Linie verlagert. Eine dritte Stammesgeschichte setzte *africanus* unter die Gabelung der Baumäste, so daß dieser und nicht *afarensis* zum letzten gemeinsamen Vorfahren wurde. Bill hatte diese Bäume sehr klein gezeichnet, und in der Tat war ihr Wert durch Alan Walkers Entdeckung erheblich geschrumpft.

Als nächstes stellten wir die unterscheidenden Merkmale des Schwarzen Schädels zusammen. Der Rest der Tafel war dem Versuch vorbehalten, etwas Sinn in die verwirrenden Probleme zu bekommen, die das neue Fossil aufwarf. Zu dieser Zeit begannen wir auch mit der Vorbereitung eines Referats für ein Symposion über die Entwicklungsgeschichte der robusten Australopithecinen, das von Fred Grine an der State University of New York in Stony Brook organisiert wurde. Wir wollten bei dieser Gelegenheit versuchen, den Schwarzen Schädel in das allgemeine Entwicklungsschema einzuordnen.

Wie alle Taxonomisten, die versuchen, Beziehungen zwischen ausgestorbenen Arten herzustellen, waren wir gezwungen, von einem entscheidenden »Als-ob« auszugehen – der Annahme, daß eine morphologische Ähnlichkeit zwischen zwei beliebigen Fossilien auf eine evolutionäre Beziehung schließen läßt. Wir wußten natürlich, daß solche Ähnlichkeiten häufig irreführen können. Nehmen wir ein anschauliches Beispiel: Sowohl Haie als auch Delphine haben Flossen, torpedoförmige Körper und zahlreiche andere Anpassungsmerkmale, die sie zum Schwimmen befähigen. Trotzdem käme niemand auf die Idee, sie für eng verwandt zu halten, denn die Delphine gehören bekanntlich zu den Säugetieren. Sie teilen lediglich einige sehr spezifische Anpassungsmerkmale mit den Haien und sind insofern ein Beispiel für *evolutionäre Konvergenz* – zwei nichtverwandte Arten entwickeln im Zuge der Evolution ähnliche Lösungen für das gleiche Umweltproblem.

Die sehr unterschiedliche Entwicklungsgeschichte von Haien und Delphinen ist nicht zu übersehen, wenn man die Organismen in ihrer Gesamtheit betrachtet. Es zeigen sich dann viele komplexe Merkmale, die wenig miteinander zu tun haben. Doch was ist, wenn die einzigen Anhaltspunkte zwei versteinerte Rückenflossen längst ausgestorbener Tiere sind? Da dürfte die Entscheidung, ob es sich um verwandte Arten handelt, nicht ganz so leicht

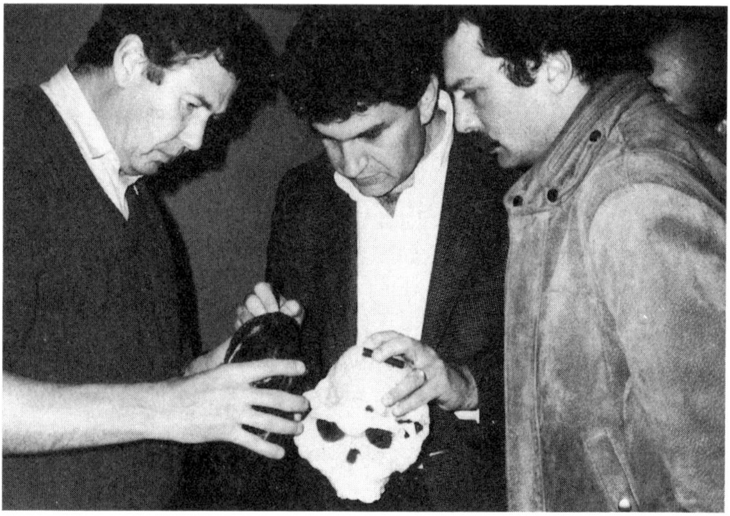

Die Paläoanthropologen Alan Walker, Yoel Rak und Bill Kimbel vergleichen einen Abguß des Schwarzen Schädels, links, mit dem eines anderen robusten Australopithecinen. (Donald Johanson)

fallen. Das gleiche gilt für ausgestorbene Hominiden. Und Konvergenz ist nicht die einzige Falle, die auf den Taxonomen lauert. Gelegentlich können sich auch vom gleichen Anhaltspunkt aus gleiche Merkmale unabhängig voneinander entwickeln – ein Vorgang, den wir *Parallelismus* nennen. So ähneln sich beispielsweise

Altwelt- und Neuweltaffen in Aussehen und Verhalten auf verblüffende Weise, und das, obwohl ihre Entwicklungsgeschichte seit mindestens vierzig Millionen Jahren auf verschiedenen Seiten eines Meeres getrennt verlaufen ist. Ihre gemeinsamen Merkmale haben sich also »parallel« entwickelt. Ein weiterer Stolperstein, den die Evolution manchmal auslegt, heißt *Umkehr*. In diesem Falle tritt ein Merkmal, das verlorengegangen ist, in der gleichen Entwicklungslinie noch einmal auf. Vielleicht hat sich eine langschwänzige Affenart zu einer kurzschwänzigen entwickelt, bildet aber Jahrtausende später, wenn der Selektionsdruck es verlangt, erneut lange Schwänze aus.

Solche taxonomischen Unwägbarkeiten wie Konvergenz, Parallelismus und Umkehr gehören zur traditionellen Trickkiste der Paläoanthropologen, aus der man sich, wenn auch mit einer gewissen Verlegenheit, nach Bedarf bedient: Wir kramen sie hervor, wenn wir eine Anomalie in einer ansonsten wasserdichten Hypothese zu erklären haben, doch in allen anderen Fällen leugnen wir ihre Existenz. In gewisser Hinsicht haben wir uns so zu verhalten, als gäbe es sie nicht, obwohl wir natürlich wissen, daß es sie doch gibt. Eine Entschuldigung findet diese vorsätzliche Selbst-Täuschung in dem wissenschaftlichen Grundsatz der Sparsamkeit: Wenn wir mehrere in Frage kommende Lösungen für ein Problem betrachten, wird diejenige, die der Wahrheit am nächsten kommt, wahrscheinlich die einfachste sein. Die »beste« Version der menschlichen Entwicklungsgeschichte wäre also der Stammbaum, der die bekannten fossilen Zeugnisse mit der geringsten Zahl an erläuternden Zusätzen zu erklären vermag.

In erster Linie verdanken wir dem Schwarzen Schädel die Erkenntnis, daß es *keine* sparsamen Versionen der menschlichen Stammesgeschichte gibt. Wir begannen die Bewertung des neuen Fundstücks mit dem Vergleich von etwa zweiunddreißig anatomischen Merkmalen des Schwarzen Schädels und anderer Arten des Australopithecus. Auf den ersten Blick konnten wir erkennen, daß der Versuch von Walker und Leakey, den Schädel als *boisei* einzuordnen, problematisch war. Zwölf Merkmale des Schwarzen Schädels traten bei *robustus* und *boisei* auf und sorgten für das

»robuste« Erscheinungsbild des Schädels, ohne indessen eine eindeutige Zuordnung zu einer der beiden Arten zu ermöglichen. Von den zweiunddreißig Merkmalen kamen nur zwei exklusiv beim Schwarzen Schädel und *boisei* vor.

Gleichzeitig waren zwölf der verbleibenden Merkmale primitiven Charakters, die die Verwandtschaft des Schwarzen Schädels mit *afarensis* belegten. Mit seinen großen Zähnen, der Sagittalleiste und anderen »robusten« Merkmalen entwickelte sich der Schwarze Schädel also in Richtung von *boisei*, besaß aber noch immer viel zu viele primitive, an *afarensis* erinnernde Eigenschaften, um *boisei* zugeordnet werden zu können. Im Grunde schien er ein guter Kandidat für ein evolutionäres Bindeglied – ein *missing link*, wenn man so will – zwischen *afarensis* und den robusten Vertretern der Gattung zu sein. Auch seine Datierung auf 2,5 Millionen Jahre ordnete sich chronologisch in die Mitte zwischen 3,0 und 2,0 Millionen ein.

Der nächste Punkt war die Frage, wie der Schwarze Schädel zu bezeichnen sei. Eine Möglichkeit war *afarensis*, doch trotz der vielen Ähnlichkeiten hätte dieses Etikett die evolutionäre Bedeutung des neuen Fundstücks verschleiert. Auf der Suche nach einem geeigneten Namen kamen wir auf einen nahezu vergessenen Unterkiefer aus dem Omo-Tal zurück, der 1967 gefunden und von Camille Arambourg und Yves Coppens auf einer primitiveren Stufe als *A. boisei* eingeordnet worden war. Sie nannten ihn *aethiopicus*. Wie der Schwarze Schädel wurde der Omo-Kiefer auf ungefähr 2,5 Millionen Jahre datiert. Nach unserer Meinung gehörte der Schwarze Schädel zur selben Art und war deshalb als *Australopithecus aethiopicus* zu bezeichnen.

Mit seiner merkwürdigen Mischung aus primitiven und evoluierten Zügen zwang uns der Schwarze Schädel, alle bislang vorgeschlagenen Phylogenien des Menschen zu überdenken. Hier werden vier mögliche Stammbäume verglichen. Version B in der oberen Reihe wird wahrscheinlich am ehesten akzeptiert, doch die meisten Wissenschaftler sind sich darüber einig, daß die heute verfügbaren Zeugnisse nicht eindeutig für einen der Stammbäume sprechen.

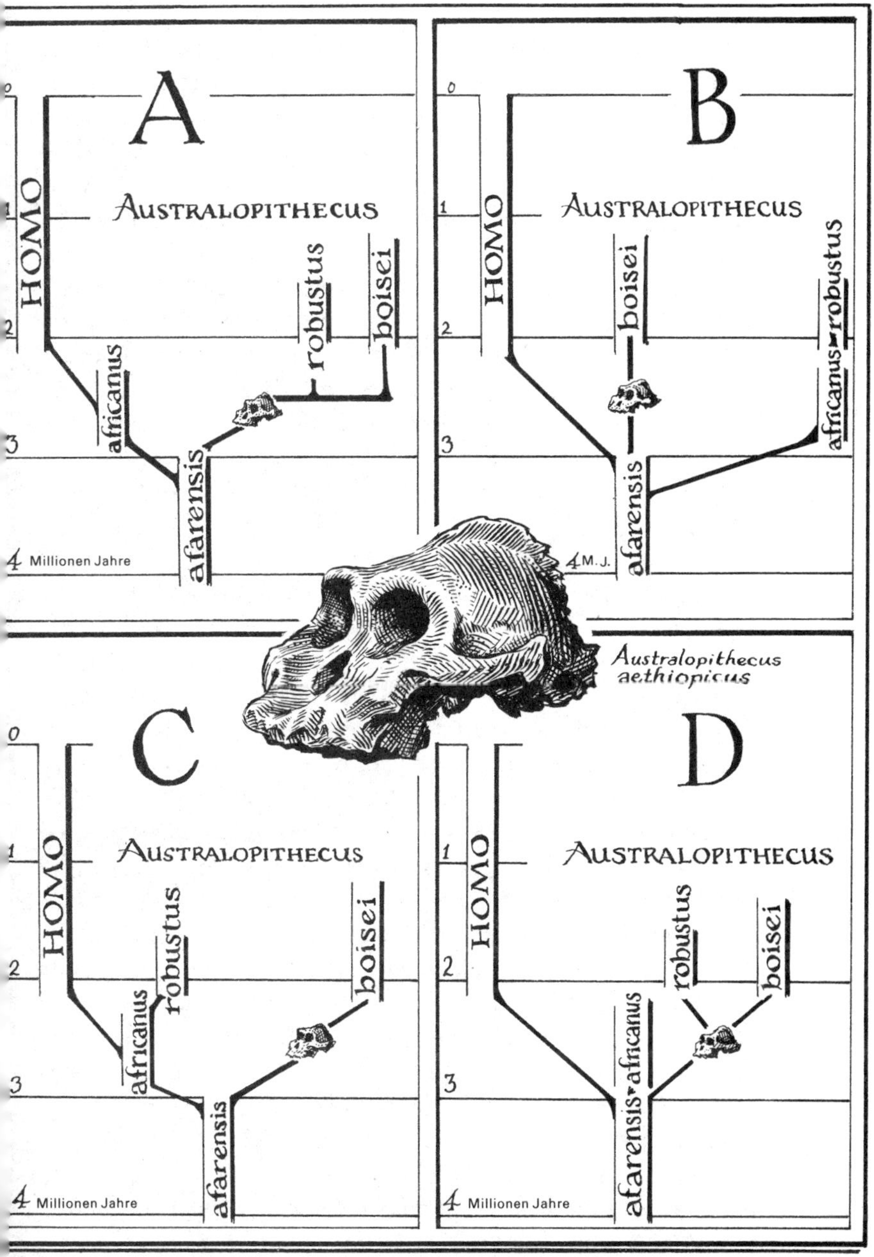

A
AUSTRALOPITHECUS
HOMO
robustus
boisei
africanus
afarensis
0
1
2
3
4 Millionen Jahre
B
AUSTRALOPITHECUS
HOMO
boisei
robustus
africanus
afarensis
0
1
2
3
4 M. J.
Australopithecus aethiopicus
C
AUSTRALOPITHECUS
HOMO
robustus
boisei
africanus
afarensis
0
1
2
3
4 Millionen Jahre
D
AUSTRALOPITHECUS
HOMO
robustus
boisei
afarensis-africanus
1
2
3
4 Millionen Jahre

Nun kam der knifflige Teil – die Revision des Stammbaums. Zunächst einmal war uns klar, daß *aethiopicus* als Vorfahr von *robustus, boisei* oder beiden angesehen werden konnte. Zum anderen hatten wir früher geglaubt, *africanus* sei der letzte gemeinsame Vorfahr der robusten Arten, doch angesichts des Schwarzen Schädels ließ sich diese Auffassung nicht mehr aufrechterhalten. Der Schwarze Schädel hatte zu viele primitive Züge gemeinsam mit *afarensis*, als daß eine Entwicklungskette *afarensis – africanus – aethiopicus* denkbar wäre – man hätte eine zu große Fülle von evolutionären Umkehrungen anzunehmen. Es wären eine Vielzahl von primitiven Zügen bei *africanus* verlorengegangen, die auf verblüffende Weise bei *aethiopicus* wiederauferstanden wären. Der Schwarze Schädel *mußte* also zwischen *afarensis* und die robusten Arten eingeordnet werden – was leider dazu führte, daß *africanus* in der Luft hing.

Nach einigem Kopfzerbrechen und beträchtlicher Kreideverschwendung hatten wir vier mögliche Stammbäume entwickelt (vgl. Abb. S. 171), die wir auf der Tagung in Stony Brook vorstellten. Ohne auf die vielen lästigen Einzelheiten einzugehen, will ich hier nur feststellen, daß alle diese Phylogenien die Parallelentwicklung bestimmter Merkmale voraussetzen. Ich plädiere für die zweite der vier Phylogenien (B). In dieser Version ist dem alten zweiästigen Stammbaum von Johanson und White direkt an der Gabelung ein dritter Ast gewachsen. *Afarensis* ist immer noch der gemeinsame Vorfahr aller anderen Hominiden, doch seine Nachkommen entwickeln sich in drei Richtungen – eine zu *Homo*, eine über *aethiopicus* zu *boisei* und eine über *africanus* zu *robustus*. Auch Tim neigt zu dieser Phylogenie. Bill dagegen zieht den ersten Stammbaum (A) vor, in dem *africanus* der direkte Vorfahr von *Homo* ist und *aethiopicus* der gemeinsame Vorfahr von *robustus* und *boisei*. Die anderen beiden Bäume dürften weniger wahrscheinlich sein, besonders derjenige, in dem *africanus* ohne Nachkommen bleibt.

Doch zu dem Zeitpunkt, da ich dieses schreibe, ist niemand so recht bereit, *irgendeinem* Stammbaum des Menschen Glauben zu schenken. Insofern mag es den Anschein haben, als habe uns der

Schwarze Schädel aus einstmals klaren Verhältnissen in Verwirrung gestürzt, aus fester Überzeugung in Zweifel. Doch das ist ein großer Irrtum. Der Schwarze Schädel liefert, was wir von den besten wissenschaftlichen Daten erwarten: nämlich unzweifelhafte Beweise oder Widerlegungen existierender Theorien, und bringt uns damit einen Schritt näher an die absolute Wahrheit. Für mich macht die Erkenntnis, daß die Wahrheit komplizierter ist, als wir uns vorgestellt haben, die Suche nach ihr um so aufregender. Vor dem Schwarzen Schädel war es leichter zu glauben, daß die urzeitliche Entwicklungslinie des Menschen sich in besonderer Weise durch ihre unverwechselbaren Merkmale unterschied und einem anderen Weg durch die Zeit folgte als selbst die engsten Verwandten der Menschheit. Das ist nicht mehr möglich. Genau jene Züge, in denen wir die Besonderheit des Menschen zu erblicken meinten, könnten sich tatsächlich in ganz eigenständigen Entwicklungslinien herausgebildet haben. In ihnen sind unter Umständen Vettern entstanden, die größere Ähnlichkeit mit unseren eigenen Vorfahren hatten, als wir je geglaubt hätten.

Einige meiner Kollegen – allen voran Richard Leakey und Alan Walker – meinen, daß wir unsere Zeit nicht damit verschwenden sollten, ständig neue Stammbäume vorzuschlagen, solange wir nicht mehr Fossilien gefunden haben. Ich bin da anderer Meinung. Gewiß, als Wissenschaftler haben wir in erster Linie die Aufgabe, aus dem vorhandenen Material ein Höchstmaß an Information zu gewinnen. Doch wir müssen auch bereit sein, den nächsten Schritt zu tun und auf der Grundlage dieser Information Theorien zu entwickeln, die sich anhand der nächsten Entdeckung überprüfen lassen. Genau dies verlangt die wissenschaftliche Methode. So ärgerlich das auch sein mag, die im Dunkel längst vergangener Zeiten verborgenen Wahrheiten über unsere Ursprünge werden wahrscheinlich erst enthüllt, wenn wir schon begraben sind. Doch das wird mich nicht daran hindern, immer neue Hypothesen vorzuschlagen und zu überprüfen, immer neue Möglichkeiten zu erkunden. Es ist nicht so wichtig, ob wir recht haben. Wichtig ist vielmehr, daß wir vorankommen. Und wir können nicht vorankommen, wenn wir Angst haben, uns zu irren.

Im Sommer 1986 war mir in erster Linie daran gelegen, noch mehr Fossilien zu finden. Wir kamen gegen vier Uhr nachmittags ins Olduvai-Camp und scheuchten mit unserem Wagen ein Giraffentrio auf, das sich unmittelbar vor dem Lagertor bei einer Akaziengruppe aufhielt. Sie flohen mit jener unvergleichlichen Anmut, zu der nur Giraffen fähig sind, und wir fuhren ins Lager hinein. Ein Teil der Lagerbesatzung war im Hof mit dem Auspacken von Kochgeschirr beschäftigt. Rauch stieg aus der Küchenhütte auf, und zumindest zwei Windmühlen drehten sich stetig in der Brise über der Schlucht. Gerry Eck begrüßte uns mit einigermaßen angenehmen Neuigkeiten – Mary hatte zwar den Eisenherd mitgenommen, doch dem Koch Stanley war es gelungen, aus einer Eisentrommel einen Behelfsherd zusammenzubasteln, der mit Holz zu beheizen war. Inzwischen hatte Gerry sich um die einzige noch funktionsfähige Windmühle gekümmert und sie dazu gebracht, etwas Strom zu liefern. Wir erfuhren von ihm, daß die übrigen Expeditionsmitglieder im Hauptteil der Schlucht an der Arbeit seien und ein Gebiet in der Nähe von FLK absuchten. Gen und Berhane sind von ihrem Temperament her etwas ruhiger als ich, doch jetzt zappelten sie herum wie zwei Kinder, die man mitten im Disneyland laufen läßt. Ich wußte, daß Tim die Zeitverschiebung zu schaffen machte, doch er erklärte sich trotzdem bereit, sie zu den anderen zu führen.

Ich mochte mich ihnen noch nicht gleich anschließen. Nachdem ich mein Gepäck in der Hütte untergebracht hatte, die einst Mary Leakey bewohnt hatte, überquerte ich den Hof, sprang über den Zaun und ging in die Richtung, in die die Giraffen geflüchtet waren – auf die staubige Ebene hinaus, die sich bis Seronera erstreckt. Nachdem wir nun endlich das Lager erreicht hatten, ergriff erneut ein Gefühl des Unbehagens von mir Besitz. Was wollten wir hier eigentlich? Was konnten wir in sechs kurzen Wochen zu erreichen hoffen? Es gab genügend Leute, die, aus welchen Gründen auch immer, überglücklich sein würden, wenn wir überhaupt nichts erreichten. Vielleicht hatten sie recht. Vielleicht war Olduvai wirklich der falsche Ort. Vielleicht sollte man die Schlucht schließen und zu einem nationalen tansanischen

Denkmal erklären, wie es Mary wahrscheinlich am liebsten wäre. Mit welchem Recht glaubte ich so fest daran, daß in der Schlucht noch etwas zu holen sei?

Vielleicht wußten die Giraffen die Antwort. Knapp hundert Meter weiter sah ich sie über den Dornbäumen äsen – »langstämmige, gefleckte Riesenblumen« nennt Isak Dinesen sie. Während sie von Baum zu Baum zogen, fuhren ihre langen, sich nach oben verjüngenden Hälse mit ruckartigen Bewegungen durch die Luft. Sie schienen den Kümmernissen, die mich bewegten, so entrückt zu sein, daß ich sie plötzlich heftig beneidete, als sei es ein angenehmeres Schicksal, sich mit den Löwen der Serengeti auseinanderzusetzen als mit den Zwängen und Ängsten, die sich der Mensch durch seine ehrgeizigen Ansprüche selber schafft. Ich wandte mich um und blickte zurück auf die Lagergebäude und den Zaun, der sie umgab, bewehrt mit Dornenzweigen, um Löwen und andere ungebetene Gäste vom Lager fernzuhalten. Die Olduvai-Schlucht war jetzt mein Arbeitsplatz, wenn auch unter Umständen, die wir nicht vorhersehen konnten. Wir würden abwarten müssen, was dabei herauskam.

Teil III
Wer ist Hominide?

5. Kapitel
Hominidenfieber

> Doch wer kennt das Schicksal dieser Knochen, und wer weiß, wie oft sie noch begraben werden?
>
> *Sir Thomas Browne*

Vor dem Hauptgebäude des Olduvai-Lagers steht ein Dornbaum und berührt mit seiner schirmartigen Krone fast den Boden. Vor vielen Jahren hat Mary Leakey unter diesem Baum eine Vogeltränke aus Stein erbauen lassen. Am Nachmittag des 21. Juli saß ich am Tisch der Gemeinschaftsveranda und beobachtete eine Schar von Webervögeln, die sich in der Tränke vergnügten. Die Akazie schien voller gelber, zwitschernder Früchte zu sein. Ständig verließ einer der Vögel den Ast, auf dem er saß, und schloß sich der Schar an, die bereits im Wasser plätscherte. Das konnte nur gelingen, wenn er dabei einen anderen Vogel aus der Tränke drängte, der dann wieder in den Baum hinaufflog. Die Webervögel waren das einzige, was sich in meinem Blickfeld bewegte. Ansonsten war die Welt in die dunstige Mittagsstille gehüllt. Am Rande der Lagerstraße – einer Parallelspur niedergedrückten Grases – dösten drei Ziegen im Schatten einer kleineren Akazie. Die Straße führte durch ein Lagertor, verschwand in einem Dikkicht von Dornbüschen und führte, den Blicken entzogen, in die Schlucht hinab. Auf der anderen Seite erhob sich die Serengeti zu den kahlen Hängen des erloschenen Vulkans Lemagrut. Es war die Jahreszeit, in der die einheimischen Massai-Hirten die Steppe abbrennen, weil dann das Gras besser nachwächst, und der Gipfel des Vulkans stets in eine Wolke aus Rauch und Staub gehüllt ist.

Wir waren jetzt seit drei Tagen in der Schlucht und hatten uns in dieser Zeit mit der Gegend vertraut gemacht, mit der Arbeit, die vor uns lag, und miteinander. Wir waren vierzehn im Lager – sechs Wissenschaftler (davon zwei in Begleitung ihrer Frauen), vier Doktoranden und zwei Besucher. Expeditionen bringen höchst verschiedene Leute zusammen. Irgendwo in der Wildnis werden ein paar Menschen zusammengewürfelt, die vielleicht wenig gemeinsam haben, und sie müssen zusehen, daß sie möglichst gut miteinander auskommen. Das klappt nicht immer – besonders wenn in der Gruppe zu viele altgediente Wissenschaftler mit sehr festgelegten Meinungen und ausgeprägtem Selbstbewußtsein vertreten sind. Mir war sehr wohl bewußt, daß Lew Binford mit seinem streitbaren Buch *Bones: Ancient Men and Modern Myths* kaum den Beifall von George Frison gefunden haben konnte, denn er führt dort eine scharfe Attacke gegen dessen einflußreiche Darstellung des Verhaltens früher Bewohner der neuen Welt, die

Mitglieder der Olduvai Research Expedition des Jahres 1986. Oben: Paul Manega, Bob Walter. Mitte: Tim White, Donald Johanson, Prosper Ndessokia. Unten: Berhane Asfaw, Gen Suwa. (Donald Johanson)

Frison auf bedeutende Ausgrabungen in Wyoming stützt. Und jetzt teilten sich die beiden namhaften Archäologen eine Behelfsdusche und eine Latrine.

Wie sich herausstellte, brauchte ich mir in diesem Punkt keinerlei Sorgen zu machen.

»Ich habe da ein paar Behauptungen aufgestellt, die nicht ganz richtig waren, und Lew hat sie zurechtgerückt«, meinte Frison, als sich einmal eine Gelegenheit ergab, mit ihm zu reden. »Deshalb trage ich ihm doch nichts nach. Wer überempfindlich ist, hat in diesem Beruf nichts verloren.«

Ich wünschte, wir hätten in der Wissenschaft mehr Leute mit dieser Einstellung – doch George Frison hat keine typische akademische Laufbahn hinter sich. Er war zunächst Viehzüchter und hat sich erst mit siebenunddreißig Jahren an der University of Wyoming eingeschrieben. Sein Grundstudium absolvierte George in zwei Jahren. Drei Jahre später promovierte er am anthropologischen Fachbereich dieser Universität. Schon im folgenden Jahr, mit dreiundvierzig Jahren, war er Leiter des Fachbereichs. Er und seine Frau June sind offen und freundlich; sie machen nicht viel Aufhebens und wenig Worte. Ich mochte sie auf Anhieb.

Lew Binford gefiel mir ebenfalls, und seine Frau Nancy Stone war einfach reizend. Nur als wortkarg konnte man ihn nicht gerade bezeichnen. Dieser große, silberbärtige Mann mit mächtigem Brustkasten gehört zu den Leuten, deren Gehirn stets auf Hochtouren zu arbeiten scheint. Manchmal scheint er selbst die Kontrolle über die Ideen zu verlieren, die ständig aus ihm hervorsprudeln. Dabei lohnt es sich durchaus, ihm zuzuhören. Lew ist der einflußreichste *Denker* in der modernen Archäologie, ein unermüdlicher Bilderstürmer, dessen bedingungsloses Hinterfragen der Interpretationen von archäologischen Funden einen völlig neuen Ansatz zum Verständnis unserer vorgeschichtlichen Vergangenheit hervorgebracht hat. Dabei dürfte er sich wohl als der Wissenschaftler profiliert haben, der die meisten Kollegen vor den Kopf gestoßen hat. (Im Laufe der Zeit wird ihm Tim White diesen Ehrentitel vielleicht entreißen.)

Die drei afrikanischen Studenten waren von ihren Regierungen aufgrund ihrer besonderen Befähigung ausgesucht worden, denn die afrikanischen Staaten waren natürlich daran interessiert, sich ihre eigenen Forscher heranzuziehen. Prosper Ndessokia und Paul Manega waren an amerikanischen Universitäten ausgebildet worden und sollten eines Tages in Tansania Schlüsselpositionen auf dem Gebiet der Paläontologie und der Geologie übernehmen. Berhane Asfaw hatte seine Promotion in Paläoanthropologie in Berkeley schon beinahe abgeschlossen und wäre der ideale Mann, um die Forschungsarbeiten in Äthiopien zu koordinieren, wenn es eines Tages wieder möglich sein sollte, die reichen Vorkommen des Afar- und Awash-Gebietes weiter zu erschließen. Auch Gen Suwa, ein Fachmann auf dem Gebiet der Hominidenzähne, stand kurz vor Abschluß seines Studiums. Er wollte an die Universität von Kyoto in Japan zurückkehren und sich weiter mit den ostafrikanischen Fundstätten beschäftigen.

Diese Studenten waren beschlagene junge Wissenschaftler, die jedoch noch nicht gefeit waren gegen jene Aufregung, die einen überkommt, wenn man sich das erste Mal an einer Grabungsstelle befindet. Suwa, der nach sechsjähriger Laborarbeit endlich an einer Expedition teilnahm, hatte es gründlich erwischt. Er sprang in den Sedimentschichten der Olduvai-Schlucht herum, als würde unter jedem Stein ein menschliches Fossil nach ihm rufen. Immer wenn Tim und ich uns zu einer kleinen Pause niedersetzten, erschien Gen in seiner unvermeidlichen blauen Windjacke, den Gesteinshammer in der Hand, ziemlich erschöpft und doch wild entschlossen, weiterzumachen und einen Australopithecinenschädel zu finden.

»Ein schwerer Fall von Hominidenfieber«, lachte Tim. »Hoffentlich erwischt es uns alle.« Man muß in unserer Wissenschaft Optimist sein – die Enttäuschungen stellen sich von alleine ein.

In Berkeley hatte sich Prosper Ndessokia mit einem jungen Kalifornier namens Jeremy Paul angefreundet und ihn für ein paar Tage ins Olduvai-Camp eingeladen. Jeremys Besuch bei uns war die erste Station einer Weltreise, deren Route äußerst anspruchsvoll zusammengestellt war. Er hatte sich mit einer Reihe höchst moderner Geräte ausgestattet, unter anderem mit einem extrem leichten Wasserreiniger und einem Walkman, der offensichtlich so gebaut war, daß er einen Wolkenbruch in Rwanda oder den Sturz von einem Berg in Nepal überstehen konnte. Jeremy war freundlich und machte sich überall im Lager nützlich, wo man seine Hilfe brauchte, ging aber mit seinem betont lässigen kalifornischen Gehabe manch einem Expeditionsmitglied auf die Nerven. Das Geld für die Reise hatte er sich im elterlichen Heizröhren-Unternehmen verdient.

»Johanson übernimmt die Olduvai-Schlucht«, spottete Tim White eines Abends, »und der erste Fachmann, den er sich holt, ist ein Heizkörperverkäufer. Warte nur, bis die Jungs im Nairobi-Museum davon Wind bekommen.«

Wir waren schon eine sehr gemischte Gruppe, und so dauerte es natürlich eine gewisse Zeit, bis sich alle aneinander gewöhnt hatten. Wie sich herausstellte, wurden die ersten Bande mit Erdnußbutter geknüpft. Wir verfügten über alle erforderlichen Voraussetzungen: Erdnüsse, die es reichlich im Lager gab, den Mixer, den ich aus Berkeley mitgebracht hatte, und eine funktionierende Windmühle, die elektrischen Strom lieferte. Die Erdnüsse mußten jedoch zuerst geschält und enthäutet werden. Dazu waren viele Hände nötig. Eines Nachmittags hatten sich alle zum Erdnußschälen eingefunden. Nach ungefähr einer halben Stunde hatten wir genügend Rohstoff für mehrere Mixer voll Erdnußbutter und eine mengenmäßig nicht ganz so präzise zu benennende Stimmung gegenseitigen Wohlwollens. Wir setzten den Mixer in Betrieb und erhielten rasch eine klumpige Masse. Auf Scheiben frisch gebackenen Brotes entschädigte sie mich reichlich für die Mühe, den Mixer um die halbe Welt geschleppt zu haben.

Mitten im zweiten Durchgang gab der Mixer plötzlich und aus unerfindlichen Gründen seinen Geist auf. Gerry Eck schnappte ihn sich und bastelte eine Zeitlang an ihm herum, wobei er immer verbissener wurde, je hartnäckiger das Gerät seinen mechanischen Talenten widerstand. Als Gerry eine Pause machte, löste Tim ihn ab und versuchte unter den Blicken zahlreicher Neugieriger sein Glück. Nach zehn Minuten gab er auf und ging fort, um sich zu duschen.

»Ich hab was, mit dem es bestimmt geht«, erklärte Jeremy Paul und kramte in den Tiefen seines Rucksacks. Halb und halb hatte ich erwartet, er würde ein federleichtes Voltmeter und lauter nagelneue Mixerteile hervorziehen. Doch statt dessen zog er ein fünfzehn Zentimeter langes Kabelstück hervor, mit dem er den Ein/Aus-Schalter überbrückte. Vergebens, der Mixer tat keinen Mucks. Gerry kam zurück und bastelte an dem Gerät herum, dann hatte George Frison seine Chance. Doch der einzige Erfolg war, daß der Mixer noch weiter in seine Einzelteile zerlegt wurde.

Am folgenden Tag betrachtete ich die Innereien meines Mixers, die auf dem Tisch verstreut lagen wie die Reste eines von einem Löwen gerissenen Tiers, über die sich die Aasfresser hergemacht haben. Von Zeit zu Zeit kam jemand herein und versuchte das Gerät zu retten, aber nie war der Bastlerehrgeiz von langer Dauer. Es hat nie wieder funktioniert, und wir haben auch nie herausgefunden, warum es überhaupt kaputt gegangen ist.

Das Interesse von Bob Walter, unserem Geologen, an Haushaltsgeräten schien recht unterentwickelt zu sein. Ich kannte Bob von den Hadar-Expeditionen. Er sieht immer untadelig aus, hat große unschuldige Augen und einen ausgeprägten Sinn für trockenen Humor. Im Lager zog er stets viel Spott auf sich, obwohl ich nie ganz begriffen habe, warum. Vielleicht liegt es daran, daß er immer wie aus dem Ei gepellt wirkt. Wenn wir den Morgen über in einer brütend heißen Rinne gearbeitet hatten, sah Bob noch immer adrett und sauber aus, als habe der Staub ihn aufgrund einer besonderen Qualität seiner Haut verschont und sich nur auf uns niedergelassen.

Am ersten Morgen im Lager hatte Bob die ganze Gruppe kurz nach der Dämmerung hinausgefahren und ihr die Geologie der Zweiten Verwerfung erläutert – eine acht Kilometer lange Fahrt am Nordrand der Schlucht entlang. Wenige Schritte von der Kante entfernt kam der Lastwagen zu einem jähen Halt. Ein kräftiger Wind schob uns vorwärts, als wir an den Abhang traten. Einen Augenblick lang blickten wir schweigend über die Schlucht hinweg auf die freiliegenden, kräftigen Horizonte der anderen Seite, die sich 75 Meter tief bis zum Boden der Schlucht erstreckten. Die

Verwerfungslinie war deutlich zu erkennen: eine Furche, die diagonal von unten links nach oben rechts verlief. Rechts, im Westen der Verwerfung, waren die Ablagerungsschichten ziemlich gut erhalten, doch im Osten war das gesamte Erdreich abgesackt; die Schichten waren in der Verwerfungslinie zusammengebrochen. Ich konnte den gesamten Verlauf der Schlucht überblicken und sah, wie sie sich verengte und in der Olbalbal-Senke auslief, ein flaches Stromgebiet, das zu Füßen des rosagefärbten Hochlandes im Osten lag.

Bob fand einen kleinen Vorsprung, von dem aus er uns die Schlucht erklärte.

»Von hier hat man einen recht guten Ausblick auf die gesamte geologische Sequenz der Schlucht«, erklärte er. »Sehen Sie das schwarze Material am Fuß des Abhangs und auf dem Boden? Das ist der Basalt, der unter den Olduvai-Beds liegt. Wenn Sie auf dieser Seite absteigen, finden Sie den Basalt in einer fast dreißig Meter starken Schicht freiliegend an der Abhangfläche. Von der Kalium-Argon-Datierung, die hier Ende der fünfziger Jahre vorgenommen worden ist, wissen wir, daß der Basalt ungefähr zwei Millionen Jahre alt ist. Über der schwarzen Lava liegt die Sequenz von Ascheablagerungsschichten, die wir Bed I nennen. Auch sie hat eine Stärke von fast dreißig Metern hier an der Zweiten Verwerfung und entspricht einem Alter von etwa dreihunderttausend Jahren. Bed I besteht aus vulkanischen Tuffen, durchsetzt mit Tonmergel. Einige der Tuffe haben sehr charakteristische Eigenschaften, die eine große Hilfe waren bei der horizontalen Zuordnung der Schichten über die ganze Länge der Schlucht. Nehmen wir beispielsweise Tuff I B – das ist der hellgraue Streifen unmittelbar über dem Fuß des Abhanges rechts.«

So erläuterte uns Bob nacheinander die Schichten, die auf der anderen Seite der Schlucht zu sehen waren, wobei er fast schreien mußte, um den Wind zu übertönen. Bed II, so erklärte er, besteht aus einer Reihe von Tonmergel- und Sandsteintuffen und -sedimenten, an der Verwerfung ungefähr fünfundzwanzig Meter dick. Es entspricht etwa 600000 Jahren vorgeschichtlicher Zeit und hat wie Bed I eine Fülle von Fossilien und Artefakten zutagegefördert. Dazu gehören Schädelreste von *Homo habilis* wie *Homo erectus*, dazu einige außerordentlich wichtige archäologische Funde.

Über Bed II liegen die deutlich abgesetzten Sedimentschichten von Bed III: ein kräftiges Kupferrot zwischen matten Braun- und Grautönen. Obwohl Bed III sicherlich die Schicht mit den kräftigsten Farben in der Olduvai-Schlucht ist, hat man dort nur wenige Fossilien gefunden. Bed IV, eine bräunlich-graue Folge von Tuffs, die hier nur an der zusammengestürzten Ostseite der Verwerfung sichtbar sind, hat sich in dieser Hinsicht als ebenso unergiebig erwiesen. Über Bed IV liegt eine Reihe jüngerer Ascheschichten, das Masek- und Ndutu-Bed, benannt nach Seen am Anfang der Schlucht, und ein Bed namens Naisiusiu (»Neh-su-su« ausgesprochen), das Massai-Wort für das Geräusch des Windes, der in trokkenem Gras raschelt. Viele der geographischen Bezeichnungen sind Massai-Wörter, so auch Olduvai selbst: eine Verstümmelung von *Oldupai*, was »Ort des wilden Sisal« heißt. Überall in der Schlucht wachsen die gewaltig aussehenden Sisalagaven mit ihren dicken, spitz zulaufenden und messerscharfen Blättern.

Zu Anfang dieses Buches habe ich die Olduvai-Stratigraphie als »Schichttorte« bezeichnet, als sei ein Bed nach dem anderen sauber auf das jeweils darunterliegende aufgebaut. Wie Bob Walter uns erläuterte, haben zwei Millionen Jahre geologischer Umbrüche und Umwälzungen weit kompliziertere Verhältnisse geschaffen, als die Tortenmetapher erkennen läßt. Nehmen wir beispielsweise die »Tortenplatte« aus hartem schwarzem Basalt, auf der Bed I ruht. Sie ist als geschmolzene Lava aus den Rissen in der Erdkruste hervorgedrungen und hat sich ausgebreitet. Als sie abkühlte, hat sie eine wellige, unebene Fläche gebildet, so daß sich die Schicht aus der vom Vulkan hochgewirbelten heißen Asche und der Schuttmasse ungleich verteilte: Die Senken im Boden füllte sie auf, während sie die Erhöhungen nur dünn bedeckte. Während sich weitere Schichten bildeten, wurde die im Entstehen begriffene Torte durch heftige Verlagerungen der Erdkruste in Mitleidenschaft gezogen – die zerstörten Schichten der Zweiten Verwerfung sind das Zeugnis eines solchen Vorgangs.

Nach fünf größeren Verwerfungen und unzähligen kleineren fügten sich die Schichten nicht mehr horizontal aneinander. Außerdem wurde die Oberfläche des Terrains permanent durch die Einwirkung von Strömen, Wind und anderen Naturkräften verändert. Dann nagte Erosion an dieser wüsten Landschaft – die Bildung der Schlucht selbst, ein Prozeß, der vor etwa einer halben Million Jahren begann. Erst nachdem ein tiefer Einschnitt in den älteren Schichten vorlag, bekam die Torte ihren »Guß«: weitere vom Wind verteilte Vulkanausbrüche, die die Beds Ndutu und Naisiusiu bildeten. Hier, an der Zweiten Verwerfung, sah die Stratigraphie vielleicht wirklich schichtartig aus, doch als wir wieder in den Lastwagen stiegen und zu einem anderen Aussichtspunkt fuhren, war die geologische Sequenz lange nicht mehr so deutlich und mit Sicherheit anders. Diese waagerechten Veränderungen, die durch die Horizonte der Schlucht laufen, haben die Geduld der Geologen auf eine harte Probe gestellt.

Die meiste Geduld – zwanzig Jahre lang – hat Richard Hay aufgebracht, der heute an der University of Illinois arbeitet. Hay ist ein geologischer Detektiv von unerschütterlicher Ruhe. Er ging hinaus, sichtete und untersuchte die Gesteinsbeschaffenheit an Dutzenden von Hangflächen und Rinnen. So sammelte er eine Vielzahl von Informationen, die ihm halfen, die verschiedenen Schichten miteinander in Beziehung zu setzen. Als Dick Hay mit seiner Arbeit fertig war, hatte er nicht nur die geologische Geschichte des Ortes rekonstruiert, sondern diese Daten auch zu einem sehr überzeugenden Porträt der im Laufe der Erdgeschichte vielen Veränderungen unterworfenen Olduvai-Schlucht zusammengefaßt.

Hay hat festgestellt, daß während der Ablagerungen von Bed I und des unteren Teils von Bed II (ungefähr 1,9 bis 1,6 Millionen Jahre zurück) das Gebiet größtenteils von einem breiten, flachen alkalischen See bedeckt gewesen ist, der sich am Fuße des vulkanischen Hochlandes im Osten erstreckte. Zahlreiche Süßwasserströme und kleine Flüsse ergossen sich in diesen See, der jedoch keinen Abfluß hatte. Infolgedessen war eine weite Fläche abwechselnd vom Wasser bedeckt und trocken. Da der sehr alkalische See in regelmäßigen Abständen die mineralreiche Vulkanasche überschwemmte, nahm er genügend Nährstoffe auf, um eine Fülle von mikroskopisch kleinen Algen erhalten zu können, die Fischen und Vögeln als Nahrung dienten. Diese wurden ihrerseits von größeren Lebewesen wie Krokodilen gefressen. Das Pflanzenleben in den Randzonen des Sees zog auch eine Vielzahl von Pflanzenfressern an – den Vorfahren unseres Elefanten und seinen ausgestorbenen Vetter *Deinotherium*, Wildpferde, Nashörner, Flußpferde und eine Fülle von Hornträgern. Die Ironie dieser fast Rousseauschen Vision vom Urzustand des Lebens liegt darin, daß dieser Zustand in regelmäßigen Zeitabständen durch einen neuen Teppich jener Asche ausgelöscht wurde, die einst für diese Fruchtbarkeit gesorgt hatte.

Einer der interessantesten Anhaltspunkte für die prähistorische Ökologie von Olduvai ist die reiche Fauna, die in den aufeinandergestapelten Zeitschichten erhalten geblieben ist. Vor etwas mehr als anderthalb Millionen Jahren hat sich das »Profil« des typischen Olduvai-Bewohners verändert. Tiere wie Flußpferde, die ausschließlich in sumpfigen Habitaten leben, verschwanden plötzlich, während die Arten häufiger wurden, die an die trockeneren Lebensbedingungen der Savanne angepaßt sind. Dieser »Faunabruch«, der sich auch in den erhaltenen Pollenarten und in den von Wind und Wasser bearbeiteten Teilchen der Ablagerungsschichten spiegelt, fällt mit dem Einsetzen umfangreicher Verwerfungen in dieser Region zusammen.

Möglicherweise durch globale Klimaveränderungen unterstützt, verkleinerten die gewaltigen Erdverlagerungen den See auf ein Drittel seiner ursprünglichen Größe und drängten die Sumpflandschaft langsam nach Osten ab, bis sie vor etwa 400000 Jahren ihre heutige Position in der Olbalbal-Senke erreichte. Das wechselnde Muster von Wasserandrang und Austrocknung ist natürlich nicht nur von theoretischem Interesse. Fast alle Tiere, auch die Hominiden, brauchen Süßwasserquellen. Deshalb muß man nur nach größeren Wasserläufen suchen, um auf Knochen und archäologische Fundstellen zu stoßen. Bei seiner Zusammenarbeit mit Mary Leakey hat Dick Hay festgestellt, daß sich die Spuren der prähistorischen Menschheit zur Zeit von Bed III und Bed IV an den Stromtälern ausbreiteten.

Heute schneidet die Olduvai-Schlucht ein vierzig Kilometer langes Y in die Serengeti. Dort, wo der schmalere Südarm des Y – die Seitenschlucht – auf die Hauptschlucht trifft, liegt ein breites, flaches Gebiet, das *Junction* (Verbindung) genannt wird. Bevor wir uns an die Arbeit machten, beschlossen wir, die Studenten und die anderen Olduvai-Neulinge an einen Aussichtspunkt zu bringen, von dem aus man dieses außerordentlich fossilreiche Gebiet übersah. Der Lastwagen kämpfte sich durch die Junction und quälte sich auf der anderen Seite den Abhang empor. Nach ein paar Minuten gelangten wir zu dem kleinen Museum und der grasbedeckten *Banda*, die das tansanische Department of Antiquities den Besuchern an diesem Aussichtspunkt bereitstellt. Ich nahm meine Kamera und das Weitwinkelobjektiv und entfernte mich ein paar Schritte von der Gruppe. Ohne klar umrissene Vorstellung suchte ich nach einem hübschen Motiv. In der Nähe meines Standortes erhob sich ein großer isolierter Felsvorsprung fast bis zum Schluchtrand. *Castle*, Burg, wurde er genannt und war an sich rot gefärbt durch den eisenreichen Schlamm von Bed III, doch seine Hänge, die bis zum Boden der Schlucht abfielen, waren mit grauem Schotter bedeckt.

Sechzig Meter unter uns lag die Junction wie gemalt, die Umrißlinien der Felsen und der spärlichen Vegetation vom schrägen Morgenlicht klar herausgearbeitet. Das ausgetrocknete Bett des Olduvai schlängelte sich durch ein unzusammenhängendes Flickmuster von Aloe, Akazien und Sisalagaven. Die Szenerie war von einer eigenartig unbelebten Schönheit, unendlich fern, wie durch das falsche Ende eines Fernglases betrachtet. Ich legte den Fotoapparat beiseite und sah wie gebannt hinunter. Ein Stück weiter zu meiner Linken hörte ich Lew Binford und Bob Walter einige geologische Fragen erörtern, doch auch ihre Stimmen klangen entfernt, als seien sie in der Schwebe zwischen dem gegenwärtigen Augenblick und der unvorstellbaren Zeitlosigkeit der Schlucht zu meinen Füßen.

Plötzlich tauchten in meiner Vorstellung zwei Bilder auf, die

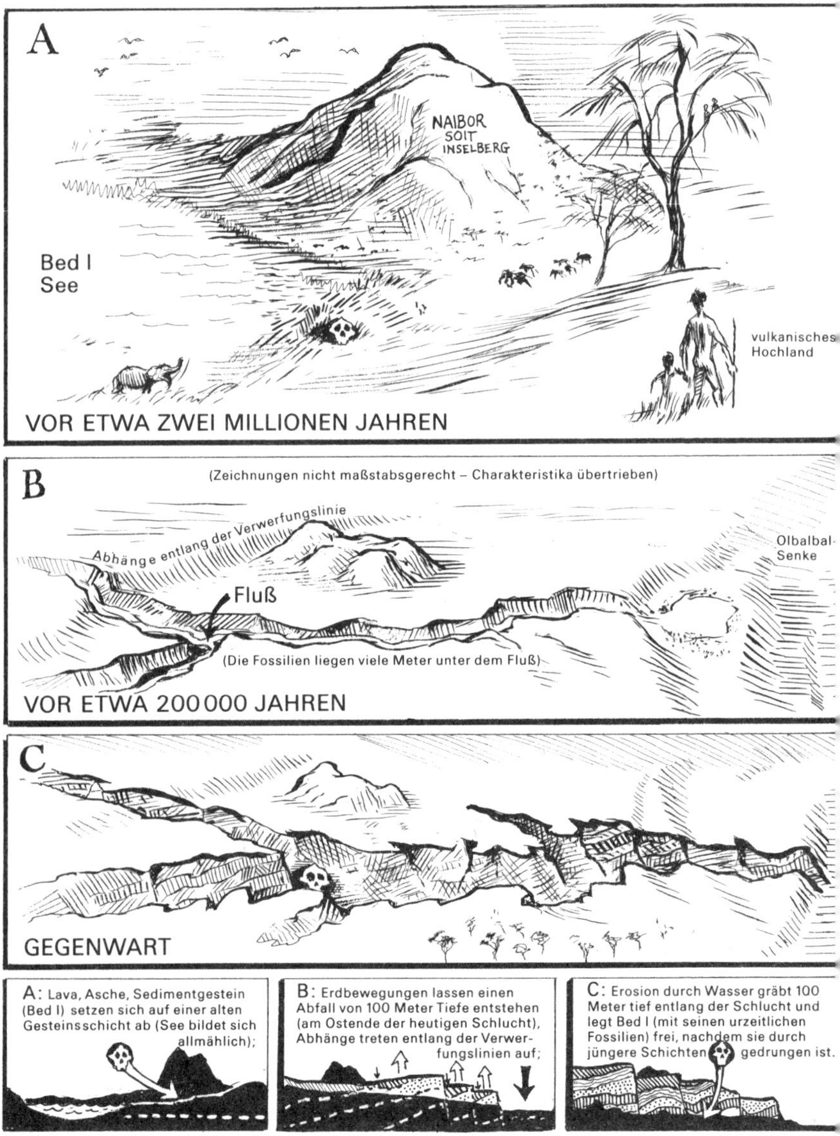

Der Fossilreichtum der Olduvai-Schlucht geht auf ihre besondere geologische Geschichte zurück. Vor zwei Millionen Jahren zog der weite, alkalische See in Olduvai eine Fülle von Leben an seine Ufer. Die Knochen vieler

sich mit dem Anblick dort unten vermischten. Das erste war der Anblick des Manyara-Sees, an dem wir am Tage zuvor Halt gemacht hatten. Vor fast zwei Millionen Jahren hatte der Ostrand des ganz ähnlichen Olduvai-Sees genau dort gelegen, wo ich hinblickte. Vor meinem geistigen Auge breitete sich das Wasser von einst aus, seine seichte, sonnengeriffelte Oberfläche, die unter dem Schilf kaum zu sehen war. Die Steilhänge auf der anderen Seite der Schlucht verschwanden; ich stand nicht mehr hoch über dem See, sondern auf einer kleinen Anhöhe an seinem Ufer. Das sah ich so deutlich vor mir, daß ich fast den beißenden Geruch wahrnehmen konnte – eine Mischung aus Salzlake und Fäulnis. Flußpferde und Krokodile sonnten sich an den Ufern, und ein leuchtender Streifen von Flamingos säumte den Wasserrand.

Das zweite Vorstellungsbild war verwirrender. Mein Bewußtsein übernahm es von jenem Traum, den ich in der unruhigen Nacht von Daressalam gehabt hatte. Auch in diesem Traum hatte es einen See gegeben, in hellem Licht und einladend, doch auf peinigende Weise außer Reichweite. Ich wollte in sein Wasser eintauchen, aber irgend etwas hielt mich zurück. Wie in dem Traum war rings um mich intensives Gemurmel. Ich blickte zurück zum Aussichtsplatz des Museums. Tim, Bob und die anderen waren verschwunden. Statt ihrer war eine Gruppe von italienischen Touristen mit drei Safarikombis eingetroffen. Sie sprachen alle auf einmal und zeigten in die Schlucht. Ich sah hinab. Tim und Bob suchten sich langsam einen Weg quer über den Hang zum Castle. Prosper und Gen folgten ihnen in einigem Abstand. Weiter unten konnte ich Lew Binford und seine Frau Nancy erkennen. In diesem Augenblick sah sich Tim nach mir um.

Tiere, darunter auch Hominiden, wurden unter Sedimentgestein und dem Material von Vulkanausbrüchen begraben. Im Laufe der letzten 500000 Jahre führten größere Erdbewegungen im Osten zu einer Senke, und das fließende Wasser eines Stroms begann sich durch die angehäuften Ablagerungsschichten zu graben. Heute ist die Schlucht hundert Meter tief und gibt die fossilen Knochen frei, die begraben wurden, als der See das Gebiet noch beherrschte.

»He, Johanson«, rief er. »Sind Sie hier, um Hominiden zu finden oder um Fotos zu machen? Setzen Sie Ihre müden Knochen in Bewegung und kommen Sie runter!«

Ich erwachte aus meiner Versunkenheit. Nachdem ich mir die Kamera um die Hüften geschnallt hatte, begann ich vorsichtig mit dem Abstieg.

Am ersten Tag suchten wir ein Gebiet unmittelbar östlich des Castle ab, HWK (Henrietta Wilfrida Karongo), eine Fundstätte, die von den Hängen eines ausgetrockneten Flußbettes bestimmt wird. Hier im HWK lag jene fünf Quadratmeter große Probefläche, die wir im Sommer zuvor sorgfältig gesichtet hatten. Als ich zu Tim stieß, hockte er in der Nähe dieser Fläche am Boden. Neben ihm standen Gen und Berhane. Die Begrenzungen unseres Quadrates aus dem Jahre 1985 waren noch deutlich zu erkennen, doch hatte sich die Fläche inzwischen wieder mit Trümmern verschiedener Art gefüllt.

»Was meinen Sie, Don?« fragte Tim. Ich sah mir die Fläche an. Selbst auf einen flüchtigen Blick erkannte ich das Beinfragment eines Pferdes, ein Stück vom Rückenpanzer einer Schildkröte, etliche fossile Zähne, einen schönen Chopper (Haumesser) aus rötlichem Quarz und einige andere Steinwerkzeuge.

»Olduvai dürfte die lebendigste tote Fundstelle in Ostafrika sein«, sagte ich. »Wir brauchen einen halben Tag, um nur das hier zu inventarisieren.«

»Merken Sie sich, daß sich kein Stück dieses Materials, soweit das auf den ersten Blick erkennbar ist, *in situ* befindet«, erklärte Tim den Studenten, womit er sagen wollte, daß das Material an der Oberfläche lag und nicht direkt in seiner ursprünglichen Ablagerungsschicht freigelegt wurde. »Das alles hat der Regen in diesem Frühjahr den Hang herabgespült, Gott weiß, von welcher Stelle. Wenn mich überhaupt etwas an Olduvai stört, dann daß in diesen Sedimenten einfach *zuviel Zeit* aufgeschichtet ist. Wenn man sein Fossil nicht *in situ* findet, kann jedes dieser Stücke zweihunderttausend oder zwei Millionen Jahre alt sein.«

»Das ist richtig«, sagte ich, »aber dieses Experiment sollte nur zeigen, daß die Erosion ständig neues Material freilegt, nicht aber feststellen, woher das Material kommt. Und ich glaube, insofern können wir das Experiment als gelungen betrachten.«

»Nicht bevor wir diese Stücke verzeichnet und katalogisiert haben«, antwortete Tim und wandte sich mit einem etwas hinterhältigen Grinsen an seine Studenten. »Kümmert ihr beiden euch darum, während Johanson und ich uns ein bißchen weiter umsehen? Ich habe das Gefühl, daß wir Zinjs Freundin in dieser verflixten Rinne finden.«

Gen und Berhane kannten ihren Professor zu gut, um ihm auf den Leim zu gehen. Natürlich forderte er sie nicht ernsthaft auf, an ihrem ersten Tag in der Olduvai-Schlucht Steine und undefinierbare Knochenstücke aufzulisten.

»Zinjs Freundin?« fragte Gen. »HWK ist eine halbe Million Jahre jünger als die Zinj-Schicht.«

»Vielleicht steht sie auf ältere Männer«, meinte Berhane trokken. Wir lachten und begannen das Flußbett abzusuchen. Die Arbeit auf der Probefläche hoben wir uns für später auf.

Wir verteilten uns über den westlichen Abhang des Flußbetts. Das Gelände war von tiefen Regenrinnen durchzogen – eine ideale Voraussetzung für die Suche nach frisch freigelegtem Material. Ich entdeckte eine tiefe Rinne und arbeitete mich langsam aufwärts, die Augen auf den Boden gerichtet. Die Lichtverhältnisse waren ideal – viel Morgenschatten, der die Bodenform plastisch hervorhob.

Trotzdem wußte ich, daß die Aussicht, etwas Ungewöhnliches zu finden, außerordentlich gering war. In den ersten Tagen einer Expedition werden selten Entdeckungen gemacht. Es dauert eine Zeitlang, bis sich die Augen auf diese so ganz andere Größenordnung eingestellt haben. In unserer alltäglichen Umwelt sind wir gewohnt, nach großen Dingen Ausschau zu halten – unserem Auto auf dem Parkplatz oder die Tankstelle an der Ecke, wo wir links abbiegen sollen. Und die optischen Hintergrundstrukturen unseres normalen Lebens sind meist einfach – Pflaster, Teppiche, Tapeten. Auf der Suche nach Fossilien muß man das Auge dazu zwingen, eine Vielzahl von winzigen, zufällig angeordneten Objekten mit kaum wahrnehmbaren Unterschieden in Beschaffenheit und Farbe zu mustern. HWK ist eine ziemlich ergiebige Fundstelle, und ich sah überall große Knochenfragmente. Doch diese auffälligen Stücke waren wahrscheinlich längst von Dutzenden Fossilsuchern, die den Hang vor uns abgeschritten waren, aufgehoben, beurteilt und als uninteressant weggeworfen worden. Natürlich sah ich mir jedes noch einmal an, um ganz sicher zu gehen, war mir dabei aber bewußt, daß meine Augen für die kleineren, weniger deutlichen Anhaltspunkte blind sein konnten – den schwachen Lichtreflex eines Knochens, der in einer vom Regen ausgewaschenen Vertiefung freigelegt wird, oder ein ungewöhnliches Relief im Staub.

Ein paar Schritte rechts von mir sah ich eine Handaxt auf einer kleinen Erhöhung. Im HWK hatte man *in situ* noch nie eine Handaxt gefunden, und auch diese war mit Sicherheit von einer höheren Stelle des Hanges herabgerutscht. Sie war infolgedessen als archäologisches Artefakt nur von geringem Wert. Ich ging trotzdem hinüber und hob sie auf. Sie war ein klassisches Beispiel ihrer Art – tropfenförmig, symmetrisch bearbeitet, ungefähr zehn Zentimeter lang und zu beiden Seiten behauen, so daß sich eine scharfe Kante bildete. Das breite Ende schmiegte sich in meine Handfläche. Es geht eine eigenartige Faszination von diesen vorgeschichtlichen Äxten aus. Sobald man eine in die Hand nimmt, scheint ihr ausgewogenes Gewicht den Arm zu irgendeiner *Handlung* zu zwingen – und wenn man nur den Ellenbogen leicht bewegt, um das Gewicht in der Hand zu spüren. Die »zweiflächige« Handaxt ist typisch für eine Kulturstufe, die man als Acheuléen bezeichnet und die nach den archäologischen Zeugnissen einen erstaunlichen Zeitraum umfaßt. Sehr ähnliche Werkzeuge wie dasjenige, das ich in Händen hielt, hatte man an europäischen Fundstätten entdeckt, die nicht älter als 500000 Jahre alt waren, aber auch in Olduvai-Schichten, deren Alter man auf anderthalb Millionen Jahre bestimmt hat.

Ganz gleich, welchem Zweck sie gedient haben, mit Sicherheit waren die Handäxte und die anderen Gerätschaften des Acheuléen sehr wirksame Werkzeuge. Im Vergleich zur Langlebigkeit der Handaxt empfinde ich die Erfindung des Automobils – oder auch die des Rades – als ein kulturelles Ereignis von marginaler Bedeutung. Tausende von Generationen trennten mich von dem Individuum, das diesen Steinsplitter von einem Findling abhieb und ihm durch Behauen seine Form gab. Trotzdem konnte ich – ein Benutzer von automatischen Garagentüröffnern, Motorsägen und elektrischen Mixern – diesen Gegenstand sofort als *Werkzeug*, als Ergebnis einer zielgerichteten menschlichen Tätigkeit erkennen. Versonnen tippte ich mit der stumpfen Spitze in meine Handfläche. Einen Augenblick lang schienen mir die paar tausend Generationen keinen großen Zeitraum zu umspannen. Ich konnte sie in noch nicht einmal einer Stunde mit leichten Schlägen des Werkzeugs in meiner Handfläche abzählen – von den Eltern zu den Kindern, von den Eltern zu den Kindern. In diesem Gedanken lag etwas sehr Tröstliches, fast Befreiendes. Ich lächelte und legte die Handaxt auf die Erhöhung zurück, wo ich sie gefunden hatte.

Ich habe bereits von dem ersten Steinwerkzeug berichtet, das in der Olduvai-Schlucht gefunden wurde – dem Werkzeug, das Louis Leakey 1931 ins Lager brachte und damit seine Wette gegen Hans Reck gewann. Als Mary Leakey 1983 ihre Zelte dort abbrach, hatten die Olduvai-Horizonte mehr als 37000 weitere Werkzeuge preisgegeben – sicherlich die umfassendste Sammlung von Zeugnissen des Frühmenschen, die man an irgendeinem Punkt der Erde bergen konnte. Von der bloßen Quantität abgesehen, weisen die Olduvai-Artefakte auch eine bemerkenswerte Qualität auf. Vor allem wandelt sich die Beschaffenheit der Werkzeuge im Laufe der Zeit und belegt die Entwicklung der menschlichen Kultur in den ersten anderthalb Millionen Jahren ihres Bestehens.

Die ersten Steinwerkzeuge aus Bed I sind fast so alt wie die ältesten archäologischen Zeugnisse. Nach Marys Einschätzung bestanden die »Gerätschaften«, die von den Hominiden der ältesten Fundstellen, etwa dem Zinj-Platz (1,8 Millionen Jahre), verwendet wurden, aus rohen Choppers, Abschlaggeräten und ähnlich unbearbeiteten Formen, die durch ein paar Schläge mit einem Hammerstein auf die eine Seite eines Gesteinkerns gefertigt wurden. Die Formen dieser »Olduvian-Werkzeuge« wurden immer kunstvoller, je höher die geologischen Schichten lagen, in denen Mary suchte. So wichen die grobflächigen Polyeder beispielsweise Sphäroiden von bemerkenswerter Glätte. Zwanzig Jahre zuvor hatte Louis geglaubt, dieser allmähliche Trend zur immer kunstvolleren Ausführung gipfle in der eleganten Produktion des Acheuléen. Doch Mary konnte erkennen, daß die Handäxte und die übrigen Acheuléen-Werkzeuge ziemlich plötzlich in der Mitte von Bed II auftraten, etwa 1,6 Millionen Jahre früher. Eine Million Jahre lang kamen dann die Olduvian- und Acheuléen-Produkte nebeneinander vor, bis hinauf in die obere Schicht von Bed IV – *doch sie wurden nie an der gleichen Stelle gefunden.* Diese merkwürdige Zweigleisigkeit veranlaßte Mary und ihre Kollegen zu der Vermutung, daß die Acheuléen-Werkzeuge der Kultur einer ganz anderen Hominidengruppe entstammten – einer Hominidenart, die aus einer anderen Gegend nach Olduvai gekommen sei. Besonderes Gewicht erhielt diese Theorie durch den Umstand, daß etwa zur gleichen Zeit plötzlich Fossilien von *Homo erectus* in der Schlucht auftreten.

In jahrelanger Arbeit entwarfen Mary und ihre Kollegen, gestützt auf die archäologischen Zeugnisse der Schlucht, ein umfassendes Porträt frühmenschlicher Aktivität. Dessen Mittelpunkt bildete die wachsende Bedeutung des Jagens und dessen Relevanz für die Entstehung spezifisch menschlicher Verhaltensweisen und sozialer Organisationsstrukturen. Die »Jagdhypothese« war kein theoretisches Konstrukt, sondern so gründlich mit archäologischen Zeugnissen belegt, daß niemand auch nur daran dachte, ihre Gültigkeit zu bezweifeln.

Niemand, mit Ausnahme von Lewis Binford. Binford leidet nicht gerade unter Minderwertigkeitsgefühlen und geht die Archäologie an wie ein guter Angriffspieler den Tennissport – intelligent und aggressiv. In seinem Buch *Bones* ging Binford mit der traditionellen Deutung der in Olduvai gefundenen archäologischen Zeugnisse hart ins Gericht und zog die Jagdhypothese in Zweifel, womit er einer ganzen Reihe von Leuten empfindlich auf die Füße trat. Ich werde später noch eingehender auf diese Kontroverse zu sprechen kommen. Hier mag genügen, daß ich vielleicht nicht mit allem einverstanden war, was Binford behauptete, aber durchaus fand, daß man seine Gedanken ernst nehmen müsse – so ernst, daß ich ihn nach Olduvai einlud.

Am Abend nach dem ersten Ausflug zum HWK waren er und George Frison offenbar sehr aufgeregt.

»Wir haben dort eine Unmenge von Hinweisen auf Hominidenverhalten gefunden«, erklärte mir Lew, nachdem das Abendessen abgeräumt war. »Da gibt es überall Knochen mit Schnittspuren und Brüchen durch Schlageinwirkung.«

Schnittspuren sind die erhaltenen Einkerbungen von Hominidenwerkzeugen auf Tierüberresten. Brüche durch Schlageinwirkung lassen durch ihre Struktur erkennen, daß sie durch ein Steingerät hervorgerufen worden sind. Obwohl Binford nie zuvor in der Olduvai-Schlucht gewesen war, kannte er ihre Topographie wie seinen eigenen Garten. Mit raschen Strichen skizzierte er eine Karte auf die Rückseite eines auf dem Tisch liegenden Umschlags.

»Nach unserer Auffassung gibt es zwei vielversprechende Grabungsorte in der Schlucht«, sagte er. »Wir wissen, daß die Hominiden dort wie alle Lebewesen auf Wasserstellen angewiesen waren. In der Trockenzeit dürften diese hier im Westen gelegen haben, bei der Mündung des Ndutu in das Seebecken. In der Regenzeit führten Wasserläufe von den Vulkanen nach Osten in *diese* Gegend.« Er kreiste auf seiner Karte ein Terrain am Castle ein, das auch das HWK einschloß. Wenn man in beiden Gebieten Grabungen durchführen könnte, ließen sich möglicherweise Unterschiede zwischen dem Hominidenverhalten in der Trocken- und in der Regenzeit erkennen. *Das* wäre wirklich eine Sache, die die Mühe lohnte.

Ich hörte ihm mit Interesse zu. Vergleichende Untersuchungen jahreszeitlichen Verhaltens früher Hominiden sind noch nicht oft durchgeführt worden. Mit den Jahreszeiten dürfte sich auch die Ernährungsweise der Hominiden verändert haben – und mit ihrer Ernährung möglicherweise auch die Art der verwendeten Werkzeuge und der fortgeworfenen Knochen. Jahrmillionen später müssen natürlich auch die archäologischen Zeugnisse grundsätzliche Unterschiede aufweisen. Erkenntnisse genau solcher Art erhoffte ich mir von unserer Expedition. Wir blieben noch eine Weile am Tisch sitzen und unterhielten uns; dann gingen wir zu Bett.

Nach einem späten Aufbruch verbrachten wir den zweiten Tag damit, in der Seitenschlucht einige Stellen von Bed II abzusuchen. An einem Ort, der als FC bezeichnet wird, machte Tim halt, um seinen Studenten vor Ort eine Vorlesung über Grabungspraxis zu halten. Ich arbeitete fünfzehn Meter unter ihnen, konnte aber seine wohlklingende, weittragende Stimme gut vernehmen.

»Nehmen wir an, dieses Pferdefemur wäre ein Hominidenrelikt«, sagte Tim und hob das Fragment eines Pferdebeins vom Boden auf. »Ist es *in situ*? Nein. Ist Matrix auf dem Knochen, Suwa?«

Tim reichte Gen das Fossil, der den Kopf schüttelte und es zurückgab. »Matrix« heißen mineralische Ablagerungen auf dem Knochen, mit deren Hilfe sich möglicherweise die Ursprungsschicht des Fossils auf dem Abhang identifizieren läßt. Wenn ein solches Stück nicht *in situ* gefunden wird, ist die Matrix die einzige sichere Möglichkeit, das Alter zu bestimmen.

»Richtig. Als erstes müssen Sie das Stück jetzt auf frische Bruchspuren untersuchen. An den scharfen Rändern können Sie erkennen, daß dieser Knochen erst kürzlich gebrochen ist. Es könnten sich also noch weitere Teile von ihm in der Nähe befinden. Das zweite, was Sie zu tun haben, wäre also, daß Sie schleunigst von diesem Hang verschwinden, bevor Sie auf irgend etwas treten. Sie grenzen eine quadratische Fläche rund um diese Stelle ab und legen damit das Terrain Ihrer Untersuchung fest. Dann unterteilen Sie das Quadrat in kleinere Abschnitte und beginnen am Fuße des Abhangs; von dort aus arbeiten Sie sich langsam nach oben, wobei Sie jedes Knochenfragment in jedem Abschnitt hochnehmen. Erst wenn die Oberfläche vollkommen abgesucht ist, können Sie ans Graben denken.

Nehmen wir an, Sie haben den Abhang abgesammelt und nichts weiter gefunden«, fuhr Tim fort. »Wenn Sie sich zum Graben entschließen, dann müssen Sie sich auf zwei Wochen Arbeit einstellen. Mindestens. Deshalb müssen Sie sich fragen, ob das Unternehmen auch wirklich den Zeitaufwand lohnt. Wenn Sie ein fünf

Millionen Jahre altes Hominidenfemur in Händen halten, lautet die Antwort natürlich Ja. Doch wenn es ein Beinstück von *Homo erectus* aus Bed III ist, dann können Sie es getrost vergessen. Jede Expedition ist ein Wettlauf mit der Zeit, und deshalb sind solche Entscheidungen unumgänglich. Jede Minute, die Sie hier mit Grabungen verbringen, ist eine Minute, die der Arbeit an anderen Fundstellen verlorengeht.«

Der Steinkreis von DK in der Olduvai-Schlucht, den Mary Leakey und ihre Mitarbeiter für die Überreste einer prähistorischen Behausung hielten.

Tim warf den angeblichen Hominidenknochen wieder weg. »Sehen wir uns das hier mal an«, hörte ich ihn sagen. »Asfaw, was können Sie mir über diesen Tuff erzählen?«

Die drei kletterten in die nächste Rinne und waren bald außer Hörweite. Ich arbeitete mich den Hang empor.

Mit Rücksicht auf die Studenten und die Gastarchäologen hatten wir für diesen Tag einen Ausflug zu der berühmten Grabungsstelle DK an der Zweiten Verwerfung vorgesehen. 1962 hatten

Mary und ihr Team dort einen bemerkenswerten Fund gemacht. Den verstreuten Werkzeugen und Knochen nach zu urteilen, schien es sich um eine Siedlung früher Hominiden zu handeln. Als Mary einige Lavabrocken beiseite räumte, bemerkte sie, daß die verbleibenden Steine eine Art Kreis von knapp vier Meter Durchmesser zu bilden schienen. Einige der Steine waren sogar aufeinandergestapelt. Dieses Muster veranlaßte Helson Mukuri, ein langjähriges Mitglied des afrikanischen Leakey-Teams, zu dem Hinweis, daß es in einigen Regionen Afrikas Nomadenstämme gebe, die sich auf einem Fundament von aufgestapelten Steinen Behausungen aus Ästen und Tierknochen bauen. Waren also diese »Steinkreise« die Überreste prähistorischer Bauwerke? Mary legte die bereits fortgeräumten Lavabrocken wieder an ihren Platz. Im Inneren des Kreises lagen die zerbrochenen Tierknochen lange nicht so dicht wie außerhalb, so daß der Eindruck entstand, die hier lebenden Hominiden hätten die Überreste ihrer Mahlzeiten weggeworfen. Der erstaunlichste Aspekt war das Alter der Fundstelle: Die Lavabrocken lagen fast direkt auf dem schwarzen Basalt, der die Unterlage von Bed I bildet. Danach hätten die Vorfahren des Menschen schon vor zwei Millionen Jahren sehr einfache Häuser erbaut und bewohnt.

Natürlich gaben die Steinkreise von DK dem Glauben an das hohe Alter der Menschheit neue Nahrung. In den sechziger und siebziger Jahren kamen weitere Funde in der Olduvai-Schlucht hinzu, und allmählich setzte sich in der wissenschaftlichen Welt diese Deutung des Kreises durch. So heißt es noch in einem 1984 veröffentlichten Lehrbuch der Archäologie: »DK... beweist mit an Sicherheit grenzender Wahrscheinlichkeit, daß sich der Frühmensch bereits regelrechte Behausungen erbaut hat... Diese Ausgrabung ist als einer der wichtigsten Steinzeitfunde überhaupt zu betrachten.«

Vermutlich hat der Verfasser dieses Textes Lew Binford für einen unseriösen Querulanten gehalten. Nach Lews Auffassung ist der DK-Steinkreis ein sehr schönes Beispiel für ein Artefakt, das seine Existenz weit mehr moderner Mythenbildung als der Aktivität des Frühmenschen verdankt. In seinem Buch *Bones* weist er darauf hin, daß die Forscher in einem Umkreis von 230 Metern rund um die Fundstelle fast 4600 Zähne von jungen Krokodilen gefunden haben. Offensichtlich hat es beträchtliche Zeit – wahrscheinlich Tausende von Jahren – gedauert, bis sich in der betreffenden Ablagerungsschicht alle diese Zähne angesammelt hatten. War es infolgedessen nicht voreilig, so fragte Binford, die Fundstelle als »Heimstätte« zu bezeichnen, wenn die Schicht einen so langen Zeitraum repräsentierte? Die Tierreste in der Nähe des Steinkreises entsprachen durchaus dem, was man an jedem Ort in der Nähe eines Seeufers erwarten konnte, wo viele Generationen von Tieren gelebt haben und gestorben sind, ohne daß sie von Hominiden getötet, transportiert und verzehrt wurden. Gewiß, es gab Werkzeuge an dieser Stelle – doch die gibt es fast an jedem Ort in diesem Abschnitt der Schlucht, und im übrigen wies ihre Konzentration keine Beziehung zum Steinkreis auf.

Binford räumt ein, der Kreis sei in der Tat »rätselhaft«, doch es gebe keinen Grund, ihn für absichtlich und künstlich angelegt zu halten, *es sei denn, man sei bereits zu dem Schluß gekommen, DK sei eine Heimstätte von Hominiden gewesen.* Es könnte sich, so Binford, ebenso gut um eine zufällige Steinsammlung handeln, die ihre besondere Form einer natürlichen Ursache verdankt – etwa einer besonderen Uferströmung des Sees oder dem Wachstum von Baumwurzeln. Sobald sich in den Archäologen jedoch die Vorstellung von einer Behausung festgesetzt habe, habe diese Interpretation wiederum die Überzeugung gefestigt, es mit einem Siedlungsplatz zu tun zu haben – eben jene Annahme, die ursprünglich zur Vermutung geführt habe, dies könnte eine Behausung gewesen sein. Für Lew Binford zumindest gab es an DK nichts Kreisförmiges, von Mary Leakeys Zirkelschluß abgesehen.

Gegen acht Uhr setzte uns der Lastwagen am Rande der Schlucht oberhalb von DK ab. Seit Jahren war die Fundstelle vor den Unbilden der Witterung durch ein stabiles Steingebäude mit einem Zinndach geschützt. Wir kletterten zu dem Gebäude hinab, das knapp hundert Meter unter uns lag, und stocherten dabei hier und da in den Sedimentschichten herum. Gegen zehn Uhr waren wir am Boden der Schlucht. Es war heiß und windstill, und das

Geröll schimmerte in der glühenden Stille. Als wir DK erreichten, zögerte Binford unschlüssig, bevor er eintrat – wie ein feindlicher Pilot bei einem verstohlenen Besuch in der Stadt, die er selbst zerbombt hat.

In dem Steingebäude war es sehr viel kühler. Wir drängten uns hinein, soweit wir in dem kleinen Gang in der Mitte des Raumes Platz fanden. Es herrschte dort eine feierlich-klösterliche Atmosphäre wie in einer abgeschiedenen Kapelle. Von oben sickerte ein blasser Lichtschein herein, so farblos und schwach, daß er kaum den Boden zu erreichen schien. Wir lehnten uns einen Augenblick lang über die hölzerne Brüstung des Ganges und betrachteten die Knochen und Artefakte, die zu beiden Seiten ausgebreitet waren. Der Steinkreis befand sich auf der linken Seite. Auf den ersten Blick wirkte er wie ein Haufen Geröll, den man auf der einen Seite regellos zu kleinen Häufchen aufgeschichtet hatte.

»Also, was sehen Sie?« fragte Lew schließlich.

»Ich sehe Geröllsteine, die auf einer Seite zu kleinen Haufen geschichtet sind«, sagte ich. »Doch wenn ich alles ein bißchen genauer betrachte und an den Grundriß des Steinkreises denke, den Mary in ihrem Buch abgebildet hat, kann ich auch eine kreisförmige Form erkennen.«

»Das zeigt uns zwei Aspekte«, meinte Lew. »Zunächst einmal ist da Marys Plan. Wie Tim gezeigt hat, entspricht er nicht ganz dem, was wir hier vorfinden. Ich will nicht sagen, daß sie den Plan nachlässig gezeichnet hätte, aber denken wir daran, daß sie viele Lavabrocken fortgenommen hatte, bevor sie den vermeintlichen Kreis bemerkte. Unbewußt kann ihre Überzeugung, es mit einem Kreis zu tun zu haben, dazu geführt haben, daß sie die Gesteinsbrocken in einer ganz bestimmten Weise zurückgelegt hat.«

»Und der andere Aspekt?« fragte Bob Walter.

»Don hat es schon gesagt. Wenn man das Ganze *genauer betrachtet*, beginnt man eine Kreisform wahrzunehmen. Doch bei dieser genaueren Überprüfung *sucht* man nach einem Kreis und neigt dann natürlich dazu, ihn auch tatsächlich zu sehen. Die wirklich merkwürdige Eigenschaft dieses Ortes ist der Umstand, daß man überall Kreise findet, wenn man nach ihnen sucht – es gibt einen dort drüben und gleich dahinter noch einen.«

»Ich glaube, ich sehe sie«, sagte Gen Suwa, »aber die sind viel kleiner – gut einen halben Meter im Durchmesser.«

»Genau«, sagte Lew. »Und womit haben wir es Ihrer Meinung nach zu tun? Mit Hominidenpuppenstuben?«

Wir traten wieder in das helle Licht nach draußen und suchten zwei Stunden eine Reihe von ausgetrockneten Wasserrinnen in der Nähe ab. Es gab viele Krokodilzähne und ein paar Wurzelabdrücke – fossile Pflanzenreste –, die zeigten, daß hier einst ein sumpfiges Seeufer gewesen war. Doch Säugetierknochen waren selten, vor allem solche, die Spuren von Hominideneinwirkung zeigten. Als die Sonne höher stieg, war in den Ablagerungsschichten kaum noch etwas auszumachen. Wir kletterten wieder aus der Schlucht empor, und nach einer Weile hörte ich den Wagen, der sich den Rand entlangquälte, um uns rechtzeitig zum Mittagessen ins Lager zurückzubringen. Die letzten dreißig Meter des Hanges waren ein hartes Stück Arbeit, und ich war ziemlich fertig, als ich den Rand erreichte.

Bob Walter war schon vor mir nach oben gekommen, saß lächelnd und mit baumelnden Beinen an der Kante und sah so frisch aus wie ein Bademeister, der sich in seiner Freizeit am Pool aalt. Ich ließ mich neben ihm zu Boden fallen. Unten kraxelte Lew den Hang hinauf, auf dem Rücken eine Videoausrüstung. Als sein Kopf über dem Rand auftauchte, sah ich, daß das bunte Halstuch, das er als Stirnband trug, schweißnaß war. Schweigend blickten wir auf die Strecke, die wir zurückgelegt hatten. Auf dem Boden der Schlucht war das moderne Steingebäude, das die DK-Fundstelle bedeckte, sehr gut sichtbar und bildete einen höchst seltsamen Kontrast zur wilden afrikanischen Landschaft.

»Du kannst sagen, was du willst, Lew«, meinte Bob, »ich finde, das sieht wirklich wie ein Haus aus.«

Im Lager empfing man uns mit Kohlsuppe und Brot, dazu Dosenfleisch von ziemlich suspekter Farbe. Ich kann nicht behaupten, daß ich sehr überrascht war, denn in diesem Sommer gab es fast *immer* Kohlsuppe, Brot und Dosenfleisch. Wir würzten kräftig mit Tabascosauce und spülten das Ganze mit Bechern von Himbeerlimonade hinunter. Wir waren von der Morgenarbeit alle erschöpft und deshalb ziemlich wortkarg bei Tisch. Nach dem Essen hatten sich die meisten Teammitglieder zurückgezogen, um während der heißen Nachmittagstunden zu ruhen. Ich entschloß mich, im offenen Gemeinschaftsraum zu bleiben und die Ereignisse der letzten drei Tage in meinem Tagebuch festzuhalten.

Ich brauchte nicht lange, um mir darüber klar zu werden, daß es nicht viele Ereignisse aufzuschreiben gab. Was hatten wir bisher erreicht, abgesehen davon, daß wir den Studenten die Fundstelle gezeigt hatten? Die systematische Suche hatte gerade erst begonnen. Binford machte sich langsam mit den archäologischen Möglichkeiten vertraut. George Frison und er hatten einige vielversprechende Vorschläge zur günstigsten Vorgehensweise. Doch waren diese Pläne sehr ehrgeizig und sahen umfangreiche Ausgrabungen an vielen Stellen vor, die einen großen Bereich der prähistorischen Landschaft abdeckten. Für ein derartiges Forschungsunternehmen würde man erhebliche Summen benötigen. Woher sollten wir das Geld nehmen? Was nutzten ehrgeizige Ideen, wenn wir auf die bescheidenen Mittel angewiesen waren, die uns einige private Geldgeber zur Verfügung gestellt hatten? Im übrigen vermutete ich, daß Fidel Masao, dessen Ankunft wir erwarteten und der für die archäologischen Arbeiten in der Olduvai-Schlucht verantwortlich war, zu einem eher konservativen Ansatz neigte. Ich schob das Tagebuch beiseite und schaute auf die Webervögel, die in der Akazie flatterten.

Hoffentlich kam Masao bald und brachte die Erlaubnis mit, in Laetoli zu arbeiten – und auch das Transportmittel, um dort hinzugelangen. Olduvai mochte langfristig ein aussichtsreiches Gebiet sein, doch Tim und ich wußten beide, daß wir angesichts der wenigen Zeit, die uns in diesem Sommer zur Verfügung stand, besser daran taten, uns mit den fossilreicheren und älteren Ablagerungsschichten von Laetoli zu beschäftigen. Da uns jedoch nur bescheidene Mittel zur Verfügung standen, waren wir auf Fahrzeuge angewiesen, die uns das tansanische Department of Antiquities zur

Verfügung stellte. Der Lastwagen wurde am nächsten Tag wieder in Arusha gebraucht, so daß uns nur noch ein einziger Landrover blieb. Es wäre leichtsinnig gewesen, mit ihm nach Laetoli zu fahren und die übrigen ohne Transportmittel zurückzulassen. Laetoli war zwar nur dreißig Kilometer entfernt, aber ohne ein weiteres Fahrzeug hätte es genauso gut in Südamerika liegen können.

Gerry Eck kam um die Ecke des Gebäudes und verscheuchte die Schar der Webervögel aus dem Baum. Wenig später sah ich sie auf einer anderen Akazie am Lagertor niedergehen, wobei sie das Sonnenlicht einfingen wie eine Handvoll Pailletten, die man in die Luft geworfen hatte. Gerry begab sich zu einem defekten Windmesser, der auf einem Pfahl befestigt war. Nachdem er den Mixer aufgegeben hatte, hatte er sich jetzt vorgenommen, dieses Instrument wieder funktionsfähig zu machen. Aus irgendeinem Grunde nervte mich sein rastloser Tätigkeitsdrang.

»Eck braucht Beschäftigung.« Ich hatte Tom nicht kommen hören. Er saß vor mir auf der niedrigen Steinmauer.

»Phantastisch«, sagte ich, »jetzt wissen wir wenigstens jeden Morgen, wieviel Wind über die Serengeti bläst.«

»Das klingt ein bißchen verstimmt.«

»Tut mir leid. Es geht natürlich nicht gegen Gerry. Ich frage mich nur allmählich, wieviel wir in vier Wochen erreichen können. Und was ist, wenn wir gar nichts erreichen?«

»Ich kann nicht behaupten, daß mir ähnliches nicht auch schon durch den Kopf gegangen wäre«, sagte Tim.

»Etwas stört mich an der ganzen Sache«, sagte ich. »Eigentlich habe ich überhaupt keinen Grund zur Klage – das Klima ist angenehm, wir haben saubere Unterkünfte und genug zu essen. Am Morgen nimmt jemand meine schmutzige Wäsche fort und bringt sie mir noch vor dem Abendessen gewaschen und zusammengelegt wieder. Aber das hier soll doch eine *Expedition* sein und kein Urlaub. Im Afar-Dreieck schliefen wir in Zelten, arbeiteten bei fünfundvierzig Grad im Schatten und mußten ständig auf Banditen gefaßt sein. Hier sind die gefährlichsten Eindringlinge einige übereifrige Touristen, die sich am Tor herumtreiben.«

Eine Zeitlang blickten wir schweigend ins Leere. Dann kamen

Berhane und Gen um die andere Ecke des Gebäudes, bewaffnet mit ihren Gesteinshämmern und Feldflaschen.

»Wir wollen unten an der Junction suchen«, sagte Berhane. Sie gingen auf das Tor zu.

»Einen Augenblick«, rief Tim hinter ihnen her. »Ich komme besser mit und passe auf, daß ihr nicht von einem Löwen oder so was gefressen werdet.« Ich wußte, daß er keine Lust hatte. Doch es war typisch für Tim, daß er jede Gelegenheit nutzte, seinen Studenten etwas beizubringen.

»Was ist mit Ihnen, Don?« fragte er mich. »Sie werden sicherlich keine Hominiden finden, wenn Sie hier sitzenbleiben und Trübsal blasen.«

»Na gut, dann komm ich mit«, sagte ich. Tim hatte recht. Es hatte keinen Zweck, den Kopf hängen zu lassen.

Gen und Berhane warteten, während wir unsere Ausrüstung holten, dann schlugen wir den Weg in Richtung der Junction ein. Unser Ziel war ein vielversprechendes Terrain, das Tim im Jahr zuvor bemerkt hatte, ein niedriges Plateau von Ablagerungsschichten unmittelbar westlich vom Castle. Im Scherz hatten wir den Ort »TWK« genannt, als Abkürzung für Tim White Karongo. Es waren viele Stücke *in situ* zu sehen – gut erhaltene Knochen mit hübscher rosa Tönung. Wie üblich hielt Tim seine Studenten in Atem, indem er ihnen Knochenfragmente zuwarf, die sie identifizieren sollten, Tuffs zeigte und ihnen die Prinzipien der praktischen Arbeit erläuterte. In einer Spalte fanden wir einen Rinderkiefer, den die Erosion teilweise freigelegt hatte. Er war in Stücke zerfallen und nur noch durch den Druck der umgebenden Sedimentschicht zusammengehalten.

»Dieses Fossil fällt im nächsten Jahr der Erosion zum Opfer«, erklärte Tim. »Wenn Sie es sammeln wollen, haben Sie zwei Möglichkeiten. Entweder nehmen Sie die einzelnen Stücke auf, packen sie in eine Tüte, etikettieren sie und bringen sie ins Lager. Im Labor können Sie dann feststellen, was Sie noch zusammensetzen können. Die andere Möglichkeit: Sie nehmen ein Konservierungsmittel, gießen es hier hinein, lassen es einsickern und erstarren. Sie warten, bis es trocken ist, graben ein Stück weiter und gießen noch ein bißchen von dem Mittel nach. Dann graben Sie wieder und so fort. Entscheidend ist, daß es wirklich langsam vonstatten geht. Man würde einen oder zwei Tage brauchen, um dieses Fundstück in einem Block herauszubekommen. Viele Leute machen den Fehler, daß sie das Konservierungsmittel über ein solches Fossil gießen und zwei Stunden später versuchen, es herauszunehmen. Nehmen Sie sich die Zeit, es richtig zu machen.«

Etwa zwei Stunden lang suchten wir das TWK und das Gebiet am Fuße des Castle ab. Gegen fünf Uhr wurde das Licht schlechter, und wir machten uns auf den Rückweg zum Lager. Die Sonne verschwand gerade hinter dem Rand der Schlucht, als wir den Ort erreichten, wo der Weg zum oberen Rand beginnt.

»Es bleibt noch zwanzig Minuten hell«, sagte Gen.

»Folgen wir dem Weg über die Junction zum FLK und klettern wir von dort hoch«, sagte Tim.

Es war einer jener belanglosen, kleinen Entschlüsse, die sich im nachhinein oft als so folgenreich erweisen. Wir überquerten ein flaches Terrain und gingen dann parallel zur Straße, die Augen auf den Boden gerichtet. Langsam kroch die Dämmerung in die Junction. Ich sah, wie sich Tim auf dem Hang eines niedrigen Hügels bückte und ein Stück aufhob, das nach dem Schaft eines Extremitätenknochens aussah. Während er sich bückte, fiel ihm etwas anderes auf – ein dunkelbrauner Knochenzylinder von etwa drei Zentimeter Länge. Er führte ihn nahe ans Gesicht und blinzelte durch die dicken Brillengläser.

»Himmel! Der ist *hominid.*« Das flüsterte er fast. Ich blickte ihm über die Schulter. Er hielt das Ellenbogenende einer Primatenelle in der Hand. Sie war so klein, daß sie zu einem Pavian hätte gehören können, besaß aber nicht den starken Knochenvorsprung an der Rückseite, an dem der kräftige Trizeps des Pavians ansetzt. Das konnte nur eines bedeuten. Ich beugte mich nach unten und hob den Extremitätenknochen auf, der Tims Aufmerksamkeit zuerst auf sich gezogen hatte.

»Das sieht wie das Stück eines Oberarmknochens aus«, sagte ich. Es war kaum zu glauben – Stücke eines Hominidenskeletts nur ein paar Schritte von der Touristenstraße zum FLK entfernt!

Vorsichtig ließen wir vier uns auf Hände und Knie nieder und begannen den Staub zu durchsuchen.

»Hier ist ein Oberkiefer«, sagte Berhane nach ein paar Minuten. Seine Stimme war so ruhig und sachlich, daß ich zunächst meinte, er habe lediglich einen Rinderkiefer gefunden. Aber als ich das Fossil ansah, das er in Händen hielt, verspürte ich einen freudigen Schreck der Erleichterung. Es handelte sich um den beträchtlichen Teil eines hominiden Oberkiefers. Er enthielt keinen intakten Zahn, aber einige Zahnhöhlen zeichneten sich deutlich ab. Uns war eine ganz seltene Entdeckung gelungen: Überreste der Schädelregion eines Hominiden zusammen mit Skeletteilen unterhalb des Halses – eine weit wertvollere Verbindung als nur Schädelstücke oder nur Extremitätenfragmente allein. Da fiel mir plötzlich ein: Das erste Stück von Lucy, das ich gefunden hatte, war ebenfalls das obere Ende einer Elle gewesen. Die Übereinstimmung war geradezu unheimlich. Ich ließ mich wieder auf die Knie nieder und versuchte in der zunehmenden Dunkelheit die Umrisse der Dinge auf dem Boden auszumachen. Unmittelbar vor meinem linken Schuh fand ich eine fossile Zahnwurzel, vom gleichen rötlichen Braun wie die anderen Hominidenstücke. Einen halben Schritt weiter, und ich hätte sie möglicherweise zertreten.

»Hören wir auf«, sagte ich. »Wir müssen die Suche auf morgen früh verschieben. Es ist so dunkel, daß wir nicht mehr sehen, was wir tun.«

»Don hat recht«, sagte Tim. »Das Baby liegt hier mindestens seit ein paar Jahrzehnten und wird uns heute abend nicht davonlaufen. Wir sollten die Funde markieren und zusehen, daß wir hier fortkommen, bevor wir irgendwas kaputtmachen.«

Wir kennzeichneten die Stellen, wo wir Fossilien gefunden hatten, mit kleinen Steinhaufen. Dann entfernten Berhane, Tim und ich uns ganz vorsichtig. Gen schien nicht zu bemerken, was um ihn herum vorging. Er hockte immer noch auf Händen und Knien, und sein Gesicht zeigte eine fast übermenschliche Konzentration.

»Das dürfte der schlimmste Fall von Hominidenfieber sein, den ich je gesehen habe«, sagte ich.

LANDSAT-5. Spezialkarte der Olduvai-Region in Nordtansania: karbonatreiche Lava- und Ascheablagerungen von Ausbrüchen des Oldoinyo Lengai in dunkelblau und purpur; Wolken weiß, Wasser blau. (Mit freundlicher Genehmigung des Goddard Space Flight Center der Nasa.)

Der Manyara-See in Nordtansania. Zu Anfang des Pleistozäns vor fast zwei Millionen Jahren wurden die Hominiden und andere die Savanne bewohnenden Säugetiere durch einen ähnlich flachen und alkalischen See nach Olduvai gelockt. (Donald Johanson.)

Das Lager der Olduvai-Schlucht heute. (Donald Johanson.)

Mitglieder der Olduvai Research Expedition kehren nach einem Tag im Feld ins Lager zurück. Im Hintergrund erhebt sich der erloschene Vulkan Lemagrut. (Donald Johanson.)

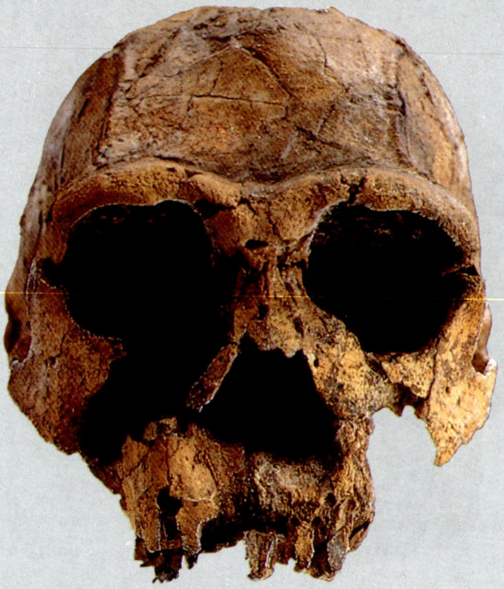

Homo erectus (KNM ER-3733). Dieses Fossil wurde 1975 in Koobi Fora entdeckt und korrigierte das Alter der zunächst als Pithecanthropus erectus bezeichneten Art auf 1,5 Millionen Jahre. (David Brill / National Geographic Society.)

Typische Schädel de Neandertalers (links aus La Ferrassie i Frankreich und eine anatomisch mit der heutigen Menschen z vergleichenden Art au Cro-Magnon, ebenfalls i Frankreich. (John Reader Photo Science Library

Die Zweite Verwerfung der Olduvai-Schlucht. Im Hintergrund der Lemagrut. (Donald Johanson.)

Donald Johanson vor der Olduvai-Schlucht.

Am Tag nach der Entdeckung des Hominiden vom Dik-dik-Hügel findet Tim White ein weiteres Stück des Skeletts. (Donald Johanson.)

Die Fundstelle Dik-dik-Hügel aus der Luft gesehen. Die weißen Punkte sind Markierungen, die Fundstellen von Hominidenfragmenten kennzeichnen. Oberhalb der Fundstelle graben Expeditionsmitglieder einen Graben in den Hang der Schlucht. (Donald Johanson.)

Expeditionsmitglieder und Helfer bei der Arbeit an der Fundstelle. Die Oberflächentrümmer werden zunächst in ein Sieb geschüttet, um sie vom Staub zu befreien. Dann werden sie in sogenannten Kerais, falschen Metallschüsseln, von Hand gesichtet. (Donald Johanson.)

Don Johanson und der Paläontologe Gerry Eck sehen die Tagesausbeute n Knochenfunden durch, um die Fragmente zu entdecken, die möglicherweise zum Hominiden gehören. Im Vordergrund sind Fossilien zu erkennen, die bereits als Knochen des Hominiden vom Dik-dik-Hügel identifiziert sind. (Tim D. White.)

Die Doktoranden, die an der Olduvai-Expedition von 1986 teilgenommen haben: die Paläoanthropologen Gen Suwa (Japan) und Berhane Asfaw (Äthiopien), der Paläontologe Prosper Ndessokia (Tansania) und der Geologe Paul Manega (Tansania). (Donald Johanson.)

Das Dik-dik, eine kleine, monogam lebende Antilope aus den Trockengebieten Ostafrikas. Unter dem Kothaufen eines Dik-diks fand eines der Expeditionsmitglieder einen 1,8 Millionen Jahre alten Hominideneckzahn. (Donald Johanson.)

Lucys Skelett in einer Zahngips-Rekonstruktion des Paläoanthropologen Owen Lovejoy und seiner Studenten von der Kent State University. Von den Abgüssen der gefundenen Fossilien, in Dunkelbraun wiedergegeben, fertigte Lovejoy Spiegelbilder an und ergänzte die fehlenden Teile, indem er sich an den Überresten anderer *afarensis*-Individuen orientierte. Die Körperhaltung zeigt, wie ineinandergreifende Anpassungsmechanismen in Lucys Becken, Femur, Knie und Fuß einen vollständig ausgebildeten bipeden Gang ermöglichten. (David Brill.)

Shifting Sands, eine Wanderdüne nördlich der Olduvai-Schlucht. Sie besteht aus feiner schwarzer Vulkanasche und bewegt sich seit zweitausend Jahren mit einer Geschwindigkeit von knapp vier Zentimetern pro Tag über die Ebene der Serengeti. (Donald Johanson.)

Der tansanische Archäologe Fidelis Masao und Donald Johanson erörtern unter dem »Castle«, einer auffälligen geologischen Struktur der Junction, die Zukunft der Olduvai-Schlucht. (Alberto Angela.)

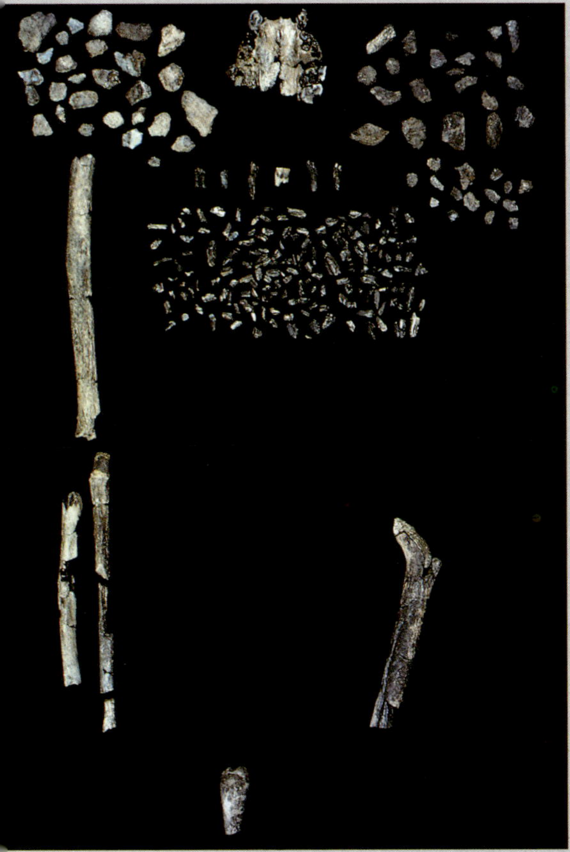

OH-62, die Relikte eines Hominiden, die Tim White und seine Kollegen 1986 in der Olduvai-Schlucht gefunden haben. Die Fundstücke repräsentieren erstmals kranielle und postkranielle Teile eines Individuums von *Homo habilis* und scheinen die Überreste einer 1,8 Millionen Jahre alten winzigen Frau mit langen Armen zu sein.

ahaufnahme der OH-62-1axilla, also des Oberkie-ers, mit stark abgeschliffenen Eckzähnen (oben) und angeschliffenen ackenzähnen, die auf ein rtgeschrittenes Alter der lominidenfrau schließen lassen. Die Anatomie eses Kieferknochens veranlaßte das Forschungsteam zu der Annahme, daß es sich bei OH-62 ım *Homo habilis* handelt.

Vier frühe Hominid
femora: *Homo hab*
aus Koobi Fora, OH-
(*Homo habilis*) aus
Olduvai-Schlucht u
zwei *afarensis*-Schenk
knochen aus Had
Obwohl OH-62 d
Koobi-Fora-Hominid
zeitlich viel näher ste
weist es in Körpergrö
und -proportion
größere Ähnlichkei
mit Lucy, zweite v
rechts, auf. Wahrsche
lich sind die größe
Schenkelknochen mä
lichen und die kleine
weiblichen Ursprun
was bei beiden Ar
auf einen ausgepräg
Geschlechtsdimorph
mus schließen la
(Institute of Hum
Origi

»Kommen Sie, Suwa«, lachte Tim, »heben Sie sich die Entdekkung des Schädels für morgen früh auf.«

Tim wickelte die Knochen vorsichtig in sein Taschentuch ein, und wir machten uns auf den Rückweg zum Lager. Als wir über den Rand kletterten, fielen uns die letzten Sonnenstrahlen ins Gesicht, ein warmes, kräftiges Licht, das die Ebene in flüssiges Gold verwandelte. Später im Lager sagte mir jemand, wir hätten wie vier siegreiche Krieger ausgesehen, die aus der Schlacht zurückkehrten. Beim Abendessen stellte Gerry die Himbeerlimonade beiseite und holte eine Kiste tansanisches Bier heraus, von der er uns kein Sterbenswörtchen erzählt hatte. Wir sprachen über die Knochen und machten Pläne für den folgenden Tag. Ich zog mich früh zurück und holte mein Tagebuch heraus.

»Endlich kann ich wieder schlafen«, schrieb ich und hielt in aller Kürze die Ereignisse des Nachmittags fest. Nach nur drei Tagen hatte die alte Schlucht alle unsere Hoffnungen wieder zu neuem Leben erweckt. Ich fiel in einen traumlosen Schlaf und ahnte nicht, daß unsere Probleme erst anfingen.

6. Kapitel
Tag des Dik-dik

> Es gibt nichts Schlimmeres, als ein Skelett zu haben und nicht zu wissen, was es ist.
>
> *Tim White*

Am folgenden Tag hatte niemand von uns die Geduld, die Morgendämmerung abzuwarten. Wir standen früh auf und folgten dem Strahl unserer Taschenlampen in die Dunkelheit, mit Pullovern gegen die Kälte gewappnet. Ich wusch ab und schloß mich den anderen im Gemeinschaftsraum an. Wir wärmten uns die Hände an den Bechern mit *Kahawa* – starkem tansanischen Kaffee, der ein bißchen nach Kreide und Rauch schmeckt. Stephan, der Gehilfe des Kochs, brachte uns Platten mit rotschaligen Bananen und Papayastreifen, Rührei mit Tomaten und Purpurzwiebeln sowie frisches Brot, das über der Glut vom Vorabend gebacken worden war. Während wir aßen, lichtete sich der Horizont im Osten. Das Himmelsgewölbe über uns verlor seine Sterne mit dem perlgrau einsickernden Licht der beginnenden Morgendämmerung. Dann kletterte die Sonne über den Ngorongoro und breitete sich wie ein Magmafluß aus, als wäre der einstige Vulkan zu den verheerenden Aktivitäten seiner Jugendzeit zurückgekehrt.

Der Hominid, den wir gefunden hatten, war noch ein Fremder für uns. Das war wenig verwunderlich, berücksichtigte man, wie wenig Material uns zur Verfügung stand. Doch als Wissenschaftler, oder auch nur als Menschen, verspürten wir den unwiderstehlichen Drang, seine Identität herauszufinden, ihm einen Namen zu geben, uns Klarheit über ihn zu verschaffen. Von der höchst unwahrscheinlichen Möglichkeit abgesehen, daß es sich bei diesem Hominiden um eine völlig neue Art handelte, war uns der

Rahmen durch die Funde vorgegeben, die bislang in den unteren Olduvai-Betten entdeckt worden waren. *Homo erectus* hatten wir rasch ausgeschlossen. Diese Art ist in Olduvai am schönsten durch ein gut erhaltenes Schädeldach repräsentiert, das Louis Leakey in den oberen Schichten von Bed II gefunden hat. Die von Tim gefundene Elle war zu klein, um zu einem bekannten *erectus*-Individuum gehören zu können, auch *wenn* sie aus einer der oberen Schichten von Bed II heruntergespült worden wäre – was angesichts des flachen Geländes an der Fundstelle außerordentlich unwahrscheinlich war. Sehr viel »verdächtiger« war die robuste Art *Australopithecus boisei*, für die Zinj höchstpersönlich steht. Eine zweite Möglichkeit war *Homo habilis*, die erste wirklich menschliche Art.

Nach dem Essen am Abend zuvor hatten wir die Bierflaschen beiseite geräumt und die Fossilien auf dem Tisch ausgebreitet. Die Knochen wanderten von Hand zu Hand, während das Licht der trüben Glühbirne die Gesichter in der Runde kaum erleuchtete.

»Sehen Sie sich die Größe der Wurzelhöhlen dieses Prämolaren an«, sagte Berhane Asfaw. Ich setzte mich neben Berhane, um besser sehen zu können. Dieses Kieferstück enthielt keine Zähne, von denen man auf die Größe der Molaren hätte schließen können. Doch die Spuren einiger Zähne waren – wenn auch nur schwach – in den erhaltenen Resten von Zahnhöhlen sichtbar.

»Sieht aus, als hätte hier noch eine weitere Prämolarenwurzel gesessen«, sagte ich, »und dahinter möglicherweise noch eine dritte. Damit hätten Sie einen Prämolaren von bemerkenswerter Breite mit drei Wurzeln. Ein großer, an Zinj erinnernder Backenzahn.«

»Die Wurzeln könnten gespreizt sein«, sagte Gen, »so daß die Zahnkrone wesentlich kleiner wäre, als wir denken.«

»Vielleicht. Und der Kiefer selbst sieht auch ziemlich klein aus. Was halten Sie davon, Tim?«

Tim saß an der anderen Seite des Tisches, mit der Elle beschäftigt. Er blickte auf, und ich gab ihm das Oberkieferfragment. Ein oder zwei Minuten drehte er das Fossil hin und her wie jemand, der mit einem Rubikwürfel spielt.

»Wenn ich verzweifelt wäre«, sagte er, »würde ich das hier einem weiblichen robusten Australopithecinen zuordnen. Aber ich bin nicht verzweifelt. Noch nicht.«

Nach dem Frühstück beluden wir den Lastwagen mit den Geräten, die wir benötigten, um die oberflächliche Geröllschicht des Terrains in der Umgebung des Fundes durchzusieben. Bis auf die Kameras hat sich das Zubehör der praktischen Paläoanthropologie kaum verändert, seit Eugène Dubois vor hundert Jahren die Flußbetten von Java nach Spuren des *Pithecanthropus erectus* durchkämmte. Wir nahmen Gesteinshämmer mit, Kleiderbürsten, einige Heringe, ein Knäuel Landvermesserschnur und einen Stapel flacher Metallschüsseln, die auf Suaheli *Karai* heißen. Obwohl wir es wahrscheinlich nicht gleich brauchten, packten wir noch ein selbstgefertigtes Sieb ein – ein Holztablett von sechzig Zentimetern im Quadrat, mit einem Boden aus Drahtgitter und zwei Griffen an den Seiten, so daß zwei Leute es zwischen sich hin- und herschütteln können. Das war alles sehr primitiv, und ich habe durchaus Verständnis für jene Laborwissenschaftler, die sich ohne millionenschwere Technologie nackt fühlen und deshalb die praktische Arbeit vor Ort als romantischen Anachronismus abtun. Doch solange niemand eine bessere Methode findet, um nach den Nadeln im Heuhaufen zu suchen, müssen wir uns mit unseren Holzsieben und verbeulten Karais behelfen.

Der Lastwagen setzte uns an der neuen Fundstelle ab und fuhr zurück nach Arusha; von nun an mußten wir mit einem einzigen betagten Landrover auskommen. Ich sah dem Laster nach, wie er die Schlucht verließ. Vierhundert Meter weiter wurde die Junction majestätisch von dem kupferfarbenen Castle überragt. Unmittelbar rechts davon saß die strohgedeckte *Banda* des Touristenaussichtspunktes wie ein Höcker auf dem grasbewachsenen Rand der Schlucht. Wir hätten uns keinen öffentlicheren Platz aussuchen können, um einen Hominiden zu finden.

Natürlich waren alle Wissenschaftler, Studenten und Besucher des Lagers mitgekommen, und natürlich hatten alle nur den einen Wunsch, loszustürzen und nach Knochen zu suchen. Doch das Schlimmste, was uns passieren konnte, waren vierzehn Paar

Schuhe, die alles plattrampelten wie eine Herde wilder Tiere. Tim grenzte zunächst ganz grob ein Niemandsland rund um den Ort ab, wo Berhane den Oberkiefer gefunden hatte. Dann forderte er die Studenten auf, nach vorne zu kommen.

»Ndessokia – was machen Sie angesichts einer solchen Fläche als erstes?« fragte Tim.

»Ich versuche die Herkunft des Fundstücks herauszubekommen«, antwortete Prosper ruhig, »es so genau wie möglich in die Stratigraphie einzuordnen.«

»Okay. Und inzwischen wird die Fundstelle dokumentiert und fotografiert, bevor wir sie noch weiter verändern. Also, wo befinden wir uns, geologisch gesehen?«

Wir sahen uns alle um und versuchten uns über das Gelände klar zu werden. Unser Standort war der Nordhang einer sanften Anhöhe in einer ansonsten flachen Auswaschung zur Seite der Straße. Der Hügel war unbewachsen, von einer Mütze aus Sisalbüschen und anderem Bodenbewuchs abgesehen. Direkt unter den Büschen bemerkte ich einen kreisförmigen Fleck von lederbraunen Kügelchen: Offensichtlich handelte es sich um eine »Latrine« von Dik-diks – scheuen, winzigen afrikanischen Antilopen, die zur Defäkation gewöhnlich immer an den gleichen Ort zurückkehren. Nach ein paar Schritten in südwestlicher Richtung erhob sich die Schluchtwand zu einem steilen, von Rinnen durchzogenen Hang von fünfzehn Metern Höhe, in dem sich eine Reihe von Ablagerungsschichten abzeichneten. Ich konnte diese Horizonte etwa hundert Meter in südlicher Richtung verfolgen, während im Norden ein niedriger, buschbewachsener Vorsprung aus Sedimentgestein den Blick zum FLK verwehrte. Von der Stelle, wo wir die Knochen gefunden hatten, verlief eine flache erodierte Rinne etwa in östlicher Richtung. Nach gut zwanzig Metern stieß sie auf die Straße und führte auf der anderen Seite weiter zu einer Schicht aus schwarzer Lava und dem dichteren Pflanzenbestand, der das ausgetrocknete Bett des Olduvai-Flusses säumte.

»Da drüben auf der anderen Straßenseite ist Basalt«, sagte Berhane. »Wir müssen also nahe dem Boden von Bed I sein.«

»Richtig«, sagte Tim. »Und da das Fossil nicht *in situ* gefunden worden ist, muß es irgendwo von oben kommen. Leider befindet sich auch keine Matrix auf einem der Knochen. So lassen sich nur Wahrscheinlichkeitsaussagen machen.«

»Die Knochen sind gut erhalten. Sie dürften also keine weite Strecke zurückgelegt haben«, ließ Gen versuchsweise verlauten.

»Ein guter Gedanke. Man muß auch bedenken, wie zerbrechlich eine solche Maxilla im Vergleich zu anderen Schädelteilen ist. Hätte das Kieferstück schon einen weiteren Weg zurückgelegt, bevor Berhane es fand, wäre wahrscheinlich nicht mehr viel von ihm übrig. Deshalb können wir hoffen, daß es aus dem sehr weichen Material unterhalb dieser Deckschicht erodiert ist.«

Tim stieß mit dem Fuß ein paar Geröllsteine beiseite und bohrte seine Schuhspitze in die verkrustete Oberfläche, um die weichere Sedimentschicht darunter freizulegen.

»Vielleicht ist da drinnen noch mehr, vielleicht auch nicht«, sagte er. »Mit Sicherheit wissen wir nur, daß wir hier gestern abend in der Dunkelheit drei hominide Knochenfragmente gefunden haben. Und ich wäre ziemlich überrascht, wenn wir heute an der Oberfläche nichts mehr finden würden. Also Asfaw – wo beginnen wir mit der Suche?«

Berhane sah sich an der Fundstelle um, bevor er antwortete.

»Ich würde an der Straße beginnen und mich langsam diese erodierte Rinne emporarbeiten«, sagte er.

»Da scheinen ja gestern alle sehr aufmerksam gewesen zu sein«, sagte Tim. »Beschäftigen wir uns zunächst mit den Stellen, die in größter Unordnung sind, und arbeiten wir uns dann an den Bereich mit höchster Fossildichte heran – und der befindet sich genau hier, im Nordwesten dieser Anhöhe. Also, sperren wir das Gelände ab und machen uns an die Arbeit.«

Während Tim und Gerry die Vorbereitungen für die Oberflächensuche beaufsichtigten, brach Bob Walter auf, um die umliegenden Horizonte nach Hinweisen auf den geologischen Kontext abzusuchen. Inzwischen waren Berhane und ich damit beschäftigt, die Stellen der einzelnen Funde zu fotografieren und zu dokumentieren. Dabei stieß ich auf zwei Zahnwurzelsplitter – vielversprechendes Material, weil es darauf schließen ließ, daß noch mehr unmittelbar unter der Oberfläche verborgen sein konnte. Über das Terrain verstreut bemerkte ich noch eine Anzahl roher Quarzwerkzeuge, die auf einen Ursprung in den unteren Schichten von Bed I schließen ließen – und keine Handäxte oder andere Artefakte des Acheuléen, die von höheren Schichten heruntergerollt wären. Das war zwar wiederum eine bloße Vermutung – doch vielleicht war diese Hominidenfundstelle nicht so stark mit den Überresten späterer Zeiten durchsetzt, wie Tim befürchtete. Nach dem Bericht des Geologen würden wir etwas mehr wissen. Und erheblich mehr würden wir wissen, so hoffte ich, sobald wir ein Stück des Hominiden *in situ* gefunden hätten. Ich war mir fast

Berhane Asfaw sucht das Oberflächengeröll am Dik-dik-Hügel nach Hominidenspuren ab. Hinter ihm sind Bob Walter und Tim White zu erkennen. (Donald Johanson)

sicher, daß dies – wenn nicht heute, so doch morgen oder übermorgen – der Fall sein würde.

Als wolle er meine Zuversicht rechtfertigen, ließ Gen Suwa plötzlich einen Ausruf hören. Er hatte seinen ersten Fund gemacht – das braun-schwarze Dreieck eines Hominidenschädels von ungefähr drei Zentimetern im Quadrat. Es lag auf der Oberfläche des Hügels, nur ein paar Schritte weiter. Das Fundstück war nicht *in situ* und es war kein Australopithecus-Schädel, aber es konnte ein Teil davon sein. Als ich sein strahlendes Gesicht sah, mußte ich daran denken, daß wir ihn ein paar Tage zuvor fast in Arusha zurückgelassen hätten, weil sein Gepäck noch nicht eingetroffen war. Statt dessen hatte er jetzt etwas entdeckt, was sich als erster Schlüssel zu einem Geheimnis von außerordentlicher Bedeutung entpuppen konnte. Wenn in der Nähe genügend Überreste des Schädels an der Oberfläche lagen, würden wir sie möglicherweise zusammensetzen und die Gehirngröße dieses Hominiden schätzen können. Und für *diese* Entdeckung konnte man schon ein paar persönliche Besitztümer opfern.

Tim ging hinüber und sah sich den Knochen an.

»Glückwunsch, Suwa«, lächelte er. »Noch ein oder zwei Dutzend solcher Stücke, und wir wissen, wonach wir suchen.«

Gerry hatte inzwischen mit Heringen ein Rechteck abgesteckt und es mit der Landvermesserschnur gekennzeichnet. Es umrahmte die Rinne, die zur Straße hinunterführte. Tim und er nahmen jetzt ein weiteres Stück Schnur und legten es parallel zur Straße aus, ungefähr dreißig Zentimeter innerhalb des Rechtecks. Das Absuchen der Oberfläche würde nun auf allen Vieren stattfinden, wobei wir uns in einer Reihe fortbewegten, immer jeweils dreißig Zentimeter, und dann die Schnur vor uns wieder entsprechend versetzten. Tim bezog einen zentralen Standplatz, um die Suche zu dirigieren, wobei er dafür sorgte, daß die Studenten in seiner Nähe arbeiteten. Gerry, Lew Binford und ich suchten uns Plätze am Rande. Letztes Glied in der Reihe war Mrisho Ramadhani, ein Mitarbeiter des National Museum, der hier die praktische Arbeit lernen sollte. Ramadhani war ein ruhiger, bebrillter Bursche, der den Spitznamen »Mzee« trug, auf Suaheli ein ehrenvoller Beiname mit der Bedeutung »alter Mann«. George Frison, den ein Rückenleiden plagte, so daß er sich nicht bücken konnte, inspizierte inzwischen die Umgebung der Fundstelle.

Die Methode der Oberflächensuche ist einfach: Wir überprüften das staubige Geröll unmittelbar vor uns und legten alles, was entfernte Ähnlichkeit mit einem Knochen hatte, in eine gekennzeichnete Plastiktüte. Wenn jedes Knochenstückchen und jeder Zahnwurzelsplitter in dem schmalen Streifen zwischen uns und der beweglichen Schnur aufgelesen war, standen die beiden Männer am Ende der Schnur auf und zogen sie um dreißig Zentimeter weiter. Nun krochen auch wir weiter, und der ganze Vorgang wiederholte sich. Knochenreste, die sich eindeutig als hominid einstufen ließen, kamen in eine Extratüte, während ihre Fundstelle mit einer Flagge markiert wurde. Später würden wir der Verteilung der Knochen über die Oberfläche wichtige Hinweise auf die Erosionsstelle des Fossils entnehmen können. Alle Steinwerkzeuge, die wir fanden, ließen wir in gut erkennbaren Stapeln zurück. Wenn wir unser Tempo beibehielten, konnten wir bis zur Dämmerung den Ort erreichen, wo Berhane den Oberkiefer gefunden hatte – in gut zwanzig Meter Entfernung. Es war harte körperliche Arbeit, eine Qual für Rücken und Knie, und sie wurde immer beschwerlicher, je höher die Sonne am Himmel kletterte. Trotzdem genossen wir jede Minute.

»Ich bin auf den Hängen zu beiden Seiten von euch herumgeklettert«, erzählte mir Bob Walter später, »und pausenlos habe ich eure Freuden- und Jubelrufe gehört. Dann wußte ich, daß ihr wieder ein Hominidenstück gefunden hattet. Da hätte ich gern eine Zeitlang mit euch getauscht und wäre Paläoanthropologe gewesen.«

Der erste Jubelruf ertönte kurz nach neun, als Lew Binford, der auf dem südlichen Hang der Rinne arbeitete, auf das etwa fünf Zentimeter lange Stück eines Schenkelknochens stieß. Besonders wertvoll sind die Fragmente von Extremitätenknochen, wenn sie Einzelheiten der *Knochenenden* enthalten, die eine Gelenkverbindung mit einem angrenzenden Knochen bilden. Lews Bruchstück besaß zwar keine Gelenkreste, war aber der zweitbeste der denkbaren Funde – nämlich ein zwei Zentimeter langes Stück des Knochenschaftes und des Schenkelhalses, der dort abgebrochen war, wo er zum proximalen Ende abknickt. (In der Anatomie bezeichnet man den Teil einer Extremität oder eines anderen Körperteils als *proximal*, der der Körpermitte zugelegen ist; den Teil, der von der Körpermitte entfernt ist, bezeichnet man als *distal* – man denke an »Distanz«.) Die Bruchstelle des Knochenfragments war so frisch, daß wir hoffen durften, das aufschlußreiche Ende in der Nähe, vielleicht unmittelbar darunter, zu finden. Doch wir bewegten uns weiterhin die Rinne aufwärts. Eine Stunde später stießen wir auf ein Stück Schienbein. Es wies die gleiche dunkle Färbung auf wie die anderen Überreste unseres rätselhaften Hominiden – ein weiterer Grund zum Optimismus.

Die Schienbein- und Oberschenkelfragmente hatten noch ein anderes außerordentlich interessantes Merkmal mit den bereits entdeckten Armknochen gemeinsam.

»Hören Sie, Don, Sie kennen Lucys Skelett besser als Ihr eigenes Gesicht«, meinte Tim bei der Mittagspause. »Sehen Sie sich das mal an.«

Tim holte das Schienbeinstück aus der Tüte und hielt es hoch. Wir saßen an einem Arbeitstisch im Laborgebäude, einem luftigen Steinbau, dessen vom Boden bis zur Decke reichende Regale mit Säugetierfossilien und Schachteln voller Steinwerkzeuge gefüllt waren. In der Mitte des Raumes stand ein Glasfaserabguß der Fußabdrücke von Laetoli auf Sägeböcken.

»Ein ziemlich kleiner Bursche, oder«, erwiderte ich.

»So klein wie Lucy?«

»Ja.«

»Vielleicht *noch kleiner*?«

»Das erscheint mir ziemlich unwahrscheinlich. Ein ausgewachsener Hominide, der keinen Meter groß ist?«

»Wer weiß? Aber es wäre interessant, wenn wir Lucy hier hätten, um einen Vergleich vorzunehmen.«

»Kimbel soll in zwei Wochen vom Institut aus hier eintreffen«, erinnerte uns Gerry Eck. Er beugte sich über eine Waschschüssel auf einem Tisch in der Nähe und schrubbte den Staub von den

Stücken, die wir am Morgen gesammelt hatten. »Wenn wir ihn rechtzeitig erreichen, könnte er uns Abgüsse von Lucys Extremitätenknochen mitbringen.«

Beim Mittagessen – Dosenfleisch, Kohlsuppe und Himbeerlimonade – setzten wir ein Telegramm an Kimbel auf, das bei der ersten sich bietenden Gelegenheit hinausgehen sollte.

Haben Hominiden gefunden, schrieben wir. *Brauchen Lucys rechte Elle, Hals- und Lendenwirbel, proximales Femur, proximale und distale Tibia, proximalen linken Humerus.* Dann nannten wir noch ein paar Ausrüstungsgegenstände, die er ebenfalls mitbringen sollte. Ganz oben auf dieser Liste stand: *Zwei Pfund Erdnußbutter.*

Die Sonne stand noch immer so hoch, daß für die Dauer einer weiteren Stunde an eine Rückkehr zur Fundstelle nicht zu denken war. Also scharte Tim seine Studenten um sich, und wir gingen ins Labor zurück, um mit der Sichtung des Oberflächenmaterials zu beginnen. Er nahm eine Tüte mit der Aufschrift »Rinne eins« und schüttete ihren Inhalt auf den Arbeitstisch.

»Gerry hat dicscs Zeug gewaschen, so daß wir leichter sehen können, was wir gefunden haben«, meinte Tim, suchte ein paar Kieselsteine aus dem Haufen heraus und warf sie aus dem offenen Fenster. »Jetzt müssen wir uns Tüte für Tüte und Fundstück für Fundstück vornehmen und alles beiseitelegen, was auch nur im entferntesten den Eindruck erweckt, es könnte hominiden Ursprungs sein. Wenn wir uns irren und ein Hominidenstück auf einen Haufen legen, der Dinge nicht-hominider Herkunft enthält, werden wir es nie wiederfinden – wir könnten es ebensogut ins Meer werfen. Das Sortieren ist zu wichtig, als daß man es einem einzelnen überlassen könnte. Bevor ich einen Knochen auf den nicht-hominiden Haufen werfe, gebe ich ihn Johanson. Wenn er Zweifel hat, heben wir den Knochen vorsichtshalber auf.«

Tim suchte aus der Tüte eine konkav geformte Knochenscherbe, die ein ungeübtes Auge leicht für das Stück einer Schädelwölbung hätte halten können.

»Ich sage, dieses Stück hier kommt raus«, meinte Tim und reichte es mir.

»Richtig«, sagte ich. »Schildkrötenpanzer.«

»Was ist mit diesem bleichen Knochen?« fragte Berhane.

»Wir können noch nicht nach der Farbe gehen«, sagte Tim. »Manchmal haben die Teile eines Fossils auch verschiedene Farben.«

Nacheinander gingen wir alle Tüten durch, die wir von der Fundstelle mitgebracht hatten. Viel wurde dabei nicht geredet. Wir prüften die Knochen auf Oberflächenbeschaffenheit und Erhaltungsgrad sowie auf hominidenartige morphologische Merkmale. Wenn wir auf Knochen stießen, die fraglos zu einer anderen Art gehörten, legten wir sie in eine andere Tüte. Informationen über die Fauna, die sich mit den Hominidenstücken mischte, konnten uns Aufschluß über die ökologischen Bedingungen der Fundstelle geben. Tim hielt jedes Stück in das Licht des Fensters, drehte es in der Hand und gab seine Entscheidungen bekannt: *Rein... raus... rein... raus.* Seine tiefe Grabesstimme hörte sich an, als verkünde er die Urteile am Tage des jüngsten Gerichtes. Er reichte mir jeden Knochen, und wenn ich den geringsten Zweifel hatte, erhob ich Widerspruch. Um halb drei waren wir die meisten Tüten durchgegangen und hatten etwa hundert Knochen zusammen, die zu unserem Hominiden gehören konnten. Sie würden Teil des Rohmaterials sein, mit dem wir später versuchen würden, das Skelett zusammenzusetzen. Das war ein weit schwierigeres Unterfangen, doch zunächst mußten wir der Fundstelle so viel an Information entreißen, wie sie hergab. Wenn wir Glück hatten, würden wir noch weit mehr finden, als wir schon hatten.

War die Oberflächensuche am Morgen vielversprechend gewesen, so waren die Ergebnisse der Nachmittagsarbeit einfach phantastisch. Kurz nachdem wir unsere Positionen in der Reihe wieder eingenommen hatten, holte Tim ein schönes Gaumenstück aus dem Geröll vor seinem Knie. Später im Labor sollte sich herausstellen, daß es nahtlos in den am Vorabend gefundenen Oberkiefer paßte. Es folgten noch mehr Funde, und jeder bestärkte uns in unseren Hoffnungen. Es enthielt den Überrest eines Knochenvorsprungs, den man als mandibularen Kondylus bezeichnet – das Gelenkstück, mit dem der Kiefer im Schädel eingehängt ist. Inzwischen schienen überall Zahnfragmente aufzutauchen. Dann stieß Gerry auf ein weiteres Knochenstück einer Gliedmaße.

»Der Rest der Elle!« rief Tim aus. »Hervorragend, Eck!«

»Ändern wir lieber das Telegramm an Kimbel«, sagte ich. »Schreiben wir ihm, er soll Lucys vollständiges Skelett mitbringen.«

Berhane blieb das Glück treu: Am Spätnachmittag hielt er einen Fund in die Höhe, der das erste Stück einer Zahnkrone zu sein schien. Es reichte nicht aus, um auf die Art schließen zu lassen, mit der wir es zu tun hatten, doch es war ein hoffnungsvolles Ereignis, mit dem sich die Tagesarbeit würdig beschließen ließ. Wir beendeten die Oberflächensuche mit dem letzten Licht des Tages. Als die Schatten sich verdichteten, bereiteten wir den nächsten Tag vor, indem wir die gesamte Fundstelle mit Heringen und Schnur in quadratische Felder von zwei Metern Seitenlänge unterteilten. Morgen war der nächste Schritt an der Reihe: Wir würden das lose Geröll aus den Quadraten fegen und sorgfältig durchsieben.

Um halb sechs traf der Landrover aus dem Lager ein. Er mußte zweimal fahren, um uns alle nach Hause zu bringen. Ich meldete mich freiwillig für die zweite Fahrt. Während der Wartezeit kletterte ich den steilen Hang im Westen hoch und setzte mich auf einen bequemen Vorsprung. Als ich auf die Fundstelle hinabsah, verblüffte mich ihre Dunkelheit. Vor einem Hintergrund von Felswänden, die von der untergehenden Sonne in prächtiges Licht getaucht wurden, lag dieser nichtssagende Flecken grauer Düsternis, hier und da unterbrochen von einem spindeldürren Busch. An seinen Rändern klaffte der Einschnitt der Straße. Seit Jahrzehnten schaffte man auf dieser Straße Touristen herbei, um ihnen die Gedenktafel zu zeigen, die an die Entdeckung von *Zinjanthropus* erinnerte. Im Vorbeifahren konnten die rechts sitzenden Passagiere dann einen Blick auf die Klippen und das darunterliegende Flußufer mit seinen gelb-grünen Sisalbüschen, der anmutigen Silhouette der Akazien und den Aloen erhaschen, die ihre dichtbelaubten Wipfel auf drei Meter hohen grobrindigen Stämmen trugen. Die Passagiere auf der linken Seite dagegen sahen auf die

Anhöhe, die wir jetzt Dik-dik-Hügel nannten – eine kaum merkliche Erhebung inmitten eines kahlen Geländes, die eine Seite der Spitze von einem Vegetationsbüschel bedeckt, so daß es aussah, als trüge sie ein billiges, schlecht sitzendes Toupet.

Mit anderen Worten, auf der einen Seite des Touristenbusses lag Afrika, während die andere Seite einem brachliegenden Bauplatz ähnelte. Ich mußte über die Ironie der Situation lächeln. Natürlich kamen die Touristen, um Afrika zu sehen, aber den eigentlichen Schatz barg dieser öde Ort – das Geheimnis dieses rätselhaften Vorfahren, dessen Knochen dort all die Jahre an der Oberfläche gelegen hatten. Jetzt hatten wir ihn gefunden und den Hügel mit einem geometrischen Gitternetz überzogen, und jedes einzelne Teilquadrat versprach eine Fülle von Möglichkeiten. Funde, die sowohl Schädel- als auch Extremitätenknochen von Australopithecinen oder *Homo habilis* umfassen, sind nicht nur sehr selten im Bestand der fossilen Zeugnisse – es gibt sie überhaupt nicht. Unsere Vorstellungen von der grundlegenden Anatomie dieser beiden Arten weisen also enorme Lücken auf, von den Zuordnungsproblemen einiger Extremitätenknochen und anderer postkranieller Teile ganz abgesehen. Gehörten die isolierten Oberschenkelknochen, die bei Koobi Fora gefunden worden waren, wirklich zu *Australopithecus boisei*, oder war das bloß eine Vermutung?

Wie stand es mit *habilis*? Die Nominatform OH-7 besteht aus einigen Schädelfragmenten, dem Teil eines Unterkiefers und einer Handvoll Handknochen. Gehörten sie wirklich alle zu einem einzigen jugendlichen Individuum der Art *habilis*, wie die Leakeys glaubten? Was war mit den Fußknochen, die man an derselben Fundstelle entdeckt hatte. Waren sie demselben Individuum zuzuschreiben oder einem ausgewachsenen weiblichen Individuum? Auf dem Zinj-Platz selbst waren die Leakeys auf einige Stücke Schien- und Wadenbein gestoßen. Waren das postkranielle Teile anderer *habilis*-Individuen oder Stücke von Zinj selbst, dem Originalexemplar von *Australopithecus boisei*? Welche Knochen waren welcher Art zuzuordnen? Das alles war viel zu verwirrend, um wesentliche Klarheit zu bringen.

Wenn uns der Hominide vom Dik-dik-Hügel nur helfen würde,

die Identität dieser Fundstücke besser zu bestimmen, wäre das schon ein großer Erfolg. Doch die Benennung von Fossilien ist immer nur der Anfang, der Ausgangspunkt zu weiterreichenden Fragen. Waren die robusten Australopithecinen wirklich »robust«? Hatte *Homo habilis* tatsächlich unsere Körperproportionen, wie die meisten Forscher meinen? Ging er wie *Homo sapiens*? Welche Beziehung bestand in dieser entscheidenden Übergangsphase der menschlichen Evolution zwischen Gehirn- und Körpergröße? Einige Antworten mochten bereits auf den Museumsregalen in Nairobi, Johannesburg oder Addis Abeba liegen und nur darauf warten, daß man ihnen ihr Geheimnis entriß. Wenn wir mehr Teile unseres Hominiden fanden, konnte er vielleicht als eine Art Rosetta-Stein* dienen, der einer ganzen Fülle von Ungewißheiten Bedeutung verlieh. Wer weiß, so dachte ich – möglicherweise wird auch auf dem Dik-dik-Hügel eines Tages eine Gedenktafel stehen.

Wieder im Lager, fand ich Tim und seine Studenten bei der Arbeit im Labor wie ein Dreigespann von Alchimisten über die Fossilien gebeugt, als gehe es um den Stein der Weisen. Sie hatten noch nicht einmal abgewaschen. Tim blickte auf und lächelte.

»Nichts in der Welt tue ich lieber, als das Skelett eines robusten Australopithecinen zusammenzusetzen«, sagte er. »Sie kommen gerade rechtzeitig, um mitzuerleben, wie gut diese Armknochen zusammenpassen.«

Tim hielt in jeder Hand das Stück eines Ellbogenknochens und ließ sie einrasten. Der Berührungspunkt war zwar schmal, aber es gab keinen Zweifel daran, daß sie zusammenpaßten.

»Sie sind also sicher, daß es sich um eine robuste Art handelt?«

»Das sind sehr große Zähne, Bwana.«

»Wir können trotzdem noch nicht sicher sein«, warf Gen ein.

»Mr. Suwa hier plädiert für *habilis*. Er hat noch nicht gelernt, daß ein Student, der es zu etwas bringen will, sich immer die Meinung seines Professors zu eigen machen sollte«, scherzte Tim.

* Der Stein von Rosetta führte 1822 zur Entzifferung der Hieroglyphen-Schrift durch Jean François Champollion.

»Berhane ist erheblich schlauer. Er hat sich meiner Auffassung angeschlossen. Dieser Hominide ist ein robuster, von geringer Körpergröße. Wahrscheinlich weiblich.«

Ich nahm das Kieferfragment auf und fuhr mit dem Finger über den leichten, verwitterten Vorsprung auf der Rückseite.

»Wieso ist dann der Kondylus so klein?« fragte ich. »Man kann sich kaum vorstellen, daß sich ein großer robuster Kiefer voller Megamolaren in einem Gelenk von so bescheidenen Ausmaßen bewegt haben soll.«

»Dann tippen Sie auch auf *habilis*?«

»Sagen wir mal so: Ich halte mir mein Urteil noch offen.«

»Na gut. Dann haben wir zwei Stimmen für *boisei*, eine für *habilis* und Johanson ist weder Fisch noch Fleisch. Ich kann daraus nur einen Schluß ziehen, nämlich daß wir unbedingt so eine verflixte Prämolaren- oder Molarenkrone finden müssen.«

»Wie wäre es in der Zwischenzeit mit dem fehlenden Teil dieses Femurs?« fragte ich und hielt das Fragment des Oberschenkelknochens ins Licht. »Diese Bruchstelle sieht sehr frisch aus.«

»Kriegen wir alles, morgen.«

Am Morgen des 23. Juli waren wir wieder an der Fundstelle und begannen ungeduldig mit dem Sieben. Ich habe bereits erwähnt, welchen Vorteil es bedeutet, für die Feldarbeit ein gutes interdisziplinäres Team zur Verfügung zu haben. Bei dieser Expedition waren die entscheidenden Disziplinen – Paläoanthropologie, Paläontologie, Archäologie und Geologie – hervorragend präsentiert, in einigen Fällen durch Wissenschaftler, die zu den besten ihres Fachs zählten. Im Augenblick brauchten wir jedoch weniger akademische Ehren und Würden als vielmehr die Fähigkeit und Bereitschaft, im Dreck zu wühlen. Mit unseren Mitteln konnten wir uns keine bezahlten Arbeitskräfte leisten. Daher beteiligten sich alle mit großem Elan, auch Besucher wie Jeremy Paul und der Wissenschaftsautor James Shreeve, der sich für ein paar Wochen bei uns aufhielt. Tim und Jerry arbeiteten mit den Besen. Vornübergebeugt fegten sie den lockeren Staub und das Geröll vom Hang in die flachen Karais. Wir andern trugen die vollen Schüsseln abwechselnd auf ein flaches Terrain neben der Straße und schütteten den Inhalt in das Sieb. Zwei weitere Teammitglieder hoben das hölzerne Sieb an und schüttelten es hin und her, so daß der Staub durch den Maschendraht fiel. Wenn die beiden Leute am Sieb Glück hatten, trug der Wind den Staub davon, doch wenn der Wind sich legte, stieg der Staub auf und hüllte sie in eine dichte Wolke, die ihnen Luft und Sicht nahm.

Sobald der Staub ganz durchgesiebt war, wurden die Knochen, Steine und der ganze Rest vom Sieb in ein anderes Karai geschüttet. Die übrigen Mitglieder des Teams hockten auf dem Boden, nahmen immer eine Handvoll des Materials und warfen es in ein Karai, wo man es hin- und herschütteln, ausbreiten und Stein für Stein überprüfen konnte. Jeder Knochensplitter wurde herausgenommen und in eine Holzkiste gelegt. Man braucht dazu nicht gerade einen Doktortitel – nur gute Augen und viel Geduld. Zur Mittagszeit hatten wir drei Quadrate geschafft und nichts gefunden, was sich eindeutig einem Hominiden zuordnen ließ.

Der einzige Wissenschaftler, den wir von dieser schmutzigen Arbeit freigestellt hatten, war Bob Walter. Der Geologe hatte genug zu tun. Nachdem er den ersten Tag genutzt hatte, um sich allgemein über die Fundstelle zu orientieren, sah er sich nun vor der schwierigen Aufgabe, so genau wie möglich zu bestimmen, von welchem Punkt der Olduvai-Stratigraphie diese Hominidenknochen kamen. Das Geröll, das die Oberfläche des Dik-dik-Hügels bildete, bestand aus Überresten verschiedener Schichten, die sich am Fuße des Abhangs gesammelt hatten. Selbst wenn wir also einige Fossilien im Geröll eingebettet – und nicht einfach an der Oberfläche liegend – finden sollten, durften wir nicht davon ausgehen, daß sie *in situ* waren, weil das Geröll selbst keine primäre Ablagerungsschicht war, sondern nur Mischmaterial, das aus verschiedenen, höher im Hang gelegenen Schichten stammte. Mit Bobs Hilfe würden wir aber vielleicht die primäre Ablagerungsschicht in der Nähe bestimmen können, aus der unser Hominid ursprünglich kam.

Am Tage zuvor hatte Bob schon bald zwei Orientierungstuffs über der Fundstelle im umliegenden Gelände identifiziert – Tuff

IC und ID. Obwohl weitgehend von gleicher Farbe ließen sich die beiden Tuffs leicht voneinander unterscheiden, wenn man wußte, wonach man suchte. Tuff ID zeichnete sich durch horizontale Schichten mit Bimssteinstücken aus, die in der Asche saßen wie Rosinen im Kuchen. Tuff IC war feinkörniger und wies keine horizontale Schichtung auf. Gegen Abend machte Bob noch einen dritten Tuff aus – IF –, eine sehr wichtige Ascheschicht, die die Grenze zwischen Bed I und Bed II bildet. Von diesen dreien war nur Tuff IF mit Hilfe der Kalium-Argon-Methode datiert worden. Allerdings hatten die Experimente recht fragwürdige Ergebnisse gebracht. Danach lag Tuff IF im Alter zwischen 1,75 und 8,5 Millionen Jahren. Ganz ohne Frage war letztere Altersbestimmung falsch.

»Da Olduvai eine der klassischen Fundstellen ist, vergessen die Leute leicht, daß sie gar nicht so sicher datiert ist«, hatte Bob mir erst unlängst erklärt. »Die meisten der Olduvai-Tuffs sind nicht sehr rein – sie sind versetzt mit älterem Gestein, das wahrscheinlich zusammen mit der primären Asche bei Vulkanausbrüchen herausgeschleudert wurde. Die einzige zuverlässige Kalium-Argon-Datierung ist noch immer das Alter von 1,8 Millionen Jahren, das Garniss Curtis und Jack Evernden in ihren bahnbrechenden Experimenten Ende der fünfziger Jahre für Tuff IB ermittelt haben. Über Tuff IB liegen anderthalb Millionen Jahre Stratigraphie ohne klare Altersvorstellung.«

Eine etwas genauere Altersbestimmung der Olduvai-Horizonte war eines unserer langfristigen Ziele, und ich hoffte dabei auf Bobs Sachkenntnis. Er konnte auf einige neue radiometrische Techniken zurückgreifen, die Garniss Curtis und Bob Drake im Datierungslabor unseres Instituts entwickelt hatten. Trotzdem trieben die Olduvai-Hominiden in der Zwischenzeit nicht in einem völlig unkartierten Ozean der Zeit. Im Laufe der Jahre waren eine Reihe anderer Datierungstechniken an den Sedimentschichten der Schlucht erprobt worden und hatten die Kalium-Argon-Datierungen bestätigt, die ansonsten auf reichlich wackligen Füßen gestanden hätten.

Die wichtigste dieser anderen Informationsquellen beruht auf einer hochinteressanten Eigenschaft der Erde, dem sogenannten Paläomagnetismus. Aus teilweise unbekannten Gründen verhält sich die Erdkugel wie ein Riesenmagnet. Wie andere Magneten besitzt auch die Erde eine Polarität – sie hat einen negativen Nordpol und einen positiven Südpol. Wer einmal beobachtet hat, wie sich Eisenspäne unter dem Einfluß eines Stabmagneten ausrichten, den wird nicht überraschen, daß sich auch Kristalle in Vulkangestein, das zunächst geschmolzen ist und dann abkühlt, nach dem Magnetfeld der Erde ausrichten. Wenn das Gestein erstarrt, behalten die Kristalle ihre Orientierung wie Kompaßnadeln, die man in ihrer Stellung festschraubt. Folglich müßte jedes magnetische Mineral in jedem Gestein überall auf der Erde zum Nordpol zeigen.

1906 machte der französische Physiker Bernard Brunhes die verblüffende Entdeckung, daß *einige* Vulkangesteine in genau der *umgekehrten* Richtung magnetisiert wurden – zum Südpol hin. Brunhes gelangte zu dem Schluß, das Magnetfeld der Erde müsse sich auf irgendeine Weise umgekehrt haben. Die Theorie solcher Magnetfeld-Umkehrungen fand keine sonderliche Aufmerksamkeit, bis sich Anfang der sechziger Jahre die drei Geologen Alan Cox, Brent Dalrymple und Richard Doell für das Konzept interessierten und die magnetische Polarität von Basaltproben aus vielen Regionen der Erde zu prüfen begannen. In Zusammenarbeit mit anderen Wissenschaftlern gelang ihnen schließlich der Nachweis, daß das Magnetfeld der Erde in den letzten dreieinhalb Millionen Jahren nicht weniger als neun Kehrtwendungen erlebt hat. Und während Brunhes noch gemeint hatte, die merkwürdigen Umschwünge seien lokale Phänomene gewesen, zeigten die Studien in den sechziger Jahren, daß der Effekt weltweit nachzuweisen war. Ganz gleich, wo die Wissenschaftler ihre Proben nahmen, die magnetischen Zeugnisse ordneten sich ausnahmslos in vier »Polaritätsepochen« ein, die von kürzeren Polaritäts-Umkehrungen, sogenannten »Ereignissen«, unterbrochen wurden.

Den ersten dieser kurzfristigen Umschwünge, auf den man stieß, nannte man Olduvai-Ereignis – benannt nach dem vielseitigen kleinen Canyon, der am Rande der Serengeti liegt. Das Olduvai-Ereignis wurde 1963 von Hay und Grommé entdeckt und ist eine Phase normaler, nördlicher Polarität in einer längeren Umkehrungszeit, die Matuyama-Epoche genannt wird. Hay und Grommé stellten fest, daß sich die Polaritätswende über den gesamten Zeitraum von Bed I bis hinauf in die unteren Schichten von Bed II erstreckte. An sich bietet eine bestimmte paläomagnetische Kehrtwende noch keinen »Datierungsansatz«. Man weiß lediglich, daß sie vor bestimmten Umschwüngen und nach anderen stattgefunden hat. Doch da die *Reihenfolge* der Ereignisse stets die gleiche bleibt, genügt es, wenn man an einem Ort das absolute Alter eines Ereignisses mit Hilfe einer anderen Methode bestimmen kann. Denn diese Datierung läßt sich weltweit auf alle Zeugnisse des Ereignisses übertragen. 1972 untersuchte der Geologe Neil Opdyke die magnetische Ausrichtung einiger Bohrproben vom Meeresboden an vielen Orten rund um den Erdball. Er fand die Spuren des Olduvai-Ereignisses eindeutig in allen Proben dokumentiert. Durch einen Vergleich der paläomagnetischen Daten mit den bekannten Zeiten der Sedimentbildung auf dem Meeresboden errechnete Opdyke, daß das Olduvai-Ereignis ungefähr von 1,85 bis 1,7 Millionen Jahre vor unserer Zeit dauerte, also etwa 150000 Jahre lang.

Diese Befunde des Paläomagnetismus decken sich recht genau mit der Kalium-Argon-Datierung von 1,8 Millionen Jahren für den Olduvai-Tuff IB, der sich ganz in der Nähe der Schicht des Olduvai-Ereignisses in der Schlucht selbst befindet. Daraus läßt sich auch auf das Alter der übrigen Schichten von Bed I schließen – also auch des Tuffs IF ganz oben und der dazwischenliegenden Tuffs IC und ID. Nach den Altersbestimmungen dieser Technik waren alle Tuffs, denen Bob Walter seine Aufmerksamkeit zugewandt hatte, mindestens 1,75 Millionen Jahre alt und höchstens 100000 Jahre älter.

Als nächstes mußte Bob Walter versuchen, die Hominiden-Fundstelle auf dem Dik-dik-Hügel mit Hilfe dieser Anhaltspunkte in den größeren Zusammenhang der Olduvai-Stratigraphie einzuordnen. Dazu mußte er einen Graben in dem steilen Hang gleich neben der Fundstelle ausheben, um auf diese Weise die Sequenz

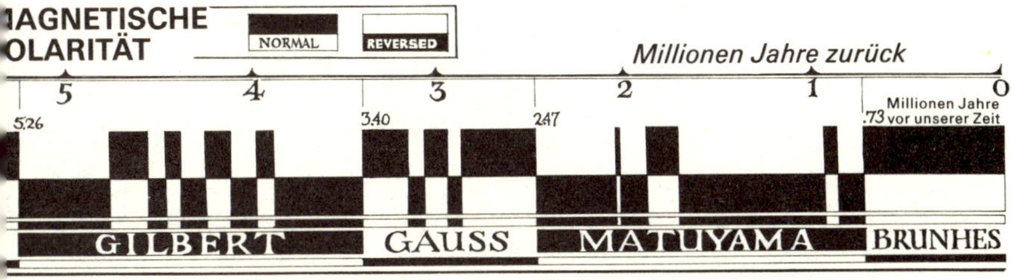

Eine weitere Möglichkeit zur Altersbestimmung alter Ablagerungsschichten bietet der Paläomagnetismus. Bei der Abkühlung geschmolzenen Gesteins richten sich die Kristalle wie Kompaßnadeln nach dem Magnetfeld der Erde aus. Im Laufe der Jahrtausende hat sich das Magnetfeld der Erde periodisch umgekehrt, so daß die Kristalle im Gestein entweder zum Nordpol zeigen (normal) oder zum Südpol (umgekehrt). Die vier Hauptepochen der Polarität – Gilbert, Gauss, Matuyama und Brunhes – waren von kurzfristigen Umschwüngen, den sogenannten »Ereignissen« unterbrochen. Das Olduvai-Ereignis in der Matuyama-Epoche dauerte von 1,85 bis 1,7 Millionen Jahre vor unserer Zeit. Magnetic Polarity – magnetische Polarität; Millions of Years Ago – Millionen Jahre zurück.

der Ablagerungsschichten freizulegen, die einst auch über dem Dik-dik-Hügel gelegen haben mochten, dann aber der Erosion zum Opfer gefallen waren, so daß nur die graue Schicht des Mischgerölls übriggeblieben war, das so plötzlich unser Interesse geweckt hatte. Anschließend mußte Bob einen weiteren Graben im Dik-dik-Hügel selbst anlegen, in der Hoffnung, einen Zusammenhang zwischen den hier freigelegten Schichten und denen des ersten Grabens festzustellen.

Die meisten Geologen werden sich darüber einig sein, daß das Ausheben von Gräben nicht gerade zu den größten Vergnügen unserer Zunft gehört. Da tut man gut daran, für Begleitung zu sorgen – am besten solche mit einem kräftigen Kreuz. Leider hatte Bobs Student Paul Manega am Tage zuvor die Nachricht erhalten, daß man ihn in Arusha zurückerwarte, und die Schlucht mit dem Lastwagen verlassen. Wir konnten niemanden beim Sieben entbehren, so daß Bob sich der Mühsal des Grabens ganz alleine unterziehen mußte. Doch ihm schien das nichts auszumachen.

Immer wenn ich an diesem Tage von den Kieseln und dem Staub in meinem Karai aufblickte, sah ich Bob, in Khaki-Shorts und unter einer Schicht Sonnencreme, seine Hacke mit der fröhlichen Unermüdlichkeit eines Heinzelmännchens schwingen. Manchmal konnte ich ihn bei der Arbeit sogar pfeifen hören.

Am Nachmittag tauchten noch ein paar Zahnwurzelfragmente in den Karais auf, doch wenig anderes Material, das wir eindeutig hätten identifizieren können. Am Tage zuvor war uns die Fülle von Wurzelfragmenten ermutigend erschienen. Nun fing sie an, mich besorgt zu machen. Daß die Zähne für die Unterscheidung zwischen verschiedenen Arten eine so große Rolle spielen, hat damit zu tun, daß sie in den fossilen Zeugnissen relativ häufig vorkommen. Zahnschmelz ist härter als Knochensubstanz und damit eher in der Lage, den Angriffen der Zeit zu widerstehen. Aber die Zähne *dieses* Skeletts waren explosionsartig über das ganze Gelände verteilt worden – was für die Erhaltung der weicheren Teile nichts Gutes ahnen ließ. Ich hätte mich wesentlich besser gefühlt, wenn ich einen intakten Zahn gefunden hätte. Oder irgend etwas anderes, das uns verraten hätte, womit wir es zu tun hatten.

Um vier Uhr hatten wir die Oberfläche mehrerer anderer Quadrate auf dem Abhang des Hügels unter dem Haufen Dik-dik-Kot leergeräumt. Wir waren von der staubigen Hitze erschöpft und knochenmüde, hatten aber nur eine sehr magere Ausbeute an Fossilfragmenten vorliegen. Lediglich ein Dutzend der gefundenen Knochensplitter war groß genug, um unsere Aufmerksamkeit zu verdienen, und von diesen war keiner eindeutig dem Hominiden zuzurechnen. Nach dem gestrigen Erfolg war die Enttäuschung um so bitterer, zumal sie völlig unerklärlich war. Tim starrte finster und vorwurfsvoll auf das abgeräumte Quadrat zu seinen Füßen, als mache er den Erdboden persönlich verantwortlich für das Scheitern seiner Hoffnungen.

»Es ist spät«, sagte jemand. »Lassen wir es gut sein.«

»Es ist noch genügend Licht für ein weiteres Quadrat«, erklärte Tim. »Ich habe das Gefühl, daß das nächste hangaufwärts was bringt.«

Er beugte sich vor und begann den Boden wieder mit seinem

Besen zu bearbeiten. Auch wir nahmen die Arbeit mit dem Sieb und den Karais wieder auf. Als Bob Walter eine halbe Stunde später kam und sich in der Nähe des Dik-dik-Kothaufens oben auf dem Hügel zu Boden fallen ließ, waren wir mit dem Quadrat zu drei Vierteln durch, und es war klar, daß auch dieses Stück Terrain merkwürdig unergiebig war.

»Ich habe heute nachmittag wenig von euch gehört«, sagte Bob und nahm einen Schluck aus seiner Feldflasche.

»Mag dieser Hominide sein, was er will«, sagte Gerry Eck, »sehr kooperativ ist er jedenfalls nicht.«

»Morgen nehmen wir uns die Quadrate in der Rinne vor«, knurrte Tim und schwenkte noch immer seinen Besen. »Wenn wir etwas finden, sollten wir meiner Meinung nach im Geröll graben.« Mehr zu sich selbst gewandt, fügte er hinzu: »Wenn wir morgen nichs finden, fragt sich allerdings, ob es sich lohnt, hier noch mehr Zeit zu investieren.«

Niemand machte sich die Mühe, ihm zu antworten. Wir beendeten den Siebvorgang und fingen langsam an, unsere Geräte zusammenzupacken. Bob Walter hockte auf dem Hügel und spielte mit dem Riemen seiner Feldflasche, wobei er geistesabwesend in den Dik-dik-Haufen blickte. Sogar er schien von den Mühen des Tages geschafft zu sein. Doch dann sah ich, wie Bob die Augenbrauen hob und sich in seinem Blick Interesse und Überraschung zeigten. Er beugte sich vor und starrte in den Haufen getrockneter Kotbällchen, als enthielten sie eine Botschaft von höchster Bedeutung. Dann bückte er sich und zog etwas aus der Dik-dik-Latrine hervor.

»Wahnsinn«, sagte Bob. In seiner offenen Handfläche lag ein Hominideneckzahn – vollkommen intakt.

Es ist einfach eine Frage des Anstands, daß ich an dieser Stelle der Dik-diks in gebührender Dankbarkeit gedenke. Diese anmutigen kleinen Antilopen sind in der Schlucht häufig zu sehen, und man würde sie noch öfter bemerken, wenn ihr braun und grau geflecktes Fell nicht angesichts der dortigen Stratigraphie eine so ideale Schutzfärbung wäre. Sollten Sie die Olduvai-Schlucht einmal besichtigen und eines der Tiere erblicken, wie es einen steilen Abhang hochspringt, dann können Sie getrost nach einem zweiten Ausschau halten. Dik-diks suchen sich ihren Partner fürs Leben und bleiben immer dicht beieinander. Die Weibchen sind größer als die Männchen. Beide Geschlechter haben große, fleischige Nasen, die über das Maul hängen und ihnen einen etwas dümmlichen Gesichtsausdruck verleihen. (Die überdimensionierte *Probiscis* wirkt als Wärmeaustauscher und kühlt das Blut.) Dik-diks leben von sehr ergiebigen Nahrungsmitteln, die über weite Gebiete verstreut sind – Knospen, Früchte und junge, grüne Blätter. Jedes dieser monogamen Paare muß also ein großes Territorium für sich abgrenzen. Dies signalisieren die benachbarten Dik-diks mit intensiven Duftmarkierungen. Die Männchen sind dazu besonders gut gerüstet, denn sie tragen unmittelbar unter den Augen Duftdrüsen, groß wie Fünfmarkstücke, mit deren Hilfe sie die Duftflüssigkeit an bestimmten Pflanzenstengeln und Stämmen ihres Territoriums verstreichen. Die stete Pflege dieser territorialen Markierungspunkte umhüllt die Pflanzen mit einem klebrigen Saft.

Ein anderes Mittel zur Abgrenzung des Territoriums ist die dauernde Benutzung bestimmter Kotablagerungsstellen, die man etwas anthropozentrisch als Latrinen bezeichnet. In der Regel benutzt das Weibchen den Ort zuerst. Wenn sie ihr Geschäft erledigt hat, scharrt und schnüffelt das Männchen in ihrer Losung, bevor es sich der eigenen entledigt. Das Ritual dient vermutlich, wie viele andere beobachtete Verhaltensweisen der Dik-diks, zur Verstärkung der Paarbildung. Selten – sehr selten – markiert Dik-dik-Losung auch den Ort kostbarer Hominidenfossilien. Ob diese liebevolle Aufmerksamkeit für alte Knochen untrennbar mit dem Dik-dik-Verhalten verbunden oder ein rein zufälliges Zusammentreffen ist, läßt sich angesichts der gegenwärtigen verfügbaren Daten noch nicht mit Sicherheit entscheiden.

Bobs Entdeckung reichte jedenfalls aus, unsere Stimmung bei der Heimfahrt zu heben. Doch der Zahn, den Bob aus dem Haufen gepult hatte, bedeutete zwar einerseits einen Durchbruch, erwies sich aber andererseits als Quelle neuer Enttäuschungen. Der Eckzahn und seine Wurzel waren genauso erhalten, wie sie zu dem

Bob Walter posiert hinter dem Haufen Dik-dik-Losung, aus dem er einen 1,8 Millionen Jahre alten Hominideneckzahn gezogen hat. (Donald Johanson)

Zeitpunkt gewesen waren, als ihr Besitzer vor fast zwei Millionen Jahren gestorben war. Allerdings fehlten dem Zahn die Teile, die ihm im Laufe des Lebens verlorengegangen waren. Offensichtlich war der Hominid ziemlich alt geworden. Nach der Wurzel und den Überresten der Krone zu urteilen, handelte es sich um einen überraschend großen Eckzahn. Das war ein wichtiger Hinweis für unsere Suche nach der Identität des Hominiden. Wie erwähnt, haben die robusten Australopithecinen große Backenzähne und kleine Vorderzähne, während es sich beim frühen *Homo* genau umgekehrt verhält: Er hat meist relativ *große* Eck- und Schneidezähne, während seine Backenzähne relativ klein sind. Für eine sichere Diagnose hätten wir jedoch die Höhe und

Form der Eckzahnkrone kennen müssen. Diese Information war für immer verloren.

»Tut mir leid, Bob, aber Sie müssen noch mal in die Scheiße und uns einen zweiten Zahn holen«, lachte Tim. »Bringen Sie mir einen großen schönen Backenzahn. Sonst muß ich Suwa Glauben schenken und mich mit dem Gedanken vertraut machen, daß wir hinter einem kleinen *habilis* her sind.«

»Bei einer Eckzahnwurzel von dieser Größe *muß* es sich um *Homo* handeln«, sagte Gen. Wir drängten uns zu dritt um die Knochen und arbeiteten im Licht zweiter Taschenlampen. Berhane fühlte sich unwohl und hatte sich schon früh zurückgezogen.

»Nicht unbedingt«, sagte Tim. »Sehen Sie sich den Abstand zwischen den beiden Eckzähnen an. Er ist nicht sehr groß.«

Am Vortage hatten wir genügend Teile des Oberkiefers zusammengesetzt, um den Abstand der Eckzähne an der Position ihrer Wurzelhöhlen abschätzen zu können. Bei unserem Hominiden war nicht genügend Raum zwischen den Eckzähnen, um den für *Homo* charakteristischen großen Schneidezähnen Platz zu gewähren. Auch dies war natürlich nur eine Vermutung, aber sie stützte die Hypothese, daß es sich doch um einen robusten Australopithecinen handelte.

»Mag sein, aber sehen Sie sich die Hinterkante dieser Schneidezahnhöhle an«, hielt Gen dagegen. Nachdem er sich den größten Teil der letzten sechs Jahre mit den Mysterien der Hominidenzähne beschäftigt hatte, war er nicht so rasch bereit, klein beizugeben. »Die ist größer als an irgendeinem robusten Oberkiefer, den ich gesehen habe.«

»O.K., Suwa, vergessen Sie die Zähne mal für einen Augenblick und prüfen Sie die Furche dieses Nasenrandes«, forderte Tim ihn auf und fuhr mit dem Finger dem Umriß dessen nach, was von der Seite der Nasenöffnung übriggeblieben war. »Würden Sie hier von einem glatten Übergang in die Nasenhöhle sprechen?«

Ein glatter, abgerundeter Rand des Nasenrandes ist ein weiteres unterscheidendes Merkmal des robusten Typus. Gen nahm den Knochen und betrachtete ihn aus einem anderen Blickwinkel. Die Nasenmorphologie war ihm nicht so vertraut wie die der Zähne, und ich konnte sehen, daß ihm die Frage Schwierigkeiten bereitete. Nachdenklich schob er die Lippen vor und versuchte, sich über die Anatomie schlüssig zu werden. Ich bemerkte, daß Tim das Gesicht seines Studenten betrachtete. Plötzlich wurde mir klar, daß Tim ihn auf die Probe stellte. Er wollte sehen, wie weit Gen in der Lage war, die Ressourcen seines Gedächtnisses und seiner Überzeugung zu nutzen, um seine Auffassung zu verteidigen.

»Das läßt sich nicht mit Sicherheit feststellen«, erklärte Gen schließlich. »Der Rand könnte auch einfach erodiert sein. Für ein endgültiges Urteil brauchen wir mehr Knochen.«

»Da spricht der geborene Paläoanthropologe!« lachte Tim und schlug mit der Hand auf den Tisch, um die Spannung abzubauen. »Immer, wenn Zweifel aufkommen, schüttelt man den Kopf und verlangt nach mehr Fossilien. O.K., bleiben wir für heute abend bei *habilis*. Doch morgen finde ich unter diesem verflixten Dikdik-Haufen eine Backenzahnkrone, die groß genug ist, um einen Hubschrauber darauf zu landen. Jetzt wollen wir schlafen gehen.«

Auf unserer Karte von der Fundstelle hatten wir das Zwei-Meter-Quadrat, auf dem der Eckzahn gefunden worden war, als Quadrat 8 bezeichnet. Am folgenden Tag widerstanden wir der Versuchung, uns sofort auf diese Fläche zu stürzen, und verbrachten statt dessen den Vormittag damit, das verbliebene lose Geröll durchzuarbeiten. Berhane, den eine Art Darmgrippe erwischt hatte, lag in seiner Hütte. Ohne ihn ging die Arbeit viel langsamer voran. Fünf Stunden Sieben förderten den marmorierten Grat eines Gaumenknochens zutage und kaum mehr. Am Nachmittag räumten wir die Dik-dik-Bällchen und das Geröll von dem magischen achten Quardrat fort. Zunächst sehr behutsam begann Tim mit seinem Gesteinshammer in dem zusammengepreßten Geröll zu graben, bemüht, nur keine Fossilien zu beschädigen, die möglicherweise unter der Oberfläche lagen. Wie sich zeigte, war die Mischschicht dicker, als wir gedacht hatten, so daß noch mehr Geröll und Staub für die Karais anfielen. Nichts kam zum Vorschein. Um drei Uhr nachmittags war klar, daß das Quadrat keineswegs voller Fossilien steckte, wie wir gehofft hatten. Tim schimpfte und fluchte und beschleunigte sein Arbeitstempo. Eine Stunde später konnten wir uns der Wahrheit nicht länger verschließen: Das Quadrat enthielt gar nichts. Die Dik-diks hatten uns im Stich gelassen.

Am Abend im Labor stellten wir fest, daß das vormittags gefundene Gaumenstück nahtlos in die Rückseite des Oberkiefers paßte. Das war ein kleiner Trost, der uns nach der Enttäuschung des Nachmittags guttat. Und nach diesem Muster sollte es an den folgenden Tagen weitergehen – voller Hoffnung machten wir uns jeden Morgen auf den Weg, und nach und nach zerstreute sie sich wie der Staub, der durch das Sieb fiel. Wenn wir schließlich schon fast entschlossen waren, den Schaden zu begrenzen und die Fundstelle aufzugeben, tauchte irgendein vielversprechendes Fundstück in einem der Karais auf, das uns dann doch wieder bei der Stange hielt – eine Scherbe aus der Schädelwölbung, ein brauchbares Wurzelfragment, ein weiteres kleines Stück vom Knochenschaft einer Extremität. Nichts, was die Identität des Hominiden preisgab, aber doch genug, um uns in der legitimen Hoffnung zu wiegen, der folgende Tag werde uns endlich das entscheidende Fundstück bescheren, das die Diagnose möglich machen würde.

Eines Tages traf ich Tim im Labor an, wie er den Oberarmknochen des Hominiden anstarrte. Ein schönes, drei Zentimeter langes Stück des Schaftes, das an dem betreffenden Morgen in einem der Karais gefunden worden war und das Tim nahtlos hatte einfügen können.

»Ein schönes Verbindungsstück«, sagte ich. Tim antwortete nicht, sondern hielt den Blick auch weiterhin schweigend auf den Knochen gerichtet. Einen Augenblick meinte ich, er hätte eine entscheidende Erleuchtung gehabt. Doch er seufzte nur und lehnte sich in seinem Stuhl zurück. Suwa kam herein und wühlte in den morgens gefundenen Fragmenten. Er reichte Tim einen dikken Splitter von einem Extremitätenknochen.

»Was meinen Sie?« fragte Gen. »Ist das vom Schienbein?«

Tim blickte das Fossil an und tat es dann mit einer ungeduldigen Handbewegung ab. Dann lehnte er sich vor und blickte den Oberarmknochen fast drohend an. Ich hatte Tim schon öfter in solch finsterer Stimmung erlebt und wußte, daß man ihn dann besser in

Ruhe ließ. Doch Gen war in seiner jugendlichen Begeisterung zu solcher Vorsicht nicht fähig. Er wollte es genauer wissen.

»Ich behaupte ja nicht, daß es sich bei diesem Knochen mit Sicherheit um ein Hominidenschienbein handelt«, sagte er, »nur daß es der Fall sein könnte.«

Tim nahm ihm das Fossil aus der Hand und deutete auf eine Furche, die es der Länge nach durchzog.

»Und was sagen Sie dazu?« fragte er. »Haben Sie jemals einen Hominiden mit einer solchen Furche gesehen?«

»Ich gebe zu, sie ist ein bißchen sonderbar.«

»Sonderbar ist das richtige Wort. Sie sind mit Hominidenblindheit geschlagen.«

»Ich habe nicht gesagt, daß es hominid *ist*...«, beharrte Gen.

»Und ich sage nicht, es ist kein Hominid«, unterbrach ihn Tim unwirsch. »Ich sage nur, daß die Wahrscheinlichkeit sehr gering ist. Also lassen Sie ihn erst mal liegen!« Dann mäßigte er seinen Ton, vielleicht weil er Gens Betroffenheit bemerkte.

»Vergessen Sie den Plunder, Gen«, fügte er hinzu. »Gehen Sie und finden Sie das proximale Ende dieses Oberarmknochens. Vielleicht bekommen wir dann eine Vorstellung von der *Länge* dieses verflixten Knochens. Denn das, was ich bislang erkennen kann, ergibt überhaupt keinen Sinn.«

Während der nächsten zwei Tage erweiterten wir das Viereck der Quadrate an der Fundstelle und begannen auf der anderen Seite der flachen Rinne zu graben. Als sich dieser Versuch als ergebnislos herausstellte, gruben wir auf der nördlichen Flanke bis hinab zur Straße. Diese Quadrate waren etwas ergiebiger und bestärkten uns in der Überzeugung, daß die Knochen des Hominiden durch Erosion aus dem Hügel selbst freigelegt wurden und nicht von dem steilen Hügel der Schlucht herabgerutscht waren, der die Fundstelle überragte. Inzwischen hatte Bob Walter einen Graben auf der kahlen Südflanke des Hügels ausgehoben. Er stellte fest, daß die Gesteinsfragmente in der fossilführenden Geröllschicht identisch mit denen waren, die in Tuff ID und darunter zu finden waren. Da in dem Geröll keinerlei Material aus höheren Schichten anzutreffen war, erhärtete sich die Vermutung, daß auch die Hominidenknochen nicht jünger als Tuff ID selbst waren. Angesichts der Tatsache, daß uns noch kein *in-situ*-Fund gelungen war, handelte es sich auch hier nur um eine Schlußfolgerung, auch wenn vieles für sie sprach.

Damit hatten Bob und Paul Manega alles getan, was zum gegenwärtigen Zeitpunkt möglich war. Sie wandten sich wieder allgemeineren geologischen Untersuchungen zu und begaben sich zu Fuß in den Ostteil der Schlucht, wobei sie die Augen offenhielten, denn vor kurzem waren sie in der Nähe der Zweiten Verwerfung auf ein kleines Rudel Löwen gestoßen. Jeder Löwe, der die Trokkenzeit in der Schlucht verbrachte, statt den wandernden Herden von Weißschwanzgnus über die Serengeti zu folgen, mußte hungrig und damit unberechenbar sein.

Für uns andere, die wir auf dem Dik-dik-Hügel arbeiteten, war die größte Gefahr die lähmende Langeweile. Nach einer Woche wiederholte sich die Arbeit in immer dem gleichen Rhythmus: Man gab eine Handvoll Kieselsteine in das Karai, schüttelte es, sah sie durch, leerte die Schüssel und nahm sich die nächste Handvoll. Von unseren eigenen Gesprächen abgesehen, waren die gelegentlich auf dem Weg zum FLK vorbeirollenden Touristenkombis unsere einzige Zerstreuung. Von Zeit zu Zeit nahm der Ausblick über dem Museum einen knappen Kilometer entfernt ein buntes Gepränge an – die T-Shirts der Touristen, die dort einen kurzen Halt einlegten. Ihre aufgeregten Stimmen drangen über die Junction bis zu uns. Zwanzig Minuten später klapperte ihr Gefährt den Weg in die Schlucht hinab, tauchte plötzlich in der Biegung auf und kam direkt auf uns zu. Die Wagen verlangsamten ihre Fahrt, wenn sie an uns vorbeikamen, und verschwanden dann in der Wolke aus grauem Staub, die ihre Räder aufwirbelten. Ich hatte Peter, den Wärter des Museums, angewiesen, uns diese Leute im Arbeitsbereich vom Leibe zu halten. Das war an sich selbstverständlich, doch jetzt ertappte ich mich dabei, daß ich insgeheim hoffte, einer der Kombis würde anhalten, damit uns die Touristen ein paar Fragen stellen könnten – oder wir ihnen. Alles wäre mir recht gewesen, was nur ein bißchen Aussicht auf Zerstreuung bot.

Auch Tims Laune veränderte sich. Seine anfängliche Zuversicht angesichts der raschen Entdeckung der ersten Fragmente (»Die Leakeys haben dreißig Jahre gebraucht, um einen Hominiden in der Olduvai-Schlucht zu finden«, hatte er einem Besucher erzählt, »und wir haben es in drei Tagen geschafft.«) war der eisernen Entschlossenheit gewichen, dem Boden soviel Information wie möglich zu entreißen, bevor die Feldsaison vorüber war. Stunde um Stunde stand er vornübergebeugt, die Beine gespreizt, das Hemd schweißgetränkt, und kratzte die Erde mit seinem Gesteinshammer auf, um das aufgelockerte Material anschließend in ein Karai zu schaufeln. Wenn der Hominide seine Identität nicht freiwillig preisgab, schien Tim entschlossen zu sein, sie gewaltsam aus dem Boden herauszuquetschen – Stück für Stück. Er arbeitete mit solcher Verbissenheit, daß manchmal sechs oder sieben Leute beim Sieben nicht mit ihm Schritt halten konnten und sich die Schüsseln mit unbearbeitetem Material neben dem Sieb stapelten. Statt die Gelegenheit zu nutzen, eine Pause zu machen, ließ Tim dann seinen Hammer fallen und kauerte nieder, um uns zu helfen. Er warf Händevoll Erde und Steine in einen Karai, sah sie mit stummer, mechanischer Präzision durch und kippte den nutzlosen Schutt dann angeekelt aus.

Eines Nachmittags entdeckten wir im Siebgitter ein Loch. Es war anfangs noch klein, drohte aber weiter aufzureißen und das ganze Unternehmen zu gefährden. Wenn irgendein Hominidenfragment durch das Loch rutschte, war es für immer in dem wachsenden Erdhaufen unter dem Sieb verloren.

»Haben Sie Ersatzsiebe?« frage ich Gerry. Wir hatten uns um das kaputte Sieb versammelt und sahen so verloren aus wie ein Häuflein Börsenmakler, deren Computer den Geist aufgegeben hat.

»Verflixt«, sagte Gerry. »Aus irgendeinem Grunde habe ich nicht mit der Möglichkeit gerechnet, daß wir schon so bald Tonnen von Geröll durchsieben würden. Ich will versuchen, was zu improvisieren. Sonst muß jemand nach Arusha fahren und ein neues Gitter besorgen.«

Auf das Gitter aus Arusha zu warten, bedeutete einen Arbeitsausfall von mindestens zwei Tagen – wahrscheinlich noch mehr, bedachte man den labilen Zustand unseres altersschwachen Landrovers. Tim wandte sich ab und ging zu dem Quadrat zurück, mit dessen Ausgrabung er gerade beschäftigt war.

»Der verdammte Hominide hat unser einziges Sieb kaputtgemacht«, fluchte er. »Jetzt kriegen wir ihn!«

Tim setzte die Füße wieder weit auseinander und machte sich an die Arbeit, wobei er jeden vorsichtigen Schlag seines Hammers mit einer so verbissenen Konzentration ausführte, als lasse sich der Hominid durch bloße Willenskraft aufspüren und alle Enttäuschung für immer verjagen. Ich wußte, daß Tims Verstimmung nicht wirklich auf das Fossil zurückging, auch nicht auf die Verzögerung, die wegen des kaputten Siebs drohte, noch nicht einmal auf die Kurzsichtigkeit der Forschungsinstitutionen, die uns die nötigen Mittel verweigert hatten. Der Gegenstand seines Ärgers war stärker, dunkler und schwerer zu fassen – die einzige Möglichkeit, ihm näherzukommen, war diese äußerste physische Anspannung. Während ich Tim beobachtete, wie er die Erde mit den Fingernägeln aufkratzte, wurde mir klar, daß sein Feind in diesem Augenblick dieser Boden war. Dieses Stück altertümliche Erde hatte einen Vertrag mit uns geschlossen und war nun auf dem besten Wege, ihn zu brechen. Vor ein paar Tagen hatte Tim bei beginnender Dunkelheit scharfsichtig einen kleinen Knochensplitter als das erkannt, was er war, und damit die Metamorphose dieses belanglosen, von einem Kothaufen gekrönten Hügels in eine Hominidenfundstelle von möglicherweise überragender Bedeutung eingeleitet. Der Perfektionist in ihm verlangte nun von der Erde, daß sie sich seinem Willen unterwarf und uns die versprochenen Geheimnisse preisgab.

Statt dessen hatte sich der Dik-dik-Hügel – der geheiligte Olduvai-Boden, man bedenke, der Leakeysche »Vorgarten« – dazu entschlossen, sein Geheimnis eifersüchtig zu bewahren und uns unsere Arbeit zu erschweren oder gar unmöglich zu machen. Damit hatte er einen Pakt mit der Ignoranz geschlossen. Nach meiner Auffassung ist das Kennzeichen von Ignoranz die Abwesenheit, das Fehlen von Verständnis. Ich bin sicher, daß auch die anderen Kollegen dieser Meinung sind – sogar Lew Binford, für den das

Wort sicherlich eine besondere Bedeutung hat. Aber als ich Tim beobachtete, wie er dort kratzte, fluchte und die Erde unter seinem Hammer mit Schweiß tränkte, wurde mir klar, daß für ihn die Ignoranz als unmittelbar wirksamer Gegenspieler fast allgegenwärtig war. Sie konnte sich als ein Stück Erde präsentieren, das sein Geheimnis nicht preisgab, als halbherzige Zustimmung in der Stellungnahme zu einem Antrag auf Forschungsgelder oder als Zwang, Schlips und Anzug anzulegen und Vorträge über das Alter der Menschheit zu halten, dabei aber den Zugang zu Informationen zu verwehren, die etwas anderes beweisen könnten. Hinter jeder Maske erkannte Tim den Feind, und wer ihn nicht bekämpfte, der trug zu seiner Macht – der Macht der Ignoranz – bei.

Wir arbeiteten, bis die Schatten sich senkten, wobei wir das Sieb so kippten, daß das Loch oben lag, und es etwas vorsichtiger als

Tim White an der Olduvai-Schlucht. (James Shreeve)

gewöhnlich schüttelten. Die Mühen des Tages brachten zwei kleine Fragmente von Zahnkronen zum Vorschein. Am folgenden Tag waren es der Splitter eines Fermurschaftes und ein Schädelstückchen. So schleppten und siebten wir das Geröll, und aus Tagen wurden Wochen. Noch immer gab es keinen Durchbruch, aber langsam, ganz langsam nahm der Hominide Konturen an. Ich muß zugeben, daß ich manchmal, wenn ich die Steine durch meinen Karai schob oder Tim am Hammer ablöste, wehmütig an die Expeditionen in Äthiopien zurückdachte, wo Lucys Knochen und die anderen Fundstücke von *afarensis* auf den Hängen lagen und wir uns nur zu bücken brauchten, um sie ganz und unversehrt aufzuheben wie reife Früchte.

Die Ausgrabung dieses Fossils gestaltete sich eher wie die Suche nach Samenkörnern in winterlicher Erde. Richtig behandelt, mochten sich die anonymen Fragmente im Labor schließlich zu einer konkreten und sinnvollen Gestalt zusammenfügen. Doch zum gegenwärtigen Zeitpunkt war es ebenso gut möglich, daß sich ihre Bedeutung nie erschließen würde. Jeden Tag überlegten Tim und ich, ob wir die Fundstelle im Stich lassen und unser Glück in Laetoli versuchen sollten, sobald wir ein Fahrzeug hatten. Dabei wußten wir beide, daß wir nicht nach Laetoli fahren würden, nicht in diesem Sommer, nicht, solange noch Hoffnung bestand, daß uns dieses Geschöpf, das vor langer Zeit am Olduvai-See gestorben war, doch noch etwas über die Art, wie es gelebt hatte, mitteilen würde. Wir waren von dem Fossil fasziniert und würden so lange an der Fundstelle bleiben, wie es notwendig war. Zu viele Fragen waren noch nicht beantwortet.

7. Kapitel
Das Urwunder

Falsche Tatsachen sind äußerst schädlich für den Fortschritt der Wissenschaft, denn sie erhalten sich oft lange; falsche Theorien dagegen, die einigermaßen durch Beweise gestützt werden, tun keinen Schaden; denn jedermann bestrebt sich mit löblichem Eifer ihre Unrichtigkeit zu beweisen. Und wenn diese Arbeit getan ist, so ist ein Weg zum Irrtum gesperrt, und der Weg zur Wahrheit ist oft in demselbem Moment eröffnet.

*Charles Darwin, Die Abstammung des Menschen**

Ende Juli hatte der Dik-dik-Hügel seinen ganzen Zauber eingebüßt. Nachdem sich die anfängliche Aufregung gelegt hatte, hatten sich Lew Binford und George Frison wieder ihrer eigentlichen Aufgabe zugewandt – die langfristigen archäologischen Möglichkeiten des Olduvai-Gebietes zu sondieren. Eck und Ndessokia drängte es, zur paläontologischen Forschung zurückzukehren, und als die Ausbeute an der Hominiden-Fundstelle immer geringer wurde, mußten wir ihnen das auch zugestehen. Damit bestand die Ausgrabungsmannschaft nur noch aus Tim und seinen beiden Studenten, Mzee, unserem einzigen afrikanischen Mitarbeiter, und mir.

Ich konnte mir nicht mehr vorstellen, daß an diesem Platz jemals Gedenktafeln aufgestellt werden würden, es sei denn, um an unseren heroischen Kampf gegen die Langeweile zu erinnern. All meine Vergangenheit und Zukunft schien sich darauf reduziert zu haben, daß ich im Staub hockte und dunkle Teilchen aus einem sich stets erneuernden Schmutzhügel fischte. Ich begann mich für die belanglosesten Dinge zu interessieren – die Pausen im Gesang eines Vogels oder das Muster, das der Schweiß auf das T-Shirt eines Kollegen zeichnete. Ich lernte die Art und Weise auswendig, wie sie das ausgesiebte Geröll prüften. Mzee Mrisho saß beispielsweise stundenlang mit gespreizten Beinen, das Karai auf den

* Kröner, Stuttgart 1966, S. 262.

Oberschenkeln. Er ging den Inhalt der Schüssel mit dem Zeigefinger durch, wobei er die Steine nacheinander berührte. Wenn er auf ein Knochenstück stieß, nahm er es heraus und legte es mit feierlich-stolzer Miene in die Holzkiste, als gäbe er ein gestohlenes Schmuckstück seinem rechtmäßigen Besitzer zurück.

Auch Gen Suwa ging außerordentlich systematisch und pedantisch zu Werke. Er schüttete zwei Handvoll Geröll in seinen Karai und verstrich es mit den Handflächen, bis sich eine gleichmäßige, einen Kieselstein dicke Schicht in der Schüssel gebildet hatte. Dann hob er das Karai an sein Gesicht und studierte die staubbedeckten Teilchen, als seien sie die Schriftzeichen eines alten Textes. Berhane hatte eine kunstvollere Technik entwickelt. Er hielt eine Handvoll Geröll in die Höhe und ließ die Steine in stetem Strom durch die Finger rinnen, so daß sie das Karai wie ein Glokkenspiel zum Klingen brachten. Wenn er einen Knochensplitter fand, warf er ihn mit einer eleganten Bewegung aus dem Handgelenk in die Holzkiste, ohne sie jemals zu verfehlen.

Am Morgen konnten wir in der Regel mit ein paar Touristenkombis rechnen, die auf dem Weg zum FLK bei uns vorbeikamen. Mittlerweile freute sich sogar Tim über diese Zerstreuung, vor allem wenn sich Touristen wirklich für unsere Tätigkeit interessierten. Leider schienen viele von ihnen unseren Gruß nur widerstrebend zu erwidern und noch weniger zu einer Unterhaltung bereit zu sein. Ich erklärte mir ihre Zurückhaltung schließlich damit, daß wir uns *außerhalb des Fahrzeugs* befanden, womit wir aus ihrer Sicht in irgendeiner Weise zur Wildnis gehörten – zwar gesprächsbereit, aber dennoch Wilde. Gerechterweise muß ich zugeben, daß uns der beim Sieben aufwirbelnde Staub mit dem gleichen stumpfen Grau überzogen hatte, der auch den Boden bedeckte, so daß wir vielleicht nicht mehr so ganz menschlich wirkten. Aber es war schon ein merkwürdiges Gefühl, sich dergestalt zu Objekten des touristischen Staunens degradiert zu sehen. Wenn einer der Kombis hielt, tauchten im offenen Schiebedach drei oder vier mit Safarihüten bewehrte Köpfe auf, und die Kameras schossen ihre klickenden Salven ab, als wären wir ein Rudel dösender Löwen am Straßenrand. Bob

Walter schlug vor, ein Schild aufzustellen: Füttern der Anthropologen verboten.

Am Ende eines heißen, fundarmen Nachmittags stand ich mit Berhane neben einem halb ausgegrabenen Quadrat. Tim hatte seinen Hammer zu einer seltenen Pause beiseitegelegt, so daß es ein paar Minuten keine Erde zu sieben gab. Etwas in dem Quadrat erregte Berhanes Aufmerksamkeit. Er beugte sich nieder und hob das drei Zentimeter lange Stück eines Extremitätenknochens auf, der nach der Dicke des Knochens zu urteilen zweifellos von einem Rind stammte. Es war kein Fossil von großer Bedeutung, aber sicherlich wert, in die Sammlung aufgenommen zu werden. Statt es in die Kiste mit den anderen Fragmenten dieses Quadrates zu legen, kniete Berhane nieder und steckte es wieder in die lockere Erde zu seinen Füßen. Er blickte auf und sah, daß ich ihn beobachtete.

»Damit das Sieben ein bißchen aufregender ist«, erklärte er mit trockenem Grinsen.

Ich konnte ihm keinen Vorwurf daraus machen. Es war schließlich wirklich nichts Schlimmes daran, denselben Knochen zweimal zu finden.

Ein paar Minuten später hörten wir das Geräusch von Fahrzeugen, die sich der Kurve näherten. Es war ungewöhnlich, daß Touristen noch so spät am Nachmittag in die Schlucht kamen. Und auch die beiden nagelneuen A&K-Landrover, die zu uns herabholperten, verhielten sich nicht wie die üblichen Safariwagen. Mit lautem Hupen nahten sie in Schlangenlinien und kamen mit quietschenden Bremsen direkt vor uns zum Stillstand. Aus dem ersten Fahrzeug stieg David Koch, ein Vorstandsmitglied des Institute of Human Origins und einer der Förderer der Expedition in die Olduvai-Schlucht. Er hatte mir berichtet, daß er in diesem Sommer eine Safari nach Afrika plane und vorhabe, in der Schlucht Station zu machen.

David war in elegantes Khaki gekleidet und offenbar bester Laune. Die anderen Türen öffneten sich ebenfalls. Nach und nach kamen die Mitglieder von Kochs Privatsafari zum Vorschein und reckten sich nach der langen Fahrt von Manyara. David machte uns mit den Mitgliedern der Reisegruppe bekannt. Sie sahen alle so frisch, lebhaft und fröhlich aus wie Kinder auf einem Ausflug.

Daraufhin stellte ich meine Kollegen vor – niedergeschlagen, ungewaschen und die Besucher anstarrend, als kämen diese von einem anderen Stern. Berhanes Jeans waren heruntergerutscht, und um den Kopf hatte er seinen Sweater zu einem schmierigen unordentlichen Turban geschlungen. Tim hatte unter dem zerdrückten, mit einem Klapperschlangenband verzierten Filzhut das übliche finstere Gesicht aufgesetzt, und Gen, mit bloßem Oberkörper und wirrem Haarschopf, sah aus wie ein Wilder, den wir für die Arbeit aus dem Busch geholt hatten. Nur Mzee sah einigermaßen zivilisiert aus.

»Was treibt ihr denn hier an der Straße?« fragte David, als die üblichen Höflichkeiten ausgetauscht waren.

»Nichts Besonderes«, sagte ich. »Wir graben nur ein Hominidenskelett aus.«

Damit war das Eis gebrochen. Tim setzte ein Lächeln auf und führte die Besucher auf der Fundstelle herum. Gen zog seine blaue Windjacke an, und schon bald unterhielten sich alle angeregt. Es hatte jetzt zumindest den Anschein, als würden wir der gleichen Art angehören. Wir wußten nicht, daß der Ausrüstungswagen der Koch-Safari schon vor uns im Lager eingetroffen war. Deshalb waren wir überrascht, als wir bei unserer Rückkehr den Vorhof des Lagers mit einer kleinen luxuriösen Zeltstadt, Duschkabinen und Eßmöbel bedeckt fanden. Da David und seine Freunde darauf brannten, den Hominiden zu inspizieren, begaben wir uns gleich ins Labor und breiteten die Knochen auf dem Tisch aus. Natürlich war er begeistert, daß die von ihm unterstützte Expedition so rasch Früchte getragen hatte. Und ich muß zugeben, daß es herrlich war, die Fundstücke in der Hand zu halten und darüber mit neuen, interessierten Leuten zu sprechen. Zum erstenmal seit der anfänglichen Aufregung über den Fund wurde mir klar, daß wir nicht wenig, sondern *sehr viel* gefunden und großes Glück gehabt hatten, auf das Fossil zu stoßen. An einem prasselnden Freudenfeuer stießen wir mit Cocktails darauf an.

Davids Besuch war eine willkommene Entschuldigung, die Grabungsarbeiten zu unterbrechen. Da uns nun reichlich Fahrzeuge zur Verfügung standen, beschlossen wir einen Abstecher nach Laetoli zu machen. Zwar hatten wir noch immer keine Arbeitserlaubnis für dieses Gebiet, doch wir konnten zumindest feststellen, in welchem Zustand sich die Fundstelle der Fußabdrücke befand, und mit den Mitgliedern der Safari einen kleinen Ausflug unternehmen.

Als die Leakeys vor einem halben Jahrhundert erstmals nach Laetoli kamen, dauerte die Reise von Olduvai drei Tage. Heute braucht man anderthalb Stunden oder noch weniger – wenn man keine Rücksicht auf sein Auto nimmt. Wir folgten dem holprigen Weg entlang der nach Süden abbiegenden Seitenschlucht, wobei wir stetig zu dem Plateau emporkletterten, das das Stromgebiet des Olduvai vom Eyasi-See im Süden trennt. Ich hatte mich zusammen mit Paul Manega und Bob Walter auf den Rücksitz des Landrovers gequetscht. Der Blick aus meinem Fenster wurde vom Lemagrut beherrscht, der zu beiden Seiten vom Riesenkrater des Ngorongoro flankiert war. Diese Vulkane sind längst zur Ruhe gekommen, doch im Pleistozän waren sie geschmolzenes Material tief unter der Erdkruste. Damals war das Gebiet so flach wie die Serengeti und vom gleichen trocken-heißen Klima geprägt. Der einzige aktive Vulkan der Region war der Sadiman, der heute nur noch eine sanfte Anhöhe auf der Ebene ist und sich hinter dem Lemagrut verbirgt. Vor etwa vier Millionen Jahren hat der Sadiman eine Reihe neuer Savannenoberflächen herausgeschleudert – einige so flach und glatt wie Plätzchenteig. Das waren die berühmten »Laetoli-Beds«, in denen Mary Leakey und ihr Team Anfang der siebziger Jahre ihre Hominidenkiefer und -zähne fanden. Einige Jahre später machten sie eine noch sensationellere Entdekkung – Fußabdrücke von Hominiden und anderen Säugetieren, die von der erstarrten Asche bewahrt worden waren.

Während der Fahrt berichteten Tim und ich unseren Besuchern von der Entdeckung der Laetoli-Fußabdrücke und dem unglaublichen Glücksfall, dem sie ihre Entstehung verdankten. Am Ende der Trockensaison vor etwa dreieinhalb Millionen Jahren spie der

Vulkan Sadiman in einem Zeitraum von wenigen Tagen mehrere Ascheschauer aus. Nach einem Regenfall hinterließen alle in diesem Gebiet lebenden Geschöpfe – vom Elefanten bis zum Tausendfüßler – gehend, hüpfend und schlängelnd ihre Spuren in dem weichen Untergrund. Mit dem feinen sandigen Material, das der Sadiman über die Ebene schleuderte, war eine sehr seltene Asche vermischt, das sogenannte Carbonatit. Dieser Stoff löst sich in Wasser. Nach der Verdunstung des Wassers bleibt dann das Tronasalz zurück, ein mineralisches Kristall, das so hart wie Beton wird. Es fiel gerade so viel Regen, daß die Asche durchfeuchtet wurde und die Fußabdrücke erhalten blieben. Dann brach der Sadiman erneut aus und bedeckte das Ganze mit einer weiteren Ascheschicht, die als Schutzdecke fungierte. Der ganze Prozeß wiederholte sich mehrere Male, bevor die Sintflut der eigentlichen Regenzeit niederging.

Nach weiteren dreieinhalb Millionen Jahren Ablagerung, Verwerfung und Erosion kamen die Fußabdrücke wieder zum Vorschein, waren damit aber auch wieder der Gefahr von Beschädigungen ausgesetzt. Glücklicherweise wurden sie entdeckt, bevor sie durch Erosion zerstört werden konnten. Tim war an ihrer Ausgrabung wesentlich beteiligt gewesen, und sie sind noch heute ein heikles Thema für ihn, um es vorsichtig auszudrücken.

»Die Laetoli-Fußabdrücke sind vermutlich die kostbarste Entdeckung, die in unserer Wissenschaft je gemacht wurde und je gemacht werden wird«, berichtete er unseren Besuchern. »Es waren höchst ungewöhnliche Umstände erforderlich, um sie entstehen zu lassen. Wir müssen sie unmittelbar nach ihrer Freilegung entdeckt haben, denn wenig später wären sie sicherlich unwiderruflich zerstört worden. Sie können sich nicht vorstellen, wieviel Glück wir da hatten, aber auch welche Verantwortung. Die Restauration der Sixtinischen Kapelle – ach was, ihre *Ausmalung* – ist nichts im Vergleich dazu. Und was soll ich Ihnen sagen? Mary hat die Sache verpatzt.«

Tim hatte sich Marys Laetoli-Team im Sommer 1978 angeschlossen, bald nachdem wir unsere Analyse der Hadar- und Laetoli-Hominiden abgeschlossen und uns auf den Namen *afarensis* verständigt haben. Auf Tierspuren war man schon zwei Jahre zuvor gestoßen, doch erst 1978 wurden Fußabdrücke entdeckt, die sich eindeutig Hominiden zuordnen ließen. Eines Tages fand der an der Fundstelle arbeitende Geochemiker Paul Abell einen zerbrochenen Abdruck, bei dem es sich seiner Meinug nach um eine solche Spur handeln konnte. Tim stimmte ihm zu, doch die Anthropologin Louise Robbins, die Mary speziell für die Arbeit an den Fußabdrücken nach Laetoli eingeladen hatte, glaubte mit Sicherheit feststellen zu können, daß es sich bei den Abdrücken um zwei übereinandergelagerte Antilopenspuren handelte. Sie überzeugte Mary davon, daß es sich nicht lohne, in dem Tuff nach weiteren Fußspuren zu graben. Nach einer heftigen Diskussion konnten Tim und andere im Lager beschäftigte Wissenschaftler Mary wenigstens dazu bewegen, Ndibo, einen der afrikanischen Arbeiter zur Grabungsstelle hinauszuschicken. Ndibo grub eine Zeitlang und entdeckte zwei wundervolle Abdrücke – unzweifelhaft hominiden Ursprungs.

Daraufhin übernahm Tim die Ausgrabung. Die Fußabdrücke waren außerordentlich zerbrechlich. Um sie unbeschädigt zu bergen, mußte er eine neue Technik entwickeln.

»Die Fußabdrücke hatten sich in eine einzige Ascheschicht eingegraben«, erklärte er, während unser Landrover dem Ort entgegenfuhr, an dem das alles stattgefunden hatte. »Doch sie hatten auch die dünnen Ascheschichten darunter eingedrückt. Allerdings ist der Abdruck um so deformierter, je tiefer man gräbt. Deshalb mußten wir zunächst absolut sicher gehen, daß wir die primäre Schicht nicht verletzten – weil wir sonst nur ein verzerrtes Abbild bekommen hätten. Glücklicherweise lag direkt über der Schicht mit dem Fußabdruck eine dünne Decke von Kalziumkarbonat, nur etwas härter als die leichte graue Asche, die später fiel und die Abdrücke auffüllte. Ich goß Farbverdünner auf den Abdruck. Während das graue Füllmaterial ihn aufsog und dunkel wurde, absorbierte ihn das Kalziumkarbonat nicht. Aus diese Weise konnte ich die beiden Ascheschichten anhand der Farbe unterscheiden und das Füllmaterial sorgfältig entfernen, ohne den Abdruck selbst zu beschädigen.«

Mit Hilfe dieses langsamen, außerordentlich mühsamen Verfahrens hatten Tim und die anderen mit der Ausgrabung beschäftigten Teammitglieder eine Spur freigelegt, die von mindestens zwei, möglicherweise auch drei Hominiden stammte. Zwei parallele Spuren, G-1 und G-2/3 genannt, erstreckten sich über eine Länge von etwa neun Meter, bevor sie von einer Verwerfungslinie unterbrochen wurden. Ein kleiner Versuchsgraben, den man jenseits der Unterbrechung aushob, zeigte, daß die Spuren auf der anderen Seite weitergingen. Man beschloß, die Ausgrabung im folgenden Sommer fortzusetzen. Allerdings ohne Tim.

»Zwischen der Grabungssaison des Jahres 1978 und der von 1979 haben Don und ich den *afarensis* bekanntgegeben«, erklärte Tim grinsend. »Laetoli war für mich erledigt, solange Mary hier das Sagen hatte.«

Nach Tims Fortgang übernahmen Mary und der erfahrene englische Paläontologe Ron Clarke die Verantwortung für die Ausgrabung der wesentlich besser erhaltenen Fußabdrücke der südlichen Spur. Im Sommer zuvor hatte Ron zusammen mit Tim mit der Verdünnertechnik gearbeitet. Er wandte sie nun allein an und kratzte die Eindrücke unter allergrößter Vorsicht mit einem winzigen zahnärztlichen Gerät aus. Mary dagegen entschloß sich zur Arbeit mit einem Schlegel und einem Stechbeitel-ähnlichen Instrument, um die hartgewordene Asche aus den Abdrücken zu entfernen. Am Ende des Sommers hatten sie mit ihren Ausgrabungen mehr als siebzig erkennbare Fußabdrücke freigelegt. Die Spur wies eine Länge von fast vierundzwanzig Metern auf. Ron hatte einen Abguß angefertigt und brachte ihn nach Olduvai, um dort eine Nachbildung herzustellen.

Allerdings stand Mary vor dem schwierigen Problem, das zerbrechliche Fundstück zu erhalten, das ihr Team freigelegt hatte. Sie erwog, an der Fundstelle ein Freilichtmuseum anzulegen, doch wenn man es nicht auf Dauer mit Personal ausstatten konnte, würde ein solches Bauwerk nur die Aufmerksamkeit von Tieren und Vandalen erregen. Die einzige Alternative bestand darin, die ganze Spur wieder zu vergraben und sie mit Schichten von Sand, Plastikmatten und Basaltsteinen gegen die Beschädigung durch

Die Spur der Hominiden-Fußabdrücke in Laetoli. Die 1978 entdeckten Fußabdrücke bewiesen eindeutig, daß die frühen Hominiden bereits vor dreieinhalb Millionen Jahren aufrecht gingen. (Copyright by Peter Jones)

Pflanzenwurzeln zu schützen. Und so wurde dieses bemerkenswerte Relikt unserer eigenen Vergangenheit zutage gefördert, dokumentiert und wieder der Erde überantwortet.

Bei einem kurzen Abstecher nach Laetoli im Jahre 1985 hatten wir festgestellt, daß sich Marys Bemühungen, die Abdrücke vor der Beschädigung durch Wurzeln zu schützen, offenbar in ihr Gegenteil verkehrt hatten, denn die Fundstelle war bewachsener als das umliegende Gelände. Direkt über den vergrabenen Fußabdrücken wuchs eine Anzahl von Akazien. Anscheinend hatte sich das Mikrohabitat durch die Arbeiten verbessert und nicht verschlechtert. Natürlich ließ sich nicht feststellen, ob die Fußabdrücke unter der Erde tatsächlich Schaden genommen hatten, aber die Gefahr schien zumindest zu bestehen.

Als wir uns jetzt der Fundstelle näherten, stellte ich mit Erschrecken fest, wieviel die Bäume in nur einem Jahr gewachsen waren. Einige waren fast zweieinhalb Meter hoch.

»Willkommen im Waldreservat Laetoli«, stellte Tim mit grimmigem Spott fest, als wir ausstiegen. Unsere Besucher machten ein paar Fotos und sahen sich etwas um, wobei sie die Stellen mit Bodenbewuchs mieden, denn dort konnten sich Puffottern verbergen. Nach einigen Minuten gesellte sich George Bunn, ein Freund von Koch, zu Tim und mir und stellte eine Frage, die wahrscheinlich allen durch den Kopf ging.

»Ist das alles, was es hier zu sehen gibt?«

»Erstaunlich, nicht wahr?« erwiderte Tim. »Was ist nicht alles über diese Fundstelle und ihre Bedeutung für die Fortbewegung der frühen Hominiden geschrieben worden – Schrittlänge und Gangart, Zehenabdruck, Gewichtsverlagerung, mittlere Geschwindigkeit und so fort. Will man manchen Autoren Glauben schenken, so läßt sich an dem, was hier zu sehen ist, ablesen, wann die Laetoli-Hominiden ihre Zehen gekrümmt haben, wie sich ihr Gang von dem unseren unterschieden hat und wer von ihnen blind, schwanger, mörderisch oder alles zusammen war.«

»Aber hier ist nichts zu sehen«, sagte George.

Die scharfen Linien in Tims Gesicht wichen einem breiten Grinsen.

»Völlig richtig. Obwohl es zahllose Veröffentlichungen über diese Fußabdrücke gibt, sind sie nur von ganz wenigen Fachleuten in Augenschein genommen worden, bevor man sie wieder zugeschaufelt hat. Ich war einer von ihnen. Ron Clarke ebenfalls. Die meisten anderen, die sich über ihre Bedeutung und Konsequenzen auslassen, reden über die Abgüsse, nicht über die Originale. Und das ist wirklich sehr schade. Ein Abguß sagt nichts über die Beschaffenheit, die Farbe und die winzigen Einzelheiten des Originals aus. Er läßt keinen Rückschluß auf den Unterschied zwischen dem tatsächlichen Fußabdruck und dem verzerrten Abbild darunter zu. Man kann nicht entscheiden, ob eine Schwellung des Abdrucks zur Morphologie des einstigen Fußes gehörte oder vielleicht Füllmaterial ist, das nicht richtig ausgekratzt wurde.«

Tim machte eine Pause. Sein Lächeln wurde bitter, fast drohend.

»Aber wissen Sie, was uns die Abgüsse mitteilen?« fragte er. »Sie teilen uns mit, wo jemand mit dem Stechbeitel durchgestoßen ist. Solche Spuren sind nicht mehr zu beseitigen. Sie gehören jetzt untrennbar zu den fossilen Zeugnissen.«

In unserer Wissenschaft sind Entdeckungen stets auch Akte der Zerstörung. Immer wenn wir einen Knochen aus der Erde holen oder eine Sammlung uralter Artefakte ausgraben, verändern wir, wie geringfügig auch immer, eben jene Wahrheit über die Vergangenheit, die wir doch zu begreifen trachten. Niemand, noch nicht einmal Mary Leakey, würde behaupten, die Schlegel-und-Stechbeitel-Methode, die sie 1979 zur Ausgrabung der Fußabdrücke verwendet hatte, sei so sorgfältig und genau wie die Technik, die Tim im Jahre zuvor entwickelt und an Ron Clarke weitergegeben hatte. Die entscheidende Frage lautet, welche *Rolle* die Methode spielt. Wenn Mary mit ihrer Technik in der Lage war, die Abdrücke in genau dem gleichen Zustand zu bergen wie Tim mit der seinen, dann war er möglicherweise übervorsichtig. Wenn dagegen Beschädigungen, die den Abdrücken während der Ausgrabung zugefügt wurden, ihre Interpretation durch die Wissenschaft beeinflußten, dann bedurfte es selbstverständlich einer Richtigstellung.

Eine zentrale Frage betraf die Zahl der an beiden Spuren beteiligten Individuen. Die G-1-Spur stammt ohne Frage von einem einzigen, ziemlich kleinen Hominiden, der sich auf zwei Beinen fortbewegte. Die G-2/3-Spur ist weniger eindeutig. Die meisten Forscher, auch Mary, vertraten die Auffassung, es handle sich um die Spuren zweier weiterer Individuen, wobei der zweite mit seinen Fußtritten die Abdrücke des ersten teilweise überdeckt habe.

Doch andere Wissenschaftler, unter ihnen auch Ron Clarke, hielten die Spur G-2/3 für die Hinterlassenschaft eines einzigen Individuums. Wenn die Abdrücke unverhältnismäßig groß erschienen – so diese Hypothese –, sei das darauf zurückzuführen, daß die Füße des Hominiden bei jedem Schritt ein wenig in der regennassen Asche verrutscht seien.

Ein starkes Argument, das Mary und andere gegen diese Auffassung ins Feld führten, stützte sich auf eine Spur, die aussah wie ein Fersenabdruck und einige Millimeter innerhalb des Umrisses eines anderen Fersenabdrucks lag. Ron hatte immer die Meinung vertreten, man dürfe diesem Abdruck keine besondere Bedeutung beimessen, ohne indessen zu erklären, wie er zu dieser Auffassung kam. So war es kein Wunder, daß sein Einwand kaum zur Kenntnis genommen wurde. Auf einer Tagung, die 1985 zu Ehren von Raymond Dart stattfand, gelangte Ron schließlich zu der Überzeugung, daß er nicht länger mit der Wahrheit hinter dem Berg halten dürfe: Neben anderen Schäden, die der Spur zugefügt worden seien, habe Mary Leakey den angeblichen Fersenabdruck versehentlich mit ihrem Stechbeitel hervorgrufen.

»Obwohl ich sah, daß sie die Kalkschicht des Abdrucks durchstoßen hatte, und ich ihr riet, aufzuhören«, so berichtete Ron den Tagungsteilnehmern, »hörte sie nicht auf meinen Rat.«

Die Zuhörer waren sprachlos. Bevor die Sitzung geschlossen werden konnte, bat Michael Day, ein langjähriger Kollege der Leakeys und einer der wenigen Wissenschaftler, die die Originalabdrücke gesehen hatten, um das Wort.

»Ich kann diese Sitzung nicht zu Ende gehen lassen, ohne auf die unerhörten Unterstellungen zu antworten, die Dr. Clarke hier vorgebracht hat«, erklärte Day zornig. »Zu behaupten, Mary Leakey habe in dilettantischer Weise diese Fußabdrücke beschädigt, ohne daß die Beschuldigte anwesend ist und sich verteidigen kann, ist eines der ungeheuerlichsten Vorkommnisse, die ich je auf einer wissenschaftlichen Tagung erlebt habe.« Seine Kritik an Clarkes Äußerung fand viel Beifall.

»Ron befand sich in einer Zwickmühle«, erklärte ich David und seinen Freunden. »Er ist im Grunde genommen ein friedlicher

Geselle mit großer Hochachtung für Marys Leistungen. Aber er war der festen Überzeugung, daß es in Wirklichkeit nur zwei Fußspuren an dieser Fundstelle von Laetoli gibt. Um seine Auffassung zu belegen, mußte er Dinge über Marys Stechbeitel-Technik offenbaren, die nicht allen genehm sein konnten.«

»Die meisten von uns sind in bezug auf die Zahl der Hominiden, die hier gegangen sind, anderer Meinung als er«, fügte Tim hinzu, »aber heute weiß jeder, daß Ron Clarke mit der Entstehungsgeschichte dieses künstlichen Fersenabdrucks recht hatte. Und es ist ihm hoch anzurechnen, daß er den Mut hatte, seinen wissenschaftlichen Ruf zu riskieren, indem er sich offen darüber äußerte.«

Wenn Tim White bei einem Gespräch über die Laetoli-Ausgrabungen so zornig wird, liegt es vor allem daran, daß er den Fußabdrücken außerordentlichen wissenschaftlichen Wert beimißt. Sie sind Zeugnisse von höchster Bedeutung für eine der wichtigsten Fragen in der menschlichen Evolution: Warum haben sich unsere frühesten Vorfahren zu aufrechter Haltung erhoben und begonnen, auf zwei Beinen zu gehen. Zwischen der Entdeckung des Neandertalers im Jahre 1856 und *A. afarensis* Anfang der siebziger Jahre haben zahlreiche fossile Fundstücke die Fähigkeit unserer Vorfahren belegt, sich in aufrechter Haltung fortzubewegen. Aber hier in Laetoli fand man völlig überraschend ein viel direkteres Zeugnis für jene Funktion, mit der der evolutionäre Aufstieg des Menschen begann – Abdrücke von Zehen und Fersen, Muskeln und Haut, tief in den Erdboden gegraben.

Niemand kann fortan in Frage stellen, daß die Hominiden schon vor *Homo sapiens* aufrecht gegangen sind. Es ist jedoch noch nicht lange her, da glaubten die meisten Wissenschaftler noch nicht so recht daran, daß der Neandertaler, *Homo erectus* und die übrigen Arten wirklich *wie wir* gingen. Man hat eine Fülle von Beschreibungen für ihre Fortbewegungsart gefunden – »merkwürdig und eigenartig«, »nicht ganz menschlich«, »ineffizient«, »watschelnd« und »schlurfendes Laufen«. Im Kern dieser Argumentation steht die naheliegende Annahme, daß unsere Vorfahren, bevor sie lernten, gut zu gehen, erst einmal lernen mußten, schlecht zu gehen.

Nach Meinung anderer Anatomen sind jedoch die Wissenschaftler, die von halb menschlichen Formen der Bipedie – der Fortbewegung auf zwei Beinen – ausgingen, in den alten Fehler des Anthropozentrismus verfallen – der Neigung, die menschliche Evolution als eine Folge unvermeidlicher Verbesserungen anzusehen, so daß mit jeder weiteren Generation unsere Vorfahren ein Stück vollkommener, uns selbst ein bißchen ähnlicher wurden.

Anfang der siebziger Jahre schickte sich Owen Lovejoy von der Kent State University in Ohio an, die biomechanischen Eigenschaften postkranieller Fundstücke südafrikanischer Australopithecinen zu untersuchen, um zu erforschen, wie sich diese frühen Vorfahren des Menschen fortbewegt haben. Zuvor hatte man diese Becken- und Extremitätenknochen stets dazu benutzt, den eher schwerfälligen Gang von *Australopithecus* nachzuweisen. In enger Zusammenarbeit mit Orthopäden zeigte Owen, daß diese Hominiden in Wirklichkeit *bessere* Geher gewesen sind als wir heute, was weitgehend auf die späteren Kompromisse zurückzuführen ist, die bei der Beckenstruktur von *Homo* in Kauf genommen werden mußten, damit die Frau ein Kind mit großem Kopf gebären konnte.

Dann beschäftigte sich Owen mit den postkraniellen Fundstükken, die wir in Hadar zutage förderten – eine gigantische Aufgabe. Er untersuchte die Knochen mit Hilfe von Röntgenstrahlen und Computer-Tomographie und berücksichtigte jede anatomische Besonderheit. Er entdeckte an dieser Vielzahl von Knochen nichts, was seine Überzeugung ins Wanken gebracht hätte: Die frühesten der uns bekannten Hominiden lebten am Boden und waren vollkommen biped. Zwar offenbarten die postkraniellen Knochen einige »primitive« Aspekte, doch das war nicht anders zu erwarten, schließlich handelt es sich bei *afarensis* um den ältesten Hominiden. Die Arme erscheinen lang, vor allem im Vergleich zu den kurzen unteren Extremitäten. Finger- und Zehenknochen sind gekrümmter als unsere. Doch das »morphologische Gesamtmuster« – der richtige Merkmalskomplex von Hüfte, Knie, Fußgelenk und Fuß, der mit der Fortbewegung in Zusammenhang steht – spricht nach Lovejoy entschieden für die Bipedie.

Eine Zeitlang hatte es den Anschein, als hätte Lovejoy in dieser Sache das letzte Wort gehabt. Doch 1983 erklärten zwei Forscher von der State University of New York in Stony Brook, *ihre* Untersuchung des Hadar- und Laetoli-Materials habe sie zu der Überzeugung gebracht, daß Lucy und ihre Artgenossen einen Großteil ihrer Zeit nicht auf dem Boden, sondern in den Bäumen verbracht hätten. Zwar räumten Randy Susman und Jack Stern ein, *afarensis* sei in vielerlei Hinsicht biped gewesen, doch nannten sie mehr als zwei Dutzend separate anatomische Eigenschaften, die nach ihrer Meinung darauf schließen ließen, die Bipedie dieser Art sei nicht so ausgeprägt gewesen wie die des modernen Menschen. So erklärten sie *afarensis* zum »lokomotorischen missing-link«. Sie behaupteten sogar, die Weibchen seien zum Klettern in Bäumen besser befähigt gewesen als ihre männlichen Artgenossen. So ging wieder das Gespenst eines watschelnden, krummbeinigen Zerrbildes des Menschen um, diesmal allerdings auf weit mehr Anhaltspunkte gestützt als jemals zuvor.

Stern und Susman waren nicht die einzigen Wissenschaftler, die *afarensis* die Fähigkeit zur perfekten Fortbewegung auf zwei Beinen absprachen. Im Jahr zuvor hatte ihr Stony-Brook-Kollege Bill Jungers die Meinung vertreten, Lucys Beine seien, gemessen an ihren Armen, zu kurz, um ihre Art zur Bipedie des heutigen Menschen zu befähigen. Gleichzeitig wies Russell Tuttle von der University of Chicago auf den Umstand hin, daß die Hadar-Fossilien gekrümmte Finger und Zehen aufweisen würden, wobei es sich möglicherweise um affenähnliche anatomische Werkzeuge zum Ergreifen von Baumästen handle. Derweilen behaupteten Brigitte Senut und Christine Tardieu in Paris anhand sehr spärlicher anatomischer Befunde, die Knie- und Ellbogengelenke der Hadar-Fossilien sprächen sehr viel stärker für ein Leben in Bäumen, als Lovejoys bipedes Ideal erkennen lasse.

Owen Lovejoy ließ sich keineswegs dadurch beirren, daß Lucys bipeder Status von allen Seiten angezweifelt wurde.

»Die wichtigste Regel der Anthropologie besagt«, so hat er mir einmal gesagt, »daß man wahrscheinlich unrecht hat, wenn alle glauben, was man sagt.«

Trotz Owens Unbeirrbarkeit schien mir ein Forum notwendig zu sein, das alle Leute zusammenbrachte, die sich in ihrer Arbeit mit der entscheidenden Frage nach Lucys Fortbewegung beschäftigten. Im Frühjahr 1983 veranstaltete das noch junge Institute of Human Origins seine erste wissenschaftliche Konferenz – »*The Evolution of Human Locomotion*« (Evolution der menschlichen Fortbewegung). Tim und ich stellten eine Einladungsliste zusammen. Alle eingeladenen Wissenschaftler sagten begeistert zu, bis auf die Franzosen, die der Konferenz fernblieben. Tim erklärte sich bereit, einen Vortrag über die Laetoli-Fußabdrücke zu halten. Ich wollte die Gesprächsleitung übernehmen und versuchen, für einen geordneten Gang der Diskussion zu sorgen.

Das ist nicht immer eine leichte Aufgabe, wenn Tim White zugegen ist. Als er zu Beginn der Konferenz ans Podium trat, hatte er nichts Eiligeres zu tun, als seine Zweifel an einem Fundstück anzumelden, das der anwesende Noel Boaz entdeckt hatte. 1979 war Boaz an der Fundstelle Sahabi in der lybischen Wüste auf ein Fossil gestoßen, das er für ein hominides Schlüsselbein hielt. Die Ablagerungsschichten, in denen der Knochen entdeckt worden war, waren einst von einem Salzsee bedeckt gewesen und ließen sich anhand einiger Meeresplankton-Fossilien auf ungefähr fünf Millionen Jahre datieren – eine Altersbestimmung von höchster Bedeutung, denn sie machte Boaz' Schlüsselbein zum ältesten bekannten Hominidenfossil der Welt.

»Der Knochen weist eine rückwärtige S-Kurve auf, die für Hominiden charakteristisch ist«, hatte Boaz zu einem früheren Zeitpunkt erklärt, »woraus folgt, daß das Geschöpf biped gewesen ist.« Wenn das stimmte, wären die Hominiden schon zwei Millionen Jahre vor Lucy vollkommen aufrecht gegangen.

Vor der Konferenz hatten Tim und seine Studenten Boaz' Fossil etwas näher untersucht, und jetzt ließ er die Bombe platzen. Das Fundstück stamme keineswegs von einem Hominiden oder einem anderen Primaten, so Tim vor der Zuhörerschaft, vielmehr handle es sich um die fossile Rippe eines Delphins. Die S-förmige Krümmung des Knochens, auf die Boaz seine ganze Beweisführung aufgebaut habe, lasse sich an dem Fundstück beim besten Willen nicht erkennen. Boaz erhob sich zornig von seinem Sitz und verteidigte seinen Standpunkt, indem er eine Anzahl anatomischer Punkte aufzählte, die dem Knochen nach seiner Auffassung mit »einer Wahrscheinlichkeit von 70 bis 80 Prozent« hominiden Ursprung bescheinigten. Doch Tim war nicht bereit, sich auf Wahrscheinlichkeitsspielereien einzulassen.

»Wer von Ihnen an der Frage interessiert ist, ob das von Dr. Boaz in Libyen gefundene Fossil von einem Delphin oder einem Hominiden stammt«, erklärte er vom Rednerpult, »den laden wir

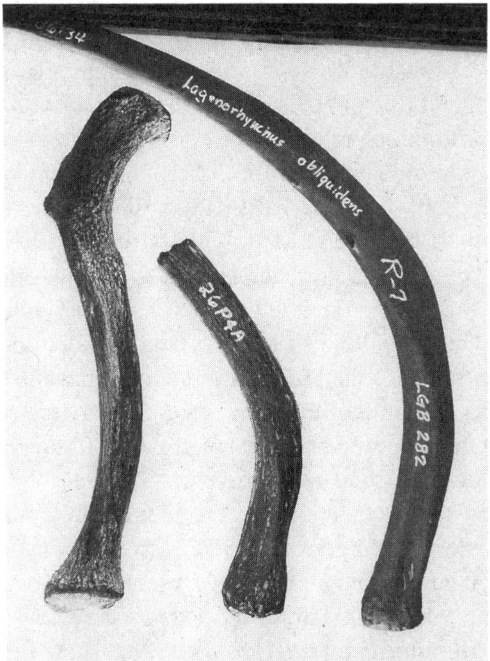

Das Sahabi-Fossil (Mitte), das Noel Boaz entdeckt hat und das er für das Schlüsselbein eines fünf Millionen Jahre alten Hominiden hält. Boaz hat behauptet, das Fossil weise wie das Schlüsselbein eines Schimpansen (links) eine s-förmige Krümmung auf. Tim White widersprach dieser Behauptung und erklärte, das Fundstück sei die fossile Rippe eines Delphins wie jene, die rechts abgebildet ist. (Tim D. White)

ein, nach dem Vortrag eine Delphinrippe und einen Abguß des Sahabi-Fossils zu vergleichen. Ich glaube nicht, daß ein einziger der hier Anwesenden – vielleicht nicht einmal Sie selbst, Noel – den Raum in der Überzeugung verlassen wird, es könne sich bei diesem Knochen um etwas anderes als ein Delphinfossil handeln.« Später ließ Tim sich noch dazu hinreißen, das Fossil als »Flipperpithecus boazi« zu bezeichnen.

»Ungehörig«, berichtete Boaz später einem Reporter, »aber was soll ich sagen, so ist er nun einmal.« Später behauptete er, Tims Argumentation sei *ad-hominem*-Sophismus gewesen.

»Ich habe lediglich *ad-delphinem*-Fakten vorgelegt«, konterte Tim. Oben ist das Sahabi-Fossil abgebildet, links daneben ein Schimpansenschlüsselbein und rechts die Rippe eines modernen Delphins. Der Leser möge selbst beurteilen, ob das Fossil eine S-förmige Krümmung erkennen läßt.

Dann wandte sich die Konferenz ihrem eigentlichen Thema zu, der Bipedie von *afarensis*. Russ Tuttle sprach über die Diskrepanz, die er zwischen den Laetoli-Fußabdrücken und dem angeblich für sie verantwortlichen Fuß von *afarensis* sah. Seine Analyse der Fußabdruck-Abgüsse brachte Russ zu dem Schluß, sie seien von einem Geschöpf hinterlassen worden, das mehr oder weniger wie ein Mensch gegangen sei. Dagegen hätte das Fußskelett, das wir in Hadar gefunden hatten, mit seinen langen gekrümmten Zehen und den anderen Merkmalen seiner Meinung nach andere Abdrücke in der Asche hervorgerufen. Daraus folgte, daß eine vollkommen andere Hominidenart – ein uralter echter *Homo* – in Laetoli existiert und die Spuren hinterlassen haben mußte. Wenn das stimmte, hatten Tim und ich in unserem Stammbaum mehr als eine Art unter der Bezeichnung *afarensis* zusammengefaßt.

»Sie haben miterlebt, wie Tim White Mr. Boaz das Schlüsselbein gebrochen hat«, scherzte Russ in seinem Vortrag, »und ich vermute stark, er wird mir jetzt auch auf meine Füße treten.«

In der Tat äußerte sich Tim dazu. Tuttle hatte sich in seiner Analyse auf den besterhaltenen Hadar-Fuß gestützt – ein großes, fast vollständiges Fußskelett von der Fundstelle der ersten Familie. Tim räumte ein, daß dieser Fuß mit seinen langen, gekrümmten

Zehen kaum in die Fußabdrücke von Laetoli gepaßt hätte. Doch als Tim und Gen Suwa die Anatomie des Fundstücks maßstabsgerecht auf Lucys Größe reduzierten, paßte *afarensis* in die Laetoli-Abdrücke wie Aschenputtels Fuß in den Schuh.

Randy Susman vertrat auf dieser Konferenz mit Vollbart und Überzeugung die Auffassung, Lucy sei eine gute Kletterin gewesen. Dabei habe nicht ein einzelnes Merkmal *afarensis* zu einem solch gewandten Baumbewohner gemacht, sondern ein funktional zusammenwirkender Merkmalskomplex. Von besonderer Bedeutung in der oberen Körperhälfte seien die affenähnlichen kräftigen und gekrümmten Fingerknochen und Lucys Armlänge im Vergleich zur Länge ihrer Beine – ein weiteres primitives Merkmal, das die Bewegung im Geäst von Bäumen erleichtere. Unterhalb der Taille haben Susman und seine Kollegen eine größere Beweglichkeit der Hüft-, Knie- und Fußgelenke ausgemacht. Neben den gekrümmten Zehen verrate, so Susman, die Anatomie der Fußbasis und des Wadenbeins, daß Lucy dort eine außerordentliche kräftige Muskulatur besessen habe. Beide Eigenschaften hätten ihre Füße mit einer Greiffähigkeit ausgestattet, die ihr das Leben in den Baumwipfeln erheblich erleichtert habe. Kurzum, die in Susmans Argumentation beschworene Kreatur wäre ein recht geschickter Baumbewohner gewesen. Sie hätte sich mit einer Mühelosigkeit von Ast zu Ast geschwungen und die Baumstämme hinaufgehangelt, neben der sich unsere Versuche recht plump ausgenommen hätten.

Dann ergriff Jack Stern das Wort, um zu beweisen, daß die Bipedie von *afarensis* der des Menschen erheblich nachgestanden habe. Er zitierte Bill Jungers Arbeit über die Kürze von Lucys Oberschenkelknochen und erörterte anatomische Einzelheiten von Hüfte, Knie und Fußgelenk. Vor allem aber ging er auf ein Merkmal von Lucys Becken ein, das nach Auffassung des Stony-Brook-Teams besondere Primitivität verrät. Bei Affen sind die großen, ausgestellten Beckenknochen, die sogenannten Darmbeinschaufeln, hoch, eng und ziemlich flach, von vorn nach hinten gesehen. Menschliche Becken sind breiter in den Hüften, die Darmbeinschaufeln seitwärts gedreht. Alle waren sich darüber einig, daß Lucys Becken kurz und breit war. Doch nach Stern fehlt ihm die Seitwärtsdrehung. Dieser Unterschied ist von entscheidender Bedeutung für die Fortbewegung. Ohne dieses Merkmal hätte Lucy ihr Gleichgewicht nur mit gebeugten Hüftknochen, wie ein Schimpanse, halten können.

Hinsichtlich der Laetoli-Fußabdrücke war Jack wie Tim der Meinung, daß *afarensis* die Art sei, die sie hinterlassen habe. Doch nach Auffassung der Stony-Brook-Anthropologen gingen diese Laetoli-Hominiden wie missing-links. Wenn Schimpansen sich biped fortbewegen, ruht ihr Gewicht bei jedem Schritt auf der Außenseite des Fußes. Menschen verlagern das Gewicht von der Außen- auf die Innenseite, so daß in der letzten, kräftigen Abstoß-Phase des Schrittes die Belastung auf dem großen Zeh liegt. Deshalb müßte der Fußballen, vor allem in einer weichen Oberfläche, einen tiefen Abdruck hinterlassen. Nun konnten aber Stern und Susman in vielen Fußspuren von Laetoli keine solchen tiefen Abdrücke entdecken. In einer Fußspur fanden sie sogar eine Erhöhung, wo eigentlich eine Vertiefung hätte sein müssen. Sie schlossen daraus, die Laetoli-Hominiden hätten zumindest manchmal ihr Gewicht auf die Außenseite der Füße verlagert. Zuvor hatten Stern und Susman noch darauf hingewiesen, daß in wenigstens einem der Abdrücke der große Zeh zur Seite abgespreizt erscheine, statt wie beim Menschen in einer Reihe mit den anderen Zehen zu stehen. Vielleicht, so meinten sie, seien die Laetoli-Hominiden fähig gewesen, den großen Zeh fast wie Schimpansen nach außen zu stellen.

Die Stony-Brook-Ausführungen zu den Fußabdrücken von Laetoli machten auf viele Konferenzteilnehmer großen Eindruck. Doch wie fast alle anderen Forscher hatten auch Randy und Jack ihre Schlußfolgerungen auf die Untersuchung der Abgüsse gestützt. Tim kannte die Originale in allen Einzelheiten und wies überzeugend nach, wie irreführend solche Abgüsse sein können. Der Fußabdruck, den Stern und Susman besonders hervorgehoben hatten, weil er keine Vertiefung zeigte, erwies sich als eine jener Spuren, die Mary Leakey mit dem Stechbeitel ausgegraben hatte. Die meisten Einzelheiten waren deshalb nicht zu erkennen.

Tim wies außerdem darauf hin, daß auch Menschen, wenn sie auf weichem Untergrund gehen, nicht immer mit ihrem Fußballen eine deutliche Vertiefung hinterlassen. Was den abgespreizten großen Zeh anging, so wies Tim nach, daß die Asche in der Umgebung des Fußabdrucks Spuren eines Pliozän-Hasen aufwies. Als der Hase durch die Asche gehoppelt sei, habe er mit der Spur einer Pfote den hominiden Fußabdruck überlagert und dergestalt den falschen Eindruck eines großen Zehs hervorgerufen. Diese Einzelheit lasse sich in aller Deutlichkeit nur am Original erkennen.

Stern und Susman haben später zugegeben, sie hätten nach der Enthüllung, daß einige der Fußabdrücke unzulänglich ausgegraben worden seien, den Glauben an ihre Schlußfolgerung doch »sehr stark eingebüßt«. Statt dessen stützten sie ihre Argumente nun um so mehr auf die Knochen von Hadar. Jetzt war Owen Lovejoy, der sich die ganze Zeit zurückgehalten hatte, an der Reihe. Er vertrat die Ansicht, die Leute von Stony Brook hätten den Wald nicht gesehen, während sie nach Lucy in den Bäumen Ausschau gehalten hätten. Es genüge nicht, ein paar affenähnliche Merkmale zusammenzustellen, um dann ein lokomotorisches missing-link zu verkünden.

»Die Bipedie verlangt eine grundlegende Umgestaltung der unteren Extremität«, erklärte Owen zu Beginn seines Referats. »Das Tier *muß* eine Anpassungsform zugunsten einer anderen aufgeben. Es gibt in der Anatomie keine freie Wahl.«

Ein entscheidender Punkt in diesem Zusammenhang ist das menschliche Becken. Ein Tier, das das Gewicht eines senkrecht stehenden Rückgrats ausbalancieren soll, muß einen runden Bekkengürtel besitzen. Wenn aber das enge, kielförmige Affenbecken dergestalt umgebaut wird, verliert das Tier etwa dreißig Prozent seiner Sprungfähigkeit – was bei einem Geschöpf, das sich von Ast zu Ast fortbewegt, kaum zweckmäßig wäre. Stern und Susman hatten behauptet, Lucys Becken lasse die für den Menschen charakteristische Seitwärtsdrehung vermissen, hatten sich dabei aber wiederum von Abgüssen täuschen lassen. Lovejoy hatte viele Stunden mit dem Original, einem aus vielen Fragmenten bestehenden Fossil, verbracht und es sorgfältig in jener Form wiederhergestellt, die seiner Meinung nach der ursprünglichen Gestalt am nächsten kam.

Owens Rekonstruktion erbrachte kein Becken, das dem des modernen Menschen genau entspricht, aber doch eines, bei dem die Seitwärtsdrehung der Darmbeinschaufeln menschenähnlicher ist, als von Stern und Susman behauptet worden war. Die entscheidende Frage lautet, ob Lucys Hüftknochen in seiner Funktion dem unseren oder dem eines Affen ähnelte. Owen bewies überzeugend, daß die Abduktoren – die Hüftmuskeln –, die zur Stabilisierung der Hüften von bipeden Arten dienen, bei Lucy die gleiche Aufgabe hatten wie beim modernen Menschen. Ferner zeigte er, daß Lucys Abduktoren mithalfen, gefährliche Belastungen des *Schenkelhalses* abzuwenden – jener dünnen Knochenbrücke zwischen dem Schaft des Oberschenkelknochens und dem kugelförmigen Gelenkkopf, der in der Gelenkpfanne des Hüftknochens sitzt.

Eine genauere Untersuchung dieses anfälligen Knochenabschnitts offenbarte interessante Unterschiede zwischen bipeden Menschen und quadrupeden Affen. Bei einem Affen, der auf Bäumen lebt, ist der Schenkelhals beim Klettern und Springen extremen Beugebelastungen ausgesetzt, was die Verdickung des Knochenstücks am oberen und unteren Ende erklärt. Beim Menschen ist der Schenkelhals lediglich an die Belastungen angepaßt, die beim Gehen und Laufen auftreten. Folglich ist der Knochen nur am unteren Ende verdickt, während die Knochenschicht oben sehr dünn ist. Lucys Schenkelhals entspricht dem des modernen Menschen und würde brechen, wenn man ihn den hohen Belastungen des Kletterns aussetzte.

»Lucy war nicht nur fähig, aufrecht zu gehen«, schrieb Owen später, *»sie hatte überhaupt keine andere Wahl.«* Punkt für Punkt zeigten Owen und sein Student Bruce Latimer, daß Lucy durch den Knochenbau unterhalb der Taille vollkommen auf die Bipedie festgelegt war. Eine besondere Rolle in Sterns und Susmans Beweisführung spielten die gekrümmten Zehen von *afarensis*. Doch wie Latimer deutlich machte, verloren die Zehen im Gesamtzusammenhang der funktionalen Anatomie an Bedeutung. Er wies darauf hin, daß der Fuß der charakteristische Teil der menschlichen Anatomie ist. Wir haben die Fähigkeit zum Abspreizen des großen Zehs und damit die Greiffähigkeit des Affenfußes verloren. Statt dessen haben wir die federartige Wölbung und Festigkeit des Vorderfußes erworben, die zum bipeden Gang erforderlich sind. Und im Gegensatz zur Theorie von Stony Brook waren Fuß-, Knie- und Hüftgelenke von *afarensis* in fast jeder Hinsicht von unzweifelhaft menschlicher Art.

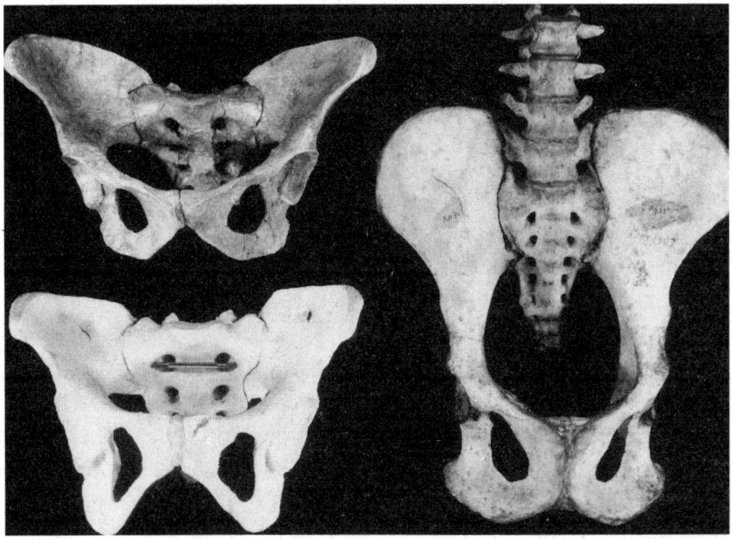

Owen Lovejoys Rekonstruktion von Lucys Becken (oben links) im Vergleich zu dem eines Menschen (unten links) und eines Schimpansen (rechts). Lovejoy behauptet, Lucys menschenähnliches Becken sei ein wichtiger Anhaltspunkt dafür, daß ihre Art vollkommen an die Fortbewegung auf zwei Beinen angepaßt war. (Owen Lovejoy)

Von beiden Seiten wurden die Argumente mit großer Sachkenntnis, aber auch sehr leidenschaftlich vorgetragen, so daß die Kontroverse allmählich einem Höhepunkt zusteuerte. Am Vormittag des nächsten Tages versammelten wir die Teilnehmer zu einer geschlossenen Sitzung in einem Raum, in dem wir auch alle vorhandenen Beweisstücke zusammengetragen hatten. Ohne Tagesordnung und Zeitdruck konnten die Kontrahenten in aller

Ruhe miteinander diskutieren, ohne der öffentlichen Neugier und der Versuchung, sich in Szene zu setzen, preisgegeben zu sein. Rasch bildeten sich überall kleine Gruppen. Als ich nach einer Stunde aufsah, hatten sich Tim White, Gen Suwa und Russ Tuttle in eine Ecke zurückgezogen, wo sie wieder und wieder Abgüsse von Zehenknochen in die Laetoli-Fußabdrücke einzupassen suchten. Bill Jungers lief von Tisch zu Tisch und maß Knochenlängen und -verhältnisse. Owen Lovejoy und Jack Stern hielten sich gegenseitig Fingerfossilien unter die Nase. Bruce Latimer ließ sich über geheimnisvolle Details des Fußgelenkes aus, während Randy Susman einen Fuß entblößt hatte, um die Zehenkrümmung besser demonstrieren zu können. Zwar hoben sich die Stimmen, fuhren Arme wütend durch die Luft, aber es wurde auch aufmerksam zugehört. Ich war zufrieden. Für solche Anlässe hatte ich das Institut gegründet. Die Arbeit zahlte sich aus.

Am Ende der Konferenz hatte ich den Eindruck, daß Lovejoy und Co. ihre Sache überzeugend dargelegt hatten, zumindest soweit es die Anatomie unterhalb der Taille betraf. Bei den Anpassungsmechanismen des Oberkörpers war ich mir nicht so sicher. Vor allem machten mich Lucys lange Arme und ihre kräftigen, gekrümmten Finger nachdenklich. Beide Merkmale wären günstig für die Fortbewegung in Bäumen, ganz gleich wie weit die Entwicklung zur Bipedie unterhalb der Taille gediehen sein mochte. Andererseits könnten Lucys lange Arme und gekrümmte Finger Beispiele für das Phänomen sein, das Lovejoy »evolutionäres Gepäck« nennt – Merkmale eines fernen Vorfahren, noch nicht verloren, aber auch nicht mehr erforderlich. Ich kann mir jedenfalls nicht vorstellen, inwiefern lange Arme für einen vollständigen bipeden Hominiden *nachteilig* sein könnten.

Im Unterschied zu Stern und Susman scheint mir, daß Lucys Art bereits unwiderruflich die Grenze zur Bipedie überschritten hatte. Ich habe damals das Problem ad acta gelegt und mich anderen Dingen zugewandt. Fünf Jahre später auf der Expedition nach Olduvai sollten alle diese Fragen wieder auftauchen.

David Koch hatte ein Flugzeug aus Manyara geschartert, das seine Safarigesellschaft abholen und auf die wildreichen Ebenen von Masai Mara jenseits der kenianischen Grenze bringen sollte. Doch der weiche Sand der provisorischen Landebahn von Olduvai erwies sich als zu gefährlich für die kleine Cessna, die am folgenden Tag einflog. Nachdem die Maschine knapp an einer Bruchlandung vorbeigeschlittert war, weigerte der Pilot sich, den Start mit einem vollbesetzten Flugzeug zu risikieren. Die Safari mußte sich also mit dem Landrover nach Manyara »durchschlagen«. Die Entscheidung stieß auf wenig Begeisterung, erwies sich aber als sehr klug. Denn auch ohne Passagiere kam die Cessna beim Start nur schwer vom Rollfeld hoch und streifte mit dem Rumpf fast noch die Dornenhecke, die das Lager umgab.

Dieser beinahe mißglückte Start beendete alles Murren über die rumpelige Fahrt nach Manyara. David und seine Freunde quetschten sich in die Landrover und fuhren zur Schlucht hinaus. Eine Stunde später tauchte ein weiteres A&K-Fahrzeug auf der Straße zum Lager auf. Es brachte Vorräte. Die Binfords und die Frisons warteten schon auf eine Gelegenheit zum Aufbruch. Während der A&K-Fahrer ungeduldig auf und ab ging, wurden hastig Koffer gepackt und ins Heck geworfen. Die Party war vorbei. Es war Zeit, daß wir uns wieder an die Arbeit machten.

Auf dem Dik-dik-Hügel ging es weiter, wie gehabt. Der Hominid deutete seine Identität an, versprach aufschlußreiche Informationen und führte uns dann doch wieder an der Nase herum. Wir trugen die Hügelkuppe ab, weil wir hofften, die kleine Spitze könnte einige Skelettstücke bewahrt haben, auch wenn der größte Teil des Hügels erodiert und fortgewaschen worden war. Unsere ganze Ausbeute bestand in einem einzigen Fragment einer Backenzahnkrone – nicht genug, um zu entscheiden, ob es sich bei dem Hominiden um *Australopithecus boisei* oder *Homo habilis* handelte. Nachdem jetzt die vielversprechendsten Felder abgesucht waren, erweiterten wir den Grabungsbereich und grenzten eine neue Reihe von Quadraten zur Straße hin ab. Das brachte uns ein paar weitere Zahnwurzeln, den Splitter einer Krone und eine Handvoll rätselhafter schwarz-brauner Stücke. Inzwischen war der Hügel von ausgesiebtem Sand so hoch geworden, daß wir uns an ihn lehnen konnten, während wir die Karais durchsahen. Es gab noch viel zu tun, und bei jedem neuen Quadrat bestand die Hoffnung, daß uns doch noch der große Fund gelingen würde, von dem wir zu Anfang geträumt hatten. Doch die Chancen wurden schlechter, je länger die Grabungen dauerten. Wir wußten alle, ohne es auszusprechen, daß die beste Zeit vorbei war.

Allmählich und unmerklich verlagerten sich unsere Erwartungen jetzt mehr und mehr auf das Labor. Auf einem Tisch bei einem schattigen Fenster schütteten wir die gekennzeichneten Plastiktüten aus – lauter dunkle Knochensplitter, die voller Möglichkeiten steckten. Die Anonymität dieser Knochen war beängstigend – Tausende, von denen möglicherweise nur einer von Hundert wirklich zu unserem Hominiden gehörte und davon wieder nur einer von Hundert eindeutig zu identifizieren war. Trotzdem mußten sie alle sortiert, geprüft und geordnet werden.

Der vielbemühte Vergleich zwischen einem Puzzle und der Rekonstruktion eines in Fragmenten vorliegenden Fossils stimmt nur bis zu einem gewissen Punkt. Gewiß, die beiden Prozesse haben viel Gemeinsames – man nimmt ein Stück, prüft die möglichen Verbindungsstellen, legt Rand an Rand, bis sich das Stück schließlich einfügt. Doch dabei darf man nicht vergessen, daß die meisten Stücke eines »Fossilpuzzles« verlorengegangen sind. Unter den erhaltenen Stücken haben viele ihre charakteristischen Ränder eingebüßt. Von den zahlreichen Fragmenten gehören die meisten einer unbekannten Zahl von *anderen*, weitgehend irrelevanten Puzzles an. Bestenfalls wird es einem gelingen, ein winziges Bruchteil des gewünschten Bildes zu rekonstruieren. Doch wenn man Fehler macht, ist eine unschätzbare Gelegenheit für immer vertan.

Trotz solcher Schwierigkeiten – oder vielleicht gerade ihretwegen – wurde dieser Tisch am Fenster im kühlen Steingebäude zu einem unwiderstehlichen Anziehungspunkt. Der August kam, und der Dik-dik-Hügel wurde zu einer lästigen Pflicht, die uns der *eigentlichen* Arbeit fernhielt. Sobald es morgens hell genug war, befand sich schon jemand im Labor und versuchte zwei Fragmente zusammenzusetzen, rollte sie zwischen Daumen und Zeigefinger und suchte nach Verbindungsstellen. Die Erfolgsaussichten eines solchen Versuchs waren lächerlich gering, doch das schien die Besessenheit nur zu verstärken. Nach dem Frühstück beluden wir den Wagen und machten uns auf den Weg zum Hügel, doch wenn sich jemand verspätete oder auch einmal zurück mußte, um seine Feldflasche zu holen, schlich sich jemand anderer unweigerlich ins Labor, um ein oder zwei Minuten mit den Knochen herumzuspielen. Ebenso verhielt es sich in der Mittagspause oder in der Stunde vor dem Abendessen – man stahl sich fort ins Labor und versuchte ein paar Kombinationsmöglichkeiten. Am Abend holten wir die Taschenlampen heraus und arbeiteten, bis uns die Augen zufielen.

Einmal wurde ich mitten in der Nacht wach, stand auf und ging hinaus, um auszutreten. Das Laborgebäude war eine kompakte schwarze Masse, deren Umriß sich gegen einen Horizont von Sternenlicht abzeichnete. Ein schwacher Halogenschein drang aus dem Laborfenster. Da stand offensichtlich jemand am Arbeitstisch und schlug sich beim Licht einer kleinen Taschenlampe mit den Rätseln des Fossils herum.

Man kennt und liebt die Geschichten von entscheidenden Durchbrüchen, von plötzlichen Erleuchtungen, die alles in einem neuen Licht zeigen, Unkenntnis in Wissen, das unedle Metall in Gold verwandeln. So spektakulär geht es in der Wissenschaft nur selten zu. Vor dieser Expedition hätte ich allerdings die Ansicht vertreten, der Prozeß solcher Entdeckungen lasse immer erkennbare Wegmarken zurück, Punkte, an denen entscheidende Fragen beantwortet und Zweifel beseitigt wurden. Heute bin ich dessen nicht mehr so sicher. Die Spur der Hinweise und Rätsel, die der Hominid uns aufgab, und den jeweiligen Zeitpunkt ihrer Lösung kann ich leicht zurückverfolgen. Das ist in meinem Tagebuch alles getreulich festgehalten. Was dort aber fehlt, ist die Eintragung, die man vor allem erwartet: »Heureka! Heute haben wir die Identität des Hominiden entdeckt!« Diese Eintragung fehlt, weil es so nicht geschehen ist. Es gab kein Heureka, keine entscheidende Wende. Die Anhaltspunkte kamen tröpfchenweise zusammen, und nur durch harte Arbeit und beharrliches Grübeln gelang es uns, das Rätsel zu lösen. Es war keine Offenbarung, sondern eine Art Absorption unmittelbar unterhalb der Bewußtseinsschwelle.

Wir haben die Wahrheit gewissermaßen durch die Poren aufgenommen, bis wir sie erkannten, ohne es zu merken. Als wir schließlich die unumstößliche Gewißheit gewannen, registrierten wir das Ereignis kaum. Was als Rätsel begonnen hatte, erschien uns in der Rückschau, als hätten wir es schon immer gewußt.

Unsere Hoffnung, das Taxon des Hominiden bestimmen zu können, ruhte jetzt vor allem auf Gen Suwas Schultern. Mary Leakey hatte die Sammlung von Abgüssen mitgenommen, die uns für Vergleiche hätte nützlich sein können. Doch Gen, der mitten in seiner Dissertation über Hominidenzähne steckte, hatte viel von dem, was wir brauchten, im Kopf. Immer wenn genügend Licht und ein bißchen Zeit war, sah man Gen mit der aufmerksamen Prüfung der Zahnfragmente beschäftigt, wie er in seinem Gedächtnis nach der Bedeutung einer Furche suchte, die nur andeutungsweise auf dem Splitter einer Zahnkrone zu erkennen war, sie in Gedanken verlängerte und nach der Entsprechung dieses Vorstellungsbildes auf anderen Fragmenten suchte.

Auch hier erwies sich die Besonderheit des Fossils als hinderlich für Fortschritte. Der Hominide vom Dik-dik-Hügel war zum Zeitpunkt seines Todes alt. (»Ein echter Mzee«, sagte Tim.) Die meisten Oberflächenmerkmale der Zahnkronenfragmente waren abgeschliffen. Die größte Chance zur Unterscheidung zwischen *boisei* und *habilis* bestand darin, daß wir einen intakten dritten Molar fanden. Wie der Weisheitszahn des Menschen wäre der dritte Molar erst in einer späteren Lebensphase gekommen, so daß er beim Tode unseres Individuums noch genügend charakteristische Merkmale seiner Oberflächentopographie bewahrt hätte, um eine eindeutige Identifizierung zu ermöglichen. Schon wenn wir Größe und Ausmaß des Zahns gekannt hätten, wären wir möglicherweise in der Lage gewesen, das Taxon zu bestimmen. Es sei noch einmal gesagt: Robuste Australopithecinen haben im Verhältnis zu ihren Eck- und Schneidezähnen riesige Backenzähne. Die Backenzähne von *Homo* sind verhältnismäßig klein. Um eine eindeutige Zuordnung vornehmen zu können, braucht man einen Vorderzahn des Fossils und einen Backenzahn. Einen solchen Eckzahn hatten wir auf dem Dik-dik-Hügel schon gefunden.

Inzwischen nahm das postkranielle Skelett des Fossils allmählich Gestalt an. Kurz nach Kochs Abreise gruben wir noch ein zwei bis drei Zentimeter langes Stück des Humerusschafts aus. Als Gerry Eck und ich eines Nachmittags ins Labor kamen, war es Tim gerade gelungen, das neue Stück dem bislang vorliegenden Knochenfragment anzupassen. Die Wirkung war verblüffend. Wir hatten jetzt praktisch den gesamten Oberarmknochen, abgesehen von den Gelenkenden. Damit trat eine Besonderheit in den Vordergrund, die bislang nur andeutungsweise zu erkennen gewesen war.

»Treten Sie näher, meine Herrschaften, und riskieren Sie einen Blick auf die Affenlady«, sagte Tim und rückte mit seinem Stuhl vom Tisch ab.

»Mein Gott, ist das ein *langes* Ding«, sagte Gerry.

»Jede Wette, daß der Knochen noch länger ist als Lucys Humerus«, meinte ich.

»Aber die Teile, die wir vom Femur haben, sehen so verdammt klein aus«, sagte Gerry.

»Genau.« Tim beugte sich vor und nahm das Fragment des Schienbeinknochens, das wir am ersten Tag an der Fundstelle gefunden hatten. »Doch ich kann mit dieser Tibia nichts anfangen. Ich kann mir nicht vorstellen, daß eine Tibia von dieser Größe mit einem so kleinen Femur verbunden sein soll.«

»Meinen Sie damit, daß sie möglicherweise nicht-hominiden Ursprungs ist?«

»Ich will damit sagen, daß es sich möglicherweise nicht um *denselben* Hominiden handelt. Das befürchte ich schon die ganze Zeit. Wir graben herum und haben plötzlich zwei Zähne – einen *habilis*-Schneidezahn und einen riesigen *boisei*-Backenzahn.«

»Da zeigt sich, wer sich hier überflüssige Sorgen macht«, sagte ich. »Jedes Stück Zahnkrone, das wir gefunden haben, ist in gleichem Maße abgeschliffen. Außerdem haben wir kein Teil der Anatomie doppelt. Das beweist mir zur Genüge, daß wir es hier nur mit einem einzigen Hominiden zu tun haben.«

»Einverstanden«, sagte Tim.

»Dann handelt es sich also um ein Geschöpf, das kleiner als

Lucy ist, aber im Verhältnis zu den Beinen längere Arme hat. Genauso affenähnlich, aber eine Million Jahre jünger.

»Vielleicht.«

»Doch damit wären die Hominiden im Stammbaum weit nach ...«

»Nicht unbedingt. Überlassen wir solche Schlußfolgerungen anderen. Ich will nur so viel sagen, daß es ein sehr kleiner Hominid mit ungewöhnlich langen Armen sein *könnte*. Doch um das mit Sicherheit behaupten zu können, brauchen wir noch weitere Teile vom Femur.«

Ich gab keine Antwort. Neben einem intakten dritten Molar wäre der Rest dieses Femurs, besonders sein distales Ende, der spektakulärste Fund gewesen, den Tims Gesteinshammer zutage fördern konnte. Die Hoffnung war nicht unberechtigt. Das Gelenkende eines Femurs gehört zu den härtesten Knochenteilen eines Skeletts. Man könnte mit einem Lastwagen darüber fahren, ohne es sonderlich zu beschädigen. Doch dieses Fossil hatte solche Erwartungen durchkreuzt. Seit dem ersten Tag der Oberflächengrabung hatten wir keine Spur des Femurs mehr gefunden.

Am ersten Sonnabend des August tauchte ein Knochensplitter in einem Karai auf, der möglicherweise von einem Extremitätenknochen stammte. Als wir zum Mittagessen ins Labor kamen, legte ich meine Ausrüstung ab und begab mich sofort ins Labor. Tim war schon da, konzentriert wie immer. Gen war völlig absorbiert von seinen Zahnwurzeln. Ich griff mir den Morgenfund und den Teil des Femurschaftes, den wir bereits zusammengeleimt hatten. Beide Teile hatten die gleiche Farbe und Beschaffenheit. Ich drehte das neue Knochenstück herum und setzte es an das untere Ende des Schaftes.

»Himmel«, sagte ich.

»Lassen Sie sehen!« sagte Tim und wollte mir den Knochen abnehmen.

»Einen Moment noch«, sagte ich und zog das Fragment weg. Ich war mir noch nicht ganz sicher, ob er auch wirklich paßte. Manchmal kann die Übereinstimmung zwischen zwei Knochen von außen gut aussehen, vor allem wenn man es *gerne möchte*, doch wenn man die Innenflächen überprüft, so zeigt sich, daß die Ränder dort nicht übereinstimmen. Doch hier fügten sie sich auch innen nahtlos zusammen. Das neue Stück erweiterte die Länge des Schaftes um zweieinhalb Zentimeter – eine entscheidende Strecke zum distalen Ende hin.

»Das beste an diesem Burschen ist die Bruchstelle am anderen Ende«, sagte Tim, als er das Stück schließlich in der Hand hielt. »Sehen Sie, wie frisch der Bruch ist. Das distale Ende *muß* irgendwo da draußen liegen.«

Das Fossil begann allmählich wie ein Skelett auszusehen, vor allem die Arme. Wir hatten den größten Teil des Humerus. Wir hatten auch fast die ganze Speiche und ein hübsches Stück von der Elle. *Wenn* wir das distale Ende des Femur finden konnten, würden wir in der Lage sein, die Körpergröße des Hominiden genau zu bestimmen. Wir würden also die Länge des Humerus im Verhältnis zum Femur berechnen können. Das wäre eine entscheidende statistische Größe gewesen. Beim modernen *Homo sapiens* weist der Humerus ungefährt 75 Prozent der Femurlänge auf. Affen haben längere Arme als Beine, deshalb beträgt ihr »Humerus-Femur-Index« über 100 Prozent. Wir wußten, daß Lucy dazwischen lag – bei ungefähr 85 Prozent. Wie ordnete sich der neue Hominid in dieses Spektrum ein? Gewöhnlich geht man von der Annahme aus, daß der Humerus-Femur-Index eines Hominidenfossils um so näher an unserem eigenen liegt, je jünger es ist. Nun mußten wir diese Faustregel möglicherweise aufgeben.

In einigen Tagen erwarteten wir Bill Kimbel, und wenn er unser Telegramm erhalten hatte, dann würde sich in seinem Matchsack Lucys Abguß befinden. Am Morgen des 5. August hörten wir das heulende Motorengeräusch eines Landrovers, der sich in einem niedrigen Gang den gegenüberliegenden Hang der Schlucht herabquälte. Es war ein Fahrzeug des Department of Antiquities, an dessen Steuer Pelaji Kyauka, der junge Direktor des Arusha Museums, saß. Mit von der Partie waren Fidel Masao und der italienische Student Alberto Angela, der das Forschungs- und Studienzentrum Ligabue vertrat und uns bei den Grabungsarbeiten helfen wollte. Masao brachte die Erlaubnis, die Expeditionsarbeiten nach Laetoli auszudehnen. Wir erfuhren von ihnen, daß Kimbel und Paul Manega in einem anderen Fahrzeug folgten und in Ngorongoro gestoppt hatten, um Vorräte zu kaufen. Eine Stunde später fuhr der zweite Landrover ins Lager. Wir liefen zur Begrüßung hinaus. Bill hatte das Telegramm erhalten. Er hatte die Abgüsse. Außerdem befanden sich zwei Pfund Erdnußbutter in seinem Gepäck.

»Das könnte eine heiße Sache sein, Bill«, sagte ich, als wir ins Labor eilten. Wir drängten uns um den Arbeitstisch, und Kimbel breitete Lucys Extremitäten aus. Dann legten wir jeden Knochen des neuen Hominiden neben den entsprechenden Abguß des *afarensis*-Skeletts.

»Schau dir das an. Du glaubst es nicht!«

»Das Femur ist *kleiner*. Kleiner als Lucys.«

»Wir haben es schon vermutet, mochten es aber nicht recht glauben. Nun seht euch den Humerus an. Er ist *größer* als Lucys!«

Zum damaligen Zeitpunkt konnten wir die genauen Ausmaße noch nicht angeben. Dazu waren eingehendere Untersuchungen in den Staaten erforderlich, und vielleicht fanden wir ja mit ein bißchen Glück noch mehr Knochenfragmente. Doch die entscheidenden Gesichtspunkte erkannten wir in dem Augenblick, als Kimbel seine Abgüsse ausbreitete. Der kleine Hominid war fast mit Sicherheit weiblich. Denn hätte es sich um ein männliches Individuum gehandelt, wären die weiblichen Individuen nur etwa sechzig Zentimeter groß gewesen, was nach unserer Meinung auszuschließen war. Was noch wichtiger war: Das Skelett zeigte die Körperproportionen sehr primitiver Australopithecinen. Trotzdem hatte das Geschöpf zu einer Zeit gelebt, die der unseren sehr viel näher lag, zu einer Zeit, da man bereits Werkzeuge benutzte und wegwarf, da ein Wesen, das genügend Gehirn und Kultur aufwies, um als *Homo* bezeichnet zu werden, in der Olduvai-Schlucht lebte.

Und wir wußten noch etwas. Über den besessenen Wunsch, den Rest des Femurs zu entdecken, hatten wir Gen Suwa vergessen, der geduldig seine Zahnfragmente befingerte und nach Stücken suchte, die zusammenpaßten. Unmittelbar vor Bills Ankunft war es ihm gelungen, den Großteil eines dritten Molars zusammenzufügen. Der Zahn war zwar groß, hielt sich aber in Grenzen. Das war die Bestätigung, nach der wir gesucht hatten, auch wenn wir sie nun nicht mehr benötigten. Bill, ein Spezialist für Hominidenschädel, vermochte diese Erkenntnis auch dem Gesicht des Fossils abzulesen. Dieses kleine Geschöpf, biped und ausgewachsen einen knappen Meter groß, gehörte derselben Art an wie andere Fossilien von Olduvai, etwa George Twiggy und Johnnys Kind, sehr wahrscheinlich auch derselben Art wie der berühmte Schädel 1470 von Koobi Fora mit dem großen Gehirnvolumen; der gleichen Art, die Louis Leakey in den sechziger Jahren entdeckt, benannt und verfochten hatte. Bei diesem Hominiden, der einen Körper hatte wie Lucy, aber vermutlich mit einem weit leistungsfähigeren Gehirn ausgestattet war als sie, handelte es sich um die Art *Homo habilis*.

Lucys Kind. *Homo*. Einer von uns.

An diesem Abend tat Gerry Eck wieder einen Griff in seine geheime Vorratskammer und spendierte ein paar Flaschen dunkles, aromatisches Bier aus Tansania. Wir hatten allen Grund zu feiern. Gute Freunde, alte und neue, waren ins Lager gekommen. Sie hatten zahlreiche kulinarische Köstlichkeiten mitgebracht, um unseren Gaumen Abwechslung von dem Ziegenfleisch-Einerlei zu verschaffen. Hähnchen, frische Eier und Käse, Erdnußbutter. Außerdem richteten sich neue Hoffnungen auf Laetoli, vorausgesetzt, wir konnten Kyauka dazu bewegen, im Lager zu bleiben und sein Fahrzeug in den Dienst unserer Sache zu stellen. Da wir mit Bill und Alberto zwei Leute mehr zum Graben hatten, bestand sogar eine gewisse Hoffnung, daß der Dik-dik-Hügel am folgenden Tage etwas mehr als seine magere Tagesration an Knochensplittern preisgeben würde. Doch selbst wenn das nicht der Fall sein sollte, hatten wir bereits jetzt hinreichend bewiesen, daß die Olduvai-Beds noch immer sehr ergiebig waren. Wir hatten das erste bekannte Skelett der frühesten *Homo*-Art gefunden. Ich wußte natürlich, was solche Superlative für die Zukunft des Olduvai-Forschungsprojektes und auch für das Institute of Human

Origins bedeuten. Die Paläoanthropologie in ihrer ganzen Kompliziertheit zu begreifen kann für potentielle Förderer, Leute, die mit völlig anderen Dingen befaßt sind und wenig Zeit haben, äußerst mühsam sein. Doch Wörter wie »erster« und »frühester« verrichten wahre Wunder.

Das erstaunlichste Merkmal des Skeletts war seine verblüffende Primitivität. Die meisten Forscher hätten wahrscheinlich vorhergesagt, daß das Skelett von *Homo habilis* nach Statur und Körperproportionen irgendwo zwischen dem vorangehenden *afarensis* und dem nachfolgenden *Homo erectus* liegen müsse. Glücklicherweise gab es Skelette beider Arten, an denen wir uns orientieren konnten. Lucy, ein weiblicher *afarensis*, war gut einen Meter groß. 1984 hatte Kamoya Kimeu eine sensationelle Entdeckung in West Turkana gemacht: das fast vollständige Skelett eines zwölfjährigen *erectus*-Jungen. Das Skelett lag in Ablagerungsschichten, die auf 1,6 Millionen Jahre datiert wurden, und war ungefähr 1,60 Meter groß. Legt man menschliche Wachstumsraten zugrunde, hätte der Junge als Erwachsener eine Größe von 1,80 Meter erreicht – die Größe eines modernen männlichen Amerikaners.

Wäre die Körpergröße des Menschen tatsächlich von *afarensis* zu *erectus* stetig gestiegen, dann hätte *Homo habilis* eigentlich eine durchschnittliche Größe von 1,35 bis 1,50 Meter aufweisen müssen. Statt dessen hatten wir ein *habilis*-Skelett gefunden, das nicht größer als Lucy zu sein schien. Nach den Fragmenten des Dik-dik-Hügels zu schließen, handelte es sich bei den Teilen vom Hals aus abwärts praktisch um eine Zwillingsschwester von Lucy.

»Was für ein komischer Zufall«, sagte ich zu Tim, als ich an diesem Abend in meinen Schlafsack kroch, »ein winziges Exemplar von *Homo habilis* und nur zweihunderttausend Jahre später ein ziemlich großes von *Homo erectus*.«

Natürlich konnten weder wir noch andere entscheiden, wie repräsentativ das neue Skelett für *habilis*-Frauen im allgemeinen war oder ob der Turkana-Junge wirklich typisch für *erectus*-Männer war. Doch anhand der zugegebenermaßen spärlichen Informationen, über die wir jetzt verfügten, und von der plausiblen Annahme ausgehend, daß *Homo* keinen ausgeprägteren Geschlechtsdimorphismus aufwies als *afarensis*, gelangten wir zu dem Schluß, daß unsere Vorfahren in dem relativ kurzen Zeitraum von zweihunderttausend Jahren einen überraschenden Sprung in der Körpergröße getan hatten. Noch auffälliger war die plötzliche Veränderung der Körperproportionen. Der Hominide vom Dik-dik-Hügel hatte lange Arme wie Lucy, während die oberen und unteren Gliedmaßen von *Homo erectus* mehr Ähnlichkeiten mit den unseren hatten.

In dieser Nacht brodelte ein buntes Durcheinander von Gedanken in meinem Kopf. Wir wußten bereits, daß das Gehirn von *Homo erectus* erheblich größer als das von *habilis* war – und nun schien sich zu zeigen, daß auch ihre Körper beträchtliche Unterschiede aufwiesen. Etwas Außergewöhnliches hatte sich in diesen wenigen hunderttausend Jahren der Evolution ereignet, irgendeine Veränderung des Verhaltens, die einen *Homo* mit einem vergleichsweise kleinen Gehirn und einem primitiven Körperbau unvermittelt in eine Art mit großem Gehirn und modernem Körperbau verwandelt hatte. Daß *Homo erectus* sein größeres Gehirn auch zu nutzen wußte, zeigen die archäologischen Zeugnisse. Ihr konkretes Symbol ist die schöne zweiflächige Handaxt aus dem Acheuléen – ein enormer technischer Fortschritt gegenüber den grob behauenen Steinen, die man *Homo habilis* zuschreibt. Die Entdeckung von Fossilien des *Homo erectus* in allen Regionen der Alten Welt belegt die Fähigkeit dieser Art, die Schwierigkeiten einer Existenz in kälteren Klimazonen zu bewältigen – trockenen Steppen, Wälder der gemäßigten Zone, extrem hochgelegenen Ebenen. Einige Forscher vertreten die Auffassung, die Art habe sich des Feuers und vielleicht sogar der Sprache zu bedienen gewußt. Zweifellos war *erectus* die erste Hominidenart, die über Afrikas Grenzen hinausgelangt ist – und zwar nicht nur zu kurzen Abstechern in die benachbarten Regionen Europas und des Nahen Ostens, sondern weit nach Norden und Osten ins heutige Ungarn, Deutschland und die nordwestlichen Landstriche Chinas. Die Bedeutung dieser Wanderbewegung ist nicht zu unterschätzen. Wenn *habilis* lokale Erfolge gefeiert hatte, so wurde *Homo erectus* zu einem internationalen Phänomen.

Das war für mich der eigentlich faszinierende Aspekt des Hominiden vom Dik-dik-Hügel. Wir wußten jetzt, daß ein sehr primitives Geschöpf – vom Hals aus abwärts kaum mehr als ein Affe auf zwei Beinen – Anfang des Pleistozäns praktisch Schulter an Schulter mit einem sehr viel moderner aussehenden Nachkommen lebte. Zu einer so nachdrücklichen Beschleunigung des Evolutionstempos kommt es nicht ohne Grund. Warum auch immer, es hatte ein vorher nie dagewesenes evolutionäres Ereignis stattgefunden, das von entscheidender Bedeutung für die ganze nachfolgende Geschichte des Planeten sein sollte. In der folgenden Nacht konnte ich wieder nicht schlafen. Doch diesmal war es nicht die Angst, die mich wachhielt. Vielmehr kreisten meine Gedanken um das Geheimnis – die alten Erkenntnisse und die neuen Möglichkeiten.

Die Rekonstruktion des Hominiden vom Dik-dik-Hügel im Vergleich zu einer heutigen Frau. Das Individuum, dessen Skelett wir 1986 in der Olduvai-Schlucht gefunden haben, dürfte nur wenig über einen Meter groß gewesen sein. Die langen Arme in Verbindung mit der geringen Körpergröße lassen darauf schließen, daß die früheste menschliche Art in Körpergröße und -proportionen weit primitiver gewesen ist als angenommen.

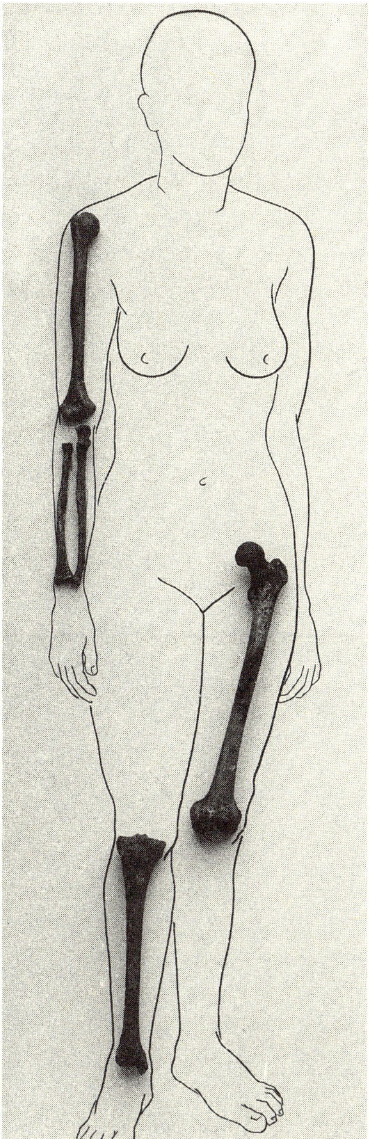

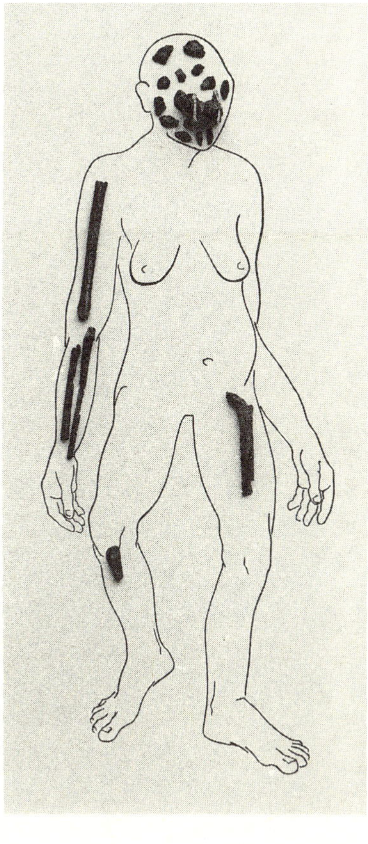

Teil IV
Auf dem Wege zum Menschen

8. Kapitel
Was geschah am FLK?

Alle Fakten, die man in den Sedimentschichten (von Olduvai) entdeckt hat, dienten zur Verfertigung von »ad-hoc-Geschichten« über unsere hominide Vergangenheit.

Lewis Binford, *Bones: Ancient Men and Modern Myths*

Da es zahlreiche Schwächen in Binfords Analyse gibt, ist zu bezweifeln, daß seine Schlußfolgerungen in bezug auf Olduvai Beiträge zu einer wissenschaftlichen Archäologie sind.

Henry Bunn in einer Besprechung von *Bones*

Die gesamte Buchbesprechung ist eine *ad-hominem*-Argumentation, die durch versteckte, der eigenen Sache dienende Fehldeutungen zustandekommt.

Lewis Binford *Bones: Ancient Men and Modern Myths*

Hamana nale kui,
nale kui.

Wir gehen rundherum,
rundherum
ein Hadza-Tanz

Würde man ein Dutzend zufällig ausgewählter Paläoanthropologen nach den drei wichtigsten Buchstaben des Alphabets fragen, würden elf von ihnen wahrscheinlich »FLK« antworten. Im Frida Leakey Karongo wurde der Schädel des *Zinjanthropus* gefunden, und das allein wäre die in Beton gefaßte Gedenktafel wert, die dort heute steht. Ein Jahr später stießen die Leakeys ganz in der Nähe auf die ersten Spuren von *Homo habilis* und bald darauf, praktisch unter Zinjs Nase, auf die beiden Beinknochen. In FLK wurde aber noch mehr zutage gefördert: ein Durcheinander von Säugerknochen und Steinwerkzeugen, das in seiner Dichte fast die Bedeutung der Hominidenfossilien in den Schatten gestellt hätte. Wenn es auf der Erde einen Ort gibt, um die großen Fragen der

Menschheit zu stellen – Wie war unser Anfang? Was haben wir vor zwei Millionen Jahren gemacht, daß wir zu Menschen wurden? –, dann ist es FLK.

Nach der Tagesarbeit auf dem Dik-dik-Hügel beschloß ich manchmal, dem Landrover vorauszugehen und zu Fuß ins Lager zurückzuwandern, ein Weg, der mich zufällig direkt an der berühmten Fundstelle vorbeiführte. Einmal kam ich dort eine Stunde vor Sonnenuntergang vorbei. Ich war allein und setzte mich so, daß ich das FLK vor mir hatte – ein intensives, kupferfarbenes Licht fiel auf die Rückwand der alten Ausgrabungsstelle und überflutete auch den Zwischenraum. Mary Leakeys Wunsch nach sauberen Winkeln in den Ausgrabungsorten hatte Wände entstehen lassen, die so glatt und gerade waren, daß sie aussahen, als hätte man sie mit einem riesigen Kuchenmesser aus dem Abhang des Hügels herausgeschnitten. Auch der Boden war ganz glatt. Natürlich hatte man die vielen Tausend alten Knochen und Werkzeuge längst in die Kenya National Museums in Nairobi geschafft. Die einzigen Knochen, die hier noch lagen, waren die ausgebleichten Überreste eines Weißschwanzgnus, das vor wenigen Wochen von Raubtieren gerissen worden war. Von dem plötzlich einfallenden Sonnenlicht erhellt und von den bereits in der Dämmerung verdunkelnden Hängen und Rinnen umrahmt, erschien mir das FLK wie eine Bühne, die für ein Schauspiel der *Minimal art* entworfen war: kahl, karg, die Requisiten nur von flüchtiger Bedeutung. In der Mitte der Bühne stand Zinjs Denkmal, die Marmortafel gesprungen, der Betonsockel verwittert; eine zentrale Requisite, die zwar das Weißschwanzgnu überdauert hatte, aber nicht für lange.

Das FLK hatte, wie mir schien, tatsächlich als eine Art Theater gedient. Ich setzte mich auf einen Hügel verfestigten Siebmaterials gegenüber der Fundstelle – ein guter Platz. Es war still bis auf das leise Rascheln der Eidechsen und Insekten im Geröll um mich her und das Flüstern des Windes in den Sisalagaven auf dem Hügel über mir. Irgend etwas war vor fast zwei Millionen Jahren an diesem Ort geschehen, Ereignisse, die damals keine besondere Bedeutung hatten, von dem Umstand abgesehen, daß Geschöpfe an ihnen beteiligt waren, die am Anfang *unserer* Entwicklung standen. Trotzdem wären diese Ereignisse für immer in der Vergangenheit versunken, hätten sie nicht eine unauslöschliche Spur hinterlassen und hätten nicht Louis und Mary Leakey diese Zeugnisse vor dreißig Jahren wiederentdeckt. Seither waren die Funde vom FLK Anlaß für eine Reihe von Versuchen, diese Ereignisse vom Beginn des Pleistozäns zu rekonstruieren und damit auch unsere eigenen Anfänge zu erklären. Es gibt natürlich auch andere archäologische Fundstätten, die unser Bild von der Vergangenheit entscheidend geprägt haben – und viele dieser Stätten liegen in der Olduvai-Schlucht. Doch wenn diese Entwürfe glaubhaft sein sollen, müssen sie im FLK spielen.

Fangen wir mit einem Prolog an, der von einem alten Bekannten stammt. Bevor die Leakeys in der Olduvai-Schlucht fündig wurden, war die allgemeine Auffassung von den Lebensgewohnheiten unserer Vorfahren durch die extremen Ansichten Raymond Darts geprägt. In den Jahren des Zweiten Weltkriegs hatte Dart sich wieder der anthropologischen Feldarbeit zugewandt, die er nach seiner enttäuschenden Reise nach England und der Präsentation des Kindes von Taung aufgegeben hatte. Statt jedoch nach Hominidenfossilien zu suchen, hielt er jetzt Ausschau nach Anzeichen von hominidem *Verhalten* – Werkzeugen, der Verwendung von Feuer oder der Überrepräsentation bestimmter Säugerknochen in den südafrikanischen Höhlen, aus der sich möglicherweise auf Fremdeinwirkung schließen ließ.

Dart fand seine Beweise in einem Kalksteinbruch im Makapan-Tal im Transvaal. Dort stieß er mit seinen Studenten auf einige Fossilien von *Australopithecus africanus*. Doch interessanter noch als die Hominiden selbst waren einige dunkle Flecken in den Sedimentschichten, die Dart für die Spuren alter Feuerstellen hielt. Ferner zeigte die Sammlung von siebentausend Säugerknochen, die an dieser Fundstelle geborgen wurden, eine merkwürdige Anomalie. Als Dart ein zahlenmäßiges Verzeichnis der anatomischen Teile seiner Sammlung anlegte, stellte er fest, daß es viel mehr Schädel, Unterkiefer und Unterschenkelknochen gab, als nach der Anzahl der vorhandenen Rippen, Wirbel und Beckenknochen zu vermuten gewesen wäre.

Sehr seltsam. Wenn ein Tier verendet, sind natürlich alle Teile seines Skeletts vorhanden – die entsprechende Zahl von Rippen, Extremitätenknochen und so fort. Wenn man auf eine Sammlung von Tierfossilien stößt, in der bestimmte Körperteile häufiger repräsentiert sind, als die Zahl der anderen Körperteile erwarten läßt, dann hat man davon auszugehen, daß sich etwas oder jemand nach dem Tode des Tieres an dessen Knochen zu schaffen gemacht hat. Es gibt eine Vielzahl von Kräften, die das Schicksal eines Knochens nach dem Tode seines Besitzers beeinflussen können – so können Aasfresser Teile eines Kadavers davontragen und andere liegenlassen oder sie zu Splittern zernagen. Auch Wasser kann im Laufe der Zeit kleinere Knochen von der ursprünglichen Stelle fortspülen, während die größeren liegenbleiben. Es gibt sogar eine Unterdisziplin der Paläontologie, die sich mit dem Schicksal von Knochen nach dem Tode ihrer Besitzer und den dabei wirksamen Kräften beschäftigt; wir nennen sie Taphonomie.

Nach Darts Meinung war die Kraft, die für die ungleichgewichtige Zahl anatomischer Teile in Makapansgat gesorgt hatte, die Hand unserer Vorfahren. Das spektakulärste Anzeichen für Hominidenbeteiligung war angeblich eine Sammlung von zweiundvierzig zertrümmerten Pavianschädeln, von denen zwei Drittel auf der linken Seite angeschlagen waren. Dart vermutete, diese Paviane seien alle mit tödlichen Keulenschlägen von rechtshändigen Australopithecinenjägern umgebracht worden.

Diese Waffen seien aus Knochen und anderen Hartteilen des Körpers verfertigt worden – woraus sich das gehäufte Vorkommen bestimmter Knochenteile an der Fundstelle erkläre. Dart bezeichnete deshalb die Kultur, der er die Verantwortung dafür zuschrieb, als *osteodontokeratisch*, das heißt »Knochen, Zähne, Horn verwendend«, und zeichnete ein sehr anschauliches Bild ihrer Angehörigen.

»Die Vorfahren des Menschen«, schrieb er 1957, »bemächtigten sich brutal ihrer lebendigen Beutetiere, erschlugen sie, rissen ihre zerschmetterten Körper auseinander, zerstückelten sie, löschten ihren Durst mit dem warmen Blut der Opfer und schlangen das zuckende Fleisch gierig hinunter.«

Angesichts einer Prosa, die so grelle Akzente setzte, hatte Darts Hypothese vom »Killeraffen«, wie sie bald genannt wurde, kaum einen professionellen Autor nötig,um sie auch einer breiteren Öffentlichkeit bekannt zu machen. Zufällig kam der amerikanische Journalist und Bühnenautor Robert Ardrey etwa zu dieser Zeit auf einer Reise durch Afrika mit Dart zusammen, begeisterte sich für dessen schlimme osteodontokeratische Gesellen und verfaßte das Buch *African Genesis*, das zu einem Bestseller wurde. Ardreys Buch wurde in viele Sprachen übersetzt und sorgte für eine weltweite Verbreitung von Darts Theorie. Selbst sehr pessimistisch und zynisch gestimmt, benutzte Ardrey Darts düstere Vision von den Anfängen der Menschheit, um die zutiefst gewalttätige Natur des Menschen zu erklären oder sogar zu entschuldigen:

»Der Mensch ist ein Raubtier, das den natürlichen Instinkt hat, mit einer Waffe zu töten«, schrieb Ardrey. »Als nun plötzlich dieses bereits sehr erfolgreiche, bewaffnete Raubtier mit einem vergrößerten Gehirn ausgestattet wurde, ... entstand der Mensch.«

Verglichen mit diesem brutalen Vorfahren machten die Hominiden, die nach Louis Leakeys Darstellung hier am Olduvai-See gelebt hatten, einen sehr viel friedlicheren Eindruck. Nach der Entdeckung von Zinj hatten Louis und Mary den Rest des Jahres 1959 damit verbracht, weitere Grabungen im FLK vorzunehmen. In der gleichen Schicht von schlammigem, grünlichem Lehm, in der Zinj gelegen hatte, entdeckten sie bald darauf eine interessante Sammlung von grob behauenen Werkzeugen und ein buntes Durcheinander von Knochen – Vogeleier, kleine Vögel, Schildkröten und junge Säugetiere. Die Beschaffenheit dieser »Faunakollektion« paßte sehr gut zu Leakeys Überzeugung, daß die frühesten Werkzeug-herstellenden Bewohner der Olduvai-Schlucht im wesentlichen Vegetarier waren, die Fleisch nur aßen, wenn sie zufällig darauf stießen. Natürlich sprachen auch Zinjs Merkmale – wie etwa seine riesigen Backenzähne – entschieden für eine solche Lebensweise.

Mit Unterstützung der National Geographic Society erweiterten die Leakeys im folgenden Jahr die Ausgrabungsarbeiten in einem Maße, das sie sich früher nicht hätten träumen lassen: Mehr als 270 Quadratmeter legten sie frei, um weitere Teile von Zinj zu finden. Die blieben zwar für immer verschollen, doch stieß man bei den Grabungsarbeiten in derselben Schicht auf tierische Überreste, die zu ganz neuen Schlußfolgerungen zwangen. Neben Fragmenten von Schildkröten, Katzenfischen und Eidechsen fanden die Leakeys zwischen den Steinwerkzeugen auch die Knochen eindrucksvollerer Beutetiere – Schweine, Pferde, Antilopen und Giraffen des Pleistozäns. Plötzlich nahm sich Darts Killeraffe gar nicht mehr so fremd aus in Ostafrika, vor allem mit dem Auftauchen von *Homo habilis*, der *Australopithecus* die Führungsrolle abnahm. Die Fragmente eines jugendlichen *habilis*-Schädels, die in der Nähe gefunden worden waren, wiesen ein merkwürdiges Bruchmuster auf. Leakey selbst hatte die – später von ihm bedauerte – Vermutung geäußert, der Bruch könnte durch »einen Schlag mit einem stumpfen Instrument« verursacht worden sein. Andere Forscher nahmen an, auch der »Echtmensch« könne Zinj getötet und gefressen haben.

Während sich jetzt die Schatten in den ausgetrockneten Wasserrinnen um mich herum verdichteten, sah ich in meiner Vorstellung eine Horde von Darts mörderischen Affen wie die Dämonen einer Landschaft von Hieronymus Bosch über die FLK-Bühne toben. Dieses Bild des Menschen erfreute sich in den sechziger Jahren auch weiterhin großer Beliebtheit und brachte es in Stanley Kubricks Film *2001 – Odyssee im Weltraum* sogar zu Hollywoodruhm. Aber gleichzeitig begann man in der Wissenschaft einige nachdenklich stimmende Fragen zu stellen. Konnten diese kleinen Hominiden wirklich so gewaltige Blutbäder anrichten, wie Dart meinte? Mochten nicht andere Ursachen für die zertrümmerten Schädel und die eigenartige Zusammenstellung von Knochenresten verantwortlich sein, die man in Makapansgat entdeckt hatte?

Mitte der sechziger Jahre beschloß der junge Geologe Bob Brain, sich etwas eingehender mit *all* den taphonomischen Kräften zu beschäftigen, die zu der besonderen Beschaffenheit der Knochenansammlungen nicht nur von Makapansgat beigetragen haben könnten, sondern auch an den anderen wichtigen südafrikanischen Fundorten Sterkfontein, Swartkrans und Kromdraai. Brains Arbeit war ein Meisterstück vorgeschichtlicher Detektivarbeit. So stellte er beispielsweise fest, daß die Bäume auf der südafrikanischen Savanne nicht verkümmert und verstreut wuchsen, wie man für eine solche regenarme Umwelt hätte erwarten können, sondern in Gruppen mit teilweise erstaunlich großen Exemplaren. Brain fand heraus, daß ihre Wurzeln in isolierte Vorratskammern von Grundwasser vorgedrungen waren. Unterhalb der Bäume bildeten sich natürliche Risse, die Zugänge zu den unterirdischen Höhlen schufen. Alles mögliche konnte in diese Risse fallen – auch Knochen, vor allem von Beutetieren, die in den Bäumen darüber gefressen wurden.

Brain wußte, daß der Leopard das einzige heute lebende Raubtier ist, das seine Beute regelmäßig auf Bäumen verspeist.

Er untersuchte die Knochenabfälle, die sich unter von Leoparden bevorzugten Bäumen ansammeln, und entdeckte, daß weitaus mehr Extremitätenknochen und Schädel als Rippen und Wirbel vorhanden waren. Das entsprach weitgehend dem von Dart entdeckten Muster der Reste, die angeblich von den Mahlzeiten seiner Killeraffen stammten. Die Schädel der Leopardenopfer waren häufig genauso zertrümmert wie die der Paviane von Makapansgat. In seinem Buch *African Genesis* hatte Robert Ardrey als Beispiel für eine »vorsätzliche bewaffnete Gewalttat« einen jugendlichen Australopithecinen-Schädel erwähnt, der zwei merkwürdige punktförmige Verletzungen aufweist. Im Verlauf seiner Untersuchung hatte Brain den Abstand zwischen den beiden Verletzungen mit einem Greifzirkel gemessen. Es zeigte sich, daß die Distanz dem Abstand zwischen den beiden unteren Eckzähnen eines Leoparden entspricht. Statt also das gefährlichste Raubtier der damaligen südafrikanischen Savanne gewesen zu sein, scheint *Australopithecus* selbst als Beutetier gedient zu haben.

Brain beschäftigte sich in seiner Arbeit nicht nur mit Leoparden. Er prüfte auch, ob andere Tiere im Laufe ihres Lebens zum Inhalt einer Höhle beigetragen haben könnten. Um besser zu verstehen, wie Aasfresser die Zusammenstellung der Knochen an sol-

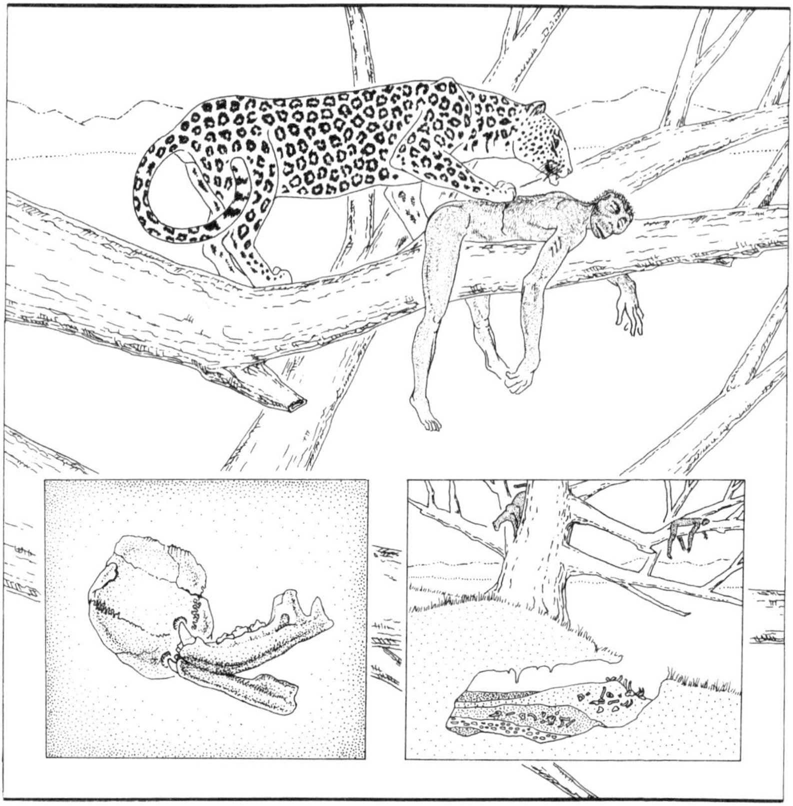

Bob Brains Untersuchungen der südafrikanischen Höhlenfunde trugen zur Widerlegung der Theorie vom »Killeraffen« bei. Die Ansammlung von Säugerknochen – auch Hominidenfossilien – wies große Ähnlichkeit mit den Überresten von Beutetieren auf, die von Leoparden in Bäumen über natürlichen Höhleneingängen verzehrt wurden. Punktförmige Verletzungen im Schädel eines jugendlichen Australopithecinen, die man zuvor für die Spuren brutaler Gewaltanwendung zwischen frühen Vorfahren des Menschen gehalten hatte, entsprechen, wie sich zeigte, dem Abstand zwischen den unteren Eckzähnen eines Leoparden. (Zeichnung von Douglas Beckner)

chen vorgeschichtlichen Fundstellen beeinflußt haben könnten, bezog er die viehzüchtenden Khoisaniden aus Namibia – oder besser, ihre Abfälle – in seine Untersuchung ein. Die Khoisaniden züchten in ihren Dörfern Ziegen, die sie regelmäßig schlachten und essen. Sie halten auch Hunde, die gewöhnt sind, die Überreste dieser Ziegenmahlzeiten zu zerkauen, zu verstreuen und in mancherlei anderer Weise zu verändern. Brain stellte fest, daß die Hunde ein ähnliches Knochenmuster zurückließen, wie es Dart in Makapansgat gefunden hatte. Offensichtlich waren auch Aasfresser für die Zusammensetzung der Höhleninhalte verantwortlich. Demnach haben Leben und Sterben von Leoparden, Eulen, Stachelschweinen, Hyänen und, natürlich auch, Hominiden – der Einfluß des gesamten Ökosystems über Jahrtausende – zur Entstehung der fossilen Zeugnisse beigetragen, solange eine Verbindung zwischen der Höhle und der Erdoberfläche bestand. Schließlich brach die Öffnung unter ihrem eigenen Gewicht zusammen oder füllte sich mit neuen Ablagerungsschichten. Die Zeugnisse der Vergangenheit blieben unter Verschluß, bis das im Kalksteinbruch eingesetzte Dynamit sie wieder zutage förderte.

Bob Brains Arbeit bestätigte etwas, was man allgemein schon zu vermuten begann: Die Hypothese vom Killeraffen schien genauso viel mit den jüngsten Ereignissen im Kalksteinbruch zu tun zu haben wie mit dem menschlichen Verhalten zu Anfang des Pleistozän. Darts Auffassung von unseren Anfängen stand sehr stark unter dem Einfluß der deprimierten Nachkriegsstimmung. In den fünfziger Jahren litt das Selbstverständnis unserer Gesellschaft noch unter dem Eindruck der schrecklichen Ereignisse, die die schlimmsten Seiten unserer Natur offenbart hatten, und schon traten neue Probleme auf: Es galt, mit dem neuen, atomaren *Homo* ins reine zu kommen. In gewissem Sinne war der Mordinstinkt – »der konstante Faktor Grausamkeit, die alte Gewohnheit des Raubtiers, das Kainszeichen« –, den Dart in unseren Ursprüngen auszumachen meinte, eine bequeme Entschuldigung: Nicht der einzelne war schuld, sondern die Menschheit, die Natur des Menschen.

Das Pleisto-Szenario, das Darts Vision ersetzte, war sicherlich erfreulicher und überdies glaubhafter, weil es konkretere Beweise dafür gab. Genau hier, auf dem Zinj-Platz, hatten die Leakeys eine Fülle von Steinwerkzeugen gefunden, die die Aktivitäten der frühen Hominiden weit zuverlässiger bezeugten als die Knochenwaffen, die sich Dart vorgestellt hatte. Es gab auch ein aufschlußreiches Muster in der Verteilung der Steine und Knochen über die Fundstelle. Kleine Abschlaggeräte und gründlich zertrümmerte Knochen beherrschten einen zentralen Bereich von ungefähr zehn Quadratmetern. Ein Halbkreis völlig unergiebigen Bodens begrenzte das mit Fundstücken übersäte Terrain am östlichen Rande. Jenseits dieses leeren Bereichs fanden sich wieder mehr Überreste, allerdings eher vollständige Knochen und größere Werkzeuge. Desmond Clark hat bei einem Besuch der Fundstelle die intelligente Vermutung geäußert, der mondsichelförmige Fleck leeren Bodens könnte der einstige Standort eines Windschutzes gewesen sein – vielleicht eine Art Zaun aus Dornenzweigen –, der den zentralen Lebensbereich der Werkzeug-verwendenden Hominiden vom FLK geschützt habe. Jenseits des Windschutzes lägen die Abfälle, die die hominiden Bewohner des Platzes über den Zaun geworfen hätten.

Daß die Zinj-Schicht vom FLK eine alte »Wohnstätte« darstellt, um Mary Leakeys Ausdruck zu verwenden, scheint auf der Hand zu liegen. Es fragt sich nur, auf welche Art die Bewohner ihr Leben bestritten haben. Die vielen großen Tiere, deren Überreste man an der Fundstelle geborgen hat, haben die meisten Wissenschaftler, auch Louis Leakey, weitgehend davon überzeugt, daß die frühesten Werkzeugverfertiger von Olduvai mehr Anstrengungen unternommen haben, sich mit Fleisch zu versorgen, als einfach zu warten, bis sie über Eidechsen oder Junggazellen stolperten. Man fand auch bald neue Beweise: ein zerteiltes Elefantenskelett in den oberen Ablagerungsschichten von Bed I an der benachbarten Fundstelle FLK-N und das Skelett eines massigen *Deinotheriums*, eines Verwandten des Elefanten mit schaufelförmigen Stoßzähnen, das an derselben Fundstelle nahe des Bodens von Bed II entdeckt wurde. Beide Fossilien waren von Steinwerkzeugen umgeben. Gleichgültig ob diese Ungetüme erlegt oder nur ausgeschlachtet wurden, es schien klar zu sein, daß sich die Hominiden der Olduvai-Schlucht große Mengen von Fleisch zu beschaffen wußten. Offensichtlich hat *Homo habilis* bereits vor fast zwei Millionen Jahren gejagt. Nur ein kleines Stück höher in der Olduvai-Stratigraphie stieß man auf die Spuren eines noch kühneren Vorfahren: das Schädeldach eines *Homo erectus* und fein bearbeitete Acheuléen-Werkzeuge, dazu immer häufiger die Überreste großer Säugetiere.

Louis Leakey brach in den sechziger Jahren seine Zelte in der Olduvai-Schlucht ab und überließ es Mary und einem nicht mehr abreißenden Strom von Gastarchäologen, die »Jagdhypothese« von Olduvai zu entwickeln. Gleichzeitig grub Clark Howell an zwei Stellen in Spanien eine Fülle von Fundstücken aus, die deutlich bewiesen, daß vor etwa 400000 Jahren die Jagd zu einem festen Bestandteil menschlichen Lebens geworden war. An einem Ort namens Torralba entdeckte Howell die Überreste von fast dreißig Elefanten, dazu verschiedene Skelette von Nashörnern, Rothirschen, Pferden und Wildrindern. Unter diesen Überresten fanden sich fast achthundert Acheuléenwerkzeuge und sogar einige Waffen aus Holz. Man entdeckte zwar keine Hominiden, konnte aber aufgrund der Zeit und der Werkzeugform mit Sicherheit davon ausgehen, daß es sich bei dem Bewohner des Ortes um *Homo erectus* gehandelt hat. Die Archäologen fanden außerdem Stücke von Holzkohle, die auf die Verwendung von Feuer schließen ließen. Hinzu kam eine eigenartige Logik in der Anordnung einiger Knochen. Man fand die fast vollständige linke Seite eines Elefantenskeletts, das wie zu Anschauungszwecken angeordnet war: Jeder Knochen war umgedreht und in die Lage gebracht, die er bei einem lebendigen Tier eingenommen hätte. An der nahegelegenen Fundstelle Ambrona fand Howell einige aneinandergereihte Elefantenbeinknochen, die zu zwei senkrecht aufeinanderstehenden Linien angeordnet waren.

Zusammen mit Leslie Freeman entwarf Howell ein Szenario, welches das Erscheinungsbild der Fundstellen hervorragend erklärte. Offenbar hatten Horden hominider Jäger die Steppe absichtlich in Brand gesetzt und so eine wandernde Elefantenherde in ein Moor getrieben. Die geschwächten und hilflos im Sumpf steckenden Elefanten hatten die Jäger von oben mit Steinen beworfen und dann mit Speeren erledigt. Sie hatten die erlegte Beute mit ihren Steinwerkzeugen ausgeweidet. Die rechtwinkligen Linien aus Beinknochen, die man in Ambrona gefunden hat, sind vielleicht ein Steg aus Elefantenbeinen gewesen, auf dem man den reichen Fleischvorrat aus dem Sumpf geschafft hat. Das merkwürdige symmetrische Halbskelett war schwerer zu erklären – vielleicht war es das Relikt eines Rituals, obwohl wir bisher von *Homo erectus* keine anderen Hinweise auf Riten irgendwelcher Art gefunden haben.

Die Massaker von Torralba und Ambrona führten zur Vision vom »großen Jäger«, wie sie der Graphiker Stanley Meltszof in den Time-Life-Büchern über den Frühmenschen anschaulich bebildert hat, und begannen Ende der sechziger Jahre rasch die Vorstellungen von unseren Vorfahren zu prägen. Doch die Jagdhypothese war weit mehr als nur die Annahme, daß die Menschen schon seit sehr langer Zeit jagen. Sie war eine umfassende Theorie, in der die Hypothese vertreten wurde, der historische Prozeß der Menschwerdung beruhe in erster Linie auf der Jagd.

»Die menschliche Jagd wurde durch Werkzeuge ermöglicht, aber sie ist weit mehr als nur eine Technik oder auch eine Reihe von Techniken«, schrieben Sherwood Washburn und C. S. Lancaster 1968 in ihrem Buch *Man the Hunter*. »Sie ist eine Lebensweise, und der Erfolg dieser Anpassungsform ... hat den Verlauf der menschlichen Evolution über Hunderttausende von Jahren geprägt. In einem sehr konkreten Sinne sind unser Verstand, unsere Interessen, Gefühle und grundlegenden sozialen Lebensäußerungen evolutionäre Produkte des Erfolgs jener Anpassungsform, die wir Jagd nennen.«

Zusätzliche Unterstützung erhielt diese Auffassung durch neuere Untersuchungen an zeitgenössischen Gesellschaften von Jägern und Sammlern, vor allem den Stämmen der !Kung San und G/wi in der Kalahari, den Hadza in Tansania und den australischen Aborigines. Im Unterschied zu anderen Beobachtern dieser »primitiven« Völker hielten Anthropologen wie Richard Lee und Irven DeVore diese Gesellschaften nicht für unverändert erhaltene Relikte des Steinzeitmenschen. Sie vertraten vielmehr völlig zu Recht die Meinung, daß die heute lebenden Jäger und Sammler eine Lebensweise entwickelt hätten, die das besondere Kennzeichen von *Homo sapiens* sei und die betreffenden Völker im übrigen ebenso überlebensfähig mache wie andere Lebensformen des modernen Menschen. Diese Wissenschaftler glaubten allerdings, daß die der Nahrungsbeschaffung dienenden Lebensgewohnheiten der modernen Jäger und Sammler – da sie keine Landwirtschaft betreiben – einige Grundsätze erkennen lassen müßten, die auch das Leben der vorgeschichtlichen Jäger bestimmt haben dürften.

Ein Grundsatz, der offenbar bei allen Jägern und Sammlern anzutreffen war, ist die klare Arbeitsteilung der Geschlechter. Die Männer besorgten den größten Teil der Jagd, während sich die Frauen vor allem um das Sammeln kümmerten. Diese Arbeitsteilung, die bei anderen Primaten völlig unbekannt ist, war der wichtigste Stützpfeiler der Jagdhypothese. Aus ihr entwickelte man ein ganzes System nur dem Menschen eigener Verhaltensweisen. Das Jagen und Erlegen so gefährlicher Beutetiere, wie man sie in Olduvai und Torralba gefunden hat, hätte bei den Männern ein so hohes Maß an Kooperation verlangt, wie es bei anderen Primaten kaum anzutreffen ist. Im Unterschied zu ihren Verwandten, den Affen, mußten die menschlichen Jäger nach dieser Theorie große Territorien besetzen. Sie mußten also viel über ihre Umwelt lernen und diese Kenntnisse im Gedächtnis speichern. Wachsende Gehirngröße, höher entwickelte Waffen, Kommunikationsfertigkeiten, das Teilen der Nahrung, der Ursprung der monogamen Paarbindung und die Kernfamilie – einfach alle genuin menschlichen Errungenschaften ließen sich plötzlich auf die Jagd zurückführen, natürlich auch auf den Krieg, denn der Killeraffe lebte im Verborgenen fort. Washburn und Lancaster vertraten auch die Auffassung, in der Symmetrie der Acheuléen-Handaxt zeigten sich die Anfänge der Ästhetik – ein Gegenstand wird als schön erfahren, unabhängig von seiner Nützlichkeit.

»Wer den Ursprung und die Natur menschlichen Verhaltens begreifen will«, so schließen die beiden Autoren, »hat gar keine andere Wahl, als sich mit dem Menschen als Jäger auseinanderzusetzen.«

Keine andere Wahl? Ich sann darüber eine Minute nach und blickte auf meine leere Bühne, während sich in der Junction um mich herum die Stille sammelte. Es war nicht schwer, ein paar der vorgeschichtlichen Jäger zu beschwören und mit ihnen die Bühne zu füllen: Eine Horde von Fastmenschen, mit Äxten und Speeren bewaffnet, die im Kreis hockten und ihren Jagdplan entwarfen, während ein einfältiges *Deinotherium* in der Nähe graste und von seinem bevorstehenden Untergang nichts zu ahnen schien. Die Szene war so leicht vorzustellen, weil ich sie oft genug in Lehrbüchern und Publikumszeitschriften abgebildet gesehen hatte. Da war durch bloße Wiederholung eine Art von Scheinwirklichkeit entstanden. Ich mußte auch zugeben, daß die Jagdhypothese über einen beeindruckenden »Erklärungswert« verfügte – ein Begriff, mit dem man zum Ausdruck bringt, daß eine Theorie viele lose Enden zu verknüpfen vermag. Noch heute glauben viele Anthropologen an ihre Kernsätze. Aber *keine andere Wahl*? Da war ich doch sehr skeptisch. Wenn uns die Entdeckungen der letzten zwanzig Jahre überhaupt etwas gelehrt hatten, dann doch wohl, daß man auf *keine* Theorie zu fest vertrauen darf.

Tatsächlich gab es eine ganze Reihe anderer Möglichkeiten – und die Kritik wurde immer vernehmlicher. Ein Aspekt der These, der Anfang der siebziger Jahre sehr kontrovers diskutiert wurde, war die Ausschließlichkeit, mit der die Bedeutung der Jagd hervorgehoben wurde. Wie jeder weiß, sind weibliche Gehirne ebenso groß wie männliche. Wie soll man da vermuten, daß das Leistungsvermögen des menschlichen Gehirns durch eine im wesentlichen männliche Tätigkeit hervorgebracht worden ist? Richard Lees eigene Studien bei den !Kung hatten im übrigen erbracht, daß die Jagd den Nahrungsbedarf der Gruppe nur zu etwa dreißig Prozent deckt – der Rest wird durch die Nüsse, Wurzelknollen und anderen pflanzlichen Nahrungsmittel geliefert, die in erster Linie von Frauen gesammelt werden. Das gleiche scheint für andere moderne Gesellschaften von Jägern und Sammlern zu gelten. Warum soll man also der Jagd eine so übergeordnete Bedeutung zumessen, wenn sie offenbar nur eine sekundäre Beschäftigung war? Kurzum, wie kann eine Theorie die Evolution einer Art erklären, wenn sie die Beiträge von fünfzig Prozent der Population vernachlässigt?

Feministische Anthropologinnen – vor allem Nancy Tanner und Adrienne Zihlman – wiesen auf diese Mängel des Buches *Man the Hunter* und der zugrundeliegenden Theorie hin und erklärten unseren Ursprung statt dessen mit einer Hypothese, in deren Mittelpunkt nun *Woman the Gatherer*, also die Frau als Sammlerin, stand. Nach ihrer These war für die Trennung von den Affen die Entwicklung von Werkzeugen verantwortlich – allerdings nicht von Waffen für die Jagd, sondern von Grabstöcken, Hammersteinen und verschiedenen Behältern, die alle benutzt wurden, um Pflanzen, Eier, Honig, Termiten und vielleicht auch einmal ein unter der Erde lebendes Nagetier einzusammeln. Nach dieser Theorie war die grundlegende gesellschaftliche Einheit die von Mutter und Kind, wobei die Frau dic Früchte ihrer Nahrungssuche mit dem lange von ihr abhängigen Kind teilte. Über einen Zeitraum von vielen Generationen habe sich die wirtschaftliche Allianz zwischen Mutter und Kind dergestalt erweitert, daß die Frau nun von den Erträgen ihrer Sammeltätigkeit auch anderen Verwandten abgegeben habe. Schließlich habe sich dieser Teilungsprozeß verallgemeinert und Erwachsene – auch Männer – außerhalb der Verwandtschaftsgruppe einbezogen. Da jedoch die wichtigste Nahrungsquelle das Sammeln gewesen sei, seien folglich auch Frauen, nicht Männer, für die technischen Neuerungen verantwortlich gewesen, die die Intelligenzentwicklung vorangetrieben und *Homo* von den anderen Primaten abgesetzt haben. Die Jagd habe dagegen nur eine höchst nebensächliche Rolle gespielt – die einer wenig nützlichen Beschäftigung von höchst unsicherem Erfolg, der die Männer nur hätten nachgehen können, weil sie damit rechnen konnten, daß die an der Wohnstätte zurückgebliebenen Frauen schon für die notwendigen Nahrungsmittel sorgen würden.

Nach meiner Auffassung hat die Sammelhypothese ganz ohne

Zweifel dazu beigetragen, eine höchst einseitige Auffassung von den menschlichen Ursprüngen zurechtzurücken. (Im Geiste scheuchte ich also meine Jägerhorde von der Bühne. Statt dessen ließ ich eine Gruppe der unentbehrlichen weiblichen Hominiden auftreten, wie sie die Jungen beaufsichtigten und fleißig Wurzelknollen aus der Olduvai-Erde gruben.) Doch auch diese Theorie hatte ihre Probleme, die nicht zuletzt daher rührten, daß man ein sexistisches Vorurteil durch ein anderes ersetzt hatte. Warum sollte eine weibliche Tätigkeit größeren Anteil an der Entwicklung der menschlichen Intelligenz haben als eine männliche? Sicherlich war die Beschaffung pflanzlicher Nahrung von außerordentlicher Bedeutung für die frühe Hominidenentwicklung – doch daraus folgt nicht unbedingt, daß wir aus dem großen Jäger nun den müßigen Sportsmann machen müssen. Es ist eine unbestreitbare Tatsache, daß in allen heutigen Gesellschaften von Jägern und Sammlern die Männer der Gruppe jagen, während die Frauen an dieser Aktivität im großen und ganzen nicht beteiligt sind. Wenn die Jagd tatsächlich keinem Zwecke dient, dann ist schwer einzusehen, warum sie sich so lange in der Evolution gehalten hat, ganz abgesehen von der Frage, warum sie sich überhaupt entwikkelt hat. Die Jäger wären inzwischen längst verschwunden und durch fleißige Männer ersetzt, die nützlicheren Beschäftigungen nachgingen – etwa den Frauen beim Sammeln zu helfen.

Ein weiterer Nachteil der Sammelhypothese ist der beklagenswerte Mangel an Anhaltspunkten, mit denen sie gestützt oder widerlegt werden kann. Wenn Fleisch und Mark verspeist werden, bleiben Knochen zurück; Wurzelknollen und Termiten hinterlassen keine Spuren. Entsprechend bleibt ein Steinwerkzeug immer ein Steinwerkzeug, während ein Grabstock zu einem Haufen Staub zerfällt. Solange wir keine Methode gefunden haben, genauer zu bestimmen, welche Mengen von Fleisch und Pflanzen in der Vergangenheit verzehrt worden sind – allerdings gibt es gegenwärtig interessante Entwicklungen in dieser Hinsicht –, müssen wir den harten archäologischen Fakten von Knochen und Steinen mehr Gewicht beimessen als den elegantesten Spekulationen.

Was uns zu den konkreten Fundstücken vom FLK zurückführt.

Ende der siebziger Jahre dienten die Überreste des Zinj-Platzes in Verbindung mit einigen Stücken von Fundstellen in Koobi Fora als Grundlage für die Entwicklung einer weiteren Theorie über die Anfänge der Menschheit – fundiert, überzeugend und außerordentlich faszinierend. Vater der neuen Hypothese war der unermüdliche und einflußreiche Glynn Isaac, der Richard Leakey viele Jahre lang bei der Leitung seiner Expeditionen zur Seite stand. Isaac begann mit den gleichen Fragen, die auch meine Überlegungen ausgelöst hatten: Was haben unsere Vorfahren so grundsätzlich anderes getan als die übrigen Primaten, so daß die Entwicklung zum Menschen beginnen konnte? Er kam zu dem Ergebnis, daß die Verwendung von Werkzeugen nicht die Antwort sein könne, da dann die Frage ausgeklammert bleibe, *wofür* die Werkzeuge verwendet wurden. Die Jagd, wie großartig auch immer

Die Ausgrabungsstelle am FLK heute. In der Mitte markiert die Marmortafel die Stelle, an der Zinjanthropus 1959 gefunden wurde. (Donald Johanson)

betrieben, konnte auch keine befriedigende Antwort sein. Zum einen zeigen neuere Untersuchungen an wildlebenden Schimpansen und Savannenpavianen, daß die Menschen mit ihrem Gefallen an Fleisch gar nicht so einzig unter den Primaten dastehen. Moderne Jäger und Sammler jagen zweifellos systematischer als subhumane Primaten und suchen sich auch größere Beutetiere, so daß die Jagd also Teil einer Antwort sein könnte. Doch nach Isaacs Auffassung setzt die Jagdhypothese falsche Akzente.

An einer Fundstelle etwa fünfundzwanzig Kilometer östlich vom Turkana-See hatten Isaac und seine Mitarbeiter die Überreste eines Flußpferdes entdeckt, das vor etwa 1,6 Millionen Jahren im Flußarm eines Mündungsdeltas gestorben war. Zwischen den Knochen des Flußpferdes fanden sich mehr als hundert zumeist kleinere Steinwerkzeuge. Ob die Hominiden das Flußpferd selbst erlegt hatten oder nur auf das tote Tier gestoßen waren, war für Isaacs Gedankengang nicht von Wichtigkeit. (Angesichts der primitiven Form der Werkzeuge vermutete er eher letzteres.) Entscheidend war, daß sich in der Sedimentschicht keine anderen Steine fanden, die größer als Erbsen waren. So mußte also das Rohmaterial für die Werkzeuge von woanders *herbeigeschafft* und dann an Ort und Stelle zu brauchbaren Gerätschaften behauen worden sein. An einer anderen, nahegelegenen Stelle fand Isaacs Team weitere Steinwerkzeuge zusammen mit einer Ansammlung von Säugerknochen – Flußpferde, Giraffen, Schweine, Stachelschweine und verschiedene Hornträger. Wenn man nicht davon ausgeht, daß die Werkzeug-herstellenden Hominiden zufällig auf eine ganze Menagerie toter oder sterbender Tiere gestoßen sind, so muß diese Fundstelle eine Wohnstätte darstellen – eine »Heimstätte«, wie Isaac sie nannte –, ebenso wie die Zinj-Ebene vom FLK. Die Knochen waren, vermutlich noch mit Fleisch versehen, dorthin *transportiert* worden.

Für Isaac war das die entscheidende Frage. In allen bekannten menschlichen Gesellschaften ist die Aktivität des »Nach-Hause-Bringens« von zentraler Bedeutung. Isaac gelangte zu dem Schluß, am einleuchtendsten sei der Umstand, daß die Nahrung von ihrem Fundort fortgeschafft worden sei, mit der Absicht zu erklären, *sie mit jemand anderem zu teilen*. Wie die Vertreter der Jagdhypothese war er der Auffassung, die Arbeitsteilung sei die entscheidende menschliche Neuerung. Doch die Methoden der Nahrungsbeschaffung – Jagen, Ausschlachten toter Tiere, Sammeln oder andere Formen – waren, so Isaac, nicht so wichtig wie der Akt des Teilens. Prinzipiell habe ein Versorgungssystem, das auf der Nahrungsteilung beruhe, den ökonomischen Vorteil, daß es die verfügbaren Vorräte allen Gruppenmitgliedern zugänglich mache. Die wirtschaftliche Sicherheit sei besonders wichtig für eine Art, deren weibliche Individuen in der Nähe der Heimstätte bleiben müßten, weil sie für lange abhängige Junge zu sorgen hätten.

Die Faszinationskraft der Isaacschen Theorie lag darin, daß sie die Heimstätten von FLK und Koobi Fora nicht nur erklärte, sondern sie auch zu einem notwendigen Bestandteil der menschlichen Evolution machte. Im Laufe der Zeit habe dann, so die Theorie weiter, der ökonomische Vorteil der Nahrungsteilung zu einer Reihe von Verhaltensweisen geführt, die das unverwechselbare Merkmal menschlicher Gesellschaften seien. So besäßen beispielsweise Hominidengruppen, die nicht nur ihre Nahrung miteinander teilen, sondern auch in der Lage sind, sich über den Ort des Nahrungsvorkommens zu *informieren*, einen beträchtlichen Selektionsvorteil gegenüber Gruppen, die das nicht können – eine Fähigkeit, die im Laufe der Zeit zur Sprachentwicklung geführt habe. Nahrungsteilung könnte auch entscheidend zur Entwicklung eines Gefühls der gegenseitigen Verpflichtung beitragen, das den außerordentlich komplexen sozialen und ökonomischen Beziehungen der menschlichen Gesellschaften zugrunde liegt. Schließlich lieferte die Hypothese der Nahrungsteilung auch eine Erklärung für die menschlichen Heiratsmuster: Sie seien ein Ergebnis der Arbeitsteilung, die Männern und Frauen ermögliche, die Ressourcen ihrer Umwelt besser zu nutzen.

Damit war es Zeit für den nächsten Szenenwechsel auf meiner vorgeschichtlichen Bühne. Ich brauchte noch nicht einmal meine Phantasie zu strapazieren, um dort die Nahrungsteilung zu inszenieren, denn Isaac hatte die Vorlage 1976 eigenhändig geschrieben. Er wollte damit das Leben in Koobi Fora zu Anfang des Pleistozäns beschreiben, doch man kann das Ganze ebenso gut auf die FLK-Bühne verlegen. Die Szene spielt an den sumpfigen Ufern eines Sees voller Flußpferde, Krokodile und Vögel. Im Hintergrund offenes Schwemmland:

»*Weit hinten auf der Ebene nähert sich eine Gruppe von vier oder fünf Männern... sie gehen aufrecht und tragen Stäbe in den Händen... Während die Männer näherkommen, bemerkt der Beobachter unterhalb seines Standpunktes weitere Primaten. Eine Gruppe dieser Geschöpfe liegt auf dem Sand im Schatten eines Baumes, während die Jungen in der Nähe spielen... es scheinen Frauen zu sein, und sie stoßen aufgeregte Rufe aus, als einige der Jungen der ankommenden Gruppe entgegenlaufen... Der Gegenstand, den sie tragen, ist ein totes Impala, und die Gruppe umringt sie in höchster Aufregung. Man stößt und schubst sich ein bißchen, macht wütende Grimassen und Drohgebärden. Dann nimmt einer der größten Männer zwei Gegenstände von einem Haufen am Fuße des Baums. Mit einem scharfen, harten Laut schlägt er sie mehrfach gegeneinander. Als sich auf dem Boden ein kleiner Haufen Steinsplitter gebildet hat, läßt der Steinarbeiter die beiden Brocken fallen, sichtet die Fragmente und sucht sich zwei oder drei Stücke aus. Nun dreht sich der Anführer dem toten Tier zu und macht einige Einschnitte... jeder erwachsene Mann bekommt einen Teil des Tieres und zieht sich in eine Ecke des offenen Platzes zurück, wo sich ein oder zwei weibliche und jugendliche Individuen um ihn versammeln. Dort sitzen sie, kauen, zerschneiden das Fleisch und geben es weiter. Zwei Jugendliche sitzen mit einem Teil der Eingeweide am Rande. Sie quetschen den Kot aus und kauen den Darm. Einer der Männer steht auf, reckt sich, kratzt sich unter dem Arm und setzt sich wieder. Er lehnt sich gegen den Baum, rülpst und reibt sich den Bauch.*

Trotz ihrer schlechten Manieren waren Isaacs Hominiden großzügiger und menschlicher als die großen Jäger, die vor ihnen die Bühne innegehabt hatten, und als Vorfahren unendlich angenehmer als Darts dämonische Affen. Die Hypothese der Nahrungsteilung, die Isaacs Freund und Kollege Richard Leakey in einer Reihe populärwissenschaftlicher Bücher verbreitete, erfreute sich

Ende der siebziger Jahre – und mancherorts auch heute noch – außerordentlicher Beliebtheit. Ist es bloßer Zufall, daß dieses Szenario Ende der siebziger Jahre entwickelt wurde, als Männer anfingen, ein sensibleres, fürsorglicheres Selbstverständnis zu entwickeln? Ich glaube nicht. Wie dem auch sei, meiner Meinung nach hat niemand zuvor die konkreten Zeugnisse der Knochen und Steine so überzeugend erklärt wie Isaac.

Wenn auch vielleicht nicht überzeugend genug. Auf meinem Erdhügel beschloß ich, Isaacs Bühnenstück noch durch eine kleine Schlußszene zu ergänzen. Wieder stellte ich mir diese Hominiden vor, wie sie sich mit dem verteilten Fleisch und den Eingeweiden beschäftigten. Unbemerkt von ihnen näherte sich auf dem Schwemmland noch ein weiterer Protagonist. Auch er hielt sich aufrecht und hatte vielleicht einen Anflug von Großspurigkeit in seinem Gang. Als der Mann näherkam, sah ich, daß er ausgebeulte Arbeitshosen und einen leichten Sweater trug. Ein schmutziges blaues Taschentuch hatte er als Stirnband um den Kopf gebunden. Er blieb vor mir stehen und warf der glücklichen Hominidengruppe einen skeptischen Blick zu. Dann wandte er sich mir zu und schüttelte den Kopf.

»Wenn Sie an diesen Quatsch glauben können, verschafft Ihnen das sicherlich ein rührendes und erhebendes Gefühl«, sagte er. »Doch wenn Sie die menschliche Evolution erklären wollen, müssen Sie sich schon ein bißchen mehr Mühe geben.«

Lewis R. Binford war am FLK eingetroffen, und die Bühne würde nie wieder sein, was sie einmal war.

Lew Binford hat sich im Laufe seiner wissenschaftlichen Laufbahn nie durch besondere Bescheidenheit ausgezeichnet. Als Doktorand der University of Michigan stieß er mit seiner Verachtung für aktuelle Strömungen in der Archäologie seinen Doktorvater so vor den Kopf, daß dieser erklärte, Binford würde seinen Doktortitel »nur über meine Leiche« erhalten. Binford bekam seinen Titel trotzdem. Von Michigan ging er an die University of Chicago, wo er eine Dozentenstelle übernahm. Mit seiner ersten Vorlesung löste er indessen einen solchen Aufruhr aus, daß er sie nicht beenden konnte. Später führte er zusammen mit Robert Braidwood, einer Autorität für die Archäologie des Nahen Ostens und einem sehr einflußreichen Mann in seinem Fachbereich, ein Seminar durch. Die dreiundvierzig Studenten des Kurses konnten sich entscheiden, ob sie ihre Arbeit bei Braidwood oder Binford schreiben wollten. Einundvierzig wählten Binford.

Lew sagt selbst, er sei damals »unerträglich arrogant« gewesen. Doch manchmal ist Arroganz genau die Eigenschaft, die erforderlich ist, um eine Wissenschaft wachzurütteln. Die Generation von Archäologen, der er angehörte, hatte ein sehr idealistisches Vergangenheitsverständnis geerbt. Ihre wissenschaftlichen Ziehväter hatten lange die Auffassung vertreten, die *Kultur* spiele eine entscheidende Rolle für das Verständnis der materiellen Zeugnisse der Vergangenheit. Die Artefakte, mit denen Archäologen zu tun haben – Steinwerkzeuge, Tonscherben, zerbrochene Knochen und ähnliche Dinge –, betrachtete man als kulturelle Texte, die die primitiven Menschen fast genauso zurückgelassen hatten, wie spätere Generationen Dokumente, Tagebücher und andere schriftliche Zeugnisse hinterließen. Doch während man historische Texte lesen und interpretieren kann, sind die Hinterlassenschaften vorgeschichtlicher Menschen weitgehend stumm, weil es keine Möglichkeit gibt, jemals in Erfahrung zu bringen, was tatsächlich in den Köpfen derer vorging, die diese alten Kulturen geschaffen haben. Bestenfalls könne man, so die herrschende Lehrmeinung, die *Formen* der Werkzeuge und anderer Artefakte untersuchen und sie in Kategorien einteilen, an denen man den kulturellen Fortschritt der menschlichen Art im Laufe der Zeit ablesen könne – der nach dieser Auffassung natürlich in der neuzeitlichen Zivilisation des Abendlandes gipfelte.

Schon frühzeitig war Binford klar, daß er sich in seiner späteren Laufbahn nicht damit zufrieden geben wollte, die Formen von Artefakten zu untersuchen und Sammlungen zu datieren. Mit anderen jungen Archäologen vermutete er, daß sich den Steinen und Tonscherben mit neuen Methoden der Fundstellen-Interpretation mehr Bedeutung entlocken ließe, als sich ihre Mentoren vorstellten. Sie suchten nach neuen Sichtweisen, etwa nach Strukturen in der Verteilung der Artefakte über eine Fundstelle oder nach Techniken zur Untersuchung von Steinwerkzeugen auf Spuren der Herstellungsverfahren oder Verwendungsweisen. Doch es war mehr erforderlich als nur ein paar neue Tricks im methodischen Repertoire des Forschers – die Archäologie brauchte ein völlig neues Regelwerk und ein verändertes wissenschaftliches Selbstverständnis.

Eine der Vorstellungen, gegen die sich Binford mit seiner »Neuen Archäologie« wandte, war die Auffassung, es sei die Aufgabe des Archäologen, »die Vergangenheit auszugraben«. Denkt man etwas eingehender darüber nach, so erkennt man, daß keine Schaufel, keine Spitzhacke und kein Bulldozer in der Lage sind, die Vergangenheit auszugraben, es sei denn, das Gerät hätte eine Zeitmaschine. Archäologische Ausgrabungsorte existieren *in der Gegenwart*. Sie sind ebenso Teil unserer zeitgenössischen Welt wie die Felsen, Bäume, Häuser und Plakatwände, die zur selben Landschaft gehören. Ferner ist eine archäologische Fundstelle statisch und leblos. Von sich aus kann sie wenig Bedeutsames über die Lebensprozesse aussagen, denen sie ihre Entstehung verdankt. Nach Binfords Auffassung haben die Archäologen bei der Interpretation von Fundstellen fortwährend Vergangenheit und Gegenwart verwechselt – eine unglückliche Situation, die zusätzlich erschwert wurde, weil man sich nicht klarmachte, daß die eigenen Beobachtungen *auch* zur zeitgenössischen Welt gehörten.

Versuchen wir uns an einem Beispiel zu verdeutlichen, wohin das führen kann. In ihrer Zusammenfassung der Jagdhypothese hatten Sherwood Washburn und C. S. Lancaster die Vermutung geäußert, die wunderbare Symmetrie der Acheuléen-Steinwerkzeuge habe sich entwickelt, weil symmetrische Projektile, an einem Schaft befestigt, einen genaueren Weg durch die Luft beschreiben als solche, die sich nicht im Gleichgewicht befinden. Entsprechend lasse sich eine Handaxt, die am Ende eines Stiels befestigt sei, leichter führen, wenn sie ausbalanciert sei, so daß auch hier die Symmetrie funktionale Vorteile habe. Diese Beobachtung ist unzweifelhaft richtig und außerordentlich einleuchtend. Aber sie ist trotzdem eine Beobachtung in einer *zeitgenössi-*

schen Landschaft, in der es, um es vereinfacht zu sagen, nicht nur vorgeschichtliche Fundstellen mit Handäxten gibt, sondern auch moderne Eisenwarengeschäfte, wo in Regal drei eine Auswahl erstklassiger Handäxte zu finden ist. Für sich allein betrachtet läßt die Symmetrie einer vorgeschichtlichen Handaxt keineswegs darauf schließen, daß sie jemals an einem Stiel befestigt gewesen war oder daß das Gerät dazu benutzt wurde, Antilopen zu zerteilen, Elefanten abzuhäuten oder Kartoffeln zu zerstampfen. Bei Licht besehen, sagt die Symmetrie einer Handaxt nicht mehr aus, als daß ihr Hersteller fähig war, ein symmetrisches Gerät anzufertigen.

Nach Binfords Meinung ist das, was man über einen solchen Gegenstand weiß, weit weniger wichtig als das, was man nicht weiß. Anders gesagt, erste und vornehmste Pflicht eines jeden Wissenschaftlers ist es, sich schonungslos einzugestehen, was er nicht weiß – denn nur wenn er sich über das ganze Ausmaß seiner Unwissenheit im klaren ist, kann er sich anschicken, sie abzutragen, so daß die Wahrheit sichtbar wird wie die Skulptur im rohen Steinblock des Bildhauers. Statt unsere Zeit damit zu verschwenden, Theorien aus den Dingen zu entwickeln, die wir für wahr halten, sollten wir diese Annahmen und Voraussetzungen lieber einer kritischen Prüfung unterziehen.

Binford warf seinen Kollegen besonders eine Annahme vor, die sie alle machten: daß nämlich alles, was zusammen mit menschlichen Artefakten gefunden werde, von vornherein als Ergebnis menschlicher Aktivität gelte. Nehmen wir beispielsweise den Haufen Dik-dik-Kot, der die Fundstelle unseres neuesten Hominiden markierte. Solch ein Haufen hätte vor zwei Millionen Jahren versteinern können. (Fossile Kotstücke sind keineswegs selten und werden als »Koprolithen« bezeichnet.) Nehmen wir an, daß ein Archäologe bei der Ausgrabung einer vorgeschichtlichen Wohnstätte in der Olduvai-Schlucht auf einen solchen versteinerten Kothaufen stößt. Er entdeckt, daß der Haufen auf allen Seiten von Steinwerkzeugen und Abschlaggeräten umgeben ist, und in der Nähe findet sich eine Ansammlung zerschlagener Knochen. Wenn er die Gewohnheiten von Dik-diks kennt, wird ihm klar sein, daß die Kotkonzentration darauf schließen läßt, daß es sich um einen alten Defäkationsort eines Dik-dik-Paares handelt. *Doch wenn ihm der natürliche Prozeß nicht bekannt ist, der zur Ausbildung solcher Haufen führt*, könnte er leicht zu der Annahme gelangen, die Hominiden, die einst an diesem Ort gelebt haben, hätten die Kugeln gesammelt. Aus dieser naheliegenden Schlußfolgerung könnte der Archäologe nun leicht eine Theorie entwickeln, nach der der Mensch zu Anfang des Pleistozäns bereits eine Steinschleuder entwickelt habe und hier auf einen Vorrat an natürlicher Munition gestoßen sei.

So töricht wäre natürlich kein Archäologe, aber wie Binford darlegte, haben viele Wissenschaftler angenommen, daß das gemeinsame Vorkommen eines Haufens zerbrochener Knochen und eines Haufens von Steinwerkzeugen an Fundstellen wie dem FLK bedeute, daß die Hominiden die Geräte zum Aufbrechen der Knochen benutzt hätten. Tatsächlich jedoch, meinte Binford, ließen sich viele natürliche, nicht-menschliche Einwirkungen vorstellen, die eine solche Konzentration von Knochen hervorrufen könnten. Vielleicht seien sie vom Wasser eines Flusses dorthin gespült worden. Vielleicht seien sie, wie die Knochen von Makapansgat, im Laufe der Zeit von einer Vielzahl Fleischfressern zusammengetragen worden. Bevor die Knochen von Erdschichten zugedeckt worden seien, hätten sie von einer vorbeiziehenden Tierherde zertrampelt oder, bereits vergraben, von geologischen Verwerfungen zertrümmert worden sein können. Hominiden könnten für *einige* der aufgebrochenen Knochen verantwortlich sein, aber nicht unbedingt für alle. Wie soll ein Archäologe entscheiden, welche Knochen Hominideneinwirkung zeigen? Wie kann er anhand der beklagenswert *statischen* Zeugnisse, die in der Gegenwart erhalten sind, den *dynamischen* Prozeß der Vergangenheit rekonstruieren?

Binford schlägt dazu eine Methode vor, die er »Forschung von mittlerer Reichweite« (*middle-range research*) nennt. Er hat diesen Terminus geprägt, um eine Forschungsart zu bezeichnen, die sich grundsätzlich vergewissert, ob ihre Annahmen über die Vergangenheit wahr oder falsch sind. Zur Forschung mittlerer Reichweite gehört zunächst einmal der Blick auf die *Gegenwart*. Wem dies als merkwürdiger Zeitvertreib für Archäologen erscheinen mag, der bedenke, daß auch lebende Menschen und Tiere, wie ihre Artgenossen in der Vergangenheit, archäologische Zeugnisse zurücklassen – nur daß ihre »statische« Hinterlassenschaft auf konkrete, beobachtbare und dynamische Verhaltensweisen zurückgeführt werden kann. Sobald quantitative Daten über die Beziehung zwischen modernen Prozessen und dem zurückgelassenen Abfall bekannt sind, bewegt sich der Wissenschaftler auf sichererem Boden, wenn er vorgeschichtliche Prozesse aus deren Hinterlassenschaften rekonstruiert. Nehmen wir beispielsweise Bob Brains Forschungsarbeit über Knochenansammlungen in den südafrikanischen Höhlen – ein klassisches Beispiel für ein Forschungsunternehmen mittlerer Reichweite. Statt von vornherein davon auszugehen, daß die Knochen von vorgeschichtlichen Hominiden zusammengetragen worden seien, suchte Brain in der modernen Welt nach Lebensprozessen, die zu ähnlichen Knochenkonzentrationen führen. In diesem Falle handelte es sich um Leoparden, die ihre Beute in Bäumen verzehrten.

Während Brain sich in die Geheimnisse der südafrikanischen Höhlen vertiefte, rückte Binford mit den Prinzipien seines Forschungsansatzes einem anderen Rätsel zu Leibe – er suchte verwirrende Variationen in den Steinwerkzeugen des europäischen Neandertalers zu erklären. Dazu untersuchte er die Knochen im Abfall der Navaho-Indianer und den Steinschutt, den die australischen Aborigines bei der Herstellung ihrer Gerätschaften hinterlassen. In der Arktis brachte er Jahre bei den Nunamuit-Jägern zu und untersuchte die Schnittspuren, die Struktur der Knochenbrüche und die Verteilung der Knochen, die sie nach der Zerteilung eines erlegten Tieres zurücklassen. Gleichzeitig sammelte er Daten über das Freßverhalten von Wölfen und den Bau von Hyänen – über alle Aktivitäten, menschlichen Ursprungs oder nicht, die die Beschaffenheit solcher Hinterlassenschaften in einer modernen Landschaft beeinflussen konnten. Irgendwann im Laufe seines Forschungsunternehmens wurde Binford klar, daß die große Menge moderner Daten, die er sammelte, möglicherweise für das

FLK und andere Fundstellen des frühen Pleistozäns bedeutsam waren. Allerdings gefiel das den Spezialisten ganz und gar nicht.

»Wenn wir ehrlich sind, habt ihr doch gemacht, was ihr wolltet«, erklärte mir Binford eines Abends, bevor er die Schlucht verließ. Wir saßen in der Dunkelheit am Campingtisch und rauchten die kleinen Zigarren, die ich mitgebracht hatte. »Mary Leakey, Glynn Isaac – die ganze afrikanische Gruppe wußte noch nicht einmal, daß sie ein Problem hatte. Man brach zu einer Expedition auf, hatte viel Spaß, und wenn man etwas fand, berief man eine Pressekonferenz ein und öffnete die Champagnerflaschen.«

Binfords erstes Ziel war die archäologische Fundstelle Olorgasailie in Kenia. Dort hatte Glynn Isaac anscheinend zuverlässige Beweise dafür gefunden, daß *Homo erectus* vor etwa 400000 bis 700000 Jahren bereits intensiver Jagdtätigkeit nachgegangen ist. Seine wichtigste Fundstelle maß knapp fünfzehn Meter im Durchmesser und enthielt neben einer größeren Anzahl von Handäxten die zerschmetterten Überreste von neunzig Riesenpavianen. Isaacs Interpretation: Die Paviane – eine ausgestorbene Art von der Größe weiblicher Gorillas – seien von einer Horde Hominiden massenhaft abgeschlachtet und zerlegt worden.

»Ich bin deshalb mit Glynn ziemlich hart umgesprungen«, meinte Binford. »Es gab keinen Anhaltspunkt dafür, daß diese Paviane alle auf einmal getötet oder überhaupt von Hominiden erlegt worden waren.« Er wies nach, daß die Anordnung der Knochen ebenso sehr durch fließendes Wasser wie durch Hominidenjäger hervorgerufen worden sein konnte. Zerschmetterte Knochen, in denen Isaac Reste eines Hominidenmahls erblickt hatte, konnten nach Binfords Auffassung ebensogut durch die Huftritte vorbeiziehender Tiere oder andere menschliche Kräfte zustande gekommen sein.

Nachdem Binford in Olorgasailie Blut geleckt hatte, stürzte er sich rückhaltlos in den Kampf gegen den großen Jäger. Als ältester *unstrittiger* Beweis für die systematische Jagdtätigkeit der Hominiden galt Clark Howells berühmtes Elefantenmassaker an der Fundstelle Torralba. Binford bestritt diese Deutung. Natürlich gab er zu, daß es dort ungewöhnlich viele Überreste von großen Tieren, vor allem Elefanten, gab, aber sogar Howell räumte ein, daß die Ablagerungsschichten, in denen man sie gefunden hatte, sich im Laufe großer Zeiträume gebildet haben könnten. Da das Gebiet sumpfig war und da Elefanten solche morastigen Plätze bekanntlich zum Sterben aufsuchen, läßt sich laut Binford nicht ausschließen, daß diese Tiere jahrhundertelang eines natürlichen, archäologisch uninteressanten Todes gestorben sind, dem durch keinerlei menschliche Eingriffe Bedeutung verliehen wurde.

»Clark hatte festgestellt, daß mit diesen Elefantenresten eine Menge Acheuléen-Steinwerkzeuge gefunden worden waren«, berichtete Lew und nahm sich noch eine Zigarre. »Daraus konstruierten Les Freeman und er das farbenprächtige Bild des großen Jägers, der ganze Elefantenherden abgeschlachtet hat. Les hat sogar ausgerechnet, wieviel Fleisch von einer solchen Zahl von Elefanten zu holen war und daß fünfzig Männer je sechsmal hätten gehen müssen, um es aus dem Sumpf zu befördern. Damit wäre *Homo erectus* bereits vor einer halben Million Jahren in arbeitsteiligen Gruppen organisiert gewesen. Nun, ich habe nachgewiesen, daß die gefundenen Geräte gar nicht mit den Elefantenknochen in Verbindung stehen. Tatsächlich gibt es eine umgekehrte Beziehung – dort, wo man Elefanten findet, sind keine Werkzeuge. Viel eher gab es eine Beziehung zwischen Artefakten und den unteren Gliedmaßen und Kiefern von Rotwild, Hornträgern und Pferden – ein Zusammenhang, der zu erwarten ist, wenn man von der Annahme ausgeht, daß die Hominiden nicht jagten, sondern sich an bereits verendete Tiere hielten. Soviel zur klassischen Fundstelle des großen Jägers.«

Ausgestattet mit diesem stattlichen Datenfundus – dem er mit Hilfe ausgefeilter statistischer Techniken noch größere Durchschlagskraft verliehen hatte – schickte sich Binford an, den angeblichen Beweisen für die Jagdhypothese zu Leibe zu rücken, wo immer er sie antraf – an Fundstellen, die sich auf vier Kontinenten befanden und den Zeitraum vom frühen Pleistozän bis zum jüngeren Paläolithikum, knapp 30000 Jahre zurück, betrafen. Überall in der Welt hatten die Archäologen, so meinte er, den

Entwicklungsstand dieser vorgeschichtlichen Menschen erheblich überschätzt.

Doch seinen schärfsten Angriff sparte er sich für die Olduvai-Schlucht auf – was uns auf die FLK-Bühne zurückführt. Wie der Leser erinnern wird, befand sich dort zuletzt Isaacs Hominidenfamilie und daneben Lew Binford, der das Bild skeptisch musterte. Unter seinem unfreundlichen Blick löste sich die Erscheinung langsam auf, so daß nur noch Lew übrigblieb, die Hände in den Taschen und im Mund eine meiner Zigarren. Ich konnte mir das unschwer vorstellen, weil Lew und ich das FLK ein oder zwei Tage vor der Entdeckung auf dem Dik-dik-Hügel besichtigt hatten, die dann solchen touristischen Unternehmungen ein Ende setzte. Binford hatte ein eigenes Pleisto-Drama parat, mit dem er Isaacs Stück ersetzte, und er tat es mit dem professionellen Geschick eines erfahrenen Broadway-Regisseurs, der mit der Absicht angetreten ist, den Bauerntölpeln einmal zu zeigen, was Theaterspielen heißt.

»Okay, Don, wir stehen hier auf Zinjs Fundstelle oder Marys Wohnstätte oder Glynns Heimstätte«, sagte er, militärisch knapp, als informiere er mich über einen bevorstehenden Einsatz. »Woher wissen wir, daß es sich um eine Heimstätte handelt? Weil hier eine Menge Werkzeuge und zerbrochene Knochen an einer Stelle gefunden wurden, wo es einst einen See gab. Aber überlegen Sie mal, Don – warum hätten diese Hominiden ihr Lager am Ufer eines Sees aufschlagen sollen?«

»Es muß hier viele Lebewesen gegeben haben«, antwortete ich, »und natürlich Wasser ...«

»Das trifft vielleicht für Pfadfinder in einem Naturschutzgebiet zu, aber für ein paar tagaktive, knapp einen Meter große Zweibeiner auf einer Savanne des Pleistozäns dürfte es so ziemlich der ungünstigste Ort sein. Am Seeufer lauern Löwen und andere Raubtiere, um sich auf einen solchen Bissen zu stürzen. Selbst heute noch schlagen Jäger und Sammler, die über Feuer, Pfeil und Bogen und andere hochentwickelte Waffen verfügen, ihr Lager so gut wie nie an einer Wasserstelle auf.«

»Vielleicht haben sie woanders geschlafen«, erwiderte ich, »und ihr Fleisch nur an einen bestimmten Ort gebracht, um es dort zu verspeisen.«

»Das ist natürlich möglich. Und wenn Sie Wert auf rührende und erhebende Gefühle legen, können Sie sich auch vorstellen, daß sie die Nahrung in ihrer sozialen Gruppe verteilt haben. Der andere Weg ist der Versuch, solche Schlußfolgerungen zu belegen. Dann dürfen Sie sich allerdings nicht vor richtiger wissenschaftlicher Arbeit scheuen.«

Ich hatte Lews Buch gelesen und wußte deshalb, worauf er hinauswollte. Wenn wir die Schlußfolgerung überprüfen wollen, daß diese Fundstelle eine Heimstätte war, wohin die Hominiden Fleisch schafften, um es dort zu essen, dann muß dieser dynamische Prozeß einige sehr charakteristische Spuren in den statischen archäologischen Zeugnissen hinterlassen haben. Zum Beispiel müßten sich unter den Resten der Fundstelle mehr fleischreiche Knochen finden, etwa die vorderen Extremitäten von Horntieren, als sich aus der Gesamtzahl der anderen Knochen errechnen läßt. Bevor man jedoch zu diesem Urteil gelangen kann, hat man zunächst alle *anderen* dynamischen Prozesse zu berücksichtigen, die ihre Spuren hinterlassen haben könnten, bevor die Fundstelle unter der Erde verschwand. Hyänen könnten einige Knochen fortgeschleppt, andere herbeigetragen und wieder andere angenagt haben. Vielleicht haben irgendwelche Fleischfresser hier ihren Bau gehabt. Und stets ist die Einwirkung von Wasserströmungen zu bedenken. Wenn man alle möglichen Einflüsse nicht-menschlicher Kräfte von der Anordnung der Knochensammlung auf dem Zinj-Platz abgezogen hat, läßt sich die Über- oder Unterrepräsentation bestimmter Knochenarten mit einiger Sicherheit auf die Einwirkung von Hominiden zurückführen. Es handelt sich dann nicht mehr um eine bloße Vermutung.

»Ich sah Marys Daten durch und stellte in der Tat fest, daß bei den Knochen auf dem Zinj-Platz einige anatomische Teile häufiger vertreten waren«, sagte Lew. »Doch bei den überrepräsentierten Knochen handelte es sich nicht, wie nach dem Heimstätten-Modell zu erwarten, um die fleischigen oberen Gliedmaßen. Ganz im Gegenteil. Es gab deutlich mehr *untere* Extremitätenknochen,

Schädel und Kieferknochen, als proportional zu erwarten war. Gewiß, die Hominiden haben die Teile von bereits verendeten Tieren herbeigeschafft; allerdings haben sie die Skelettstücke mit sich herumgeschleppt, die am wenigsten Fleisch enthielten!«

An diesem Ort, wo sich alles vor zwei Millionen Jahren ereignet hatte, legte Lew nun seine Version des FLK-Stückes dar.

»Meiner Meinung haben sich diese Burschen, ständig auf Nahrungssuche, durch die Landschaft bewegt wie eine Horde von Pavianen und haben gefressen, was ihnen zwischen die Finger kam – Knollen, Maden, Körner. Nehmen wir an, einer von ihnen blickt nach oben und sieht Geier kreisen. Mit ein paar Schlägen auf einen Steinbrocken fertigt er sich ein paar dieser Chopper an und macht sich auf den Weg. Er kommt zum Ort des Geschehens, aber dort haben sich schon viele Aasfresser versammelt und deshalb ist nicht mehr viel von der Beute übrig. Nur noch das Mark in den Knochen der unteren Extremitäten ist vorhanden. Doch um daranzukommen, muß er die Gliedmaßen in Wasser legen, damit das Fell weicher wird. Deshalb schleppt er sie zum Seeufer. Er schlägt die Knochen auf, verspeist das Knochenmark und läßt Geräte, Knochen und alles andere zurück. Das sind die Dinge, die am FLK gefunden wurden. Es gibt nichts, was auf eine Wohnstätte, einen Windschutz aus Dornenzweigen, ein auf Teilung beruhendes Sozialsystem oder ähnliches schließen ließe, nur einen Ort, an dem Werkzeug-verwendende Geschöpfe bereits abgenagte Knochen aufgeschlagen haben, um an das darin befindliche Mark heranzukommen.«

Natürlich berief sich Binford bei dieser Demontage der herrschenden Lehrmeinung nicht nur auf seine Deutung der Zinj-Fundstelle. Ähnliche Zweifel äußerte er gegenüber Mary Leakeys nahegelegenen Elefanten- und *Deinotherium*-Fundstellen, die berühmte DK-Steinbehausung, Isaacs Flußpferd-Fund am Turkana-See und alle anderen Dinge, aus denen man auf umfangreicheren Fleischverzehr zur Zeit des *Homo habilis* schloß. Auch nach Binfords Auffassung hatte es hier zu Anfang des Pleistozäns tatsächlich einen Verteilungskampf um das Fleisch gegeben – doch wurde dieser zwischen gut angepaßten, spezialisierten Raubtieren wie

Löwen, Säbelzahnkatzen und Hyänen, nicht aber Hominiden ausgetragen. Erst nachdem sich alle anderen Fleischfresser an dem Beutetier gütlich getan hatten, trauten sich nach Binford die Hominiden an die Reste heran und holten sich das übriggebliebene Knochenmark.

»Das ergibt sich aus der Knochenverteilung und der Art und Weise, wie die Knochen aufgeschlagen worden sind«, erklärte mir Lew an Ort und Stelle. »Die Werkzeug-Hersteller von Olduvai waren keine großen Jäger wilder Tiere, sondern Aasfresser, die sich ganz hinten anstellen mußten – marginale Aasfresser.«

Soviel zu den romantischen Tendenzen archäologischer Rekonstruktionsversuche.

Lewis Binford rückt in der Olduvai-Schlucht einiges zurecht.

Lew Binford besitzt eine unwiderstehliche Überzeugungskraft. Als wir an diesem Nachmittag das FLK verließen, hatte er alle meine Zweifel beseitigt. Auch ich war nun der Überzeugung, daß *Homo habilis* ein unspezialisierter Opportunist war, der sich mit seinen primitiven Werkzeugen von bereits abgenagten Skeletten holte, was noch übrig war, der aber wenig mit der »Menschwerdung« zu tun hatte. Doch jetzt war Lew fort, und abgesehen von einem Kiebitz, der in den Rinnen herumflog, war die alte Ausgrabungsstelle leer. Die Bühne war bereit für den letzten Akt des Dramas. Bevor er vorüber war, sollte meine FLK-Bühne eher wie ein Boxring aussehen.

Während Binford sich zum Sturm auf die Olduvai-Schlucht rüstete, saß Glynn Isaac natürlich nicht ruhig da und wartete, bis man ihm sein Bild von den Nahrung-teilenden Hominiden zerschlug. Er hatte eine Gruppe begabter Studenten um sich versammelt, die aufopfernd für ihn arbeiteten, und zwar vor allem an einer neuen Fundstelle in der Nähe von Koobi Fora. An dem neuen Ausgrabungsort – FxJj50 oder einfach Fundstelle 50 – hatte man mehr als fünfzehnhundert behauene Steine und zweitausend fossile Knochenfragmente gefunden, die über ein etwa 1,5 Millionen Jahre altes Flußufer verstreut waren. Faszinierend an dieser Fundstelle waren die Hinweise, daß sich die Hominiden hier nur sehr kurze Zeit aufgehalten hatten und sie dann rasch und schonend zugedeckt worden war. Insofern war sie ein noch besserer »Schnappschuß« vorgeschichtlichen Lebens als die doch sehr durcheinandergewürfelten, wenn auch in großer Fülle vorhandenen Zeugnisse vom FLK.

An der Fundstelle 50 arbeitete unter Isaacs Leitung auch ein junger Mann namens Nick Toth, der später zu uns ans Institut kam und heute an der Indiana University lehrt. Toths Forschungsgegenstand war die Sammlung von Steinartefakten, insbesondere die Bruchmuster auf ihrer Oberfläche. Um ihre Bedeutung zu verstehen, erlernte Nick die Herstellung von Steinwerkzeugen und zerlegte mit den Produkten seiner Geschicklichkeit die Kadaver erlegter Tiere. Eine solche Simulation des Werkzeuggebrauchs von Hominiden ist an sich nichts Neues. (Louis Leakey schon pflegte Olduvai-Besucher mit seinen steinzeitlichen Schlachttechniken in Erstaunen zu setzen, lange bevor Nick Toth geboren war.) Doch die Schlußfolgerungen, zu denen er dabei gelangte, waren neu und radikal.

Die meisten Archäologen haben sich auf die verschiedenen Werkzeugformen konzentriert – Scheibenformen, End-Chopper, Seiten-Chopper und so fort, die Mary Leakey in ihrer Beschreibung der Olduvai-Artefakte bestimmt hat. Toth stellte nun fest, daß diese Formen ganz von selbst entstehen, wenn man kleine scharfe Stücke von dem Kernstück eines Steinbrockens abschlägt. Die kleinen Abschlaggeräte selbst, die man früher als Abfallprodukte der eigentlichen Werkzeugherstellung verstand, sind nach diesen Erkenntnissen die handlichen Geräte zur Zerlegung eines Tierkadavers. Wenn Toth recht hat, hätte *Homo habilis* keine großen Kenntnisse in der Herstellung von Steinwerkzeugen gebraucht, um an das Fleisch unter dem Fell eines Tieres heranzukommen.

Daß sich mit Abschlaggeräten Fleisch schneiden *ließ*, bedeutete natürlich noch lange nicht, daß sie auch zu diesem Zweck verwendet wurden. Während Nick an Fundstelle 50 tätig war, untersuchte Larry Keeley von der University of Illinois in Chicago unter dem Mikroskop einige Feuersteinwerkzeuge von Fundstellen aus dem jüngeren Paläolithikum in Europa. Keeley fand mikroskopische Abriebspuren an den Schneiden der Geräte, die verrieten, daß einige dazu verwendet worden waren, Fleisch zu schneiden, während mit anderen Knochen, Fell, Holz oder andere pflanzliche Materialien bearbeitet worden waren. Toth fragte sich, ob sich ähnliche Unterscheidungen an den sehr viel älteren Geräten von Koobi Fora würden vornehmen lassen. Die beiden Archäologen einigten sich auf eine Zusammenarbeit.

Leider waren die meisten Koobi-Fora-Werkzeuge aus grober Lava gefertigt, einem Gestein, das zu rauh und zu anfällig für Witterungseinflüsse ist, um solche mikroskopischen Spuren erkennen zu lassen. Toth konnte in der Sammlung neunundvierzig feinkörnigere Werkzeuge auftreiben, zumeist Abschlaggeräte aus Kieselsäuregestein. An neun von ihnen konnten sie unter Keeleys Mikroskop winzige Abriebspuren entdecken: In vier Fällen ließ sich auf die Zerlegung eines Tieres schließen, in drei auf Holzbearbeitung und in zwei auf den Kontakt mit weichem Pflanzenmaterial.

Angesichts der Hunderttausende von Steinartefakten aus dem

frühen Pleistozän konnten die Ergebnisse, die mit einer bestimmten Technik an neun kleinen Abschlaggeräten erzielt worden waren, noch nicht einmal bei den Vertretern der Nahrungsteilungs-Hypothese Begeisterungsstürme auslösen. Trotzdem handelte es sich um ein winziges Beweisstück für die Fleischverarbeitung und war damit auf seine Weise sehr viel brauchbarer als alle noch so schönen »Ad-hoc«-Geschichten, die Binford so scharf ablehnte. Inzwischen untersuchte ein anderer von Isaacs Schützlingen, Henry Bunn, der heute an der University of Wisconsin lehrt, die Knochen, die an dieser Fundstelle gesammelt worden waren, wobei er nach verräterischen Schnittspuren und Bruchstrukturen suchte, die auf Einwirkung von Hominidengeräten schließen ließen. Seine Forschungsarbeiten führten ihn schließlich zu den FLK-Knochen im Kenya National Museum in Nairobi – und direkt zu Binfords Hypothese, daß die Hominiden Aasfresser gewesen seien.

Wenn ein solcher Knochen nicht sehr rasch von einer Erdschicht zugedeckt wird, trägt er auf seiner Oberfläche die Spuren dessen, was ihm nach dem Tode seines Besitzers zugestoßen ist. Die Narben auf einem fossilen Knochen lassen sich im großen und ganzen in drei Kategorien einteilen: Schnittspuren und Brüche, die durch Schläge mit hominiden Steingeräten hervorgerufen worden sind; die Zahnspuren von Fleischfressern und schließlich die Furchen, Risse und Kratzer natürlicher Kräfte wie etwa Verwitterung und Abrieb. Zwar analysierte man solche Oberflächenhieroglyphen schon seit Jahren bei den Hinterlassenschaften von Paläo-Indianern, doch erst zehn Jahre später kamen Bunn und andere Archäologen auf den Gedanken, diese Spuren auch bei älteren Sammlungen zu berücksichtigen.

Bunn hatte wenig Mühe, auf den ostafrikanischen Knochen die Schnittmarkierungen von den ebenfalls vorhandenen Zahnspuren zu unterscheiden. Bob Brains Arbeit in Südafrika hatte gezeigt, daß ein Steinwerkzeug eine charakteristische v-förmige Furche im Knochen zurückläßt, während der Zahn eines Fleischfressers einen breiteren, u-förmigen Eindruck hervorruft. Wie nicht anders zu erwarten, fand Bunn eine Fülle von Beispielen für Beschädigungen beider Art. Interessant war die *Lage* der durch Werkzeuge hervorgerufenen Schnittmarkierungen. In vielen Fällen häuften sich die Gerätespuren an den Gelenken der vorderen Gliedmaßen – genau dort, wo ein Hominid mit einem Gerät den Knochen verletzen würde, wenn er versuchte, die fleischige Gliedmaße vom Rumpf zu lösen. Außerdem waren einige der Vorderextremitäten so gründlich zerschlagen, daß Bunn sich fast sicher war, hier hätten Hominiden Hammersteine geschwungen, um an das reichhaltige Markvorkommen der großen Knochen heranzukommen. Wenn die Hominiden tatsächlich größere Fleischmengen an bestimmten Orten in ihrem Lebensraum zerlegten, dann sprach einiges für Isaacs Nahrungsteilungs-Hypothese, mochte das Fleisch nun erjagt oder gefunden worden sein. So viel zu den marginalen Aasfressern. In einem Bericht in der Zeitschrift *Nature* ließ Bunn keinen Zweifel an der Bedeutung seiner Arbeit für Binfords Theorie:

»Dank dieser unmittelbaren Beweise für die Ernährung früher Hominiden«, schrieb er, »können wir Evolutionsmodelle des Menschen ad acta legen, die den Fleischverzehr nicht als wesentliches Verhaltenselement früher Hominiden berücksichtigen.«

Henry Bunn war nicht der einzige junge Wissenschaftler, der im Museum von Nairobi bis spät in die Nacht arbeitete. Damals unterzogen auch Rick Potts von der Harvard University und Pat Shipman von der Johns Hopkins University die Olduvai-Knochen einer näheren Prüfung. Mit Hilfe eines Rasterelektronenmikroskops entdeckten Potts und Shipman, daß sich die Verwendung unterschiedlicher Geräte an mikroskopischen Spuren nachweisen läßt, die auf den Knochen zurückgeblieben sind. Schneidegeräte hinterlassen beispielsweise feine, parallele Furchen in den v-förmigen Schnittspuren. Gemeinsam mit Bunn waren auch Potts und Shipman der Auffassung, Hominiden- und Tierknochen kämen an Stellen wie dem FLK nicht zufällig gemeinsam vor. In einigen entscheidenden Beobachtungen gelangten sie aber zu anderen Ergebnissen als Bunn. Während dieser bei der Prüfung der 3500 FLK-Knochen auf mehr als dreihundert Exemplaren Schnittspuren entdeckt hatte, waren Potts und Shipman nur auf einige Dutzend gestoßen.

Wichtiger noch, sie vertraten auch in der zentralen Frage, wo sich diese Schnittspuren auf den Knochen befinden, eine andere Meinung. Nach Bunn sind die meisten an den Gelenken der fleischreichen Extremitätenknochen zu finden, während Potts und Shipman eine größere Zahl an den Knochenschäften beobachtet haben – ein merkwürdiger Platz, um ein Werkzeug anzusetzen, wenn man das Fleisch vom Knochen lösen will. Ferner konnten Potts und Shipman keinen Anhaltspunkt dafür finden, daß die Hominiden den fleischreichen Knochen mehr Aufmerksamkeit geschenkt haben als den fleischarmen hinteren Extremitäten. Anders als Bunn gelangten sie zu dem Schluß, es gebe keinen Beweis dafür, daß Hominiden in Olduvai und Koobi Fora systematisch Fleisch zu Nahrungszwecken zerlegt hätten. Bunn warf ihnen vor, sie hätten einfach die falschen Dinge gezählt. Als gelernte Paläontologen hätten Potts und Shipman in ihrer Untersuchung nur Knochen berücksichtigt, deren Taxon sich identifizieren ließ. Er, Bunn, habe dagegen jeden Knochensplitter der Fundstelle in seine Berechnungen einbezogen, ob er nun zu benennen gewesen sei oder nicht.

Bei der Frage, was dies alles für das FLK und die anderen Olduvai-Fundstellen zu bedeuten habe, stellte sich heraus, daß Potts und Shipman nicht nur anderer Meinung waren als Bunn, sondern sich auch untereinander nicht einig waren. In seiner Dissertation untersuchte Potts den Gesamtzustand der archäologischen Fundstellen von Bed I und präsentierte eine neue Alternative zum traditionellen Heimstättenmodell. Mit Hilfe eines komplizierten Computermodells wies Potts nach, daß die nahrungsuchenden Hominiden Energie gespart hätten, wenn sie, über ihr Territorium verteilt, »Verstecke« für ihre Steinwerkzeuge angelegt hätten. Alle Nahrung, auf die sie stießen, hätten sie zu diesen Verstecken transportieren können, um sie dort zu verarbeiten. Statt als Überreste einer Heimstätte sei der Zinj-Platz also möglicherweise als ein solches Steinversteck zu interpretieren, das mehrere Jahre hindurch wieder und wieder aufgesucht worden sei.

Pat Shipmans Auffassung entfernte sich sogar noch weiter von der herkömmlichen Meinung. Da sich nach ihrer Untersuchung die Schnittspuren auf den Olduvai-Knochen nicht dort befanden, wo sie hätten sein *müssen*, wenn die Hominiden das Fleisch abgestreift hätten, waren die Hominiden entweder dumm oder nicht nur hinter dem Fleisch her. Shipman sah die Literatur über moderne Jäger und Sammler durch und entdeckte, daß Schnittspuren, die die Knochen unterer Extremitäten kreisförmig umgeben, gewöhnlich zurückbleiben, wenn ein Tier abgehäutet wird. Zwar gab es keine kreisförmigen Spuren am Ende fossiler Knochen unterer Extremitäten, aber immerhin waren viele Schnittspuren zu entdecken. Shipman gelangte zu dem Schluß, die Hominiden hätten sich über Tierkadaver hergemacht und die *Sehnen* entfernt, um sich vermutlich daraus Riemen für einfache Tragevorrichtungen zu fertigen. Wahrscheinlich hätten sie auch das wenige Fleisch verspeist, das noch an den Knochen verblieben sei, und die Felle benutzt, um »sackähnliche Tragebehältnisse« herzustellen.

Shipman hatte auch festgestellt, daß es einige Olduvai-Knochen gab, bei denen die Schnittspuren von Hominiden direkt über den Zahnmarkierungen von Fleischfressern liegen – ein klarer Beweis dafür, daß diese kleinen Vorfahren die Kadaver abnagten, die andere Raubtiere bereits gerissen hatten. Allmählich nahm ihr Porträt vom »Menschen als Aasfresser« deutlichere Züge an: Anders als Jäger brauchen Aasfresser einen sehr leistungsfähigen Fortbewegungsapparat, weil sie oft weite Entfernungen zurücklegen müssen, um auf Kadaver zu stoßen. Die aufrechte Gangart sei eine solche energiesparende Fortbewegungsart, eigne sich aber denkbar schlecht für die plötzlichen Beschleunigungen, die bei der Jagd erforderlich seien. Außerdem habe der Zweibeiner die Hände frei, um die Werkzeuge zu tragen, die er zum Ausschlachten der Kadaver brauche, auf die er stoße. Schließlich sei ein solcher Aasfresser auch auf andere Nahrungsquellen angewiesen, auf die er zurückgreifen müsse, wenn die Kadaver in Notzeiten rar würden. Pat Shipmans Ehemann Alan Walker hatte bereits elektronenmikroskopische Untersuchungen an fossilen Hominidenzähnen vorgenommen, die nach seiner Meinung den Schluß nahelegten, daß sich diese Geschöpfe vor allem von Früchten ernährt haben.

Nach Shipman gibt es überhaupt keine Anhaltspunkte für die Auffassung, daß es eine Heimstätte, Nahrungsteilung oder die Zerlegung fleischreicher Tiere in nennenswertem Umfang gegeben habe. Nun könnte man denken, daß Lew Binford, der doch schon seit Jahren die These vertrat, diese frühen Hominiden seien Aasfresser gewesen, erfreut sein würde, endlich eine Bundesgenossin gefunden zu haben. Weit gefehlt.

»Shipmans Hypothese steckt voller ungesicherter Schlußfolgerungen und zeichnet sich durch eine bedauerliche Vernachlässigung aller Logik aus«, erklärte mir Lew in der Olduvai-Schlucht. »Sie behauptet, die frühen Hominiden seien Aasfresser gewesen, doch was für Kadaver waren das? Sehnen! Sie erklärt eine grundlegende Veränderung der Lebensweise damit, daß die betreffenden Geschöpfe Sehnen aus Kadavern herausgelöst hätten, um Transporttaschen anzufertigen. Das ist doch Quatsch.«

»Und was ist mit Potts Steinversteck-Theorie?« fragte ich.

»Das als Theorie zu bezeichnen, ist leicht übertrieben«, erwiderte Lew. »Potts hat doch nichts anderes getan, als ein Computermodell zu entwickeln, das vorhersagt, die Hominiden hätten Kräfte gespart, wenn sie überall in ihrem Lebensraum Steinwerkzeuge versteckt hätten. Und da der Computer sagt, es sei effizienter, folgert Potts daraus, die Hominiden hätten es *tatsächlich* getan. Aber es gibt doch überhaupt keinen Beweis dafür! Das ist lediglich die Vorstellung eines Computers über das Leben im Pleistozän.«

Nach Binfords Überzeugung machen diese Forscher wie ihre Vorgänger den Fehler, die frühen Hominiden am Anfang ihrer Untersuchung mit einer Reihe menschlicher Eigenschaften auszustatten, statt von Prämissen auszugehen, die uns herauszufinden ermöglichen, wie unsere Vorfahren wirklich waren. Das Sammeln von Steinvorräten für die Zukunft und die Verwendung von Sehnen zum Tragen von Körben sind Aktivitäten, die mehr Voraussicht – »planerischen Scharfsinn«, wie Binford es nennt – verlangen, als man *Homo habilis* nach allem, was wir wissen, unterstellen dürfe. Das gleiche gelte für die Nachkommen von *habilis*. Wo immer Binford die archäologischen Zeugnisse näher betrachtet – ob an Fundstellen von *Homo erectus* in Spanien und China oder vom prämodernen *Homo sapiens* in Südafrika –, stets sieht er einen weniger befähigten, weniger menschlichen Vorfahren am Werk, als man uns bislang glauben machte. Binford kommt zu dem Ergebnis, die Anpassung an die Jagd habe die Menschheit keinesfalls über Jahrmillionen geprägt und spiele für unsere Evolution erst seit siebzigtausend Jahren eine bedeutendere Rolle, seit sich wirklich moderne Menschen unter den rauhen europäischen Lebensbedingungen durch die systematische Jagd großer Beutetiere zu behaupten begannen.

Und wie stand er zu Henry Bunn, diesem Studenten von Isaac, der Binfords Evolutionsmodell des Menschen verworfen hatte? Anfangs hatte Binford seinen Kritiker betrachtet, wie eine sechs Zentner schwere Säbelzahnkatze einst einen jugendlichen *Homo* betrachtet haben mochte, der sie mit einem Stein bedrohte. Doch so leicht ließ Bunn sich nicht einschüchtern. Er wurde – offenbar auf Glynn Isaacs Vorschlag hin – aufgefordert, Binfords Buch *Bones* in der Zeitschrift *Science* zu besprechen. Die einleitenden methodologischen Abschnitte des Buches lobte er, ließ aber kein gutes Haar an Binfords Deutung des FLK.

Vor allem warf er Binford vor, daß dieser sich bei seinen Schlußfolgerungen bezüglich der Frage, welche Extremitätenknochen an Schlüsselorten wie dem Zinj-Platz häufiger vertreten seien, die fleischigen Vorder- oder die fleischärmeren Hinterextremitäten, völlig auf Mary Leakeys Daten verlassen habe. Dabei habe Leakey, wie Bunn deutlich macht, selbst darauf hingewiesen, daß ihre Aufstellungen als vorläufig zu betrachten seien. Binford habe sich über ihre Vorsicht hinweggesetzt, seine »Zahlenakrobatik« auf die unvollständigen Daten angewandt und sei deshalb zu der völlig ungesicherten Schlußfolgerung gelangt, Isaacs Nahrungsteilungs-Hypothese sei erledigt. Im Gegensatz dazu habe er, Bunn, *seine* Olduvai-Daten sozusagen direkt von der Quelle, nämlich von den Regalen des Kenya National Museum. Und *er* sei der Überzeugung, daß Isaacs Hypothese quicklebendig sei.

Glynn Isaac kurz vor seinem Tode in Koobi Fora. (Donald Johanson)

Binford, der schon unter normalen Umständen keinem Streit aus dem Wege geht, fühlte sich durch die Ungeheuerlichkeit, daß man hier einen Studenten, der noch an seiner Doktorarbeit saß, ermächtigt hatte, sein Buch zu besprechen, hochgradig herausgefordert und feuerte eine Breitseite auf Bunn ab. In der Zwischenzeit war Isaac selbst allmählich von den besonders romantischen Annahmen seiner Hypothese abgerückt. Vor allem räumte er jetzt ein, es gäbe – ob die Hominiden nun Jäger waren, Aasfresser oder beides – keinen Anhaltspunkt dafür, daß sie ihre Beute untereinander aufgeteilt hätten. Doch wenn sie die Nahrung nicht teilten, war das Konzept der Heimstätte ohne Bedeutung, und sein ganzer Entwurf von der sozialen Organisation dieser Hominiden fiel in sich zusammen. Allerdings bewiesen für ihn FLK und Fundstelle 50 noch immer eindeutig, daß Hominiden Knochen transportiert und sie um ihres Fleisches willen zerlegt hatten – in diesem entscheidenden Punkt habe Binford »sehr wahrscheinlich unrecht«. Isaac gelangte zu dem Schluß, daß weitere Untersuchungen erforderlich seien, bevor sich tatsächlich klären lasse, was am FLK geschehen sei.

Tragischerweise konnte Glynn Isaac diese Forschungsarbeiten nicht fortsetzen. 1985 starb er völlig unerwartet mit siebenundvierzig Jahren. Da Isaac nun nicht mehr zur Verfügung stand, war es an seinen ehemaligen Studenten – vor allem an Henry Bunn –, den Kampf fortzuführen. Zusammen mit seiner Frau Ellen Kroll, auch einem ehemaligen Schützling von Isaac, kehrte er zu seinen Knochen zurück und wandte jetzt genau die Methoden mittlerer Reichweite an, die Binford ursprünglich gegen die Nahrungsteilungs-Hypothese ins Feld geführt hatte. Die Ergebnisse von Bunn und Kroll, die darlegten, was nach ihrer Ansicht am FLK geschehen war, wurden bald nach meiner Rückkehr aus Afrika in der Zeitschrift *Current Anthropology* veröffentlicht. Nach der Proportion der erfaßten Steinwerkzeuge, der großen Zahl und der Lage der Schnittspuren, vor allem aber der Häufung fleischiger Gliedmaßen an der Fundstelle hätten Transport, systematische Schlachtung und Teilen erheblicher Fleischmengen ganz offensichtlich zum Hominidenleben vor 1,8 Millionen Jahren gehört. Ob das Fleisch erjagt oder von der Beute grimmiger Raubtiere abgezweigt wurde, sei nicht die entscheidende Frage: In beiden Fällen seien »koordinierte Gruppenaktivität« und wiederholte Teilnahme an gefährlichen Aktionen zur Nahrungsbeschaffung erforderlich gewesen. Da war er also wieder, der tapfere *Homo*, diesmal auf ein paar konkrete Tatsachen gestützt. Binfords Behauptung, am Zinj-Platz fänden sich überproportional viele fleischarme Knochen wie etwa die von hinteren Gliedmaßen, »ist als Mythos zu betrachten, der von den archäologischen Fakten eindeutig widerlegt wird«. Binfords Antwort ließ nicht lange auf sich warten.

»Einzige gedankliche Grundlage dieser Untersuchung ist ein Phantasiebild vom frühen Hominidenleben«, schrieb er und bezeichnete Bunns Beweise als *Wishbones* (eigentlich die Bezeichnung für einen Brustknochen des Vogels, hier aber natürlich in der wörtlichen Bedeutung von »Wunschknochen« gemeint).

Trotzdem konnte er Bunns Untersuchungen nicht mehr als Versuch eines blutigen Anfängers abtun, eine sterbende Theorie zu neuem Leben zu erwecken – vor allem, da er feststellen mußte, daß andere Leute diese Untersuchungen sehr ernst zu nehmen begannen. In seiner Erwiderung in *Current Anthropology* zog er Bunns und Krolls Belege für Schnittspuren in Zweifel, wobei er sich vor allem auf Pat Shipmans Beobachtung berief, nach der auf den Knochen fleischiger Extremitäten vom FLK häufiger die Zahnspuren von Fleischfressern als die Gerätespuren von Hominiden zu entdecken seien. Er nannte Bunns und Krolls Hypothese, die Hominiden hätten Zugang zu fleischreichen Gliedmaßen gehabt, »unsinnig«, solange sie nicht erklären könnten, wie die Knochen zur Fundstelle gelangt seien. Dazu hätten sie aber diese Hunderte von Kauspuren auf den FLK-Knochen zu erklären – ein Problem, das Bunn und Kroll ausklammerten. Bunn hatte schon zu einem früheren Zeitpunkt festgestellt, die einfachste Erklärung für die Zahnspuren sei die Annahme, daß sich aasfressende Carnivoren über die Knochen hergemacht hätten, *nachdem* die Hominiden die Knochen am FLK fortgeworfen hätten.

»Das mag vielleicht die einfachste Annahme sein«, hatte Binford gekontert, »aber es ist auch die Annahme, die die traditionelle Auffassung von der Vergangenheit rettet.« Er wies darauf hin, daß Fleischfresser die Knochen selten dort benagen, wo sie sie finden, sondern sie an einen geschützten Ort schleppen, wo sie sich ungestört über sie hermachen können. Hätten die Hyänen sich über Knochen hergemacht, *nachdem* die Hominiden am FLK mit den Knochen fertig waren, hätte man nicht so viele Zahnspuren erwarten dürfen, weil jeder Knochen, an dem noch genügend dran war, um das Interesse einer Hyäne zu erregen, wahrscheinlich fortgeschleppt worden wäre.

»So einfach ist das Hyänenverhalten nicht, und Binford weiß das«, antwortete Bunn. »Er versucht mit dem Hinweis auf die Kauspuren lediglich von dem eigentlichen Problem abzulenken, nämlich der Überrepräsentation der fleischigen Vorderextremitäten an diesen vorgeschichtlichen Fundstellen. Binford hat schlicht unrecht und will es nicht zugeben, aber das ist ja nichts Neues bei ihm.«

Die Selbstsicherheit, mit der Bunn die Häufigkeit von Vorderextremitäten unter den FLK-Knochen vertritt, hat ihre Berechtigung – schließlich hat er sie gezählt. Oder zumindest hat er alle Knochensplitter gezählt und mit ihrer Hilfe auf recht zuverlässige Weise die Zahl der vollständigen Knochen geschätzt, die sich ursprünglich an der Fundstelle befunden haben. Es wird sicherlich niemanden mehr wundern, daß Lew Binford erhebliche Zweifel an Bunns Zählmethode anmeldete. Er glaubte, daß Bunn, in Unkenntnis der Zahl von Splittern, die entstehen, wenn ein Knochen zerschlagen wird, den einzelnen Splitter zu stark gewichtet hatte und deshalb zu einer viel zu umfangreichen Schätzung gelangt war. Binford hatte sein eigenes Verfahren, die Zahl der einzelnen an der Fundstelle vertretenen anatomischen Teile zu bestimmen – eine komplexe Analyse, die von der Zahl der vorkommenden Gelenkenden der Knochen und nicht von der Zahl der Knochensplitter ausging. Genauso wenig überraschend dürfte sein, daß nach Abschluß der Analyse und nach Abkühlen des Laufwerks seine Zahlen die Hypothese des »marginalen Aasfressers« bestätigten.

Binfords detaillierte Erwiderung auf Bunn und Kroll, 1988 in *Current Anthropology* erschienen, wurde mit einer Gegenerwiderung von Bunn und Kroll beantwortet. Daraufhin erschien eine kurze Mitteilung des Herausgebers, der das »Ende der Binford/Bunn-Kroll-Kontroverse auf diesen Seiten« verkündete, was man etwa so verstehen muß, als würde in einem Boxkampf der *Schiedsrichter* das Handtuch zum Zeichen seiner eigenen Aufgabe werfen. Das ist der gegenwärtige Stand der Dinge.

Ich begann mein kleines Bühnenstück mit den großen Fragen unserer Wissenschaft. Was hat uns zu Menschen gemacht? Welches Ereignis vor zwei Millionen Jahren hat uns verändert, uns so unglaublich und dauerhaft von allen anderen Tieren unterschieden? Wir haben nie Probleme gehabt, Antworten zu finden: Killeraffe, großer Jäger, Familienmensch – und jetzt vielleicht armseliger Aasfresser. In einem Zeitraum von drei Jahrzehnten hat sich das aus den archäologischen Zeugnissen gewonnene Bild von unseren Ursprüngen gewandelt wie der Blick durch ein Kaleidoskop. Die konkreten Daten der Knochen und Steine bleiben natürlich, was sie sind, aber wie die bunten Glasscherben verändern sie Konstellation und Bedeutung, wobei sie ihre jeweilige Anordnung aus den Tendenzen und Vorurteilen der Theorien gewinnen, die unsere Sichtweise bestimmen.

In der Rückschau wird deutlich, daß die jeweils herrschenden politischen und gesellschaftlichen Verhältnisse unsere Vorstellungen von den vorgeschichtlichen Ursprüngen des Menschen geprägt haben: In den fünfziger Jahren produzierte die bittere Erkenntnis, welche moralischen Abgründe im Menschen schlummern, den Killeraffen; der himmelstürmende, weltraumerobernde *Machismo* der sechziger führte zum großen Jäger; und schließlich entstand ein so sanftes und versöhnliches Bild von den menschlichen Ursprüngen, als hätten die Lieder von John Denver Pate gestanden. Haben die Prähistoriker also mehr mit Illusionen als mit der Wirklichkeit zu tun? Ist die Paläoanthropologie wirklich nur Theater? Ich glaube nicht. Der tatsächliche Fortschritt – die Abtragung unserer Unwissenheit – vollzieht sich merkwürdig unabhängig von der Theoriebildung, obwohl er ohne die Theorieproduzenten nicht zustande zu kommen scheint. Heute ist allgemein bekannt, daß Raymond Darts Vision vom knochenschwingenden australopithecinen Kannibalen ziemlich weit hergeholt war, aber wir verdanken Dart die Einsicht, daß wir in einer Sammlung von Säugerknochen nach Spuren menschlicher Tätigkeit suchen können. Sherwood Washburn, Irven DeVore und andere Vertreter der Jagdhypothese haben zwar die Rolle der Jagd als wichtigsten Faktor der Menschwerdung übertrieben, dabei aber gezeigt, wie man die Erkenntnisse aus den archäologischen Zeugnissen, Untersuchungen an subhumanen Primaten und Beobachtungen an modernen Jägern und Sammlern zu einer Synthese zusammenfassen kann.

Lew Binford hat uns gelehrt, daß wir uns vor unserer Neigung hüten müssen, jeden Steinsplitter und Knochenhaufen mit tieferer menschlicher Bedeutung auszustatten. Nach meiner persönlichen Überzeugung ist seine Theorie vom marginalen Aasfresser ebenfalls überzogen. Ich denke, die Zeugnisse der Olduvai-Archäologie lassen tatsächlich darauf schließen, daß es an bestimmten Orten hominider Aktivität zu Knochentransport und Fleischzerlegung gekommen ist. Ich bin zwar nicht bereit, einen Schritt weiter zu gehen und an das Szenario der Nahrungsteilung zu glauben – doch *irgend etwas* ist mit der Ernährungsweise von *Homo habilis* geschehen, etwas, das sehr rasch zu wirklich menschlichen Verhaltensweisen führen sollte. Diese explosionsartigen Veränderungen – und was unser neuer Olduvai-Hominide von ihnen zu berichten weiß – sind Gegenstand des nächsten Kapitels. Mag Binford recht haben oder nicht, der Wahrheit näher kommen können wir nur, wenn wir dem schwierigen Weg folgen, den seine Methode vorzeichnet. Wir können uns nicht mehr mit Antworten zufriedengeben, die nur »zufriedenstellend« sind.

»Die Frage ›Ist das wahr?‹«, hat Lew einmal zu mir gesagt, »führt zu nichts. Die Frage muß vielmehr lauten: ›Eröffnet das neue Möglichkeiten des Lernens?‹«

Eine Wahrheit des FLK besagt zweifellos, daß man sich dort nach dem Dunkelwerden besser nicht allein aufhalten sollte. Während ich dort saß, war die Dämmerung hereingebrochen, hatte meine Bühne verschluckt und einen kalten Wind gebracht, dem mein dünnes Hemd wenig entgegenzusetzen hatte. In zwanzig Minuten würde es stockdunkel sein. In der Junction war nachts ein kleines Rudel Löwen gesichtet worden – vielleicht jenes Rudel, dem Bob Walter an der Zweiten Verwerfung begegnet war. Ich hatte kein Bedürfnis, der Frage auf den Grund zu gehen. Im übrigen war Essenszeit im Lager, und ich bekam Hunger.

9. Kapitel
Lucys Kinder

Nichts an ihm, das soll verfallen,
Das nicht wandelt Meereshut
In ein reich und seltnes Gut.
Shakespeare, Sturm, I, 2.

»Eßt tüchtig zum Frühstück«, sagte Tim. »Ihr werdet es brauchen. Heute wird ein Graben ausgehoben.«

Wir saßen kurz nach dem Morgengrauen unseres letzten Expeditionstages am Tisch. Die meisten waren noch nicht richtig wach. Doch Tim war aus irgendeinem Grunde energiegeladen, als wäre er gerade erst im Lager eingetroffen.

Bob Walter sah von seiner Kaffeetasse auf.

»Einen geologischen Graben? Ich habe schon zwei gegraben.«

»Wunderhübsche Gräben sogar. Selbst Mary Leakey hätte keine geraderen Wände ziehen können. Leider haben beide nichts gebracht. Überhaupt keine Knochen. Das ärgert mich schon die ganze Zeit. Irgendwo oberhalb der Fundstelle müßte eine Schicht sein, die Knochen enthält. Es ist zwar eine ungewisse Sache, aber wenn wir in dem Hang direkt über dem Dik-dik-Hügel einen dritten Graben ausheben, können wir vielleicht die Schicht bestimmen, aus der der Hominide kommt.«

Ich blickte die Kollegen am Tisch an. Die meisten sahen so begeistert aus, als hätte Tim sie aufgefordert, den letzten Tag damit zu verbringen, die Latrine mit dem Löffel zu leeren. Ehrlich gesagt war auch ich nicht gerade angetan von dem Gedanken, ein Loch in den Hang der Schlucht zu graben. Es gab noch genug zu tun: Fundstücke, die geordnet und verpackt werden mußten, Schreibarbeiten, die ich seit Tagen vor mir herschob. Außerdem hoffte ich noch immer auf die Möglichkeit, ein paar Luftaufnahmen von der Hominidenfundstelle machen zu können. Am Vortag hatte ich die Nachricht erhalten, daß ein Buschpilot namens Hans Schneider mit einer zweisitzigen Cessna C 150, einem leichten Flugzeug, das ohne Schwierigkeit auf dem Behelfsfeld von Olduvai starten und landen konnte, von Arusha herüberkommen wollte.

Doch mit Tim läßt sich schwer verhandeln, wenn er sich etwas in den Kopf gesetzt hat. Wir warfen also ein paar Spitzhacken in den Landrover und machten uns auf den Weg zur Fundstelle. Wenn der Buschpilot es schaffte, dachte ich bei mir, würde ich keine andere Wahl haben, als das Graben den anderen zu überlassen – natürlich mit dem größten Bedauern. Ich würde dann den Rest des Tages mit der mühsamen Arbeit beschäftigt sein, in der Cessna über die Schlucht zu fliegen, den Verschluß meiner Kamera zu bedienen und Filmrollen zu wechseln.

Wie der Leser vielleicht erinnern wird, hatte Bob Walter, als er seine Gräben aushob – den größeren ersten gut zehn Meter südlich der Fundstelle, den zweiten direkt in der unergiebigen Südseite des Hügels –, damit herauszufinden versucht, wie sich die Fundstelle in die allgemeine geologische Struktur der Schlucht einfügt. Es wäre von außergewöhnlichem Wert gewesen, wenn er in einer Ablagerungsschicht über der Fundstelle Teile des Hominiden *in situ* gefunden hätte. Doch das war leider nicht der Fall gewesen. Nun hoffte Tim, mit seinem neuen Graben auf irgendwelche *in situ* befindlichen Hominidenknochen zu stoßen, die uns genau sagen würden, woher und, geologisch gesprochen, aus welcher Zeit der Hominide kam.

Gern würde ich nun berichten, daß wir kaum ein paar Schläge mit der Spitzhacke getan hatten, als wir auch schon auf das distale Femur stießen, nach dem wir suchten. Doch ganz so viel Glück hatten wir leider nicht. Der mit unserem Schweiß getränkte Graben offenbarte im wesentlichen die gleiche stratigraphische Tuffstruktur, die schon Bobs erste Gräben gezeigt hatten – mit einer wichtigen Ergänzung. Unmittelbar unterhalb der grobkörnigen Ascheschicht Tuff IC legte Bobs Hacke einen kleinen, isolierten Flecken dunklen Sandes frei. Diese »Sandader« reichte noch nicht einmal bis zu den beiden Seiten des Grabens. Deshalb war es kein Wunder, daß sie bei den ersten Grabungen völlig unbemerkt geblieben war.

Tim beförderte mit seinem Hammer etwas Sand in sein Karai, stocherte mit dem Finger darin herum – und zog ein Fossil hervor. Nicht-hominiden Ursprungs zwar, aber mit der gleichen bräunlich-schwarzen Färbung wie die Knochen unseres Hominiden, und auch der Zustand war vergleichbar. Weiteres Graben förderte noch mehr Fundstücke der gleichen Art zutage – keine Hominidenknochen, aber Fossilien im gleichen Erhaltungszustand und alle *in situ*. Wir konnten zwar nicht absolut sicher sein, aber doch auf eine hohe Wahrscheinlichkeit bauen: Am letzten Tag unserer Expedition hatten wir den Ort entdeckt, an dem der kleine *Homo* vom Dik-dik-Hügel ursprünglich gelegen hatte.

Dank dieser Entdeckung in letzter Minute konnten wir jetzt viel besser rekonstruieren, was mit unserer kleinen Hominidenfrau geschehen war – vom Zeitpunkt ihres Todes vor fast zwei Millionen Jahren bis zu dem Augenblick, da Tim im schwindenden Licht eines Spätnachmittags ihren zerbrochenen Ellenbogen an der Oberfläche des Dik-dik-Hügels entdeckte.

»Diese Sandader ist wahrscheinlich in den Uferbezirken des Olduvai-Sees von einem Flüßchen angespült worden, das dort mündete«, erklärte Tim seinen Studenten in der Mittagspause. »Nach der Zusammenstellung der anatomischen Teile zu urteilen, die wir so dicht beieinander gefunden haben, würde ich meinen, daß der Hominide ganz in der Nähe gestorben ist und seine Knochen in einem dieser sandigen Flußarme geblieben sind.«

»Bedenkt man, wie verwittert die Knochen sind«, sagte ich, »so lagen sie wahrscheinlich ein oder zwei, vielleicht auch fünf Jahre an der Oberfläche.«

»Warum findet man keine Spuren von Fleischfressern?« fragte Berhane Asfaw.

»Wer weiß?« sagte ich. »Vielleicht haben sie die Leiche nicht entdeckt. Vielleicht gab es leckerere Bissen als eine magere, einen Meter große Hominidenfrau.«

»Oder vielleicht haben sie die Knochen, auf die sie Appetit hatten, fortgeschleppt«, meinte Tim. »Zum Beispiel dies verflixte distale Femur. In einem so großen Gelenk kann eine hungrige Hyäne viel Fett finden.«

»Und wenn es noch da ist?« fragte Gen Suwa. »Wir könnten tiefer graben und der Sandader ins Innere der Schluchtwand folgen...«

»Klar doch«, knurrte Tim, »dazu brauchen wir nur zwei Sommer und zwanzig Leute für die Erdarbeiten. Wenn wir heute etwas von dem Hominiden gefunden hätten, würde ich nichts sagen. Doch je weiter wir uns von der ursprünglichen Fundstelle entfernen, desto geringer sind die Aussichten, etwas zu finden.«

»Eines verstehe ich trotzdem nicht«, sagte Suwa. »Wenn es sich tatsächlich alles so abgespielt hat, wie Sie geschildert haben, warum sind die Knochen dann in so viele Teile zerbrochen?«

»Um diese Frage zu beantworten, müssen Sie sich überlegen, was mit dem Fossil passiert ist, nachdem es unter die Erde geriet«, sagte Bob Walter. »Es gibt hier im Boden viele Tonschichten, die sich ausdehnen und zusammenziehen und damit die Knochen in ihrer Nähe starken Belastungen aussetzen. Dann wachsen in den Knochenrissen Kalkspatkristalle und andere Mineralien und drücken die Knochenteile auseinander. Inzwischen türmen sich die Ablagerungsschichten darüber auf. Während also die fossilen Knochen zerbrochen werden, hält die umgebende Matrix die Stücke eng zusammen. Sehr viel später findet irgendein einschneidendes Erosionsereignis statt, das quer zur Lage aller dieser Schichten verläuft. Noch später senkt sich das Olbalbal-Becken, so daß sich die Schlucht noch tiefer einschneidet. Stücke der Schluchtwand brechen ab, wie sich Eisberge von einem Gletscher lösen. Nichts anderes ist der Dik-dik-Hügel oder war es vielmehr, bevor sein größter Teil der Erosion zum Opfer fiel.«

»Dort, wo die Wand noch intakt ist«, fuhr Bob fort und zeigte zum Hang hinauf, »schützen harte Decken wie Tuff IC und ID leichteres Material, etwa die Sandader, auf die wir heute morgen gestoßen sind. Doch dort, wo Sand und andere lose Schichten freiliegen, werden sie vom Regen fortgewaschen oder einfach weggeweht. Die Oberflächenerosion legt allmählich die Fossilien und

Das Schicksal, das der Hominidenfrau vom Dik-dik-Hügel nach ihrem Tode möglicherweise zuteil wurde. Oben, von links nach rechts: Ein weibliches Individuum von Homo habilis stirbt in Ufernähe des Olduvai-Sees. Die Leiche ist Aasfressern preisgegeben. Im Laufe der Zeit vergraben Schwemmgut des Sees und Vulkanausbrüche das Skelett tief unter der Erdoberfläche. Natürliche Erdkräfte zerbrechen die Knochen, doch die umgebenden Ablagerungsschichten halten sie zusammen. Unten, von links nach rechts: Es finden weitreichende Erosionsereignisse statt, die quer zur Lage der angehäuften Ablagerungsschichten verlaufen. Während die Schlucht tiefer wird, brechen Stücke ihrer Wände ab. Im Laufe der Jahrhunderte tragen Wind und Regen das weiche Material ab, das nicht durch harte vulkanische Tuffs geschützt wird, so daß Fossilien und andere dichtere Materialien langsam wieder an die Oberfläche kommen. Sobald das Skelett freigelegt ist, fällt es auseinander. Bevor alle seine Teile fortgewaschen sind, entdeckt das Team der Fossilsucher die verbliebenen Knochen auf dem »Dik-dik-Hügel«. (Illustration von Douglas Beckner)

andere harte Materialien frei, die unter der Oberfläche vergraben sind. Sie rollen den Abhang hinunter. So entsteht dieses harte ›Wüstenpflaster‹, das Sie den ganzen Sommer hindurch bei Ihren Grabungen durchbrechen mußten.«

»Vergessen Sie dabei nicht, daß die Fossilien bereits unter der Erde zerbrochen waren«, sagte Tim. »Sobald sie an die Oberfläche kommen, fallen sie auseinander.«

»Deshalb findet man Hunderte von Zahnfragmenten und nur einen vollständigen Zahn«, sagte Gen und vervollständigte damit die Antwort auf die eigene Frage. Tim grinste.

»Richtig. Und denken Sie daran, wieviel Spaß Sie nach unserer Rückkehr nach Berkeley an dem Versuch haben werden, ein paar dieser Stücke wieder zusammenzusetzen.«

Der Buschpilot Hans Schneider setzte zur Landung an, als wir mit dem Mittagessen fertig waren – zu spät, um mich vor der Grabenplackerei zu bewahren, aber trotzdem ein willkommener Anblick. Gerry und ich stiegen in den Landrover und fuhren zum Rollfeld hinaus, um den Piloten zu begrüßen. Als wir zum Flugzeug kamen, bastelte er am Motor herum, ein ziemlich wüst aussehender Geselle, aber mit verschmitzten blauen Augen und von entwaffnender Höflichkeit. Er steckte bis zu den Ellbogen im Schmieröl, während Schuberts Unvollendete aus einem Rekorder im Cockpit dröhnte. Wir machten uns bekannt und erklärten ihm, was wir vorhatten.

»Sie können jetzt keine guten Bilder machen«, sagte er. »Der Rauch der Grasfeuer auf der Ebene ist zu dicht.«

Hans mußte über Nacht bleiben. Wir beschlossen, daß er und ich am nächsten Morgen versuchen wollten, die Fundstelle aus der Luft zu dokumentieren, um dann noch einen Abstecher nach Laetoli zu machen, bevor wir nach Arusha flogen. Tim, Bob und die meisten anderen würden die Arbeit am Graben beenden und dann mit dem Landrover nach Arusha fahren. Sie sollten auch den Hominiden mitbringen. Bill Kimbel und Alberto Angela blieben noch ein paar Tage in der Schlucht und setzten die Arbeit auf dem Dik-dik-Hügel fort.

Wir brachen kurz nach der Morgendämmerung auf. Die Nase

des Flugzeugs zeigte direkt in die über dem Ngorongoro aufgehende Sonne. Es war ein herrlicher Morgen. Die Luft war klar und kühl. Hans gab mir durch Zeichensprache zu verstehen, den Kopfhörer aufzusetzen. Er schob eine Kassette in den Rekorder, und das heitere Eröffnungsthema der »Sechsten« von Beethoven, der »Pastorale«, klang mir in den Ohren. Die Schlucht unter mir sah aus wie ein smaragdgrünes Halsband, das man auf die goldene Fläche der Serengeti geworfen hatte. Das Licht fing sich auf den Sisalspitzen, die den Höhenrand säumten, und grub tiefe Schatten in die Rinnen. Wir flogen eine Schleife über dem Olbalbal-Bekken, tauchten in die Hauptschlucht und flogen sie in ganzer Länge ab – unter den bronzefarbenen Felsen der Zweiten Verwerfung, an dem Steingebäude vorbei, das die DK-Fundstelle schützte, direkt auf die Junction zu. In meinen Ohren schwoll die Musik jubelnd an, als das Orchester das heitere Thema stürmisch aufnahm, die Bässe brummten, die Flöten trillerten, und einen Augenblick war es, als verschmölzen das Flugzeug und die Musik zu einer Einheit, als würde ich nur von dem grenzenlosen Optimismus dieser Melodie in der Luft gehalten.

Als wir die rötliche Schulter des Castle umrundet hatten, erblickte ich den Landrover neben der Fundstelle. Das Team war bereits an der Arbeit; von dem Sieb zwischen Bill und Prosper stiegen Staubwolken auf. Im Vorbeifliegen machte ich einige Aufnahmen. Wir folgten dem Verlauf der Hauptschlucht, als Hans das Flugzeug plötzlich hochzog und nach Norden abdrehte. Er tippte mir auf die Schulter und deutete nach unten. Vor uns, unterhalb der Granite Falls, einer Reihe von Felsen am westlichen Rand der Schlucht, äste eine kleine Elefantenfamilie.

»Das Geräusch erschreckt Elefanten«, sagte er. »Sie geraten in Panik und verschwenden viel von der Energie, die sie in dieser Jahreszeit dringend brauchen.« Er deutete wieder nach unten, und ich sah ein Giraffenpaar über die Ebene in Richtung der Schlucht gleiten. »Ihnen macht das Flugzeug nichts aus«, erklärte Hans.

Wir hatten in diesem Sommer viele Giraffen in der Nähe des Camps gesehen, doch der Anblick der Elefanten überraschte mich. Mit den Knochen längst verstorbener Geschöpfe beschäftigt, hatten wir die Schlucht den ganzen Sommer mit diesen so unübersehbaren Tieren geteilt, ohne etwas von ihrer Existenz zu ahnen. Wie viele andere Lebewesen mochten sich in den ausgetrockneten Wasserrinnen verbergen? Wie viele Dik-dik-Paare markierten die Karongos mit ihren Duftstoffen und Fezes, wie viele Löwen und Hyänen begaben sich auf nächtliche Beutesuche in die Olduvai-Schlucht? Als wir zu einer Schleife ansetzten, um die Junction ein zweites Mal zu überfliegen, sah ich unter Naibor Soit ein Dutzend Oryx-Antilopen über die Ebene eilen – anmutige, kräftige Tiere mit Hörnern, die so gerade und lang wie Spieße sind. In der Regenzeit würden sich von Norden eine Vielzahl weiterer Huftiere hinzugesellen – Zebras, Weißschwanzgnus, Gazellen aller Art und in ihrem Gefolge die Raubtiere.

Vor zwei Millionen Jahren, als der Olduvai-See wie eine große Silbermünze in der Mitte der Ebene glänzte, waren die Säugetiere noch zahlreicher vertreten gewesen. Ich sah sie dort unten – die Riesenpaviane, Säbelzahnkatzen, Schweine so groß wie Büffel, geweihtragende Riesengiraffen, Dickhäuter wie das *Deinotherium*, in derselben Landschaft aber auch Tiere, die dort heute noch leben. Und inmitten dieser dichten, wogenden Fülle des Lebens unser kleiner *Homo*, ein nacktes, zweibeiniges Geschöpf mit langen Armen und einem Körper, der nicht größer war als der eines heutigen Kindes. Wie seltsam, dachte ich, daß diese kleine Kreatur, diese Randerscheinung der damaligen Lebenswelt, der Vorbote eines Lebewesens war, welches dann Flugzeuge erfand, Symphonien komponierte und höher als ein Falke über den Schluchten kreiste, eines Geschöpfes, das sogar so vermessen sein sollte, sich zu fragen, wie es überhaupt zu solchen Höhen aufsteigen konnte.

Seit zwanzig Jahren versuchte ich herauszufinden, wie dieser Umwandlungsprozeß begonnen hatte, doch noch nie hatte mich das Geheimnis dieses Vorgangs so stark in seinen Bann geschlagen wie dort im Flugzeug. Hans hielt wieder auf die Junction zu. Unten zeichneten sich wulstig die Ausgrabungsstellen FLK und FLKNN ab – Narben, die gierige, rastlose Hände in die Landschaft geschlagen hatten. Hinter der Biegung tauchten die frischeren Wunden des Dik-dik-Hügels auf. Tim stand über eines der Ausgrabungsquadrate gebeugt und wühlte die Erde mit dem spitzen Ende seines Hammers auf. Als wir vorbeiflogen, ließ ich den Verschluß meiner Kamera klicken. Ich dachte an den Schweiß, den wir dort gelassen, und den Lohn, den wir dafür erhalten hatten: ungefähr dreihundert Knochensplitter, die zusammengesetzt ein weiteres Informationsteilchen ergaben, um unseren unersättlichen Wissensdrang zu füttern.

Wir flogen noch einige Runden über der Fundstelle und folgten dann der Seitenschlucht südwestlich nach Laetoli. Für dieses Jahr war meine Arbeit in Olduvai getan. Hans schob eine weitere Kassette in den Rekorder, und in den Kopfhörern erklang ein Violinkonzert von Bruch. Unter mir lag nun die Buschlandschaft von Laetoli. Ich verschoß meine letzten beiden Filme und teilte Hans mit, ich sei fertig und von mir aus könnten wir jetzt nach Arusha fliegen. Doch er folgte, nur ein paar Dutzend Meter über dem ausgetrockneten Flußbett, dem Garusi-Fluß südwärts.

»Da ist noch etwas, was ich Ihnen zeigen möchte«, erklärte er mit verstohlenem Lächeln, und während er noch sprach, fiel die Erde unter uns ab. Wir hatten das Eyasi Escarpment erreicht, einen Steilabbruch von tausend Meter Tiefe. Weit unten lag das ausgetrocknete Bett des Salzsees in mattem Funkeln, als wäre die Erdkruste, soweit das Auge reichte, aus Perlmutt.

»Das ist eine Aussicht, was?« sagte Hans.

»Herrlich«, antwortete ich.

Hans flog eine enge Kurve und richtete das Flugzeug nach Osten. Wir kamen an der Südflanke des Lemagrut vorbei, dessen Hänge die Pockennarben der Grasfeuer trugen. Als wir in den Windschatten des Vulkans eintauchten, erfaßte ein plötzlicher Fallwind das kleine Flugzeug mit hörbarem Schlag. Ich stieß mit dem Kopf gegen die Deckenverkleidung, und wir begannen an Höhe zu verlieren. Ich hatte weniger das Gefühl zu fallen, als von einem unwiderstehlichen Gewicht niedergezogen zu werden. Hans versuchte das Flugzeug aufzurichten, aber es fiel weiter, während der Motor verzweifelt aufheulte und eine halbverkohlte

Schlucht von unten auf uns zuraste. Hans umklammerte den Steuerknüppel und zwang das Flugzeug langsam zur Seite, fort von dem Vulkan. Wir hatten noch knapp zweihundert Meter unter uns, als uns der Fallwind freigab.

»Das gehörte eigentlich nicht zum Besichtigungsprogramm«, sagte Hans, als es vorüber war. Sein Schreck war größer, als seine Worte erkennen ließen. Beide kannten wir Leute, die in solche Fallwinde geraten waren und weniger Glück gehabt hatten als wir.

Als wir den Lemagrut umrundeten, blickte ich noch einmal zur Schlucht zurück, die jetzt aussah wie ein gefleckter Fehler in der grenzenlosen Gleichförmigkeit der nach Westen verlaufenden Ebene. Jahre hindurch hatte sich Olduvai als so ergiebig für Fossilsucher erwiesen, daß es einem manchmal scheinen will, als hätte die frühmenschliche Evolution ausschließlich in der Olduvai-Schlucht stattgefunden. Das ist natürlich eine Illusion. Die Schlucht ist ein Geschenk, ein geologischer Glücksfall, ein Loch in dem Gewebe der Zeit, das dergestalt ein bißchen von seinem Inhalt preisgibt. Gleiches gilt für Koobi Fora, das Omo-Tal, Hadar, die Höhlen von Transvaal – sie alle sind Löcher in diesem Gewebe. Doch Zeit und Evolution haben überall stattgefunden.

Das Fossil, das wir gefunden hatten, hatte uns gezeigt, daß die frühesten Menschen viel kleiner und viel primitiver waren, als wir gedacht hatten. Es gab aber keine Auskunft darüber, wie es einem solchen Lebewesen gelungen ist, sich in der Konkurrenz der Savannenwelt zu behaupten und dort zu überleben. Dem Skelett war nicht zu entnehmen, wie sich aus diesem winzigen Vorfahren plötzlich die sehr viel menschenähnlicheren Geschöpfe von *Homo erectus* entwickelt haben. Wir erfuhren auch nicht, was aus seinen nahen Vettern, den robusten Australopithecinen, geworden ist. Vor allem aber blieb die Frage unbeantwortet, die meiner Meinung nach den Kern des Rätsels bildet: Zu welchem Zweck hat *Homo* sein unglaublich überproportioniertes Gehirn ausgebildet?

Wo sollen wir dann nach Antworten suchen? Der beste Vorschlag lautet: »In besseren Fragen.«

»Wenn wir jemals verstehen wollen, wie es zu dieser Entwicklung kam«, sagt Robert Foley, ein junger Cambridge-Paläoanthropologe aus England, »dann müssen wir zunächst einmal auf die Annahme verzichten, die Menschen hätten sich im Evolutionsprozeß durchgesetzt, *weil sie Menschen sind.*« Der gelernte Archäologe und Ökologe glaubt, daß man die Besonderheit des Menschen viel zu wichtig genommen und dabei unsere Entwicklung als Produkt evolutionärer Kräfte vernachlässigt hat, die gleichzeitig eine ganze Gemeinschaft anderer Organismen gebildet haben. Wir waren so von unserer eigenen Herrlichkeit geblendet, daß wir immer wieder in die gleiche tautologische Falle getappt sind: Wir haben in den vorgeschichtlichen Zeugnissen nach Anhaltspunkten für unverwechselbar menschliches Verhalten Ausschau gehalten, und sobald sie gefunden waren, haben wir stolz auf sie gewiesen und erklärt, nun verstünden wir den Ursprung der Menschheit. Wenn man den Menschen beispielsweise als »das technische Lebewesen« definiert, dann braucht man natürlich nur den ersten Anhaltspunkt für Geräte zu finden, und siehe da, man hat den Anfang der Menschwerdung entdeckt.

Wie Lew Binford sagen würde, ist das *post-hoc*-Denken, die Betrachtung der Vergangenheit mit einem Auge im Spiegel. Werkzeugherstellung, Bipedie, Gehirnwachstum, Jagen, Nahrungsteilung – alles Dinge, die sich irgendwann im Laufe der menschlichen Stammesgeschichte tatsächlich entwickelt haben, die wir aber niemals verstehen werden, wenn wir nicht aufhören, vom *Ergebnis* aus rückwärts zu denken. Erst wenn wir die Frühmenschen ihrer Zukunft entkleiden, haben wir eine Chance, die Geheimnisse unserer Vergangenheit zu begreifen.

Ich möchte hier über Hominiden sprechen, muß aber zunächst auf einige Punkte eingehen, die den Begriff der *Art* betreffen – gleichgültig, ob es sich dabei um Hominiden, Haie oder Hibiskus handelt. Punkt eins ist einfach: Alle Arten sind an die Habitate angepaßt, in denen sie leben. Man kann von den Haien nicht erwarten, daß sie ihre wässrige Nische verlassen und fortan die Steppe bevölkern, oder von einer Wüstenblume, daß sie, in den Dschungel verpflanzt, auch dort gedeiht. Einige Arten besitzen eine Anpassungsform, die ihnen nur das Leben in einem bestimmten Habitat

(Sumpflilien, Pinguine) gestattet, während andere an verschiedene Habitate angepaßt sind (Schaben, wir). Aber man wird keine Art finden, die lange Zeit in einer Umwelt lebt, wenn sie vom Körperbau oder Verhalten her nicht die Voraussetzung besitzt, dort ihr Leben zu bestreiten. Sie muß nicht vollkommen mit der Umwelt in Einklang stehen, aber ihr doch *hinreichend* angepaßt sein, um neue, lebensfähige Generationen von Hominiden, Haien oder Hibiskus hervorzubringen.

Der zweite Punkt ergibt sich aus dem ersten: Arten sind in der Regel sehr *konservativ*. In den meisten Fällen zeigen sie von Generation zu Generation nicht viel Veränderung, und das aus gutem Grund. Solange ihr Habitat weitgehend stabil bleibt, haben die Mitglieder der Art, die den herrschenden Bedingungen am besten angepaßt sind, die besten Überlebens- und Fortpflanzungschancen, so daß sie die gleichen konservativen Merkmale vererben, denen sie ihren Erfolg verdanken. Wenn dennoch neue Arten in stabilen Habitaten auftreten, so handelt es sich in aller Regel um eine so geringfügige, so allmählich sich vollziehende Veränderung, daß die Trennungslinie zwischen alter und neuer Art beim besten Willen nicht zu erkennen ist. Einige Wissenschaftler, darunter auch jene, die das bekannte Evolutionsmodell des »punktuellen Gleichgewichts« befürworten, vertreten die Auffassung, neue Arten könnten nicht entstehen, *wenn nicht* eine grundlegende Veränderung der Umwelt vorausgeht. Ich glaube nicht, daß das unbedingt sein muß, bin aber durchaus der Meinung, daß sich das Evolutionstempo in Zeiten größerer Umweltinstabilität beschleunigt.

Punkt drei: Während die äußere Umwelt den Anlaß zur Veränderung einer Art liefert, stößt die Reaktion der Art auf innere Grenzen. Die biologische Konstitution aller Kröten, Narzissen und Tsetse-Fliegen ist ein Erbteil ihrer evolutionären Geschichte. Dieses Erbe ist ein unausweichliches Schicksal. Alle anatomischen und Verhaltensneuerungen, die die nächste Kröten-Generation anzubieten hat, bleiben doch immer nur Variationen zum Thema Kröte. Schon aus diesem Grund kann man sich nicht einfach auf den frühesten *Homo* konzentrieren und untersuchen, was diese Art getan hat, um »menschlich« zu werden, ohne ihre Vergangenheit als Australopithecinen und Primaten zu berücksichtigen.

Mein vierter und letzter Punkt: die Entstehung einer neuen Art setzt voraus, daß eine Population von Vorfahren daran gehindert wird, sich mit Mitgliedern anderer Populationen fortzupflanzen. Gewöhnlich wird diese Fortpflanzungsisolierung durch geographische Bedingungen hervorgerufen und führt dann zur sogenannten allopatrischen Artenbildung. Allopatrisch heißt »an einem anderen Ort«. Durch den Harvard-Evolutionisten Ernst Mayr populär gemacht, besagt die allopatrische Theorie, daß eine neue Art gewöhnlich in kleinen Populationen entsteht, die in den Randzonen des Verbreitungsgebietes der Mutterart in Isolation gerät. In den Zentralregionen des Verbreitungsgebietes sind die großen, stabilen Populationen einer Art genetischem Trägheitsgesetz unterworfen: die konservativen Merkmale der vielen überlagern in der Regel die evolutionären Neuerungen, die die wenigen in jeder Generation anbieten. Dagegen haben in kleinen peripheren Populationen zufällige genetische Variationen bessere Aussichten, sich durchzusetzen und in der nächsten Generation zum Ausdruck zu kommen. Die natürliche Selektion führt in diesen randständigen Habitaten ein sehr viel strengeres Regiment, weil sie ungewohnte Umweltanforderungen stellt.

Wenden wir uns wieder den Hominiden zu. Als Hans Schneider und ich ostwärts über den Ngorongoro flogen, konnte ich durch den Dunst das kräftige Grün ausmachen, das die Hänge des Vulkans bedeckt. Der Ngorongoro ist eine Waldinsel in der ihn umgebenden Ebene. Zu Anfang des Miozäns, vor etwa sechzehn bis zwanzig Millionen Jahren, erstreckte sich ein solcher Wald ohne Unterbrechung über die Serengeti bis zur Westküste Afrikas und im Norden über das Gebiet der heutigen Sahara. Er hat praktisch ganz Afrika und große Teile von Europa und Asien bedeckt. Unter diesem grenzenlosen Blätterdach lebten Dutzende Hominoidenarten, unter ihnen die Vorfahren aller heute lebenden Affen. Die Umwelt war stabil, und für einen auf Bäumen lebenden, sich von Früchten ernährenden Affen war es hier relativ einfach, sein Auskommen zu finden.

Doch nichts ist von Dauer, am wenigsten die Lebensverhältnisse auf unserem Planeten. Ohne daß die Affen es merkten, gerieten die Kontinente unter ihren Füßen in Bewegung. Lange vor dem Miozän hatten Afrika, Indien, Südamerika, Australien und die Antarktis einen Megakontinent gebildet, den die Wissenschaftler Gondwanaland nennen. Seit vielen Hundertmillionen Jahren hatten die Bewegungen der tektonischen Platten, die die äußere Schale der Erde bilden, die gigantische Landmasse auseinandergezogen. Vor sechzig Millionen Jahren waren nur noch Australien und die Antarktis miteinander verbunden, wobei in der Antarktis ein relativ gemäßigtes Klima herrschte. Doch als sich die beiden anderen Kontinente lösten und nach Norden drifteten, bildete sich eine Meeresströmung um die Antarktis, die wärmeres Wasser daran hinderte, in diese Breiten zu gelangen. (Heute ist diese Zirkumpolarströmung die stärkste Strömung der Erde, die etwa zwanzig Millionen Kubikmeter Wasser pro *Sekunde* befördert.) Die Isolierung der Antarktis führte zum massiven Aufbau der Polarkappen des Kontinents, wodurch sich der Meeresspiegel weltweit beträchtlich senkte.

Noch vor einigen Jahren glaubte man, die Eisbildung an den Polen der Erde habe zu verstärkten Regenfällen und üppigerem Pflanzenwachstum in den Tropen geführt. Heute wissen wir, daß es sich genau umgekehrt verhält: Globale Abkühlung führt zu trockeneren Bedingungen am Äquator. Und so begann der Regenwald des Miozäns allmählich zu zerfallen. An der Beschaffenheit der im Boden erhaltenen Pollen und an den Tierarten, die diese Regionen besiedelten, können wir erkennen, daß offene Wälder und sogar einige Grasebenen die tropischen Regenwälder verdrängten.

Dann kam es zu einer noch schlimmeren Katastrophe. Unterstützt von einigen örtlichen tektonischen Bewegungen begann die Senkung des Meeresspiegels den engen Kanal zwischen dem Mittelmeer und dem Atlantischen Ozean zu schließen. Als die Meerenge immer flacher wurde, begannen sich im Mittelmeer immer größere Salzmengen anzusammeln. Zwischen sechs und fünfeinhalb Millionen Jahren vor unserer Zeit hatte das Mittelmeer in seinem schrumpfenden Volumen sechs Prozent der gesamten in den Weltmeeren enthaltenen Salzmenge gespeichert.

Die »mediterrane Salzkrise«, diese merkwürdige Störung der einfachen Meereschemie, könnte eine Art klimatischer Auslöser für den evolutionären Aufstieg des Menschen gewesen sein. Süßwasser friert bei höheren Temperaturen als Salzwasser, und ein Weltmeer, das sechs Prozent süßer ist als normal, bildet da keine Ausnahme. Infolgedessen kam es zu einer plötzlichen beschleunigten Eisbildung in der Antarktis, was wiederum eine weitere Absenkung des Meeresspiegels bewirkte, so daß das Becken des Mittelmeers schließlich trockenfiel und mehr als einen Kilometer hoch mit Salz bedeckt war. Die Erdtemperatur fiel abrupt ab, und zwar sehr viel plötzlicher, als es dem seit Jahrmillionen herrschenden Abkühlungstrend entsprochen hätte.

Erinnern wir uns an die Theorie der allopatrischen Artenbildung, nach der neue Arten an der Peripherie angestammter Habitate entstehen. Stellen wir uns nun ein riesiges Waldgebiet vor, das auseinanderfällt und nur noch einzelne bewaldete Regionen bildet, immer verstreuter und immer kleiner. In einigen Gebieten findet man den Waldbestand nur noch an Berghängen – etwa am Ngorongoro, dem Mount Meru im Norden von Arusha, dem Kilimandscharo, dem Mount Kenya. Mit dem Wald schwinden auch die von ihm abhängigen Arten. Statt weiterhin ein großes Stammgebiet mit peripheren Randzonen zu bewohnen, waren die Menschenaffen jetzt auf viele »Inseln« ihres alten Habitats verstreut, die *alle* isoliert, *alle* von jener unwägbaren Randzone umgeben waren, was denkbar günstige Voraussetzungen für eine rasche Evolution bot.

Die südafrikanische Paläontologin Elisabeth Vrba, die heute an der Yale University arbeitet, weiß die Entscheidungen*, zwischen denen eine Art wählen kann, wenn sich ihr angestammtes Habitat

* Biologen benutzen Wörter wie »Entscheidung«, »Strategie« und »Lösung«, um zu beschreiben, wie Arten auf ihre Umwelt reagieren. Doch Arten, auch unsere eigene, fällen keine bewußten Entscheidungen über den Verlauf ihrer Evolution. Die Sprache des Bewußtseins wird nur als Analogie für die Arbeitsweise der natürlichen Selektion und der Anpassung verwendet.

unter ihren Füßen auflöst, auf besonders plastische Art zu beschreiben. Eine solche Art, sagt Elisabeth, könne zwischen einem der drei Wege entscheiden, die das »hinduistische Dreigespann« der Gottheiten anbiete. Die Art könne dem Weg von Wischnu, dem Erhalter, folgen und in ein anderes Gebiet wandern, in dem noch die alten Umweltbedingungen herrschen. Bei dieser Entscheidung braucht die Art weder neue Formen zu entwickeln noch sich selbst wesentlich zu verändern. Die zweite Möglichkeit ist, an Ort und Stelle zu bleiben und sich an Brahma, den Schöpfer, zu halten, also eine neue Art hervorzubringen, die den veränderten Bedingungen des angestammten Lebensraums besser angepaßt ist. Die dritte Möglichkeit besteht darin, sich in die offenen Arme Schiwas, der Zerstörerin, fallen zu lassen und auszusterben.

Soweit die fossilen Zeugnisse erkennen lassen, sind vor sechs Millionen Jahren die meisten der vielen hominoiden Arten, die einst den Regenwald bewohnt haben, Schiwa in die Vernichtung gefolgt. Von den wenigen, die überlebten, hat sich die Mehrzahl an Wischnu gehalten und kleinere Waldregionen aufgesucht, die ihrem ursprünglichen Habitat ähnelten. Zum Ende des Miozäns, zur Zeit der mediterranen Salzkrise, entschied sich ein Affe für den Weg des Brahma, und es entstand eine Art, die auf zwei Beinen ging. Sie paßte sich offeneren Habitaten an, in denen sich bipede Primaten ihre Nahrung mindestens ebenso gut beschaffen konnten wie ein Quadrupede. Nicht alle sind der Meinung, daß die erste bipede Hominidenart entstanden ist, *weil* sie sich zweibeinig besser in offenen Landschaften behaupten konnte. So ist beispielsweise Owen Lovejoy überzeugt, Lucys Vorfahr sei schon zu einem Zeitpunkt biped gewesen, da er noch an die Wälder des Miozäns angepaßt war. Doch ganz gleich, was der Auslöser der Bipedie gewesen sein mag, der Zerfall des Waldes gab dem neuen Merkmal Gelegenheit, sich zu etablieren – als evolutionäre Neuerung einer kleinen Gruppe von Prähominiden, die sich weit von ihrer vierbeinigen Herkunftsfamilie entfernt hatten.

Nichts würde ich lieber entdecken als ein Fossil dieser bipeden Übergangspopulation. Doch die Aussichten, daß dieser Wunsch in Erfüllung geht, sind verschwindend gering. Der Übergang hat wahrscheinlich so rasch stattgefunden und dürfte auf eine so begrenzte Fläche beschränkt gewesen sein, daß er kaum in einem der geologischen »Fenster« erscheinen wird, die uns mit den afrikanischen Fossilfundstellen zur Verfügung stehen. Ich vermute, daß das Endprodukt dieses Innovationsprozesses *afarensis* war – oder etwas, das ihm sehr nahe kam. Die ältesten Hinweise auf *afarensis* in den fossilen Zeugnissen sind die Fragmente von Stirnbein und Femur, die Tim und Desmond Clark 1981 auf der Expedition nach Middle Awash in Äthiopien gefunden haben. Diese Stücke sind auf ungefähr vier Millionen Jahre datiert worden. Inzwischen liegt die Altersbestimmung des *jüngsten afarensis* aus Hadar bei ungefähr 2,9 Millionen Jahren. Danach hätte die Art mindestens eine Million Jahre, vielleicht weit länger, überlebt. Wie jeder zugeben wird, handelt es sich damit um ein stabiles und erfolgreiches Experiment der Evolution.

Überraschenderweise war jedoch die Pliozänumwelt Ostafrikas alles andere als stabil. Soweit fossile Pollenproben und die Reste der Tierwelt erkennen lassen, bestand sie aus einem Mosaik von Regenwäldern, offenen Wäldern und Savannen, deren Grenzen sich im Laufe der Zeit ständig verschoben. Da war eine Region zunächst bewaldet, wurde dann zu offenem Grasland und überzog sich später wieder mit Regenwald. Gleichzeitig wurde die Landschaft permanent von Vulkanausbrüchen, Lavaflüssen und Erdbeben umgestaltet, so daß sich der Lauf der Flüsse änderte und steile Verwerfungsfalten in der ebenen Landschaft entstanden. Man kann also kaum von einer stabilen Umwelt sprechen.

Wie konnte *afarensis* so unruhige Verhältnisse eine Million Jahre unverändert überstehen? Einige Hinweise liefert die Erbanlage der Art. Die Vorfahren von *afarensis* waren in Sachen Ernährung Generalisten, allesfressende Primaten, wie schon ihre eigenen Vorfahren. Doch er erweiterte die Strategie des Allesfressers um einen entscheidenden Schritt, der seine Speisekarte vergrößerte und seinen Aktionsradius über die Grenzen des Waldes ausdehnte. Die Backenzähne mit niedrigen Höckern und dickem Zahnschmelz von *afarensis* verraten ein Lebewesen, dessen Ernährung zu wesentlichen Teilen aus harten Objekten wie Nüssen

Afrikanische HABITATE

Die Veränderungsprozesse afrikanischer Umwelten haben die Evolution der menschlichen Linie beeinflußt. Ende des Miozäns wichen die tropischen Regenwälder, die den Kontinent einst beherrscht hatten, allmählich den Savannen und offenen Waldungen. Im Laufe der nächsten zehn Millionen Jahre haben die Polgletscher nachhaltige Wirkungen ausgeübt. Kühlere Temperaturen und geringere Niederschläge während der Eiszeiten ließen die Regenwälder zu kleinen Inseln schrumpfen, so daß die in ihnen lebenden Arten voneinander isoliert waren. In den wärmeren und feuchteren Perioden zwischen den Gletschervorstößen dehnten sich die Regenwälder wieder aus und brachten die in der Isolierung weiterentwickelten Arten wieder zusammen.

und Samenkörnern, aber auch aus weicheren Früchten bestanden hat. Unter dem Elektronenmikroskop zeigt das Verschleißmuster dieser Zähne, daß *afarensis* sich eklektisch ernährt hat. Die Zahnoberfläche ist offenbar von einer größeren Vielfalt an Nahrungsmitteln ausgehöhlt und abgekratzt worden, als sie an lebenden Affen zu beobachten ist. Wir wissen überdies, daß *afarensis* sich in der trockenen Umwelt von Laetoli ebenso aufgehalten hat wie unter dem offenen Blätterdach der Hadarwälder. Möglicherweise ist er gelegentlich in den Bäumen auf Nahrungssuche gegangen, gleichzeitig garantierte ihm aber seine bipede Mobilität auf dem Erdboden einen Aktionsradius, der wahrscheinlich weit über den anderer Affen hinausreichte. Infolgedessen konnte er sich die Ressourcen vieler verschiedener Habitate zugänglich machen.

Wenn wir in traditioneller Weise denken, also von uns selbst aus rückwärts, so könnten wir sagen, daß nur eine einzige typisch menschliche Eigenschaft ausgebildet sein mußte, um alle anderen zwangsläufig nach sich zu ziehen – Gehirngröße, Werkzeugverwendung, Nahrungsteilung und so fort. *Doch in der Evolution ist nichts zwangsläufig*. Ich sehe keinen Grund, warum Lucys Nachkommen so, wie sie waren, nicht noch eine weitere Million Jahre oder länger hätten überdauern können, gut gerüstete Allesfresser in einem ziemlich reichlich ausgestatteten Habitat, Affen mit Gehirnen, die kaum größer waren als die anderer Affen, auf zwei Beinen gehend, weil ihnen das in ihren *damaligen* Lebensverhältnissen diente, und nicht, weil es ihnen eine glorreiche Zukunft verhieß. Doch *afarensis* veränderte sich. Zwischen drei und zwei Millionen Jahren vor unserer Zeit wurde es in Ostafrika noch schwerer, das Leben zu bestreiten – und das möglicherweise sehr plötzlich. *Afarensis* mußte wie sein Vorfahr zwischen den Wegen von Wischnu, Schiwa und Brahma wählen.

Ich habe bereits von den Veränderungen berichtet, die durch den weltweiten Temperatursturz Ende des Miozäns in Afrika hervorgerufen wurden. Kürzlich hat mich Elisabeth Vrba auf eine Fülle neuer Daten hingewiesen, die auf eine weitere, später eingetretene Klimakatastrophe schließen lassen. Bohrproben aus Tiefseesedimenten zeigen, daß es vor 2,5 bis 2,4 Millionen Jahren eine plötzliche Zunahme des Polareises gegeben haben muß, möglicherweise ein Beleg für den ersten Gletschervorstoß in der nördlichen Hemisphäre. Pollenuntersuchungen in Sedimentschichten des Festlandes legen den gleichen Schluß nahe: In Holland wichen Palmenwälder offenen Steppen, in Kolumbien verdorrten Bergwälder zu Grasflächen. Pollenproben aus dem Omo-Tal in Äthiopien zeigen einen plötzlichen Wechsel von Waldbestand zu Gras und niedrigem Busch. Die fossilen Zeugnisse der Mikrofauna im Omo-Tal – Nagetiere und dergleichen – entsprechen der Vegetationsveränderung: Vor 2,5 bis 2,4 Millionen Jahren treten an die Stelle der Waldbewohner Tierarten, die an Trockengebiete angepaßt sind. Unlängst hat man in Bohrproben aus dem Meeresboden vor der westafrikanischen Küste in den Ablagerungsschichten des gleichen Zeitraums viel Staub entdeckt. Aus neueren Studien wissen wir, daß sich Staub im Meer absetzt, wenn sich in küstennahen Regionen eine Wüste befindet.

Elisabeth hat bei ihrer Arbeit über afrikanische Hornträger eine Fülle von Anhaltspunkten für diese Hypothese gefunden. Hornträger sind sehr geeignete Indikatoren für evolutionäre Veränderungen in Afrika, aus dem einfachen Grund, weil es sie in sehr großer Zahl gibt. Vor zweieinhalb Millionen Jahren erlebte die Familie der Hornträger einen explosionsartigen Zuwachs von Arten, die alle für die Lebensbedingungen in der Savanne sehr geeignet waren: Kuhantilopen und Weißschwanzgnus, Gazellen, Impalas, Springböcke und ähnliche Formen.

»Alle Kontinente geben die gleiche Auskunft«, berichtete Elisabeth mit offenkundiger Befriedigung. »An einigen Orten kommt es zu einer tiefgreifenden Klimaveränderung. Die Ursache des Wandels ist nicht klar – vielleicht kam es durch tektonische Bewegungen zur Schließung des Isthmus von Panama und zu einer Veränderung der Meeresströmungen im Pazifik und Atlantik, die ihrerseits die Temperaturen und Niederschlagsverhältnisse beeinflußten. Doch *daß* es geschehen ist, ist so gut wie sicher.«

Nach ihrer »Umschwung-Impuls«-Theorie hat diese plötzliche weltweite Klimaveränderung eine Welle der Artenvernichtung und -bildung durch die Nahrungskette gesandt. Der Impuls verschonte auch die frühen Hominiden nicht und löste die Evolution von *Homo* aus. Wir haben zwar keinen direkten Beweis für *Homo* in diesen frühen Fossilzeugnissen – noch nicht –, doch wir haben etwas, das fast genauso gut ist. Die Steinwerkzeuge, die in der Nähe von Hadar entdeckt wurden, weisen genau dieses Alter auf. Ebenso wichtig ist, daß es *keine* früheren Geräte gibt. Steingeräte sind den Einwirkungen der Zeit nicht so unterworfen wie Fossilien. Wenn wir also nach solchen Geräten suchen und keine finden, dann hat es sie wahrscheinlich auch nicht gegeben. Sollte Elisabeth Vrba recht haben, und ich vermute das, dann ist *Homo* in Ostafrika vor etwa 2,5 Millionen Jahren entstanden – eine unter vielen Arten, die bemüht waren, sich den radikal veränderten Lebensverhältnissen anzupassen.

»Es geht in der Evolution nicht anders zu als im persönlichen Leben«, meint sie. »Man wird nicht viel bewegen, wenn man immer die gleichen Dinge in der vertrauten Umgebung macht. Ist man hingegen mit Situationen konfrontiert, die Stress und ungewohntes Risiko bedeuten, so ist man gezwungen, sich zu verändern. Wir sind das Produkt von Katastrophen.«

Wir wollen uns jetzt diese neue Welt, in die sich »Lucys Kinder« – die Nachfahren von *afarensis* – gestellt sahen, etwas genauer ansehen. Bislang war von den Habitaten recht zweidimensional die Rede. Da wurden Wörter wie »Regenwald«, »Waldung« und »Savanne« verwendet, als seien sie der gemalte Hintergrund zu einem realen Geschehen, das im Vordergrund der Bühne stattfindet. Das ist eine bequeme Vereinfachung, verstärkt aber die Vorstellung, die menschliche Evolution sei etwas Besonderes und Unverwechselbares. Die Menschen haben sich nicht *in* Habitaten entwickelt, sondern waren wie die anderen Tiere ein Teil von ihnen, so wie die Moleküle in einem elektrischen Kabel Teil der Energie sind, die durch das Kabel fließt. Das Habitat eines Tieres ist die Temperatur der Luft, die seine Haut berührt, der Regen, der den Staub zu seinen Füßen benetzt und dem Wechsel der Jahreszeiten unterworfen ist, die Höhe der Berge und die Härte des Winters, das Salz in der Erde und der Sauerstoff in der Luft. Tagsüber nimmt ein Habitat die Energie der Sonne auf, nachts wird es hungrig und frißt den eigenen Schwanz. Ein Habitat *lebt.* Es bewegt sich. Es läuft vor einem fort oder schnappt einem nach den Hufen. Es ist vor einem an der Nahrungsstelle oder läuft unruhig auf und ab, während man selber frißt. Möglicherweise nimmt es einem die Nahrung, die dringend erforderliche Energieportion, unter der Nase fort, oder es wartet im Darm und stiehlt sie einem später. Ein Habitat ist dynamisch. Es ist mehr als die materielle Umwelt und mehr als die Summe der Organismen, die in seinen Grenzen leben und sterben. Es besteht aus den Konflikten und Wechselbeziehungen, die diese Organismen zusammenschließen. Ein Habitat hält nicht still, während man sich entwickelt, um es zu meistern. Es entwickelt sich seinerseits.

»Savanne« ist ein weiter Begriff, der vieles umfaßt – Uferwälder, die Flüsse und Seen säumen, aber auch Halbwüsten, in denen kaum ein Baum zu entdecken ist. Zwischen diesen beiden Extremen liegen feuchte Wälder, trockene Wälder, Buschregionen wie Laetoli und riesige Grasebenen, in denen sich nur hin und wieder eine einsame Akazie findet. Trotz dieser Vielfalt gibt es Bedingungen, die allen diesen Habitaten gemeinsam sind. Die Savanne weist nicht viel »Primärproduktion« auf – das Pflanzenmaterial, das in der Nahrungskette die Grundlage für die darauf aufbauende Tierhierarchie bildet. Obwohl diese untere Ebene so karg erscheint, zeigt sich in Savannen häufig eine große Fülle tierischen Lebens. Jeder, dem das Glück zuteil wurde, einmal die jährliche, den ganzen Horizont bedeckende Wanderung der Weißschwanzgnus auf der Serengeti zu beobachten, weiß, was das Wort »Fülle« in diesem Zusammenhang bedeuten kann. Entscheidend für diesen Überfluß an Tieren ist das *Gras.* An sich ist Gras ein Nahrungsmittel von minderer Qualität. Es enthält wenig Protein, und die geringen Mengen dieser Substanz sind von harten Zellwänden umschlossen. Zu den Vorteilen des Grases gehört jedoch, daß es rasch nachwächst und folglich die Nahrungszufuhr ständig erneuert wird. Huftiere wie Weißschwanzgnu, Zebra und Gazelle »lösen« die Probleme, vor die sie die Grasernährung stellt, durch bestimmte Verhaltensweisen (ununterbrochenes Fressen) und anatomische Anpassungen (spezielle Verdauungsmechanismen, die in der Lage sind, die Zellulose im Gras abzubauen). Diese Beutearten locken natürlich Raubtiere an. Außerdem beherbergen Savannen auch einige Primaten und Schweine, die sich von nahrhafteren, aber seltener vorkommenden Pflanzen ernähren.

Unsere Vorfahren nahmen die Ebenen nicht in Besitz wie die Siedler von Oklahoma, die ein Wettrennen veranstalteten, um jungfräuliches Territorium abzustecken. Sie wurden vielmehr in eine Umwelt geworfen, die bereits mit sehr erfolgreichen und erfahrenen Savannenbewohnern bevölkert war. Wie jede Art, die versucht, sich eine Nische in einem neuen Habitat zu sichern, mußten sich sicherlich auch die Hominiden zunächst am Rande des Energiesystems herumdrücken und nach Nahrungsressourcen suchen, die von den besser angepaßten Arten nicht genutzt wurden. Ich bezweifle sehr stark, daß *Homo* sich in die Gruppe der Fleischfresser einreihte und sein Heil in der Jagd suchte. Ungeachtet aller Geräte ist doch sehr unwahrscheinlich, daß sich ein Allesfresser, der sich hauptsächlich von Früchten und Nüssen ernährte, eine Nische zwischen einem Fünf-Zentner-Löwen und einem Rudel gerissener Hyänen erobern konnte. Die ersten Hominiden auf der Savanne brauchten nicht mit Fleischfressern zu konkurrieren – sie mußten nur aufpassen, daß sie nicht in ihre Reichweite gerieten! Ihre wirklichen Konkurrenten waren andere Pflanzenfresser, die nahrhaftes Futter brauchten – also Paviane, Affen und Schweine. Wie diese anderen Arten mußten die Hominiden sich auf eine grundlegende Bedingung des Savannenhabitats einstellen: Ergiebige Nahrungsquellen sind selten und weit verstreut. Um zu überleben, muß man bei der Nahrungssuche weite Wege gehen. Je mehr Mühe man investiert, desto größer sind die in Aussicht stehenden Erträge.

Doch das ist nur die Hälfte des Problems. Die Savanne kompliziert die Nahrungssuche nicht nur in der Dimension des Raumes, sondern auch in der der *Zeit*. Man stellt sich die Savanne in der Regel sehr trocken vor, doch das ist nur teilweise richtig. In einigen Savannen fallen bis zu zweieinhalb Meter Regen pro Jahr. Auffälligstes Merkmal der Savannenumwelt ist der jahreszeitliche Wechsel. Die Regenfälle treten in bestimmten Zeiten massiert auf. Die

Perioden dazwischen – die Trockenzeiten – können zwischen zweieinhalb und zehn Monaten dauern. Die Trockenzeit-Savanne ist nicht einfach eine Dürreversion der Regenzeit-Savanne, sie ist ein ganz anderer Ort. In der Trockenzeit verdörrt das Gras zu einer nutzlosen braunen Flechte. Wo zuvor Nahrung war, ist jetzt nur noch Staub. In niedrigen Lagen ist die Hitze äußerst intensiv, und selbst auf einer so relativ kühlen Hochebene wie der Serengeti gibt es kaum Schatten, um der Sonne zu entkommen. Die Pflanzenfresser, die während der Regenzeit über die Umwelt verteilt sind, wandern entweder fort oder drängen sich an den spärlicher werdenden Wasserstellen. Dort fallen viele dem Hunger zum Opfer oder den Raubtieren, die ihnen an diesen Orten auflauern. Auch den Tieren, die von nahrhafteren Pflanzen leben, ergeht es nicht besser. Ihnen droht doppelte Gefahr: Zum einen wird jeder Abschnitt ihres Lebensraumes immer unergiebiger, und andererseits sind sie durch das Austrocknen vieler Wasserstellen bei der Nahrungssuche auf immer kleinere Regionen eingeschränkt.

Für jedes Tier auf der Savanne bedeutet die Trockenzeit daher eine Periode der Not, die es Jahr für Jahr zu überbrücken gilt. Wenn sich ein Tier einer solchen Mangelsituation gegenübersieht, reduziert es zunächst seine Aktivität, um Energie zu sparen. Zwar haben nur wenige Säugetiere ein so radikales Extrem wie den Winterschlaf ausgebildet, doch die meisten schränken in den schwierigen Monaten ihr Spiel-, Sozial- und Fortpflanzungsverhalten ein. Allerdings reicht das Energiesparen allein selten aus, um das Überleben bis zur Wiederkunft der Regenzeit zu sichern. Jedes Tier muß eine grundlegende Entscheidung treffen: entweder weniger nahrhafte Dinge zu fressen – etwa reife Blätter, Saatkörner und Stiele, die es auch in der Trockenzeit reichlich gibt – oder sich auf irgendeine Weise Zugang zu nahrhafteren Stoffen zu verschaffen, die vorher außer Reichweite waren.

Nach meiner Meinung war es diese »Trockenzeit-Entscheidung«, die die Gabelung der Hominidenlinie tatsächlich erzwang. In Reaktion auf den jahreszeitlich auftretenden Mangel entwickelten einige Populationen von *afarensis* spezielle Kauapparate – die massiven Kiefer und die großflächigen Backenzähne –, dank derer die robusten Australopithecinen in der Lage waren, die zähen, wenig nahrhaften Pflanzen zu fressen, die in der Trockenzeit zur Verfügung standen. Andere Populationen entschieden sich für einen zweiten Weg. Die Vorfahren von *Homo* hielten sich stärker an die eigene Stammesgeschichte der einfallsreichen, allesfressenden Primaten und begannen in der Trockenzeit weite Streifzüge zu unternehmen, um neue, ergiebige Nahrungsquellen zu finden, die ihnen bislang verschlossen waren. Um an die Objekte ihrer Begierde zu gelangen, benutzten sie keine spezialisierten Kiefer oder Zähne, sondern ihren Kopf.

Gehirne sind wundervolle Organe. Aus der sicherlich voreingenommenen Sicht eines Primaten mit großem Gehirn würde ich meinen, daß es keine bessere Lösung für Umweltprobleme gibt – keine Kralle ist so scharf, keine Schwinge so leicht, daß sie die gleichen Anpassungsvorteile gewährte wie dieser schwere Klumpen aus grauer Substanz. Ein großes Gehirn verleiht seinem Besitzer *Flexibilität.* Mit einem solchen Gehirn ist man nicht mehr ein armes Geschöpf, das dem Augenblick ausgeliefert und zu programmierten Reaktionen verurteilt ist, die den Aufgaben der veränderlichen Umweltsituation vielleicht gerecht werden, vielleicht aber auch nicht. Mit einem Gehirn kann man aus vergangenen Situationen lernen, die Vorteile zweier verschiedener Handlungsverläufe gegeneinander abwägen und sich für die bessere Alternative entscheiden. Große, leistungsfähige Gehirne sind so nützlich, daß man sich eigentlich wundern müßte, warum nur so wenige Arten sie entwickelt haben – die Primaten, einige Wale, ansatzweise Elefanten, einige Fleischfresser.

Die Antwort ist, daß sie außerordentlich aufwendig sind. Heutige Menschen verbrauchen ungefähr zwanzig Prozent ihrer Stoffwechselenergie für die Arbeit ihres Gehirns, während ein so relativ zerebrales Tier wie der Affe nur zehn bis dreizehn Prozent dafür benötigt. Beim Säugling und Kind des Menschen wird bis zum vierten Lebensjahr fast *fünfzig* Prozent des Körperstoffwechsels beansprucht. Die Hälfte des Blutes steht im Dienste eines Organs. Dabei dringt das Gehirn unablässig auf die Erfüllung seiner Forderungen, selbst wenn man schläft oder Wiederholungen von

Fernsehsendungen sieht, die man schon beim erstenmal langweilig fand. Im übrigen sind Gehirne Nassauer. Sie selbst legen keine Energiereserven an. Wenn die Zufuhr an Sauerstoff oder Glukose unterbrochen wird, verfällt das Gehirn rasch in einen Betäubungszustand, in dem schon nach Minuten irreparable Gewebeschäden auftreten können. Rechnet man alle diese Nachteile zusammen, hat das Gehirn seine evolutionäre Berechtigung nur dann, wenn man auch wirklich benötigt, was es einem liefert.

Das Gehirn des frühen *Homo* lieferte den *Zugang* zu neuen Nahrungsquellen und damit die Mittel, um die Hindernisse zu überwinden, die vor solchen Quellen lagen, und sich ihres schwer zugänglichen Inhalts zu bemächtigen. Die Mitglieder dieser Art verließen sich ausschließlich auf ihre Vielseitigkeit, um ihr Leben dort zu fristen, wo es eigentlich keine Möglichkeit dazu gab, indem sie sich beispielsweise in den Randbezirken der ökologischen Nische der einen Art einrichteten oder sich die Reste holten, die bei der Mahlzeit einer anderen übrigblieben. Einige dieser üppigen Nahrungsquellen waren praktisch unsichtbar. Die afrikanische Savanne ist voller Trockenpflanzen, die ihre Energiereserven größtenteils unter die Erde verlagern. In der Trockenzeit, wenn die eßbare Vegetation über der Erde knapp wird, machen die Knollen, Wurzeln und Zwiebeln dieser Trockenpflanzen einen Großteil der gesamten pflanzlichen Biomasse aus. Sie sind der wühlenden Schnauze eines Schweines oder der scharrenden Tatze eines Bären zugänglich – und dem Grabstock eines Primaten, der so schlau war, ihn zu entwickeln. Andere Energiequellen der Trockenzeit sind leichter zu sehen, aber auch schwieriger nutzbar zu machen.

»Eine der besten Lösungen für die Überlebensprobleme in schlechten Zeiten besteht darin, jemanden zu fressen, der sich bereits die Mühe gemacht hat, eine Lösung zu entwickeln«, sagt Lew Binford.

Als Lew mir das erklärte, bezog er sich auf die Jagdaktivitäten von Eiszeitmenschen, die vor lediglich vierzigtausend Jahren gelebt haben. Wie im letzten Kapitel dargelegt, hält er nicht das Geringste von der Theorie, daß *habilis* ein Jäger gewesen sei, und im großen und ganzen muß ich ihm beipflichten. Andererseits halte ich die Behauptung, der frühe *Homo* habe *überhaupt* keine lebenden Beutetiere gefressen, denn doch für zu extrem. Ich kann mir nicht vorstellen, daß ein Lebewesen wie *habilis* mit großem Gehirn und zweifellos sozial organisierter Lebensweise sich gescheut haben soll, eine so reichliche Nahrungsquelle zu nutzen, die von einigen modernen subhumanen Primaten durchaus und regelmäßig herangezogen wird. Als Jane Goodall diesen Vorgang vor zwanzig Jahren erstmals bei Schimpansen beobachtete, hielt man ihn für ein seltenes, isoliertes Phänomen. Aus ihren nachfolgenden Untersuchungen und denen anderer Forscher wissen wir heute, daß die Jagd auf andere Tiere, und zwar oft in einer geplanten und äußerst kooperativen Form, für viele Schimpansengruppen charakteristisch ist, mag sie auch bei einigen häufiger vorkommen als bei anderen.

Und die Schimpansen sind nicht die einzigen Killer unter den Primaten. Neben den Menschen sind die räuberischsten Primaten, die man kennt, die Mitglieder der als »Pumphouse Gang« in die Literatur eingegangenen Gruppe der Grünen Paviane in Kenia, die Shirley Strum von der University of California in San Diego mehr als fünfzehn Jahre beobachtet hat. Strums Paviane haben ausgefeilte Strategien entwickelt wie die Ablösung bei der Jagd und die Verfolgung über große Entfernungen, um junge Thompsongazellen und andere kleinere Huftiere zu erlegen. In einem Jahr brachten sie es auf einen Durchschnitt von einem erlegten Tier *in zwölf Stunden* – eine Bilanz, bei der kaum noch von friedlichen Pflanzenfressern die Rede sein kann. Zugegeben, die Pumphouse Gang mag ein ungewöhnlicher Extremfall sein. Doch sie bildet nur den Endpunkt einer sehr aufschlußreichen Tendenz: Bei Schimpansen wie bei Pavianen weist die Ernährung der in der Savanne lebenden Gruppen einen weit höheren Prozentsatz an Fleisch auf als die Nahrung ihrer waldbewohnenden Artgenossen, wobei sie in der Trockenzeit weit häufiger auf die Jagd gehen.

Merkwürdigerweise scheinen sich heute nur wenige Schimpansen und Paviane an die zweite Möglichkeit der Fleischbeschaffung zu halten – die Aasfresserei. Der frühe *Homo* war nicht so wählerisch, und laut Rob Blumenschine, heute an der Rutgers University und im tansanischen Forschungsteam unseres Instituts, boten sich für ihn durchaus Gelegenheiten dazu. 1983 untersuchte Rob, was mit einem Tierkadaver in der Savanne geschieht – wieviel das Raubtier frißt, das die Beute geschlagen hat, wie viele Aasfresser sich später an dem Kadaver gütlich tun, was sie für andere übriglassen. Rob wollte feststellen, was für einen hypothetischen frühen Hominiden durchschnittlich übrig geblieben wäre.

Nach mehreren Expeditionen und ziemlich unangenehmer Feldarbeit – häufig steckte er bis zu den Ellenbogen in halbgefressenen Kadavern von Weißschwanzgnus – gelangte er zu dem Schluß, daß im Plio-Pleistozän tatsächlich eine »Aasfressernische« vakant gewesen sein könnte, die von Hominiden hätte eingenommen werden können, wenn auch nur in bestimmten Habitaten. Von allen Fleischfressern auf der Savanne frißt nur die Hyäne den Kadaver ganz auf und läßt für nachfolgende Aasfresser nichts Lohnendes übrig. Daraus schloß Rob, Hominiden hätten nur dort von der Beute von Raubtieren profitieren können, wo es keine Hyänen gab, die schon vor ihnen alles aufgefressen hätten. Hyänen bevorzugen offene Flächen oder licht bewaldete Habitate. In den seltenen Fällen, da Rob ihnen in dichter bewaldeten Gebieten, etwa den Uferwäldern von Seen und Flüssen, begegnete, wirkten sie »scheu«, weil sie offenbar Angst vor Löwen hatten. In diesen Gebieten blieben die Markknochen und der Kopfinhalt einer Löwenbeute oft unberührt, bis sie schließlich verwesten. Robs Untersuchung hat nicht bewiesen, daß Hominiden sich als Aasfresser durchgeschlagen haben, sondern nur, daß die Möglichkeit bestanden haben könnte. Von Fundstellen wie der Olduvai-Schlucht und East Turkana wissen wir indes, daß Fluß- und Seeufer ein bevorzugtes Habitat von *Habilis* gewesen zu sein scheinen und er seine Steingeräte offenbar dazu benutzt hat, um Knochen aufzubrechen.

Die überdauernden Zeugnisse der verbesserten Fähigkeit des *Homo*, sich Nahrung zu beschaffen, sind die vorgeschichtlichen Geräte, mit denen er aus dem verdorrten Boden Wurzelknollen ausgraben, das Fleisch von Tierkadavern abkratzen und aus fleischlosen Knochen das Mark heraushämmern konnte. Doch der Umstand, daß einer bestimmten Aktivität, die Intelligenz erfordert, *zufällig* archäologische Dauer beschieden ist, besagt noch nicht, daß die Geräteherstellung eine unbedingt erforderliche Voraussetzung des menschlichen Denkens ist. Die ökologischen Möglichkeiten, die sich nach meiner Einschätzung für *Homo* eröffnen, erschöpfen sich nicht in Choppern oder Abschlagwerkzeugen. Seiner *Erkenntnisfähigkeit* – und nicht ihrer Manifestation in Stein – verdankte es dieser Vorfahr, daß er die verborgenen Energieressourcen nutzbar machen konnte, die über die vorgeschichtliche Landschaft verstreut waren. Die ersten Menschen überlebten die Trockenzeit, weil sie ihr Habitat in allen Einzelheiten kennenlernten. Sie waren Opportunisten, die mit Information bewaffnet waren und sich wahrscheinlich weitgehend aufeinander verließen, indem sie sich ihr Wissen über weit voneinander entfernt liegende Nahrungsquellen mitteilten. An der Form eines ausgetrockneten Stengels erkannten sie, ob sich unter der Erde eine fruchtbare Wurzelknolle befand. Sie wußten, welches Versprechen in dem Kreisen eines Geiers lag, im Schrei eines Affen, im aufgeregten Trillern eines Honiganzeigers, der sie zu einem Bienenstock führte. Ihnen war bekannt, daß ausgewachsene Antilopen zwar nicht zu fangen waren, diese aber manchmal ihre Jungen im Gras »absetzen«, bevor sie äsen gehen. Diese sind zwar für das auf Bewegungen ansprechende Auge von Fleischfressern unsichtbar, nicht aber für einen allesfressenden Primaten, der Farben sehen kann. Der vermag ein solches Jungtier wie eine reife Frucht aus dem Gras zu holen – wenn er weiß, wo er zu suchen hat.

Natürlich stand die Flexibilität großer Gehirne, die entwickelt wurde, um mit den Problemen der Trockenzeit fertig zu werden, auch in der Regenzeit zur Verfügung. Die ersten Menschen begriffen, daß sich das Nahrungsvorkommen ihres Lebensraumes in komplizierter, aber vorhersagbarer Weise veränderte, daß die Feigen in den Uferwäldern zu bestimmten Zeiten reif werden, daß sich giftige Beeren, die eßbaren in der Form der Blätter oder Schale ähneln, an bestimmten Merkmalen erkennen lassen, daß die Hochzeitsflüge der Termiten bei den ersten Regentropfen stattfinden und die Luft ein paar Tage lang mit Nahrung erfüllen. Auch Vogeleier sind nahrhaft, wenn man weiß, wie man an sie herankommt – indem man ein Nest mit einem gut gezielten Steinwurf herunterholt oder sich erinnert, wo ein Vogelpaar das Nest in früheren Jahren baute. Später dann, in der Regenzeit, wenn die Nestlinge ihre ersten unabhängigen Flugversuche unternehmen, gibt es immer einige, die der Aufgabe nicht gewachsen sind und deren panisches Geflatter verrät, daß sie sich leicht aus dem Genpool der Vogelwelt fischen lassen. Die *Homo habilis* auszeichnende und die Grenzen der menschlichen Nische markierende Eigenschaft war nicht die Jagd, nicht die Aasfresserei, nicht der Grabstock oder ein anderes Gerät, sondern die Fähigkeit, verborgene Möglichkeiten der Nahrungssuche in einer unwirtlichen Landschaft zu erkennen. Ein Lebewesen, das auf dem Weg nach oben war.

Als wir von Olduvai aus nach Osten flogen, blickte ich auf das Kainam-Plateau hinunter, das seine fahle Spätsommerfärbung zeigte. Rasch erreichten wir den Steilabbruch über dem Manyara-See, hinter dem unvermittelt der See selbst und das dunkle Band des Waldes auftauchten, der sich zwischen dem See und dem Hochland im Westen erstreckt. Die Randzonen des Sees waren von Vogelschwärmen und langsam sich bewegenden Säugetieren getupft. Ich sah Elefanten in Eukalyptusbäumen am Ufer äsen und eine Gruppe von Flußpferden, die sich im seichten Wasser vergnügten. Nicht weit davon drängte sich eine Zebraherde am Ufer eines Flusses. Unsichtbar waren die Löwen, die in den Bäumen schliefen, die Warzenschweine, die mit ihrem zielstrebigen Gang durch das Dickicht trappelten, und all die anderen kleinen Geschöpfe, die ihr Leben im Sonnenschein bestritten oder in ihrem Bau lagen und auf die Dunkelheit warteten. Doch es gab auch sie, und wenn man sich das Hotel auf dem Abbruch wegdachte, die bebauten Felder, den Schatten des Flugzeugs und andere Spuren der späteren Menschen, war es nicht weiter schwer, sich *habilis* in dieser Welt vorzustellen. Es gäbe zwar keine Steingebäude am Seeufer, keine Familien, die Papa Homos Rückkehr ungeduldig erwarteten, damit er seinen Chopper schärfte und ein dickes Steak von seiner letzten Jagdbeute abschnitt. Doch da wären kleine braune Gestalten, die durch den Schatten der Dornbäume huschten, unwiderstehlich vom Flußufer angelockt, wo die dringend benötigte Energie zu holen war – in den Bäumen, im Boden, an den Orten, an denen zu suchen niemandem außer ihnen einfiel. Auf diese Weise konnten sie ihre Existenz bestreiten. Sie verließen sich aufeinander und mieden umsichtig alle bekannten Gefahren. Der frühe *Homo* überlebte mehr schlecht als recht, und nichts ließ auf seine glanzvolle Zukunft schließen, seinen späteren Anspruch auf die Herrschaft über diesen Planeten. Ich für meinen Teil finde das viel eindrucksvoller als all die alten Mythen.

Und was ist mit den Vettern der Hominiden, den robusten Australopithecinen? Auch sie wären natürlich vertreten. Da ihr Weg am Ende zum Aussterben führte, kommt es häufig zu der Vorstellung, sie seien *Homo* von Natur aus und von Anfang an unterlegen gewesen. Das ist völliger Unsinn. Schon die bloße Anzahl der gefundenen Fossilien läßt darauf schließen, daß *A. robustus* und *A. boisei* Anfang des Pleistozäns sehr erfolgreiche Arten gewesen sind, die ihre Vettern von der Gattung *Homo* oft im Verhältnis zwei zu eins in den Schatten stellten. Definitionsgemäß dürften sich die Anpassungsstrategien der beiden Arten anfangs überschnitten haben, so auch ihre Fähigkeit, sich Nahrungsressourcen durch Einfallsreichtum zu erschließen. Schimpansen sind zu effektivem Werkzeuggebrauch fähig, und es ist fast unvorstellbar, daß die Australopithecinen dazu nicht in der Lage gewesen sein sollten. Aus einer mit *robustus* assoziierten Schicht in Swartkrans hat Bob Brain unlängst Splitter langer Knochen ausgegraben, die offensichtlich poliert worden waren und möglicherweise als Grabstöcke verwendet wurden. *Homo* ist in Swartkrans nur durch wenige Fossilien vertreten. Ist es möglich, daß *robustus* die Grabstöcke verwendet hat? Vielleicht, doch sicher können wir nicht sein.

Nach einer anderen sehr verbreiteten Legende sind die robusten Australopithecinen ausgestorben, weil sie in eine Konkurrenzsituation zu *Homo* geraten sind und dem schlaueren Vetter nicht gewachsen waren. Diese Vorstellung ist zumindest unwahrscheinlich. Am heftigsten dürften *robustus* und *Homo* kurz nach ihrer Auseinanderentwicklung miteinander konkurriert haben, als sich ihre ökologischen Nischen noch berührten oder überschnitten. Doch mit fortschreitender Zeit haben sie sich durch ihre unterschiedlichen Strategien zur Bewältigung jahreszeitlicher Mangelsituationen ökologisch immer weiter voneinander entfernt. Die robusten Arten verschwanden erst vor knapp einer Million Jahren, lange nachdem sich *Homo habilis* zu *Homo erectus* weiterentwickelt hatte. Robert Foley vermutet, daß die Robusten, *wenn* sie denn durch Nahrungskonkurrenten verdrängt wurden, nicht durch *Homo erectus* unter Druck geraten sind, sondern durch Hornträger und andere Pflanzenfresser, die die wenig nahrhaften Pflanzen, an die sich die Robusten angepaßt hatten, besser zu nutzen verstanden. Nach Alan Walker hat *Homo* beim Aussterben der Robusten eine andere Rolle gespielt, nämlich die eines gefährlichen neuen Raubtiers. Indessen verweist Elisabeth Vrba auf die Möglichkeit einer weiteren Periode globaler Abkühlung vor etwa neunhunderttausend Jahren. Möglicherweise müsse man also, so Vrba, das Verschwinden der Robusten im Zusammenhang mit einem weiteren gewaltigen Schub der Artenvernichtung und der Artenbildung in der Klasse der Säugetiere verstehen. Tatsächlich wissen wir nicht, warum die Robusten ausgestorben sind, doch bleibt dieses Schicksal im Endeffekt keiner Art erspart.

Auch bei Lucys anderem Kind – der *Homo*-Linie – sind noch viele Fragen offen. Zum einen ist die Kontroverse um *habilis* noch immer nicht entschieden. *Homo habilis* war von Anfang an, als Leakey, Tobias und Napier die Bezeichnung 1964 vorschlugen, ein schlecht definiertes Taxon, und keines der mehr als zehn Fossilien, die seither gefunden worden sind – auch nicht der berühmte Schädel 1470 aus Koobi Fora – hat in diesem Punkt Klarheit gebracht. Einige Anthropologen – Chris Stringer vom British Museum zum Beispiel und Bernard Wood von der University of Liverpool – haben kürzlich die Auffassung vertreten, die zusammengetragenen *habilis*-Fundstücke wiesen so viele Unterschiede auf, daß sie sich kaum noch einer einzigen Art zuordnen ließen. Folglich seien in

Elisabeth Vrba untersucht fassile Wirbel von afarensis. (D. Johanson)

den fossilen Zeugnissen zwei Arten repräsentiert. Die von ihnen betonte Variation zeigt sich am deutlichsten in der Schädelkapazität, die von knapp über 500 cm^3 bis etwa 750 cm^3 reicht – eine Spanne, die vielleicht wirklich zu groß ist, um sie mit dem einen Namen *habilis* zu erfassen.

Stringers und Woods Interpretation ist nicht nur eine kleine taxonomische Korrektur. Wenn tatsächlich zwei *Homo*-Arten gleichzeitig in Ostafrika lebten, dann ist wahrscheinlich nur eine der Vorfahr von *Homo sapiens* gewesen. Denkt man diesen Gedanken ein Stück weiter, so gelangt man zu einer Art menschlicher Schattenlinie, die viele der vermeintlich uns alleine auszeichnenden Merkmale erkennen läßt und dann aus den fossilen Zeugnissen verschwindet. Dies ist eine faszinierende Möglichkeit, und im Gegensatz zu der Auffassung, man habe zwei Arten unter dem

Namen *afarensis* zusammengefaßt, verdient sie durchaus, daß man sich ernsthaft mit ihr beschäftigt.

Zum gegenwärtigen Zeitpunkt haben wir nach meiner Meinung jedoch noch nicht genügend Anhaltspunkte, um den Fossilbestand von *Homo habilis* zu teilen und ein neues *Homo*-Taxon zu benennen. So hat J. Miller von der University of Southern California unlängst gezeigt, daß große Stichproben von Gorillas, Orang-Utans, Schimpansen und Menschen in der Gehirnkapazität eine Bandbreite aufweisen, die so groß oder größer ist als die von *Homo habilis* – und doch zweifelt niemand daran, daß es sich hier um einwandfrei definierte Arten handelt. Meine Arbeitshypothese lautet, daß die Variationen der *habilis*-Fundstücke wesentlich mit Geschlecht, Geographie und Zeit zu tun haben. Bei den großen Stücken handelt es sich wahrscheinlich um männliche Individuen, bei den kleineren in den meisten Fällen um weibliche. Die Fundstellen, an denen man die Fossilien entdeckt hat, liegen bis zu achthundert Kilometer auseinander und repräsentieren einen Zeitraum von dreihundert- oder gar vierhunderttausend Jahren.

Womit wir wieder bei dem Rätsel sind, das uns die Hominidenfrau vom Dik-dik-Hügel so deutlich zu Bewußtsein gebracht hat. Wenn dieses kleine Skelett von einer typischen *habilis*-Frau stammt, so hat sich der Übergang zu *Homo erectus* in dem entscheidenden Zeitabschnitt zwischen 1,8 und 1,6 Millionen Jahren vor unserer Zeit plötzlich und unvorbereitet vollzogen. Wir wissen nicht genau, warum es zu der Veränderung kam, aber wir verfügen über einige Hinweise. Bislang gibt es keinen Anhaltspunkt für ein weiteres globales Klimaereignis, das zu diesem Zeitpunkt als Auslöser gewirkt haben könnte, doch aus Richard Hays geologischen Untersuchungen wissen wir, daß zumindest das lokale Olduvai-Habitat vor ungefähr 1,7 Millionen Jahren ausgetrocknet ist. Der See schrumpfte. Die Fauna wechselte von Arten, die unter feuchten Lebensverhältnissen gediehen, zu Arten, die an offenes Grasland angepaßt waren. Die gleiche Veränderung läßt sich auch weiter nördlich in der Shungura-Formation des Omo-Gebietes und vielleicht auch in den Höhlenablagerungen Südafrikas beobachten. Ein hochgewachsenes Geschöpf wie *erectus* hätte den größeren Lebensraum nutzen können, der unter solchen Bedingungen erforderlich gewesen wäre, und wäre auch besser in der Lage gewesen, auf offener Fläche mit Raubtieren fertig zu werden. Ein großer Körper wäre ferner notwendig gewesen, um ein größeres Gehirn vom Stoffwechsel her zu versorgen, denn die Aktivität der Neuronen verbraucht erhebliche Energie. Sicherlich hätte eine Linie, die ihre Strategien der Nahrungsbeschaffung bereits auf Intelligenz gründete, diese Flexibilität auch dazu benutzt, sich im weiteren Fortgang der Evolution an neue Habitate anzupassen.

Das vergrößerte Gehirn hat sicherlich seinen Preis gefordert. Abgesehen von größerem Wasserbedarf dürften auch die absoluten Energieerfordernisse eines hochgewachsenen *erectus*-Individuums, wie es sich in dem fast 1,70 Meter großen Skelett eines Jugendlichen zeigt, das Kamoya Kineu 1984 gefunden hat, weit größer als die des winzigen Hominiden vom Dik-dik-Hügel gewesen sein. Alan Walker glaubt, von *erectus* an hätten unsere Vorfahren eine sehr viel größere Abhängigkeit von lebender Beute entwickelt, so daß man sie »wie den Jetztmenschen als eine ständig auf der Pirsch befindliche Art von Jägern« beschreiben könne. Zwar stört mich der retrospektive Charakter dieser Aussage, doch ich nehme in der Tat an, daß sich *erectus*, besonders in der Trokkenzeit, in stärkerem Maße von Fleisch ernährt hat. Ich kann mir nicht vorstellen, wie ein Allesfresser von solcher Körpermasse überlebt haben könnte, ohne größere Mengen von tierischem Eiweiß zu sich zu nehmen als sein schmächtiger Vorfahr.

Und natürlich treten Acheuléen-Geräte in den archäologischen Zeugnissen zeitgleich mit *erectus* auf. Die Versuchung ist groß, Mensch und Gerät als Einheit zu sehen und den technologischen Fortschritt als die treibende Kraft hinter der Evolution von *erectus* zu verstehen. Abermals sei zur Vorsicht gemahnt – vielleicht lesen wir den Text wieder von hinten, indem wir mit der Schlußfolgerung beginnen.

»Ich kann diese Gleichsetzung von Acheuléen und *erectus* nicht mehr hören«, sagt Tim White, »als ob es ein Gen in Position Zweiundzwanzig auf dem fünfzehnten Chromosom gibt, das diesen bestimmten Hominiden zur Herstellung von Handäxten programmiert.« Mit anderen Worten, es gibt keinen Grund für die Annahme, daß der biologische Übergang zu *erectus* in irgendeiner Weise vom technologischen Fortschritt abhing.

»Geräte waren Zubehör, nicht Mittel der Anpassung wie heute«, fügt Lew Binford hinzu.

Nach meiner Auffassung war es der Selektionsdruck eines zunehmend karger werdenden Habitats, der auf die Erbanlage des Hominiden einwirkte und den großen *erectus* hervorbrachte, so wie er zuvor unsere Abzweigung von der Linie der robusten Australopithecinen bewirkt hatte. Doch das kann noch nicht die ganze Erklärung sein, nicht auf lange Sicht. Umweltbelastungen mögen den »Anstoß« gegeben haben, doch es waren auch andere Einflüsse im Spiel, die die Richtung akzentuierten, das Tempo beschleunigten und sich gegenweitig verstärkten. *Homo* läßt sich ebensowenig als rein ökologische Einheit auffassen, wie sich die Erfindung der Steinwerkzeuge isoliert betrachten oder unsere gesamte Evolution auf eine einzige speziell menschliche Verhaltensweise zurückführen läßt. Einfache Antworten mögen befriedigend sein, doch sie führen nicht zur Wahrheit.

Bevor wir diesen Flug über die Landschaft unserer Anfänge beenden, möchte ich aber doch auf einen evolutionären »Verstärker« gesondert eingehen – auf die Frage nämlich, welche Rolle die Hominidengesellschaft bei der Entwicklung unseres Verstandes gespielt haben dürfte. Im allgemeinen meiden Paläoanthropologen heute alle Spekulationen über das Sozialverhalten des Frühmenschen. Wir lieben konkrete Daten, und wenn sie fehlen, hüten wir uns nach Möglichkeit vor Antworten. (Seit ich Expeditionen unternehme, habe ich noch nie ein fossiles Sozialverhalten zu meinen Füßen erblickt.) Doch wollte man die Einflüsse der Gesellschaft auf unsere Vorfahren nur deshalb leugnen, weil sie keine überdauernden Zeugnisse hinterlassen haben, verhielte man sich äußerst kurzsichtig. Während meine Kollegen und ich eifrig den Erdboden nach materiellen Zeugnissen der menschlichen Vergangenheit abgesucht haben, haben sich Primatologen und Tierpsychologen mit dem sozialen Leben unserer nächsten lebenden Verwandten beschäftigt. Was sie dabei in jüngster Zeit entdeckt haben, hat unmittelbar mit dem Ursprung unserer Intelligenz zu tun und ist zu wichtig, als daß man es außer acht lassen könnte.

Als Hans Schneider die Cessna wendete, um sie auf dem Manyara-Rollfeld zu landen, blickte ich ein letztes Mal zur Olduvai-Schlucht im Westen zurück. Jenseits der Serengeti, auf der anderen Seite des Viktoria-Sees erhob sich am Horizont das Wirunga-Gebirge, wo Dian Fossey so lange mit den Berggorillas gelebt und sie beobachtet hatte. Anfang der siebziger Jahre hat der junge englische Psychologe Nicholas Humphrey dort einige Zeit bei Fossey gearbeitet. Wie andere Forscher vor ihm war Humphrey verblüfft, wie einfach das Gorillaleben zu sein schien. Vom Menschen abgesehen haben sie keine natürlichen Feinde, und wenn sie fressen wollen, brauchen sie nur die Hände auszustrekken und sich ein paar Blätter zu pflücken. Humphrey wußte aber, daß Gorillas wie andere Affen in Laborexperimenten eine erstaunliche Intelligenz beweisen. Darin lag für Humphrey ein verblüffendes Paradox, denn wenn sich Intelligenz in Reaktion auf Umweltzwänge entwickelt, gibt es für Gorillas überhaupt keinen Grund, so schlau zu sein.

In seinem Aufsatz *The Social Function of Intellect* vertritt Humphrey die Auffassung, die Gesellschaft selbst sei die treibende Kraft für die Evolution der Primatenintelligenz – und dies gelte in noch höherem Maße für die erstaunliche Intelligenz des Menschen. Der Einfluß der Gesellschaft auf die Intelligenz des Individuums erweist sich als zweischneidiges Schwert. Auf der einen Seite ist die soziale Gruppe das Umfeld, in dem das Jungtier über die Beschaffenheit seines Habitats alles lernt, was es für sein künftiges Überleben braucht. Wenn Schimpansen auf die Welt kommen, wissen sie beispielsweise nicht, wie man aus einem Zweig eine Sonde macht, mit der man Termiten aus ihrem Bau holen kann. Es ist auch wenig wahrscheinlich, daß sie von alleine auf dieses Kunststück kommen würden. Sie lernen es, indem sie ältere, erfahrene Mitglieder der Gruppe beobachten.

Nach Humphreys Auffassung ist diese »Kollegiatgemeinschaft« um so komplexer und kooperativer geworden, je dringender neue

Umweltzwänge die Intelligenz erforderlich machten. Doch diese Komplexität bildet die zweite Schneide, die auf die menschliche Intelligenz einwirkt und ebenso scharf ist. Obwohl sich die Mitglieder einer sozialen Gruppe kooperativ verhalten, vor allem gegenüber nahen Verwandten, ist doch jedes Individuum zunächst einmal bestrebt, für das Überleben der eigenen Gene zu sorgen. Jedes konkurriert also *innerhalb* der Gruppe um einen Anteil an den Ressourcen – unter anderem um die Möglichkeit, sich fortzupflanzen und an die verfügbare Nahrung heranzukommen. Humphreys Kollegiatgemeinschaft trägt also den Keim zu beträchtlichem politischem Streit in sich. So sehr sich jedes Individuum bei der Auseinandersetzung mit der Umwelt auf seine Intelligenz verläßt, so sind seine intellektuellen Feinde doch die anderen Mitglieder der Gruppe. Intelligenz ist erforderlich, um eine Feige zu »überlisten«, die außer Reichweite hängt, oder eine junge Gazelle zu täuschen, deren Flucht von blinder Angst diktiert ist. Ein ganz anderes Denken hingegen ist erforderlich, um einen intelligenten Gegenspieler zu überlisten, der seinerseits versucht, *einen selbst* zu überlisten.

Humphrey vergleicht diese intellektuelle Anforderung mit der Krocketpartie, die Alice mit der Königin der Herzen im Wunderland spielt. Alices Schläger ist ein Flamingo, die Kugeln Stachelschweine, und die Tore sind Kartenmenschen, die beiseitespringen können...

»Man kann sich nicht vorstellen, wie verwirrend es ist, wenn alle Dinge lebendig sind«, sagt die arme Alice.

Ohne es eigentlich zu wollen, hat Nicholas Humphrey mit seinem Essay etwas umrissen, was sich in letzter Zeit zu einem neuen Paradigma für das Verständnis der Ursprünge unseres Intellekts und sogar dessen, was man menschliche Psyche nennt, entwickelt hat. Einige Vertreter dieser Richtung – zumeist Primatologen und Psychologen – nennen diese soziale Funktion des Denkens »machiavellistische Intelligenz«, woraus ersichtlich wird, wie stark hier die rein politischen Vorteile der Gerissenheit im Vordergrund stehen. List und Berechnung sind nicht die einzigen Werkzeuge, die Machiavellis exemplarischem Fürsten zur Verfügung stehen, und sie sind auch nicht alles, was die soziale Intelligenz des Affen zu bieten hat. Trotzdem ist nach dieser neuen Theorie weniger wichtig, *was* man erkennt, als vielmehr, *wen* man erkennt – und wie gut es einem gelingt, wichtige Erkenntnisse den potentiellen Gegenspielern vorzuenthalten.

Vor dreißig Jahren, als Irven DeVore, Sherwood Washburn und andere die ersten zuverlässigen Beobachtungsdaten über das Sozialverhalten von Pavianen und anderen Primaten in natürlicher Umgebung lieferten, legte man bei der Interpretation der Interaktionen zwischen zwei Individuen ihren Rangplatz in einer Dominanzhierarchie zugrunde. So ließ sich das Resultat einer Begegnung zweier Individuen ziemlich leicht vorhersagen: Das größere und aggressivere Tier behielt fast immer die Oberhand. DeVores und Washburns Beobachtungen sind nicht falsch, erscheinen heute aber in ihrer Unvollständigkeit doch irreführend. Primatologen, die derzeit Paviane, Schimpansen und andere Primaten in ihrer natürlichen Umgebung beobachten, sind zu der Überzeugung gelangt, daß solche Eins-zu-eins-Begegnungen keineswegs ein Kernstück der Sozialstruktur von Primaten bilden, sondern möglicherweise relativ unwichtig sind. Ein schwächeres Gruppenmitglied muß sich nicht in jedem Falle unterwürfig verhalten, sondern kann sich stärkere Bundesgenossen verschaffen, auf deren Hilfe es sich im Notfall verlassen kann. Meist werden die Allianzen zwischen Verwandten gebildet.

Die Beobachtungen der Primatologen laufen im Grunde genommen auf die vertraute Spielplatzpolitik hinaus: Wenn du mich anmachst, hole ich meinen großen Bruder, und der zeigt es dir. Wahrscheinlich wird der Störenfried dann mehr Respekt vor einem bekommen – es sei denn, er holt *seinen* Bruder und der nimmt einen höheren Rangplatz in der Gruppe ein als der eigene, so daß die soziale Gleichung wieder komplizierter wird. Die Funktion des Bundesgenossen fällt bei den Primaten zwar häufiger den Müttern als den älteren Geschwistern zu, doch die Analogie gilt trotzdem. So entdeckt beispielsweise ein junges Rhesusäffchen rasch, daß es andere Mitglieder der Gruppe, die größer sind als es selbst, einschüchtern kann, weil seine in der Rangfolge höher angesiedelte Mutter es bei jedem Konflikt unterstützt. So nimmt die Tochter in der weiblichen Hierarchie schließlich einen Platz unmittelbar unter der Mutter ein.

Von grundlegender Bedeutung für die soziale Intelligenz dürfte also die Fähigkeit zu sehen sein, das Geflecht von Verwandtschaftsbeziehungen zu durchschauen und zu erinnern, das den Kern der sozialen Gruppe bildet. Noch faszinierender finde ich jedoch die politischen Allianzen, die die Primatologen bei *nichtverwandten* Individuen von Primatengruppen beobachten. Diese Individuen besitzen kein gemeinsames genetisches Erbe, mit dem sich ihre gegenseitige Vorliebe erklären ließe. Der Primatologe Meredith Small von der Cornell University hat unlängst einen Bericht über Becky vorgelegt, einen weiblichen Magoten mit niedrigem Rangplatz in einer gefangen lebenden Gruppe in Südfrankreich. In mehreren Monaten vermochte Becky in der normalerweise sehr strengen weiblichen Hierarchie dieser Affenart mehrere Plätze nach oben zu klettern, weil sie gezielt die Kinder von erheblich über ihr rangierenden Weibchen lauste und betreute. Dazu mußte Becky wissen, wer so viel Macht besaß, daß es sich lohnte, sich bei ihm einzuschmeicheln, und, wichtiger noch, sie mußte eine Vorstellung von einem »Profit« haben, den sie Wochen oder gar Monate später würde einstreichen können. Becky war ein gerissenes Magotenweibchen.

In einer Langzeitstudie an etwa fünfzig ausgewachsenen Tieren im kenianischen Amboseli-Nationalpark hat Barbara Smuts von der University of Michigan feststellen können, daß häufig zwischen Angehörigen verschiedenen Geschlechts enge »Freundschaften« geschlossen werden, die manchmal bis zu sechs Jahren Bestand haben. Ein Weibchen hatte dort ein oder zwei »spezielle Männchen«, die sich meist auch dann in der Nähe dieses Weibchens aufhielten, wenn es sich nicht in der Brunst befand. Wurde das Weibchen angegriffen, eilten ihr die männlichen Freunde zu Hilfe. Wenn das Weibchen ein Junges bekam, zeigten die männlichen Freunde dem Neugeborenen gegenüber oft die gleiche Fürsorge wie die Mutter. Umgekehrt durften die speziellen Männchen bei Konflikten mit fremden Männchen auf die Hilfe des

Weibchens zählen und wurden in den Paarungszeiten vermutlich vorgezogen. Entsprechende Beobachtungen machte auch Shirley Strum an den Pavianen der *Pumphouse Gang*. Ganz allgemein ist nicht das paarungsberechtigte Pavianmännchen der aggressivste Neuankömmling, wie DeVore und Washburn glaubten, sondern das Männchen, welches weiß, daß der Erfolg auf der Pflege sozialer Beziehungen und dem Verständnis für die Allianzbeziehungen in der Gruppe beruht.

Wäre das Verhalten dieser Paviane ein Einzelfall oder wäre das Magotenweibchen Becky der einzige ehrgeizige Affe, der Allianzen mit nichtverwandten »großen Tieren« eingeht, wäre die Vorstellung vom sozialen Ursprung der Intelligenz nicht so einflußreich. Die Beispiele vermitteln nur einen schwachen Eindruck. Es liegen heute aus der gesamten Primatenwelt Berichte von Feldbiologen vor, die Nicholas Humphreys Ansatz bestätigen und fortführen. Und die Bildung von Allianzen ist nur der Anfang. Wenn es für einen Pavian oder Affen schon schwer ist, alle *Tatsachen* seiner sozialen Beziehungen zu berücksichtigen, so ist das doch noch nichts im Vergleich zu der Intelligenz, die erforderlich ist, wenn er und seine Gefährten sich aufs Lügen verlegen.

Nehmen wir beispielsweise den jungen Pavian Paul, den Richard Byrne und Andrew Whiten von der schottischen University of St. Andrews in Äthiopien beobachtet haben. Eines Tages bemerkten sie, daß Paul sah, wie das ausgewachsene Weibchen Mel eine größere Graswurzel aus dem Boden grub. Er blickte sich um. Es waren keine anderen Paviane in der Nähe, obwohl sich die Gruppe in Rufweite befand. Plötzlich und ohne erkennbaren Anlaß stieß Paul einen gellenden Schrei aus. Sofort erschien die Mutter auf der Bildfläche und jagte die verdutzte Mel davon. Währenddessen ging Paul in aller Seelenruhe hinüber und fraß die zurückgebliebene Graswurzel auf.

Täuschung ist eine sehr verbreitete Kunstfertigkeit. Man findet sie überall in der Natur: Insekten, die das Aussehen von Pflanzenstengeln oder -blättern nachahmen, harmlose Schlangen, die wie tödliche aussehen, Fische, die sich aufblasen, wenn sie bedroht sind, Katzen, die einen Buckel machen und ihr Haar sträuben, um größer zu erscheinen. Ganz allgemein läßt sich sagen, daß alle diese Tiere Täuschungen fabrizieren, denn sie bringen andere Tiere – gewöhnlich Angehörige anderer Arten – zu der Überzeugung, sie seien etwas, was sie offenkundig nicht sind. Trotzdem wäre es nicht richtig (und natürlich ziemlich merkwürdig), würde man eine Gespenstheuschrecke und einen Kugelfisch als lügnerische Schurken bezeichnen. Ihre Biologie zwingt sie zur Verstellung, und insofern verhalten sie sich absolut ehrlich.

Taktische Täuschung, um einen Ausdruck zu verwenden, den Byrne und Whiten geprägt haben, ist eine ganz andere Sache. Durch taktische Täuschungen bringt man jemanden zu der Annahme, daß die Dinge ihren normalen, ehrlichen Gang gehen, während tatsächlich etwas ganz anderes geschieht. Die Täuschung ist vorsätzlich und soll ihrem Urheber einen Vorteil verschaffen. Byrne und Whiten sind zufällig auch die Wissenschaftler, die für den provozierenden Begriff der »machiavellistischen Intelligenz« verantwortlich sind.

»... aber fromm, treu, menschlich, gottesfürchtig und ehrlich zu scheinen ist nützlich. Man muß nur sein Gemüt so gebildet haben, daß man, wenn es nötig ist, auch das Gegenteil vermag.«*

In Pauls Fall war die sich bietende Gelegenheit der eigene Hunger. Er machte seine Mutter glauben, er sei angegriffen worden – der »ehrliche« Grund für seinen Schrei –, während tatsächlich nichts dergleichen geschehen war. Wiederum handelte es sich nicht um ein isoliertes Ereignis, vielmehr wendete Paul den gleichen Trick mehrfach gegen ahnungslose Erwachsene an. Vor kurzem haben Byrne und Whiten einen Fragebogen an andere Primatologen verschickt, in dem sie nach Beispielen ähnlicher Täuschungsmanöver bei Primaten fragten. Sie erhielten reichlich Antwort – Dutzende von Anekdoten, in denen mal ein Pavian, mal ein Schimpanse oder ein anderer Affe einen Artgenossen hinters Licht führte oder eine Information für sich behielt, die ihm einen entscheidenden Vorteil verschaffte.

Manchmal ging es einfach darum, daß ein Tier einen Leckerbis-

* Machiavelli, Der Fürst, Insel, Frankfurt, S. 88.

sen vor den Gruppenmitgliedern verbarg, die stark genug gewesen wären, ihn fortzunehmen. In einem Falle verbarg ein untergeordneter Schimpanse, der durch die Anwesenheit eines in Brunst befindlichen Weibchens erregt war, seinen erigierten Penis hinter der Hand, als sich ein dominantes Männchen näherte, und vermied dadurch einen wahrscheinlichen Angriff. Ein anderer Schimpanse kaschierte, in einen Machtkampf verwickelt, sein »Angstgrinsen«, indem er an der Lippe zog und auf diese Weise buchstäblich das Lächeln von seinem Gesicht wischte, das dem Rivalen sonst seine Furcht verraten hätte. Ein anderer Forscher berichtet von einem Weibchen der Mantelpaviane, das langsam zu einem großen Felsen schlenderte und so tat, als sei es auf Nahrungssuche, wobei es den Pascha der Gruppe ständig im Auge behielt. Nach zwanzig Minuten hatte das Weibchen es so eingerichtet, daß sein Kopf und seine Schultern für das dominante Männchen noch sichtbar waren, während seine Hände verbotenerweise damit beschäftigt waren, ein bevorzugtes untergeordnetes Männchen zu lausen, das hinter dem Felsen verborgen war.

In allen diesen Fällen vollbrachte der Täuschende eine erstaunliche geistige Leistung. Er inszenierte einen Handlungsablauf, der nicht nur auf dem beruhte, was er über das soziale Milieu *wußte* – wer stark, wer schwach war, wer am ehesten helfen würde –, sondern auch auf dem, was nach seiner *Vorstellung* im Kopf eines anderen Tieres vorging. So wußte das Weibchen der Mantelpaviane beispielsweise, daß es mit einem Angriff des Paschas zu rechnen hatte, falls es dabei ertappt wurde, wie es ein anderes Männchen lauste. Doch sie begriff auch, daß nichts zu befürchten war, solange aus der Sicht des Paschas nichts dergleichen stattfand. Indem sie sich in den geistigen Raum des anderen versetzte, war sie zu einer, wie Nicholas Humphrey sagt, »Naturpsychologin« geworden. Das ist eine Begabung – oder genauer, eine Anpassungsform –, die unsere eigene Art zur Vollkommenheit entwickelt hat.

»Die Allgegenwart der Täuschung in unserem Alltag«, sagt der Evolutionsbiologe Richard Alexander von der University of Michigan, »kann jeder feststellen, der bereit ist, sich einmal zu überlegen, wie oft er badet, sich rasiert, Deodorants anwendet, Make-up oder künstliche Wimpern benutzt, Kleider mit verhüllendem Schnitt oder Schulterpolstern wählt, Schuhe mit höheren Absätzen anzieht, ein Pfefferminzbonbon lutscht oder seinen Arbeitsplatz mit einem höflichen Lächeln betritt.«

Becky, rechts, ein weiblicher Magote von hoher sozialer Intelligenz, schmeichelt sich bei einem höher rangierenden Weibchen, links, ein, indem sie sich um dessen Neugeborenes kümmert. (Meredith Small)

So eng wie kein anderer hat sich Richard Alexander an die Hypothese von Nicholas Humphrey gehalten und versucht, sie unmittelbar auf ein Szenario unserer Ursprünge anzuwenden. Als einzige Art haben wir erreicht, was Alexander »ökologische Dominanz« nennt. Wir können praktisch überall und unter fast allen ökologischen Bedingungen leben, indem wir einfach alle Gefahren ausschalten, mit der die Umwelt unser Überleben bedrohen könnte. Wir sind den Einflüssen der natürlichen Selektion – Krankheiten, natürlichen Feinden, Parasiten, Trockenheit, Klima oder dem, was Charles Darwin »die feindlichen Naturkräfte«

nennt – nicht mehr in dem Maße ausgesetzt wie andere Tiere. Menschen wehren sich beispielsweise gegen Raubtiere, indem sie zum Gegenangriff übergehen – und das, wie Alexander deutlich macht, mit so gründlichem Erfolg, daß wir heute bemüht sein müssen, die wenigen noch übriggebliebenen zu retten. Doch in dem Bestreben, sich von den normalen äußeren Zwängen der natürlichen Selektion zu befreien, haben unsere Vorfahren eine neue Antriebskraft der menschlichen Evolution geschaffen – vor allem der Evolution des Gehirns.

»Es gibt nur eine plausible Erklärung dafür, daß sich die Menschen in so verblüffender Weise von ihren Vorfahren fortentwikkelt haben«, sagt Alexander, »... und zwar müssen wir annehmen, daß der Mensch selbst zur wichtigsten feindseligen Naturkraft wurde.« Wie auch immer, die Menschheit erfand sich selbst.

Der menschliche Geist, so Alexander, ist das Produkt eines bestimmten Evolutionsverlaufs – ein verselbständigter Intellekt, der angetrieben werde »von den endlosen und heftigen Interessenkonflikten innerhalb von Gruppen und zwischen ihnen«. Ungeachtet aller internen Konflikte besitzt die soziale Einheit, deren Mitglieder am wirksamsten kooperieren, einen genetischen Vorteil gegenüber den Gruppen, die größere Schwierigkeiten haben, sich gemeinsamen Zielsetzungen unterzuordnen. So entsteht nach dieser Theorie zwischen den Gruppen ein erbarmungsloser Machtkampf, wobei jede Gruppe gezwungen ist, immer ausgefeiltere Kooperationstechniken zu entwickeln, um nicht gegenüber Nachbarn ins Hintertreffen zu geraten, die in der gleichen evolutionären Spirale gefangen sind, oder gar von ihnen vernichtet zu werden. Die Metapher vom »Teufelskreis« kann hier ganz wörtlich genommen werden, denn das Ergebnis wäre eine höchste Loyalität gegenüber den eigenen Gruppenmitgliedern und teuflische Feindseligkeit gegenüber Außenstehenden. *Wir* und *sie* in höchster Ausprägung.

In Alexanders Szenario rast der verselbständigte menschliche Intellekt wie eine immer größer werdende Lawine durch die Vorgeschichte, den Vorhof der überlieferten Zeit, bis er schließlich in der Komplexität der modernen Gesellschaft mit ihren Großgruppen – den Nationalstaaten – und dem extremen Machtkampf des atomaren Wettrüstens seine vorerst letzte Gestalt annimmt. Diese düstere Version unserer Ursprünge ist sehr stark von einigen recht grausamen Aspekten geprägt, die sich aus neueren Untersuchungen über das Verhalten wildlebender Schimpansen, unserer nächsten genetischen Verwandten, ergeben. Nachdem man lange angenommen hatte, daß die Schimpansengesellschaft prinzipiell friedfertig sei, entdeckte Jane Goodall in den siebziger Jahren zu ihrem Entsetzen, daß Schimpansen zu scheußlichen Aggressionen gegenüber benachbarten Schimpansengruppen fähig sind, die auch durch den Umstand, daß sie sorgfältig geplant und kooperativ durchgeführt werden, nichts an Gewalttätigkeit verlieren. Im berühmtesten Fall wurde im Untersuchungsgebiet des Gombe-Nationalparks beobachtet, daß die Männchen einer mächtigen Gruppe die Männchen einer benachbarten Gruppe systematisch jagten, angriffen und umbrachten. Nach drei Jahren war die Nachbargruppe völlig aufgerieben und ihr Territorium – sowie die meisten Weibchen – von den Angreifern vereinnahmt worden. Diese Gewalttaten, die man noch nie zuvor in der Geschichte der Säugetierforschung beobachtet hatte, wurden nicht von einer soziopathischen Außenseitergruppe der Affenwelt ausgeführt, denn in den folgenden Jahren zeigte sich, daß die siegreiche Gruppe ihrerseits von den Männchen einer anderen Nachbargruppe bedroht und angegriffen wurde. Ähnliche Territorialschlachten sind auch in anderen Gebieten beobachtet worden.

Wenn das Führen von Kriegen (und ich wüßte nicht, wie man es anders nennen sollte) das besondere Kennzeichen von Schimpansen und Menschen ist, dann muß man sich fragen, welche gemeinsame Eigenschaften für ein solches Verhalten verantwortlich sein könnten. Nach Richard Alexanders Auffassung ist das die *weibliche Exogamie.* In der Schimpansengesellschaft verlassen die weiblichen Mitglieder mit Erreichen des Reifestadiums die Gruppe, in der sie geboren wurden. In fast allen anderen Säugetiergesellschaften gehen die Männchen fort, während die Weibchen bleiben und den sozialen Kern der Gruppe bilden. Bei den Schimpansen formt sich eine Sozialstruktur, die sich um die verwandten Männchen kristallisiert – sie sind alle Väter, Söhne, Brüder, Halbbrüder oder nahe Vettern.

Man darf erwarten, daß sich eine genetisch so eng verflochtene Brüderschaft kooperativ verhält, und sie tut es tatsächlich. Meist gehen Schimpansen allein oder in kleinen Gruppen auf Futtersuche, doch wenn ein Tier einen Baum voller Früchte findet, stößt es häufig aufgeregte Schreie aus oder trommelt mit den Handflächen gegen den hallenden Stamm des Baumes, was die anderen rasch auf die Bildfläche ruft. Von der Fähigkeit zu kooperativer Jagd war bereits die Rede. Schimpansenmännchen zeigen sogar bei der Paarung einen erstaunlichen Gemeinschaftssinn, der gelegentlich dazu führt, daß sie sich anstellen, um sich nacheinander mit einem in Brunst befindlichen Weibchen zu paaren. Und nun haben wir sogar erfahren, daß sie kooperieren, um Artgenossen umzubringen, wenn es ihren territorialen Interessen dient.

»Kein Wunder, daß Schimpansen territorial sind«, erklärt der Feldbiologe Michael Ghiglieri, der Schimpansen des Kibale Forest in Uganda beobachtet hat. »Wären sie Pazifisten oder auch nur Individualisten, würden ihre koordinierter vorgehenden Nachbarn ihr Territorium unter sich aufteilen. Aus diesem Grunde werden Armeen in das natürliche Wettrüsten eingeführt. Damit wird die Solidarität zwischen den Männchen einer Gemeinschaft zu einer wesentlichen Voraussetzung.«

Klingt das nicht vertraut? In der Tat sind die meisten menschlichen Gesellschaften ebenfalls auf die weibliche Exogamie gegründet, wobei die Männer in der Herkunftsgruppe verbleiben und eine stabile kooperative und territoriale Einheit bilden. Die meisten modernen Gesellschaften von Jägern und Sammlern haben mit den Schimpansen die fließende soziale Organisation gemeinsam – im Rahmen einer größeren Gemeinschaft bilden sich kleine, unbeständige Gruppen, deren Grenzen sich ständig je nach der Verfügbarkeit der Ressourcen verändern. Bei Schimpansen wie Menschen sind diese Wiedervereinigungen häufig von lärmenden und gestenreichen Begrüßungen begleitet. Sie sollen die politische Einheit der Individuen bekräftigen, die tatsächlich selten an einem Ort zu einem Zeitpunkt vereinigt sind.

In Alexanders Theorie spielen die sozialen Fertigkeiten der Manipulation und Täuschung eine große Rolle. (Tatsächlich hält er es für völlig unmöglich, daß ein so leistungsfähiges Denkorgan wie das menschliche Gehirn sich in einer Welt hätte entwickeln können, in der jeder die Wahrheit sagt – man hätte dann seiner beim besten Willen nicht bedurft.) Nach seiner Meinung sind die besten Täuscher diejenigen, die die Fähigkeit zur *Selbsttäuschung* besitzen, denn keine List ist so erfolgreich wie der Betrug, über dessen letzte Motive sich noch nicht einmal der Betrüger klar ist, weil dann nämlich nicht die Gefahr besteht, daß er sie verrät. Die Selbsttäuschung ist auch in Konflikten zwischen Gruppen von großem Vorteil, vor allem wenn diese immer größer werden. Alexander meint, die Mitglieder kleiner sozialer Einheiten seien einfach deshalb zu kooperativem Verhalten prädisponiert, weil sie eng miteinander verwandt sind. Doch mit wachsender Gruppengröße sind die *wir* im »wir und sie« – die Mitglieder des eigenen Clans, Landes oder was auch immer – nicht mehr enge Verwandte, sondern im Grunde genommen schon gänzlich Fremde. Jede Selbsttäuschung, die unter solchen Umständen ein Gefühl der Einheit hervorruft – der gemeinsame Glaube an Stammesrituale und -mythen, organisierte Religionen, Patriotismus oder Ideologie –, verschafft der Gruppe im Konfliktfall einen Selektionsvorteil gegenüber anderen Gruppen. Sogar das menschliche Vergnügen an Spielformen, in denen eine Gruppe gegen die andere streitet – wozu auch der moderne Sport zu rechnen ist –, läßt sich als gefahrlose Übung für den ernsthaften und tödlichen Konflikt verstehen.

Ich habe in diesem Kapitel wiederholt vor der Gefahr gewarnt, Schlußfolgerungen über die menschlichen Ursprünge zu ziehen, indem man vom modernen Menschen aus rückwärts denkt. So ließe sich auch diese kompromißlos utilitaristische Auffassung von der menschlichen Evolution ohne Schwierigkeit als eine weitere dieser Geschichten abtun, die nur erzählt werden, weil man die Schlußfolgerung schon vorher im Kopf hat; da hätte man also noch einmal Raymond Darts Killeraffen, ausstaffiert mit ein paar soziobiologischen Motiven und zusätzlich zu ihrer Knochenkeule mit einem planenden Verstand ausgerüstet. Richard Alexander gibt zu, daß es in den fossilen Zeugnissen keine eindeutigen Anhaltspunkte für die Entstehung unserer Intelligenz aus einer endlosen Kette von Gewalt, Manipulation und Täuschung gibt. Doch, wie er rasch hinzufügt, gibt es auch keine eindeutigen Beweise für das Gegenteil. Er kann auf die Fülle des Materials verweisen, das die Allgegenwart von Krieg und Aggression seit Beginn der überlieferten Geschichte belegt. In der modernen Welt kann er auf das wilde Leben der Amazonasindianer von der Gruppe der Yanomami verweisen, bei denen etwa ein Viertel aller Männer im Krieg umkommt, auf die Hewa in Neuguinea, bei denen pro Jahr auf tausend Einwohner acht Morde kommen, oder auf Auschwitz, Nigeria und Kambodscha. Er kann in diesem Zusammenhang auch die neu entdeckte Kriegslust der Schimpansen anführen und meint, damit liege die Beweislast bei denen, die behaupteten, Lucys Kinder seien vor langer Zeit, als der Vorhang sich öffnete, in einer Atmosphäre von Altruismus und gegenseitigem Vertrauen herangereift.

Zumindest legen Alexanders Theorie und die in letzter Zeit vorgebrachten Hypothesen zur sozialen Intelligenz einige interessante neue Forschungsansätze nahe. Haben die Ursprünge des »machiavellistischen« Denkens etwas mit dem plötzlichen Auftreten von *Homo erectus* zu tun? Oder war der ärgste Feind des Menschen zu Anfang des Pleistozäns noch immer die Umwelt und nicht der andere Mensch? Wann haben unsere Vorfahren die »ökologische Dominanz« erlangt? Und was ist mit der Gehirngröße? Hat sie im Laufe der menschlichen Evolution allmählich zugenommen, oder hat sich die Größenzunahme mit der Zeit beschleunigt? Wenn nur die Menschen und Schimpansen die sozialen Voraussetzungen für den intelligenzfördernden Machtkampf zwischen Gruppen aufweisen, wie erklärt sich dann die Klugheit anderer großer Affen – oder gar die Intelligenz der Delphine?

Bevor wir diese Fragen beantworten können, müssen wir mehr über die Umwelten wissen, in denen unsere Vorfahren lebten. Wir brauchen mehr Information über die Intelligenz lebender Primaten und über ihre Formung durch soziale Einflüsse. Wir müssen die Strukturen des menschlichen Denkens, die Wurzeln unseres

Bewußtseins und die Sprachevolution besser verstehen. Wir brauchen eingehendere Kenntnisse über die Größe der menschlichen Gruppen und die Populationsdichte in vorgeschichtlicher Zeit. Wir müssen genauere Vorstellungen gewinnen, wie die Genetik das Verhalten prägt und wie die Evolution in einer Art wirkt, wenn diese frei von den Mechanismen der Selektion ist, die alle anderen an ihre Habitate fesseln. Die wichtigste Voraussetzung für jeglichen Fortschritt ist aber der Fund neuer Fossilien, die darüber Aufschluß geben, wie unsere Vorfahren wirklich ausgesehen und wie sich möglicherweise verhalten haben. Jedes Fundstück, das uns in die Hände fällt, ist wie ein Pinselstrich auf einer Leinwand, die verblichen, zerrissen und vom Wind in alle Himmelsrichtungen verstreut ist. Wir müssen mehr Stücke dieser Leinwand auftreiben und ihre ursprünglichen Farben rekonstruieren. Neue Erkenntnisse tun not. Erkenntnis tut not.

Epilog

> Viel Ungeheures ist, doch nichts
> So Ungeheures wie der Mensch (...).
> Auch die Sprache und den windschnellen
> Gedanken und städteordnenden Sinn
> Bracht er sich bei.
>
> *Sophokles, Antigone**

Diese Geschichte begann in einem Hotelzimmer in Daressalam. Kaum einen Monat später war ich wieder dort und blickte aus dem Fenster des Embassy-Hotels. Die Stadt zeigte das übliche hektische Bild aus liebenswürdigem Durcheinander und scheinbar zielloser Geschäftigkeit. Auf den überfüllten Bürgersteigen boten Straßenverkäufer auf wackligen Tischchen so nützliche Gegenstände wie Buntpapier, Nähnadeln, Winterfutter für Mäntel und gebrauchte Gummistempel an. Auf der Straße saßen die überfüllten Busse in den Verkehrsstaus so hilflos fest wie gestrandete Wale und warteten verzweifelt darauf, daß die Ampeln auf Grün schalteten und die Flut sie wieder forttrage.

Alles war so wie vor meiner Abreise, mit einer winzigen Ausnahme. Zehn Häuserblocks weiter lagen in einem Safe des National Museum eine Handvoll geschwärzter Knochen. Ich wartete auf einen VW-Bus, der mich nach einem kurzen Zwischenhalt im Museum, bei dem wir das Fossil abholen wollten, zum Flughafen bringen sollte. Am Tage zuvor hatte das Department of Antiquities sich bereit erklärt, das Skelett an das Institute of Human Origins auszuleihen, damit dort die Forschungsarbeiten an dem Fundstück abgeschlossen, Untersuchungsergebnisse veröffentlicht und Abgüsse angefertigt werden konnten. Außerdem sollten amerikanische Wissenschaftler Gelegenheit erhalten, das Origi-

* Sophokles, Tragödien, Artemis, Zürich, 1968, S. 80/81.

nal zu untersuchen. Anschließend würde der Hominide vom Dik-dik-Hügel für immer in das Museum von Daressalam zurückkehren. Die Tansanier waren über den Erfolg unseres Unternehmens hocherfreut. Die Entdeckung bekräftigte ihre Hoffnung, daß die Olduvai-Schlucht nicht nur eine Vergangenheit, sondern auch eine Zukunft habe – eine Zukunft, die sich unter der Verantwortung tansanischer Wissenschaftler und mit Rücksicht auf die nationalen Interessen entfalten soll.

Die Entdeckung des neuen Hominiden würde natürlich auch eine Menge für die Zukunft des Instituts bedeuten, denn sie würde ihm die Bewilligung von Forschungsgeldern für weitere Expeditionen nach Olduvai und für andere Projekte verschaffen. Doch in der Hotelhalle in Daressalam dachte ich mehr daran, was dieses Ereignis für mich persönlich bedeutete. Häufig bezeichnet man Feld-Paläoanthropologen als »Fossilsucher« oder gar »Fossiljäger«, als seien unsere Entdeckungen Trophäen, die man mit nach Hause nimmt und als Beweise seiner Heldentaten über den Kamin hängt. Wenn ich überhaupt eine Genugtuung empfand, dann war es nicht die Hybris des Jägers, sondern der stille Stolz dessen, der an einer erfolgreichen Rettungsmission teilgenommen hat. Wir hatten diese Knochen vor der namenlosen Anonymität bewahrt, die sie erwartete, und ihrer lange verschwundenen Besitzerin eine neue, empirische Identität verliehen. Zwei Millionen Jahre nach ihrem Tod hatten die Überreste der kleinen Frau eine Bedeutung gewonnen, die zu ihren Lebzeiten nicht vorherzusehen gewesen war. Wir hatten ihr einen Platz in dem organisierten Wunder verschafft, das man Wissenschaft nennt.

Der Stolz war jedoch die unwichtigste meiner Empfindungen, denn ich wußte, daß eine noch wichtigere Rettungsaktion stattgefunden hatte, bei der die Rollen vertauscht waren. In einem ganz konkreten Sinne war ich es gewesen, der vor ein paar Wochen in Gefahr gewesen war, und die Hominidenfrau vom Dik-dik-Hügel war mir zur Hilfe gekommen. Nun, da ich das Fossil in Händen hielt, empfand ich vor allem *Dankbarkeit*, die in bezug auf Tim und die anderen, die so hart gearbeitet hatten, um es zutage zu fördern, sicherlich verständlich war, die aber in einem merkwürdigen, ganz persönlichen Sinne auch der Hominidenfrau galt, die so rücksichtsvoll gewesen war, genau zum richtigen Zeitpunkt aufzutauchen, um mich vor meinen Dämonen zu retten. Seit Jahren hatte ich meine wissenschaftliche Laufbahn von der Rückkehr nach Äthiopien abhängig gemacht, dem Ort meines ersten Erfolges. Im Laufe der Zeit war dieser Erfolg zu einer Art Fluch geworden, als stehe meine Zukunft tief in der Schuld der Vergangenheit und als könne nur eine »neue Lucy« Erlösung bringen. Diese Hominidenfrau war nicht Lucy. Sie war ein faszinierendes neues Stück im Puzzle des Menschen, eines, das ebenso viele verwirrte Blicke provozieren würde wie Heureka-Rufe. Und gerade deshalb war sie sehr viel typischer für die Art, wie unsere Wissenschaft sich auf ihr Ziel zubewegt. Jede neue Entdeckung ist ein winziges Prisma, mit dem das Licht dessen, was wir wissen, aufgefangen und in neue Möglichkeiten, zugespitztere Fragen, gewissere Ungewißheiten zerlegt wird. Dank der Frau vom Dik-dik-Hügel war ich wieder Teil dieses Prozesses. Da ich die Expedition, die das Skelett gefunden hatte, organisiert und die Begeisterung und die Enttäuschung der Grabungsarbeiten miterlebt hatte, fühlte ich mich endlich wieder als Wissenschaftler und nicht mehr nur als »Sprecher« einer Gruppe oder Organisation. Ich brauchte keine Lucy mehr, ich brauchte nur noch die Möglichkeit zu arbeiten.

Einen Tag später flog ich über den Atlantik, nippte an einem Glas Wein und lauschte im Kopfhörer den Klängen von *Tosca*, die Hominidenteile in einer orangefarbenen Flugtasche unter meinem Sitz. Nach der Rückkehr schrieb ich von Berkeley sofort an Mary Leakey und berichtete ihr von der Entdeckung. Ende September erhielt ich eine kurze Notiz, in der sie mir gratulierte.

»Der letzte von mir entdeckte Hominid war OH-61«, schrieb sie, »also muß Ihr Skelett OH-62 werden.«

Damit hatte das Fundstück nun auch einen offiziellen Namen. Was dieser ihm an exotischem Beiklang nahm, machte er durch Sparsamkeit mehr als wett: »Der Hominide vom Dik-dik-Hügel« war für ein so winziges Geschöpf einfach zu lang.

Den Herbst über war Gen Suwa damit beschäftigt, die Zahnfragmente zusammenzufügen und dieses spezielle Puzzle soweit wie möglich zu lösen. Seine Mühen halfen uns, ein paar Fehler zu korrigieren, die wir während der Expedition begangen hatten, als wir Fragmente zusammengefügt hatten, ohne die Abgüsse anderer Hominiden zum Vergleich heranziehen zu können. Doch nichts von dem, was Gen entdeckte, ließ es geraten erscheinen, von der ursprünglichen Einordnung des Fossils als weiblichem *Homo habilis* abzurücken. Im Mai gaben wir die Entdeckung in der Zeitschrift *Nature* bekannt. Dort und in den folgenden Presseberichten legten wir unsere Auffassung dar: Nach dem Fundstück zu urteilen, sei die erste menschliche Art in Körpergröße und -bau weit primitiver gewesen als bislang angenommen.

Wir waren neugierig, wie unsere Kollegen das neue Mitglied der Hominidenfamilie aufnehmen würden. Einer der ersten, die uns besuchten, war Henry McHenry, ein Paläoanthropologe von der University of California in Davis. Zufällig hatte Henry kurz zuvor eine eingehende Studie über die Körpergröße der frühen Hominidenarten, darunter auch *habilis*, abgeschlossen. Als ich die Knochen von OH-62 auf dem Tisch vor ihm ausbreitete, lachte Henry.

»So ein winziger Körper«, sagte er. »Sieht so aus, als hätte ich noch etwas Arbeit vor mir.« Glücklicherweise blieb bis zum Veröffentlichungsdatum noch genügend Zeit für ihn, die Arbeit so zu ändern, daß OH-62 hinreichend berücksichtigt war.

Inzwischen fiel den Mitwirkenden in der Kontroverse über die Frage, wieviel Zeit unsere Vorfahren in den Bäumen zugebracht haben, die Armlänge des Skeletts ins Auge. Randy Susman und Jack Stern hatten schon zu einem früheren Zeitpunkt die Olduvai-Originale der Fuß- und Handknochen von *habilis* untersucht und waren zu dem Schluß gekommen, die erste Art von *Homo* habe wie frühere Hominidenarten noch immer einen Teil ihres Lebens auf Bäumen verbracht. Natürlich waren sie über unsere Entdekkung hocherfreut.

»Die Leute haben gemeint, wir seien verrückt«, sagte Randy in einem Interview der Zeitschrift *Science*. »Doch sehen Sie sich jetzt OH-62 an. Es ist herrlich. Die langen Arme passen genau zu dem, was wir von den Händen gesagt haben.«

»Ich *habe* mir OH-62 angesehen«, sagte Owen Lovejoy, als wir den Artikel lasen, »und ich denke *immer noch*, daß sie verrückt sind.« Owen hatte das Skelett das erste Mal ein paar Wochen nach unserer Rückkehr aus Afrika in Augenschein genommen. Er fand nichts, was ihn etwas nachsichtiger gegenüber dem Stony-Brook-Team gestimmt hätte.

»Sie zäumen die Sache wieder von hinten auf«, meinte er. »Natürlich sind die Arme von OH-62 genau wie die von Lucy im Verhältnis zu denen des modernen Menschen lang, doch entscheidend ist, daß sie *kürzer* sind als die ihrer Affenvorfahren. Wenn eine Art noch in Bäumen umherklettert, aber der Bipedie alle dem Klettern gemäßen Anpassungsmechanismen der unteren Gliedmaßen geopfert hat, warum um alles in der Welt sollte sie sich dann durch Verkürzung ihrer Arme noch ein weiteres Handikap aufhalsen?«

Sicherlich wird mehr als ein neues Fossil erforderlich sein, um diesen Streit zu schlichten. Vielleicht kommt Bernard Wood mit seiner Einschätzung von OH-62 der Wahrheit am nächsten:

»Die neue Entdeckung zeigt mit erbarmungsloser Deutlichkeit, wie wenig wir von der frühen Evolution des *Homo* wissen«, schrieb er in *Nature*.

Seit dem Sommer des Jahres 1986 habe ich zwei weitere Expeditionen nach Olduvai geleitet. Inzwischen hat Prosper Ndessokia ein eigenes Grabungsteam in Laetoli. Eines unserer langfristigen Ziele war immer, einheimische Wissenschaftler auszubilden, so daß sie eigene Forschungsprojekte durchführen können. Deshalb war es eine große Freude für uns, Prospers Ausgrabungsstelle zu besuchen und die *A.-afarensis*-Fossilien zu sehen, die sie entdeckt hatten. 1988 fand Prosper auch in der Schlucht einen Hominidenunterkiefer in der Nähe der Stelle, wo man die Nominatform von *habilis* entdeckt hatte. Im gleichen Sommer fanden wir in den obersten Ablagerungsschichten von Olduvai-Bed III in der Nähe des Castle den fossilen Schädel eines Riesenpavians, der vom Frühlingsregen freigespült worden war. Ich hatte das Gebiet im Jahre zuvor abgesucht und bin mir fast sicher, daß der Pavianschädel damals noch nicht sichtbar gewesen ist. Bald fällt wieder der

Regen über der Schlucht. Ich bin gespannt, welche Schätze er als nächstes zutage fördert.

Während dieser Expeditionen kam ich häufig am Dik-dik-Hügel vorbei. Die Ränder unserer Ausgrabungsstelle wurden allmählich von der Erosion verwischt, und der Hügel von ausgesiebtem Material wurde unter dem Einfluß der Witterung immer kleiner und dichter und sah schon fast wie ein natürlicher Bestandteil der Landschaft aus. Immer wenn ich mich dem Ort näherte, verspürte ich ein schmerzliches Gefühl des Mangels. Auch nach zwei Jahren drängte es mich noch, nach dem fehlenden distalen Femur von OH-62 zu suchen. Wir hatten die Entdeckung bereits bekanntgegeben und unsere Spekulationen über den merkwürdig affenähnlichen Aspekt des Skeletts angestellt. Doch ohne den Rest des Schenkelknochens blieben wir auf Vermutungen angewiesen – begründete Vermutungen zwar, aber eben doch nur Vermutungen. Nicht schlecht, dachte ich, wenn ich mich hier auf einen Basaltbrocken setzte, die Hand ausstreckte und dieses distale Femur unter einem Sisalbusch hervorzöge. Doch mehr, als wir gefunden hatten, würde OH-62 niemals preisgeben.

Auch ohne den Rest des Knochens gab es noch immer eine Möglichkeit, unsere Schätzung der Femurlänge abzusichern, die uns durch Vergleiche Aufschluß darüber geben würde, wie lang die Arme des Hominiden im Verhältnis zu seinen Beinen waren. Der Schaft des Schenkelknochens, über den wir verfügten, wies viele wichtige anatomische Merkmale auf – Löcher, durch die einst Blutgefäße geführt hatten, und Furchen, Kämme und Vorsprünge, an denen Muskeln angesetzt hatten. Die Entfernungen zwischen diesen charakteristischen Eigenheiten ließen sich problemlos messen. Gleiche Messungen ließen sich an vollständigen Femora vornehmen. Durch Bestimmung verschiedener Verhältniszahlen konnten wir anhand der Entfernung zwischen bestimmten anatomischen Schlüsseleigenschaften des Knochens Rückschlüsse auf seine ursprüngliche Länge ziehen. Im Prinzip konnten wir das fehlende distale Femur also auf statistischem Wege »finden«. Einer entsprechenden Analyse war auch der Humerus zu unterwerfen. Zwar besaßen wir hier einen intakten Schaft, doch uns fehlten die Gelenkenden.

Um bei unseren Berechnungen keinen Fehler zu machen, mußten wir die natürlichen Schwankungen der Knochenproportionen berücksichtigen, die in jeder Stichprobe auftreten. Wir mußten eine Vielzahl von Femora messen – von heutigen Menschen, aber auch von Schimpansen – und den daraus errechneten Größenbereich auf OH-62 übertragen. Der beste mir bekannte Ort, um solche Arbeiten durchzuführen, ist die anatomische Sammlung Hamann-Todd – Regale über Regale mit katalogisierten Knochen, untergebracht im Keller des Cleveland Natural History Museum, wo ich meine wissenschaftliche Laufbahn vor zwanzig Jahren begonnen hatte. Cleveland reizte mich noch aus einem weiteren Grund. Owen Lovejoy konnte von der Kent State University herüberkommen und mir mit seiner großen Sachkenntnis zur Seite stehen. Auch Bruce Latimer, ein ehemaliger Student von Owen und nun Kurator der Hamann-Todd-Sammlung, konnte sicherlich eine große Hilfe sein.

Im Oktober 1988 flogen Tim White, Bill Kimbel und ich in Begleitung des israelischen Anthropologen Yoel Rak mit den OH-62-Knochen nach Cleveland, wo uns Owen und Bruce im Museumslabor erwarteten.

»Woher wissen Sie, daß alle diese Knochen zu einem Individuum gehören?« fragte Owen sogleich, ohne sich mit langen Begrüßungen aufzuhalten. Er hatte diese Möglichkeit schon vorher angedeutet: Möglicherweise würden wir – so sein Einwand – ein Konglomerat aus mehr als einem Skelett mit der Bezeichnung OH-62 belegen. War nicht die Speiche zu groß im Verhältnis zur Elle? Das Schienbein zu lang, um zu den übrigen Knochen zu passen? In der Tat, wenn wir wirklich die Überreste von mehr als einem Individuum gefunden hatten, dann waren alle unsere Spekulationen über Extremitätenproportionen für die Katz.

»Hören Sie, Owen«, sagte ich. »Wie groß sind die Chancen, daß zwei Hominiden so dicht beieinander liegen? Kein Teil ist doppelt. Die gleiche Farbe, der gleiche Verschleiß – das alles läuft auf einen einzigen Hominiden hinaus.«

»Beweisen Sie es!«

Also gingen wir dieses Problem zuerst an und maßen Dutzende Schimpansen- und Menschenskelette, die wir zufällig aus der Sammlung auswählten. Wenn die Abmessungen unserer OH-62-Knochen im Vergleich untereinander aus der Schwankungsbreite unserer Zufallsstichprobe herausfielen, dann standen wir vor einem echten Problem. Nach fast zwei Tagen Arbeit war Owen überzeugt.

»Okay, ein Hominid«, sagte er. »Aber wir wissen noch immer nicht, wie lang das Femur ist.«

»Um das herauszufinden, sind wir hier«, sagte Tim.

Wir machten uns wieder an die Arbeit. Es dauerte nicht lange, dann hatten wir die einstige Länge des OH-62-Humerus mit einer Fehlergrenze von einigen Millimetern bestimmt. Beim Femur erwies sich der Versuch als schwieriger. Nach zwei weiteren Tagen, die wir über unsere Greifzirkel gebeugt zugebracht hatten, mußten wir uns eingestehen, daß der Knochen zu fragmentarisch war, als daß wir seine Länge jemals würden genau bestimmen können. Doch anhand der Abstände, die wir zwischen zahlreichen anatomischen Merkmalen errechnet hatten, ließ sich schätzen, daß das Femur etwas länger war als Lucys Oberschenkelknochen – zwischen 300 und 330 Millimeter. Ein Vergleich des Humerus von OH-62 mit dem Femur ergab ein Größenverhältnis von 85 Prozent, also ganz ähnliche Proportionen wie bei Lucy.

Vor unserer Rückkehr nach Berkeley ergab sich die Möglichkeit zu einer Reihe weiterer Tests. Jim Ohman, ebenfalls ein ehemaliger Student von Lovejoy, arbeitete in dem Unternehmen Picker International, einem führenden Hersteller von Apparaten zur Computertomographie sowie anderen Röntgengeräten für medizinische Zwecke. In der Fabrik unmittelbar vor den Toren Clevelands stand Ohman ein Vorführmodell des neuesten und leistungsfähigsten Gerätes zur Verfügung, und das Unternehmen hatte uns großzügig gestattet, das Gerät zu benutzen.

Wir waren begeistert. Mit Hilfe der Computertomographie kann man durch Fossile *hindurch* auf ihre innere Struktur blicken. Das gleiche könnte man natürlich auch mit einer Säge bewerkstelligen – nur daß einen dann niemand wieder in die Nähe eines Museums ließe. Hingegen läßt die Computertomographie die Knochen völlig intakt. In den letzten Jahren ist es häufig gelungen, mit Hilfe dieser Technik an ansonsten unerreichbare Information unter der Oberfläche fossiler Fundstücke heranzukommen. Beispielsweise ließ sich nur durch Computertomographie beweisen, daß das vier Millionen Jahre alte Femurfragment, das Tim 1981 gefunden hatte, von einem bipeden Lebewesen stammt – der älteste, als sicher geltende Hominidenfund. Das Hauptproblem dieser Technik liegt in ihren Kosten – deshalb waren wir Picker auch so dankbar.

An einem regnerischen Morgen fuhren Bruce Latimer und ich zur Fabrik hinaus, einer riesigen Halle, in der eine gedämpfte Geschäftigkeit herrschte. Bruce machte mich mit Jim Ohman bekannt.

»Das Gerät, das wir benutzen, ist ein Picker 1200 Expert, das modernste, was es auf diesem Gebiet gibt«, erklärte Jim mir. »Kein anderes Gerät hat ein solches Auflösungsvermögen.«

Der Besuch eines zwei Millionen Jahre alten Vorfahren hatte sich herumgesprochen, so hatten sich bei unserer Ankunft schon eine Reihe von Ingenieuren um das Vorführgerät versammelt. Der Scanner war riesig, glänzend und schwarz – ein wahrhaft beeindruckendes High-Tech-Erzeugnis. Das Kernstück dieses Typs ist ein über zwei Meter großer Kreisring, der sogenannte Rahmen, der eine lange Plattform umgibt. In dem Rahmen befinden sich die Röhre und die Detektoren. Die ganze Einheit läßt sich nach oben und unten bewegen, während die Röhre kreisförmig herumgeführt werden kann, so daß die Strahlen aus jedem Winkel einfallen können. Jeder Röntgenstrahl, der das Objekt auf der Plattform durchdringt – im Normalfall den Kopf eines Patienten –, liefert einen Querschnitt durch das Innere. Durch Kompilation der Daten von einer Reihe solcher »Schnitte« kann ein mit der Einheit verbundener Computer ein dreidimensionales Bild der inneren Anatomie entwerfen.

In diesen futuristischen Apparat, der hochspezialisierten Fachärzten dazu dient, in das lebende menschliche Gehirn einzudringen und Anomalien festzustellen, legten wir nun unseren vorgeschichtlichen *Homo habilis*. Wir begannen mit dem Humerus. Jim brachte eine Halterung an, die das Fossil unter dem Laserstrahl fixieren sollte, und ich legte den Knochen vorsichtig hinein. Jim nahm ein paar Korrektureinstellungen vor, und dann schaltete ein anderer Ingenieur den Laser an. Hinter einem Schutzschirm beobachteten wir, wie der dünne rote Laserstrahl das Fossil an einem Ende erreichte, sich dann ein paar Millimeter nach vorn bewegte, wieder auftraf und langsam die ganze Länge des Schaftes entlangkroch. Der Vorgang dauerte zwanzig Minuten. Zehn Minuten später hatten wir ein scharfes 3-D-Bild des Fossils auf einem Fernsehschirm. Durch entsprechende Anweisungen an den Computer konnten wir es drehen, vergrößern, hochkant stellen und an jedem gewünschten Punkt in seine Tiefen blicken. Nachdem wir dem Humerus alle verfügbaren Daten abgewonnen hatten, nahmen wir uns die Elle vor, dann die Speiche und schließlich den Rest des Skeletts. Die Rinde des Armknochens war erstaunlich dick – noch robuster als die vieler Schimpansen. OH-62 mochte eine kleine Hominidenfrau gewesen sein, doch schutzlos war sie offenbar nicht gewesen.

In wenigen Stunden hatten wir die elektronische Metamorphose des Fossils abgeschlossen und seine intimsten Details sicher auf der Computerdiskette gespeichert. Irgendwann während dieses Vorgangs ging mir die verblüffende Symmetrie dieses Ereignisses auf: An einem grauen, regnerischen Oktobermorgen in Cleveland kreiste einer der kompliziertesten technischen Apparate um dieses kleine Fossil und half uns dabei, den Motiven der ersten Gerätehersteller auf die Spur zu kommen. Ich lauschte in der Dunkelheit auf das leise Summen und Surren des Gerätes und auf die halblauten Bemerkungen, die die Ingenieure im Jargon ihrer Zunft austauschten. Jedesmal wenn Jim Ohman einen Knochen in die Halterung legte, dachte ich an den Augenblick zurück, da wir ihn aus der Olduvai-Erde geholt hatten – die jähe Freude über den Fund und die anschließende Enttäuschung. Ich erinnerte mich auch an den ersten Morgen im Feld, als ich die Handaxt aus Quarz vom Hang des HWK sammelte und mir ihr Gewicht einen so leb-

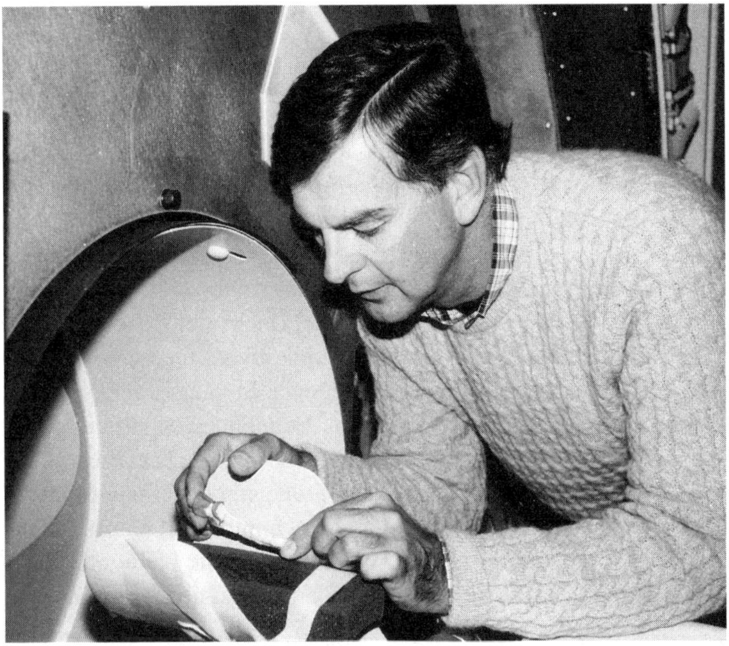

Donald Johanson bereitet die Elle von OH-62 für die Computertomographie vor. (Bruce Latimer)

haften Eindruck von ihrem einstigen Verwendungszweck vermittelte. Ich fragte mich, ob die Hominidenfrau vom Dik-dik-Hügel, wenn sie nicht nur eine Handvoll Knochen gewesen wäre, sondern hier vollständig und lebendig gelegen hätte, wohl von *unseren* Geräten und dem, was wir aus der Welt gemacht haben, beeindruckt gewesen wäre.

Dann wanderten meine Gedanken zu einem anderen Augenblick zurück, auch während der Expedition, aber später. Eines Nachmittags hatten wir die Arbeit am Dik-dik-Hügel etwas früher als üblich beendet und beschlossen, einen Ausflug zu einem Ort namens Shifting Sands zu machen, etwa acht Kilometer westlich vom Olduvai-Lager. Der Tag an der Fundstelle war besonders frustrierend, besonders ermüdend gewesen – stundenlanges Starren in Staub und Steine, schweigendes Heraussuchen von Knochensplittern, von denen wir schon vorher wußten, daß sie uns nicht nützen würden. Wir brauchten einfach etwas Entspannung und wollten den Sonnenuntergang über der Serengeti beobachten.

Shifting Sands ist ein wandernder Berg – genauer, eine »Wanderdüne«. Sie hat sich vor etwa zweitausend Jahren aus der Schicht schwarzer Asche gebildet, die viele Kilometer ostwärts die Ebene bedeckte – feiner vulkanischer Sand, den der Wind zu einer dichten Masse zusammenwirbelte und langsam nach Westen zu schieben begann, die Richtung, in die er meistens wehte. Während die Düne langsam vorwärtskroch (knapp vier Zentimeter pro Tag), hinterließ sie zwei parallele Sandkämme, die an ihren Hängen begannen – Sand, der von Seitenwinden abgetragen worden war und sich im Gras gefangen hatte. Vom Flugzeug aus kann man diese Kämme mehr als drei Kilometer weit zurückverfolgen. Bei ihrer Wanderbewegung verliert die Düne ständig einen Teil ihres Materials an den Wind. Vor nicht allzu langer Zeit gab es etliche solcher Dünen auf der Ebene. Von oben sind die kleinen geologischen Tragödien, die hier stattgefunden haben, noch zu erkennen: parallele Sandspuren, die sich zu einem »V« verjüngen, markieren die Orte, an denen die Dünen ihre kurze Reise beendeten und verschwanden.

Wir kletterten auf die Spitze der Düne und blickten nach Westen, wo sich ein prächtiger Sonnenuntergang entfaltete – als würde eine dicke Bronzekugel mit dem Rand der Erde verschmelzen. Doch für mich schien die Sonne mehr als nur das Licht mit sich zu nehmen. Kaum war sie hinter dem Horizont verschwunden, verspürte ich einen plötzlichen Energieverlust, als sei die Ermüdung meines Körpers mit einem allgemeinen Abschlaffen, einem Nachlassen in der gesamten sichtbaren Natur verbunden. Während die anderen die windzugekehrte Seite der Düne hinunterrutschten, glitt ich über die Vorderseite in den Sandhaufen hinein, der sich auf der windabgewandten Seite gebildet hatte. Ich hörte Tim White und Bob Walter auf der anderen Seite sprechen, aber der Laut ihrer Worte war ohne Resonanz und Tiefe.

Es war ein Ort, der keine freundlichen Gedanken eingab. Ich saß dort auf dem Boden, mit dem Rücken an die kalte, schwarze

Wand aus Sand gelehnt, und fragte mich, warum ich überhaupt in Afrika war, ob diese besessene Suche einen Sinn hatte. Da treibt man die Mittel auf, bringt ein Team zuammen, schlägt sich mit der Forschungspolitik herum, fliegt über den Ozean, und wenn man Glück hat, findet man einen Knochen- oder Zahnsplitter. Nach Hause zurückgekehrt, dreht und wendet man ihn, untersucht ihn mit den modernsten Forschungsgeräten und macht möglichst viel Aufhebens um ihn. Die Frage schien aus den Tiefen der Düne aufzusteigen: *Wozu das Ganze?* Am liebsten hätte ich irgend etwas ganz anderes angefangen. Leider wußte ich nicht, was.

Zwei Jahre später, als ich hier bei Picker International saß und beobachtete, wie das strahlende, errechnete Bild von OH-62 auf dem Monitor Gestalt annahm, hatte ich das Gefühl, die Frage, die mir die Düne gestellt hatte, beantworten zu können. Die gesamte menschliche Evolution ist die Geschichte einer Art, die versucht hat, sich allein mit der Kraft ihres Verstandes von den natürlichen Einschränkungen zu befreien, die alle anderen Arten an ihr biologisches Schicksal fesseln. In gewissem Sinne ist das ein unglaublicher Triumph – wie zum Beispiel das Gerät vor mir bezeugte, das bald die Fabrik verlassen würde, um seine eigentliche Bestimmung zu erfüllen, die Rettung von Leben, das vielleicht noch vor ein paar Jahren verloren gewesen wäre. Doch der Preis, den wir für diese »ökologische Dominanz« gezahlt haben, ist ebenfalls ungeheuerlich. Durch die Bewältigung aller Probleme, die die Umwelt an sie stellte, hat unsere Art eine außerordentlich wirksame Selbsttäuschung entwickelt: die Überzeugung, wir seien zu einem ganz besonderen Schicksal erschaffen und alles andere Leben auf Erden diene unseren Bedürfnissen.

Diese Selbsttäuschung dürfte einst konkrete evolutionäre Vorteile besessen und unserer Art geholfen haben, sich über den Erdball zu verbreiten und mit den Herausforderungen praktisch jedes bekannten Habitats fertig zu werden. Doch die Situation hat sich verändert. In den letzten Jahrzehnten hat uns unsere Überzeugung, die Erde diene *ausschließlich* den Bedürfnissen der Menschheit, dazu verführt, ganze Ökosysteme zu zerstören und sogar die Biosphäre selbst zu vergiften. Die vermessene Vorstellung, der

Menschheit sei ein besonderes Los beschieden, war niemals wahr – heute hat sie noch nicht einmal mehr Anpassungswert. Auf einen einfachen Nenner gebracht – wir verlieren unsere ökologische Dominanz. Die Umwelten, die wir geschaffen haben, werden unbewohnbar, und vielleicht sind wir auch nicht mehr in der Lage, sie zu beherrschen. Die Ozonschicht über uns dünnt aus und zerreißt, weil wir nicht auf Kühlschränke und Klimaanlagen verzichten können. Ob der Treibhauseffekt nun eine globale Gefahr für die Landwirtschaft ist oder nicht, jedenfalls scheinen wir nicht viel gegen ihn tun zu können. Auch das Wir-und-sie-Wettrüsten, von dem Richard Alexander berichtet, scheint seinen Anpassungswert einzubüßen. Ganz gleich, auf welcher Seite wir stehen, der Atomkrieg wird unser Fortpflanzungspotential kaum erhöhen.

Unter diesen Umständen scheinen mir alle Versuche, herauszufinden, wer wir wirklich sind und wie wir uns in die Rhythmen unserer Erde einfügen, jeder Mühe wert zu sein. Ich neige zu der Auffassung, daß mein Beruf, die Suche nach unseren Ursprüngen, ein Teil dieser Wahrheitssuche ist. Es ist nicht einfach die narzißtische Spielerei einer Art, die in sich selbst verliebt ist, einer Art, die, nachdem sie den Rest der Schöpfung an den Rand der Vernichtung gebracht hat, nichts besseres zu tun hat, als vor dem Spiegel zu posieren und ihren eigenen Aufstieg zur Größe nachzuvollziehen. Unser aller Interesse an unseren Anfängen geht auf ein tieferes Bedürfnis zurück, den Drang, das wahre Antlitz unseres Menschseins zu entdecken, das sich irgendwo hinter den alten Täuschungen und überholten Überzeugungen verbirgt. Nach meiner Meinung unterstreicht der primitive, kleine Mensch, den wir in der Olduvai-Schlucht gefunden haben, wie eng wir mit unserer Primatenvergangenheit und damit auch mit dem übrigen Leben auf unserem Planeten verknüpft sind. Das ist nicht das letzte Wort in dieser Angelegenheit, denn es gibt keine letzten Worte. Der Ursprung des Menschen wird stets ein Rätsel bleiben. Doch wenn wir die Suche fortsetzen, wird uns jedes neue Fossil ein wenig mehr erzählen. Ich hoffe, wir werden darauf hören.

Danksagung

Mein aufrichtiger Dank gilt zunächst meinen tansanischen Kollegen Prosper Ndessokia, Paul Manega und Pelagi Kyauka, Simon Waane, Amini Mturi, Abel Nkini, Jane Kessy, Omari Minazi, Mr. Harubu, Digna Tilly und Shadrack Kamenya vom Tanzanian Department of Antiquities; in den Tanzania National Museums Fidelis Masao, einem der Leiter des Olduvai Research Project und Koordinator der archäologischen Forschung, sowie Mzee Mrisho; Peter Schmidt (heute an der University of Florida), Jonathan Karoma, den Professoren James Mainoya und Aswathanaratana an der Universität von Daressalam; Professor A. Msangi, Mrs. Lyaruu, Dr. Bitanyi und Dr. Hirji von der Tanzania Commission for Science and Technology (ehemals das National Scientific Research Council). Ich stehe tief in der Schuld der obengenannten Organisationen und der tansanischen Regierung für die vielseitige Hilfe und Unterstützung, die sie mir zuteil werden ließen, sowie für die Erlaubnis, in der Olduvai-Schlucht und in Laetoli Untersuchungen durchzuführen.

Danken möchte ich auch den Mitgliedern des Olduvai-Projekts und den Wissenschaftlern, die zu Gast bei uns weilten: Lew Binford und Nancy Stone, George und June Frison, Alberto Angela, Michael Black, Hilary Wright, Jeremy Paul, Robert Drake, Robert Walter, Berhane Asfaw, Gen Suwa, William Kimbel, Carl Swisher, Robert Blumenschine, David Basiji, Stewart Patrick, Walter Hartwig und Tim White. Dank auch an die Mitarbeiter des

Camps in Olduvai, die für unser leibliches Wohl und einen reibungslosen Lagerbetrieb sorgten, sowie an die Fahrer, bei denen unsere Versorgung in sicheren Händen war. Zu Dank verpflichtet bin ich Sandy Evans und Annie Vincent von dem Unternehmen Abercrombie & Kent für die logistische Hilfe bei der Feldarbeit sowie Hans Schneider für seine akrobatischen Lufteinsätze. Die ausgezeichnete Ausstattung des Olduvai-Museums und das hervorragende Niveau der Vorträge und Führungen durch Olduvai sind der aufopferungsvollen Arbeit von Peter Lauwo und seinem Team zu verdanken, zu dem neben anderen Lucas Tarimo, John Pareso, Godfrey Olemoita und Miss Dina gehören.

Seit fast zwanzig Jahren habe ich das Vergnügen, im Labor und in Afrika mit meinem guten Freund und Kollegen Gerald Eck zusammenzuarbeiten. Seine vorzügliche Arbeit ist immer wieder Gegenstand meines Dankes und meiner Anerkennung.

Verpflichtet bin ich auch Ian Tattersall, Fred Grine, Fidelis Masao, Prosper Ndessokia und Tim White für die eingehende Lektüre des fertigen Manuskrips und ihre wertvollen Vorschläge. Eine besondere Hilfe war »Biblio Bill« Kimbel, der verschiedene Fassungen des Manuskripts kritisch gelesen, unschätzbare Anmerkungen gemacht und mir auch in bibliographischer Hinsicht sehr geholfen hat.

Außerordentlichen Dank schulde ich der National Science Foundation, Gordon Getty, David H. Koch, dem Forschungs- und Studienzentrum Ligabue sowie der Agip Petroleum (ENI) in Rom für ihre großzügige finanzielle Unterstützung. Gordon Hanes lieferte die notwendigen Mittel und den Sachverstand zur Überholung der Windmühlen und des elektrischen Systems im Olduvai-Camp.

Don Cutler und Maria Guarnaschelli sei Dank für ihre Hilfe in der stürmischen Welt des Verlagswesens.

Ohne das Verständnis und die Unterstützung meiner Kollegen am Institute of Human Origins hätte dieses Projekt niemals abgeschlossen werden können. Ihnen allen meinen herzlichen Dank. Danken möchte ich auch Larissa Smith für ihre Hilfe in allen Verwaltungsangelegenheiten und ihre Fähigkeit, sich meinem hektischen Arbeitsrhythmus anzupassen.

Die Analyse und vergleichende Untersuchung des Fundstücks OH-62 wurden in Cleveland durchgeführt, und ich möchte insbesondere C. Owen Lovejoy, Scott Simpson und Richard Sherwood von der Kent State University für die anregende Diskussion und Unterstützung im Labor danken. Bruce Latimer und Lyman Jellema vom Cleveland Museum of Natural History waren eine große Hilfe bei unseren vergleichenden Studien anhand der Hamann-Todd-Sammlung. Mein besonderer Dank gilt Jim Ohman und dem Unternehmen Picker X-Ray für die Großzügigkeit, mit der uns die Cat-Scan-Geräte in der Firmenniederlassung zur Verfügung gestellt und bei ihrer Benutzung geholfen wurde.

Donald Johanson

Ich möchte zunächst allen Forschern danken, die dieses Buch möglich gemacht haben, weil sie in großzügigster Weise ihre Zeit geopfert und ihren Sachverstand eingebracht haben. Dazu gehören Richard Alexander, Lewis Binford, Robert Blumenschine, Henry Bunn, Garniss Curtis, Robert Drake, Gerry Eck, Robert Foley, Clark Howell, Nicholas Humphrey, Bruce Latimer, Owen Lovejoy, Henry McHenry, Todd Olson, Yoel Rak, Peter Rodman, Meredith Small, Randy Susman, Elisabeth Vrba, Bob Walter und Sherwood Washburn. Dazu kommen auch die anderen, die ihre Hilfe genauso großzügig zur Verfügung gestellt haben und denen mein Dank in gleicher Weise gebührt, auch wenn sich das Buch im Endeffekt von dem ganzen »Miozänkram« entfernt hat, der der Anlaß war, mich an sie zu wenden. Hier sind zu nennen Peter Andrews, David Frayer, Leonard Greenfield, Terry Harrison, Misha Landau, Lawrence Martin, David Pilbeam, Martin Pickford, Elwyn Simons, Milford Wolpoff und vor allem Vincent Sarich.

Zu Dank verpflichtet bin ich meinen Gastgebern im Olduvai, Prosper Ndessokia und Gerry Eck, Berhane Asfaw und Gen Suwa, daß sie ihre Wohnung, ihre Zeit und manches andere mit mir geteilt haben, sowie Bob Walter, dem Schrecken der Dik-diks, Jim O'Connell und Kristen Hawkes für die erfrischenden Ansichten, die sie ins Camp brachten.

Neben den schon genannten Lesern sahen Lew Binford, Robert Foley, John Pfeiffer, Nancy Stone und Elisabeth Vrba Kapitel des Manuskripts durch und unterbreiteten viele nützliche Vorschläge. Besonders danken möchte ich Tim White für die Ergiebigkeit seiner Erklärungen und die Gründlichkeit seiner Lektüre. Zutiefst verpflichtet bin ich auch meinem Freund Bill Kimbel. Die beiden haben weit mehr Zeit und Energie in die Entstehung dieses Buches investiert, als ich von ihnen erwarten durfte. Victoria Pryor von Arcadia Ltd. ist eine ideale Agentin, und ich danke ihr, daß sie dieses gelegentlich schwierige Projekt unermüdlich vorangetrieben hat. Maria Guarnaschelli bei William Morrow halte ich für die beste Lektorin von New York. Von ihrer Intelligenz, Begeisterung und Überzeugungskraft hat das Buch profitiert. Ich bin glücklich, daß ich mich in ihre Obhut begeben habe.

Mit Zuneigung und Dankbarkeit denke ich an John Pfeiffer, der mir als Autor und Freund Anregung und Vorbild ist. Und mein liebevollster Dank gilt schließlich meiner Frau Chris, die zuhörte, las, korrigierte, umstellte, Vorschläge unterbreitete und wieder geduldig zuhörte. Ihre Unterstützung war so aufopfernd und unermüdlich, daß ich sie manchmal als allzu selbstverständlich hingenommen habe.

James Shreeve

Literaturhinweise

Allgemeine Literatur

Johanson, D. C., and Maitland Edey. *Lucy: The Beginnings of Humankind.* New York: Simon and Schuster, 1981. Deutsche Ausgabe: *Lucy. Die Anfänge der Menschheit.* München: Piper, 1982.

Lewin, Roger. *Bones of Contention.* New York: Simon and Schuster, 1987.

Pfeiffer, John. *The Emergence of Humankind*, 4th ed. New York: Harper and Row, 1985.

Reader, John. *Missing Links.* Boston: Little, Brown and Co., 1981. Deutsche Ausgabe: *Die Jagd nach den ersten Menschen: eine Geschichte der Paläoanthropologie 1857–1980.* Basel u. a.: Birkhäuser, 1982.

Weiterführende Literatur

Alexander, Richard. »The Evolution of the Human Psyche«, in *The Human Revolution*, eds. P. Mellars and C. Stringer. Princeton, N. J.: Princeton University Press, 1989.

Ardrey, Robert. *African Genesis.* New York: Atheneum, 1961. Deutsche Ausgabe: *Adam kam aus Afrika. Auf der Suche nach unseren Vorfahren.* Wien: Molden, 1967.

Binford, Lewis R. *Bones: Ancient Men and Modern Myths.* New York: Academic Press, 1981.

– *Debating Archeology.* New York: Academic Press, 1989.

– »Human Ancestors: Changing Views of Their Behavior«, *Journal of Anthropological Archeology*, 1985, 4 : 292–327.

– *In Pursuit of the Past.* London: Thames and Hudson, 1983. Deutsche Ausgabe: *Die Vorzeit war ganz anders: Methoden und Ergebnisse der neuen Archäologie.* München: Harnack, 1984.

Blumenschine, Robert J. »Characteristics of an Early Hominid Scavenging Niche«, *Current Anthropology*, August–October 1987, 28 : 383–406.

Bowler, P. J. *Evolution: The History of an Idea.* Berkeley, Calif.: University of California Press, 1984.

Brain, C. K. »The Evolution of Man in Africa: Was It a Consequence of Caiozoic Cooling?« Alexander L. du Toit Memoiral Lecture No. 17, Geological Society of South Africa, 1981.

Brown, Frank, John Harris, Richard Leakey, and Alan Walker. »Early *Homo erectus* skeleton from west of Lake Turkana, Kenya«, *Nature*, August 29, 1985, 316 : 788–792.

Bunn, Henry T. »Animal Bones and Archeological Inference« (review of *Bones: Ancient Men and Modern Myths* by Lewis R. Binford), *Science*, January, 29, 1982, 215 : 494–495.

– »Archaeological Evidence for Meat-Eating by Plio-Pleistocene Hominids from Koobi Fora and Olduvai Gorge«, *Nature*, June 18, 1981, 291:574–577.

Bunn, Henry T., and Ellen M. Kroll. »Systematic Butchery by Plio-Pleistocene Hominids at Olduvai Gorge, Tanzania«, *Current Anthropology*, December 1986, 27:431–452.

Byrne, Richard, and Andrew Whiten, eds. *Machiavellian Intelligence.* Oxford, England: Oxford University Press, 1988.

– »The Thinking Primate's Guide to Deception«, *New Scientist*, December 3, 1987, 54–57.

Cheney, D., R. Seyfarth, and B. Smuts. »Social Relationships and Social Cognition in Nonhuman Primates«, *Science*, December 12, 1986, 234:1361–1366.

Coles, Sonia. *Leakey's Luck.* New York: Harcourt Brace Jovanovich, 1975.

Dart, Rasmond. *Adventures with the Missing Link.* Philadelphia: The Institutes Press, 1967.

Day, M. H., M. D. Leakey, and T. Olson. »On the Status of *Autralopithecus afarensis*«, *Science*, March 1980, 207:1102–1103.

Delson, Eric, ed. *Ancestors: The Hard Evidence.* New York: Alan R. Liss, Inc., 1984.

Foley, Robert. *Another Unique Species.* Essex, England: Longman Press, 1987.

Foley, Robert, ed. *Hominid Evolution and Community Ecology.* London: Academic Press, 1984.

Ghiglieri, Michael. »The Social Ecology of the Chimpanzees«, *Scientific American*, 1985, 252:102–113.

– »Sociobiology of the Great Apes and the Hominid Ancestor«, *Human Evolution*, 1987, 16:319–357.

Goodall, Jane. *The Chimpanzees of Gombe.* Cambridge, Mass.: Harvard University Press, 1986.

Harcourt, Alexander. »All's Fair in Play and Politics«, *New Scientist*, December 12, 1985.

Harding, R. S. O., and G. Teleki, eds. *Omnivorous Primates.* New York: Columbia University Press, 1981.

Hay, Richard: *Geology of Olduvai Gorge.* Berkeley, Calif.: University of California Press, 1976.

Hay, Richard L., and Mary D. Leakey. »The Fossil Footprints of Laetoli«, *Scientific American*, February 1982.

Herbert, Wray. »Lucy's Family Problems«, *Science News*, July 2, 1983, 124:8–11.

Howell, F. Clark, *Early Man*, rev. ed. New York: Time-Life Books, 1973.

Isaac, Glynn. »The Food-Sharing Behavior of Protohominids«, *Scientific American*, April 1976, 90–108.

Isaac, Glynn, and Elizabeth R. McGown, eds. *Human Origins.* Menlo Park, Calif.: W. A. Benjamin, 1976.

Johanson, D. C., and M. Taieb. »Plio-Pleistocene Hominid Discoveries in Hadar, Ethiopia«, *Nature*, March 1976, 260:293–297.

Johanson, Donald C., Fidelis T. Masao, Gerald G. Eck, Tim White, Robert C. Walter, William H. Kimbel, Berhane Asfaw, Paul Manega, Prosper Ndessokia, and Gen Suwa. »New Partial Skeleton of *Homo habilis* from Olduvai Gorge, Tanzania«, *Nature*, May 21, 1987, 327:205–209.

Johanson, D. C., and T. D. White. »On the Status of *Australopithecus afarensis*«, *Science*, March 1980, 207 : 1104–1105.

– »A Systematic Assessment of Early African Hominids«, *Science*, January 1979, 203 : 321–330.

Johanson, Donald C., et al. »Pliocene Hominids Fossils from Hadar, Ethiopia«, *American Journal of Physical Anthropology*, April 1982, Vol. 57, No. 4.

Keeley, Lawrence K., and Nicholas Toth. »Microwear Polishes on Early Stone Tools from Koobi Fora, Kenya«, *Nature*, October 1981, 293 : 464–465.

Kimbel, W. H., and T. D. White. »A Reconstruction of the Adult Cranium of *Australopithecus afarensis*«, *American Journal of Physical Anthropology*, February 1980, 52 : 244.

Kimbel, W. H., T. D. White, and D. C. Johanson. »Implications of KNM-WT 17000 for the Evolution of ›Robust‹ *Australopithecus*«, in *The Evolutionary History of the »Robust« Australopithecines*, ed. F. E. Grine, im Druck.

Kinzey, W., ed. *Primate Models of Hominid Behavior.* New York: Plenum Press, 1985.

Leakey, L. S. B. »Exploring 1,750,000 Years into Man's Past«, *National Geographic*, October 1961, 120/4 : 564–589.

– »Finding the World's Earliest Man«, *National Geographic*, September 1960, 118/3 : 420–435.

Leakey, L. S. B., P. V. Tobias, and J. R. Napier. »A New Species of the Genus *Homo* from Olduvai Gorge«, *Nature*, April 1964, 202 : 7–9.

Leakey, M. D. *Olduvai Gorge, Volume 3.* Cambridge, England: Cambridge University Press, 1972.

Leakey, M. D., R. L. Hay, G. H. Curtis, R. E. Drake, M. K. Jackes, and T. D. White. »Fossil Hominids from the Laetoli Beds«, *Nature*, August 1976, 262 : 460–466.

Leakey, Richard E. »Hominids in Africa«, *American Scientist*, March–April 1976, 64 : 174–178.

Leakey, R. E. F., and A. Walker. »On the Status of *Australopithecus afarensis*«, *Science*, March 1980, 207 : 1103.

Lewin, Roger. »The Origin of the Human Mind«, *Science*, May 8, 1987, 236 : 668–669.

Lovejoy, C. Owen. »Evolution of Human Walking«, *Scientific American*, November 1988, 118–125.

– »The Gait of *Australopithecus*«, *American Journal of Physicial Anthropology*, 38 : 757–780.

Olson, T. »Basicranial Morphology of the Extant Hominoids and Pliocene Hominids«, in *Aspects of Human Evolution*, ed. C. Stringer. London: Taylor & Francis, 99–128.

Potts, Richard. »Home Bases and Early Hominids«, *American Scientist*, 1984, 72 : 338–347.

Potts, Richard, and Pat Shipman. »Cutmarks Made by Stone Tools on Bones from Olduvai Gorge, Tanzania«, *Nature*, June 18, 1981, 291 : 577–580.

Rak, Yoel. »Australopithecine Taxonomy and Phylogeny in Light of Facial Morphology«, *American Journal of Physical Anthropology*, 1985, 66 : 281–287.

– »Lucy's Pelvic Anatomy: Its Role in Bipedal Gait«, unveröffentlichtes Manuskript.

Shipman, Pat. »The Ancestor That Wasn't«, *The Sciences*, March–April 1985, 43–48.
– »Baffling Limb on the Family Tree«, *Discover*, September 1986.
»Scavenger Hunt«, *Natural History*, April 1984, 20–27.
Shipman, Pat, Wendy Bosler, and Karen Lee Davis. »Butchering of Giant Geladas at an Acheulian Site«, *Current Anthropology*, June 1981, 22/3:257–264.
Small, Meredith. »Ms. Monkey«, *Natural History*, January 1989.
– »Social Climber: Independent Rise in Rank by a Female Barbary Macaque«, unveröffentlichtes Manuskript.
Stern, Jack T., and Randall L. Susman. »The Locomotor Anatomy of *Australopithecus afarensis«, American Journal of Anthropology*, 1983, 60:279–317.
Stringer, C. B. »The Credibility of *Homo habilis*«, in *Major Topics in Primate and Human Evolution*, eds. B. Wood, L. Martin, and P. Andrews. Cambridge, England: Cambridge University Press, 1984.
Susman, Randall L., Jack T. Stern, and William L. Jungers. »Arboreality and Bipedality in the Hadar Hominids«, *Folia primatologica*, 1984, 43:113–156.
Tattersall, Ian. »Species Recognition in Human Paleontology«, *Journal of Human Evolution*, 1986, 15:165–175.
Vrba, Elisabeth. »The Environmental Context of the Evolution of Early Hominids and Their Culture«, im Druck.
– »Late Pliocene Climatic Events and Hominid Evolution«, in *The Evolutionary History of the »Robust« Australopithecines*, ed. F. E. Grine, im Druck.
Walker, Alan. »Extinction in Hominid Evolution«, in *Extinctions*, ed. M. H. Nitecki. Chicago: Chicago University Press, 1984, pp. 119–152.
Walker, A., R. E. Leakey, J. M. Harris, and F. H. Brown. »*2.5-Myr Australopithecus boisei* from west of Lake Turkana, Kenya«, *Nature*, August 7, 1986, 322:517–522.
White, T. D., and J. Harris. »Suid Evolution and Correlation of African Hominid Localities«, *Science*, 1977, 198:13–21.
White, Tim D., Donald C. Johanson, and William H. Kimbel. »*Australophithecus africanus:* Its Phyletic Position Reconsidered«, *South African Journal of Science*, October 1981, 77:445–470.
White, Tim D., and Gen Suwa. »Hominid Footprints at Laetoli: Facts and Interpretations«, *American Journal of Physical Anthropology*, April 1987, 72:485–514.

Register